中国江南の漁民と
水辺の暮らし
―― 太湖流域社会史口述記録集 3

太 田 　 出
佐 藤 仁 史 　 編
長 沼 さ や か

汲 古 書 院

写真1　北厙鎮漁業村遠景（2005年8月4日撮影）

写真2　莘塔鎮漁業村に停泊する小型漁船（2005年8月9日撮影）

写真3　太湖沿岸の太湖郷に停泊する大型漁船
　　　（2005年12月23日撮影）

写真4　同里鎮の魚鷹による捕魚表演（2005年8月19日撮影）

写真5　陳坊橋漁業村（2009年8月23日撮影）

写真6　陳坊橋の教会と漁民（2010年3月27日撮影）

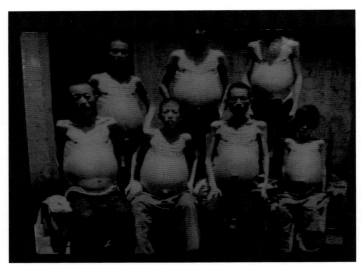

写真7　建国以前の日本住血吸虫病患者
　　　　（青浦任屯村血防陳列館、2006年10月30日撮影）

写真8　毛沢東の「送瘟神二首」
　　　　（青浦任屯村血防陳列館、2006年10月30日撮影）

目　次

口　絵

序　文………………………………………………太田　出……… 3

調査日程表…………………………………………………………… 17

第Ⅰ部　論文篇

太田　出「太湖流域漁民の蘇北人と鵜飼い

　　　　　──本地人・山東人との比較研究」………………… 43

第Ⅱ部　調査報告篇

陳　俊才「一顆古老的太湖明珠──蘇州市漁港村漁文化遺存調査」… 73

第Ⅲ部　口述記録篇（太田　出・佐藤仁史編）

口述記録説明………………………………………………………… 96

講述人分類…………………………………………………………… 98

口述記録……………………………………………………………… 99

1	金天宝 (99)	2	徐香香 (113)	3	沈老四 (121)
4	季関宝 (134)	5	李四宝 (142)	6	李才生 (146)
7	朱鶴民 (151)	8	孫定夷 (155)	9	張順時 (157)
10	倪文寿 (161)	11	褚阿弟 (168)	12	張小弟 (179)
13	李根大 (186)	14	李三宝 (193)	15	王礼庭 (196)
16	蒋勝元 (205)	17	陸正耀 (243)	18	趙良芳 (245)
19	周金弟 (253)	20	周雪娟 (270)	21	沈雲輝 (277)
22	陳連舟 (286)	23	夏木根 (299)	24	盛阿木 (305)
25	鄒正福 (310)	26	陳宝生 (315)	27	呉忠明 (328)

目　次

28	沈小林 (333)	29	張福妹 (350)	30	沈全弟 (358)
31	倪春宝 (374)	32	沈毛頭 (390)	33	王毓芳 (394)
34	王娥秀 (408)	35	朱新堂 (415)	36	徐錫泉 (427)
37	周家瑜 (432)	38	周培寧 (435)	39	陸永寿 (440)
40	席炳梅 (448)	41	周菊娥 (457)	42	馬桂芳 (462)
43	石坤元 (466)

英文目次……………………………………………………………………… 476

中国江南の漁民と水辺の暮らし
——太湖流域社会史口述記録集 3

序　文

太田　出

本書の目的

　本書は、筆者を代表者として実施された二つの研究課題、「清末民国初、江南デルタ市鎮社会の構造的変動と地方文献に関する基礎的研究」（2004～2006年度、科学研究費補助金基盤研究B）と「解放前後、太湖流域農漁村の『郷土社会』とフィールドワーク」（2008～2011年、科学研究費補助金基盤研究B）を含む、おおよそ2004～2012年の9年間に及んだ、太湖流域の農漁村をめぐる現地調査の成果の一部を公開しようとするものである。筆者らはこれまでに太田出・佐藤仁史編『太湖流域社会の歴史学的研究——地方文献と現地調査からのアプローチ』（汲古書院、2007年）、佐藤仁史・太田出・稲田清一・呉滔編『中国農村の信仰と生活——太湖流域社会史口述記録集』（汲古書院、2008年）、佐藤仁史・太田出・藤野真子・緒方賢一・朱火生編著『中国農村の民間藝能——太湖流域社会史口述記録集2』（汲古書院、2011年）の3冊を出版し、成果を世に問うてきた。その後、すでに少なからぬ時間を経過してしまったが、4冊目として出版される本書の目的は、特に太湖流域に分布する船上生活漁民を取り上げ、彼らを対象にして実施したヒアリングの一部を公開するという点にある。

　ではなぜ太湖流域の船上生活漁民に注目するのか。筆者はかつて明清時代の江南デルタにおける犯罪社会学的研究を行うなかで、太湖流域の船上生活漁民に強い関心を抱くようになった。なぜなら、江南デルタで犯罪が発生すると、多くの場合、地方官たちは最初に漁民たちに疑いの目を向けたからである。その背景には彼らが操船に巧みで、江南デルタのクリーク（水路）を自由自在に移動し、実際に襲撃強盗に早変わりすることも少なくなかっただけでなく、陸上に定住せず水上の移動を繰り返す彼らに対して謂われのない蔑視観が存在し

4

たことがあったと考えられる[1]。このように地方官から"潜在的犯罪者"と見なされた漁民たちとは一体いかなる人びとであったのか、平時において彼らと都市民（市鎮住民を含む）・農民など陸上生活者とのあいだにはどのような関係が結ばれていたのか、蔑視観を含めて漁民を取り巻く言説はどのようなもので、いかにして形成されていったのかといった疑問が次々と浮かんできた。しかし文献史料上の制約は想像以上に大きく、そもそも船上生活漁民に関する記述が少ないうえ、たとえ官憲側や知識人の書き残した公文書（檔案）、地方志、文集などの史料に発見できたとしても、治安維持関係を除いてほとんど関心が払われなかったから、上記のような疑問を氷解してくれるような記載を見つけ出すことは不可能事に近かった[2]。

　かかる船上生活漁民たちに江南デルタ開発史の視点から早い段階で着目していたのが濱島敦俊であった。濱島は自らの現地調査の成果を踏まえたうえで「デルタ開発の過程で、労働力はどのように流入してきたであろうか。珠江デルタの調査で明瞭に確認できたのは、船上生活（捕魚と打工。流水柴と呼ばれる）から半定着（差し掛け小屋。農繁期の労働力不足の補充＝短工）へ、そして定着（落戸）農民へという、普遍的なコースであった。……江南デルタでも同様の痕跡を見出すことは可能である。最低地勢の青浦県のなかでも最も低い、朱家角鎮沙家埭行政村金家沙は、蘇北・紹興（蘇北からの再移住をも含む）からの移住村落であるが、船上生活（漁労＋打工）から「草棚（ほったてごや）」居住を経て、農民に移る（漁労も続ける）というコースを辿っている。江南デルタにあって、開発が晩期に属する東方微高地においては、その記憶はさらに鮮明であった。嘉定県最北部の婁塘鎮は、高郷の棉作地帯であるが、農民達の移住（清代）伝承のほとんどが、船で移動する途中に"椀が落ちて"そこに住み着いたというものであった。デルタは定住農民の世界であると同時に、非定住の船民の世界でもある[3]」と極めて興味深い見解を提出した。すなわち江南デルタ開発の労働力の重要な部分は、船上生活漁民が担った可能性が高いというのである[4]。これは江南デルタ農村研究を幅広く手がけてきた濱島ならではの卓見であろう。筆者もこのような刺激的な指摘に触れることで、まずは太湖流域の船上生活漁民に文献史料と現地調査から接近してみようと考えるにいたったのである。

　本書は、文献史料上の限界の克服をめざし、現地調査から船上生活漁民に接近——現代からの接近はあくまで新中国成立前後にまでしか及ばないが、そこに歴史の残滓を見出すことは十分に可能であろう——を試みたものである。しかしこうした現地調査からの接近という仕事は、本来ならば中国の研究者が行うべき作業——外国人よりは言語上・文化上の障壁を越えやすい、あるいは政治的に敏感な問題に対処しやすいという意味において——であるはずなのであり、あったとすれば当然ながら参考にしたかったのであるが、残念ながら、管見のかぎり、ヒアリングはほとんど行われていないのが現実のようである[5]。少なくとも本書のように、ヒアリング内容を口述記録集として公開し、他の研究者による再検証の手がかりを残そうとするものは皆無に等しい。

　ヒアリングを主要な方法として位置づけた日本人による研究書・記録集の公開は、有名な『中国農村慣行調査』（全6巻、岩波書店、1958年）の出版以来、着々と行われてきた。たとえば満鉄上海事務所の『江蘇省農村実態調査報告書』（全7巻、1939～1940年）、林恵海『中支江南農村社会制度研究（上巻）』（有斐閣、1953年）、福武直『中国農村社会の構造』（大雅堂、1946年）のほか、近年では、森正夫編『江南デルタ市鎮研究——歴史学と地理学からの接近』（名古屋大学出版会、1992年）、濱島敦俊・片山剛他編『華中・南デルタ農村実地調査報告書』（大阪大学文学部紀要、第34巻、1994年）、三谷孝編『中国農村改革と家族・村落・国家』（全2巻、1999～2000年）などがあり、それぞれ独自の方法で現地調査の成果を公表している[6]。これらの研究書・記録集だけでも相当の量にのぼるヒアリング内容が公開ないし利用されているが、中国語で整理したものではなく、また漁民について取り扱ったのはわずかに濱島・片山の報告書のみにすぎない。本書は、ヒアリングの成果を中国語で——本来ならばいわゆる普通話ではなく上海方言や蘇北方言で整理すべきであろうが、残念ながら現時点では能力的な限界から果たせないでいる——、かつこれまで残されることのなかった、太湖流域漁民の漁撈・生活・歴史・信仰・アイデンティティなどに関する語りを可能なかぎり掘り下げて書き留めようとした点に、新たな研究の地平を見出そうとするも

図　呉江市における漁業（捕撈）村の分布
※1999年呉江市区域図より作成
※漁業（捕撈）村は村民委員会が設けられたもののみに限定

のである。

調査対象地の選定と概要

　本書で整理・紹介する太湖流域船上生活漁民は、現在では多くがすでに船上生活をやめており、「陸上定居（陸上がり）」している。陸上定居とは1960年代末〜1970年代初にかけて太湖流域の各地で実行された「連家漁船社会主義改造（漁改）」の一環として行われたもので、水上から陸上へという生活拠点の移動だけでなく、漁業から農業へという生業のシフトをも視野に入れた大がかりなものであった。陸上定居の成否や時期は地域によって異なったが、本書の主な調査対象地である江蘇省呉江市では、1985年までに合計26個の漁業（捕撈）村が建設された（図）[7]。これらの多くは各鎮政府所在地の近隣に位置しており、当時漁民が鎮政府のお膝元に陸上定居させられていたことがわかる。具体的な調査対象地としては北厍鎮漁業村、莘塔鎮漁業村、蘆墟鎮漁業村、金家壩鎮漁業村、黎里鎮漁業村、八坼鎮漁業村、平望鎮漁業村、廟港鎮漁業村などがあげられる。

　では、このように本書の調査対象地は各地の漁業村であるにもかかわらず、なぜ書名を「船上生活」と題したのか。それは漁民たちが過去に船上生活を営んでいたという事実のみに依拠するわけではない。実際に現在でもなお彼らは船上生活を継続しているからである。漁民たちは連家漁船社会主義改造（漁改）以降、各県・鎮政府の命令によって罰金（罰款）を伴うかたちで陸上定居を余儀なくされたが、現在ではそうした家屋を息子や孫たちにゆずって、自らは船上生活にもどってしまっている事例も少なくない。彼らは政策にしたがって完全に船上生活を放棄したわけではなく、むしろ機会さえあれば、慣れ親しんだ船上生活へと回帰したかったのである。筆者は船上生活漁民のインフォーマントをさがす手っ取り早い手段として漁業村を訪れたが、実際に漁民本人をさがしあてたりヒアリングを試みたりする場所は彼らが居住する船上である場合も少なくなかった。船上生活は今もなお生き続けているのである。

　かようにして筆者はまず各地の漁業村を訪ね歩くように努力した。もちろんそれを順調に行うには現地協力者の案内が不可欠であった。筆者は幸運にも楊申亮氏（北厍鎮大長浜村出身）と出会うことができた。彼は地元の北厍鎮で衣料工場を経営していたが、郷土・呉江市の歴史に大変興味をもっており、共通の友人を通して協力を依頼したところ、喜んで引き受けてくれた。すでに漁民と顔見知りであった彼が同伴してくれたことで、漁業村を歩いたり村の老年活動室をさがしたりすることが容易となり、老漁民のインフォーマントにたやすくたどりつくことができた。もし彼がいなければ、筆者の調査はこれほど順調には進展しなかったであろう。

　調査対象地としての漁業村の詳細を文献中に求めるとすれば、各県・鎮で編纂された新編地方志（県志・鎮志）が最も有用である。なぜなら漁業村の成り立ちや規模、行政上の位置づけと変遷、漁業村をめぐる諸政策などについてはヒアリングよりもむしろ文献である地方志の方がよりまとまった資料を提供してくれるからである。筆者が実際に調査を行った漁業村のうち、北厙鎮漁業村を一例として紹介してみよう。

北厙鎮漁業村は、太湖の東南岸に位置する北厙鎮本体の傍らに所在する。新編地方志としては『北厙鎮志』（呉江市北厙鎮地方志編纂委員会、上海、文匯出版社、2003年）が刊行されている。該書の第一巻建置区画、第三章集鎮和農村、第二節農村には「漁業村」の項目が立てられており、「北厙鎮区西南側の東珠圩（またの名を廟圩という）に位置し、もともと梅墩大隊耕作区に属し、58.41畝の土地を有する」と現況を述べる。その後「1958年10月、北厙人民公社は分散作業していた漁民を組織し、北厙公社捕撈大隊を結成して、合作生産・以産計酬・按月分配・年終分紅の制度を実施した」「1968年、連家漁船に対して社会主義改造（漁改と簡称する）を進めたため、漁民は次第に陸上定居し、蓮蕩・沙家漾・台字兜・四方蕩などを開拓して養殖の基地とし、養（養殖）捕（捕撈）結合を実行した」「1983年から北厙郷漁業村と改名した。全村で村民小組 6 個、182戸、726人を管轄する」といったように、漁業村の歴史を比較的詳細に伝えると同時に、手際よく整理してくれていて大変重宝する。

ここではかような漁業村すべてについて文献史料を紹介する紙幅はないが、新たな調査対象地を選択する場合には、こうした新編地方志の有無が以後の研究の遅速に大きな影響を与える。新編地方志は一般の販売ルートに乗らないものが多いため、必ずしも入手が容易なわけではないが、県・鎮の地方志編纂室へ行けば、閲覧ないし購入できる可能性もあるから、編纂室の訪問を調査の早い段階に設定すべきであろう。

漁民と宗教・信仰

続いて、本書で語られるいくつかのトピックについて簡単に解説を加えておこうと思う。最初に取り上げたいのは、漁民と宗教・信仰の問題である。かつて筆者が引用した新編地方志『嘉善県志』の記載に「〔解放前、太湖流域漁民は〕生活の保障がないために神の御利益を求めて「老爺」を拝むしかなく、迷

された（図）[7]。これらの多くは各鎮政府所在地の近隣に位置しており、当時漁民が鎮政府のお膝元に陸上定居させられていたことがわかる。具体的な調査対象地としては北厙鎮漁業村、幸塔鎮漁業村、蘆墟鎮漁業村、金家壩鎮漁業村、黎里鎮漁業村、八坼鎮漁業村、平望鎮漁業村、廟港鎮漁業村などがあげられる。

　では、このように本書の調査対象地は各地の漁業村であるにもかかわらず、なぜ書名を「船上生活」と題したのか。それは漁民たちが過去に船上生活を営んでいたという事実のみに依拠するわけではない。実際に現在でもなお彼らは船上生活を継続しているからである。漁民たちは連家漁船社会主義改造（漁改）以降、各県・鎮政府の命令によって罰金（罰款）を伴うかたちで陸上定居を余儀なくされたが、現在ではそうした家屋を息子や孫たちにゆずって、自らは船上生活にもどってしまっている事例も少なくない。彼らは政策にしたがって完全に船上生活を放棄したわけではなく、むしろ機会さえあれば、慣れ親しんだ船上生活へと回帰したかったのである。筆者は船上生活漁民のインフォーマントをさがす手っ取り早い手段として漁業村を訪れたが、実際に漁民本人をさがしあてたりヒアリングを試みたりする場所は彼らが居住する船上である場合も少なくなかった。船上生活は今もなお生き続けているのである。

　かようにして筆者はまず各地の漁業村を訪ね歩くように努力した。もちろんそれを順調に行うには現地協力者の案内が不可欠であった。筆者は幸運にも楊申亮氏（北厙鎮大長浜村出身）と出会うことができた。彼は地元の北厙鎮で衣料工場を経営していたが、郷土・呉江市の歴史に大変興味をもっており、共通の友人を通して協力を依頼したところ、喜んで引き受けてくれた。すでに漁民と顔見知りであった彼が同伴してくれたことで、漁業村を歩いたり村の老年活動室をさがしたりすることが容易となり、老漁民のインフォーマントにたやすくたどりつくことができた。もし彼がいなければ、筆者の調査はこれほど順調には進展しなかったであろう。

　調査対象地としての漁業村の詳細を文献中に求めるとすれば、各県・鎮で編纂された新編地方志（県志・鎮志）が最も有用である。なぜなら漁業村の成り立ちや規模、行政上の位置づけと変遷、漁業村をめぐる諸政策などについてはヒ

アリングよりもむしろ文献である地方志の方がよりまとまった資料を提供して
くれるからである。筆者が実際に調査を行った漁業村のうち、北厙鎮漁業村を
一例として紹介してみよう。

　北厙鎮漁業村は、太湖の東南岸に位置する北厙鎮本体の傍らに所在する。新
編地方志としては『北厙鎮志』(呉江市北厙鎮地方志編纂委員会、上海、文匯出版社、
2003年)が刊行されている。該書の第一巻建置区画、第三章集鎮和農村、第二節
農村には「漁業村」の項目が立てられており、「北厙鎮区西南側の東珠圩(また
の名を廟圩という)に位置し、もともと梅墩大隊耕作区に属し、58.41畝の土地を
有する」と現況を述べる。その後「1958年10月、北厙人民公社は分散作業して
いた漁民を組織し、北厙公社捕撈大隊を結成して、合作生産・以産計酬・按月
分配・年終分紅の制度を実施した」「1968年、連家漁船に対して社会主義改造
(漁改と簡称する)を進めたため、漁民は次第に陸上定居し、蓮蕩・沙家漾・台
字兜・四方蕩などを開拓して養殖の基地とし、養(養殖)捕(捕撈)結合を実行
した」「1983年から北厙郷漁業村と改名した。全村で村民小組6個、182戸、726
人を管轄する」といったように、漁業村の歴史を比較的詳細に伝えると同時に、
手際よく整理してくれていて大変重宝する。

　ここではかような漁業村すべてについて文献史料を紹介する紙幅はないが、
新たな調査対象地を選択する場合には、こうした新編地方志の有無が以後の研
究の遅速に大きな影響を与える。新編地方志は一般の販売ルートに乗らないも
のが多いため、必ずしも入手が容易なわけではないが、県・鎮の地方志編纂室
へ行けば、閲覧ないし購入できる可能性もあるから、編纂室の訪問を調査の早
い段階に設定すべきであろう。

漁民と宗教・信仰

　続いて、本書で語られるいくつかのトピックについて簡単に解説を加えてお
こうと思う。最初に取り上げたいのは、漁民と宗教・信仰の問題である。かつ
て筆者が引用した新編地方志『嘉善県志』の記載に「〔解放前、太湖流域漁民
は〕生活の保障がないために神の御利益を求めて「老爺」を拝むしかなく、迷

信が盛行していた」とあったように[8]、太湖流域の漁民たちは「老爺」、すなわち民間信仰の神霊を篤く拝んでいた。ただし実際には民間信仰の神霊を拝む者だけでなく、カトリック（天主教）やプロテスタント（基督教、耶蘇教）など、いわゆるキリスト教に入信する者も少なくなかった。

　民間信仰の神霊の詳細については、拙稿を参照していただきたいが[9]、筆者のヒアリング調査では、漁民が年中行事として焼香拝仏に赴くのは、浙江省嘉興市王江涇鎮の蓮泗蕩劉王廟（主神＝劉猛将、上半年農暦清明前後〈網船会〉、下半年農暦 8 月12日）、江蘇省呉江市蘆墟鎮の荘家圩廟（主神＝劉猛将）、上海市青浦区金沢鎮の楊爺廟（主神＝楊震、上半年農暦 3 月中旬、下半年農暦 9 月初 9 日）、蘇州上方山（網船会、主神＝上方山太太〈姆姆〉、農暦 8 月18日、太湖の全漁民が焼香に赴く）、浙江省湖州市石淙鎮の太君廟（主神＝太君神）、湖州市の放漾蕩興華廟（主神＝黒虎大王）、江蘇省常熟市の鳳凰涇城隍廟（北雪涇、網船会、農暦 3 月28日）などの諸廟であった。漁民たちがこれら諸廟にアクセスする際には、もちろん個人による参拝もありうるが、「社」「会」と呼ばれるような進香団体を組織する「香頭」と呼ばれる人物のもとに結集して、「香客」として集団参拝を行う場合も少なくなかった。太湖興隆社徐家公門の徐貴祥、嘉興南六房老長生分会の劉小羊、平望北六房の孫根栄・孫紅弟といった香頭については、すでに前掲『中国農村の信仰と生活——太湖隆起社会史口述記録集』で発表したから、本書では、むしろ「香客」から見た「社」「会」に関するヒアリングを収めている。

　一方、キリスト教については、現在でも村民の大多数がカトリック教徒である上海市松江区陳坊橋漁業村において漁民からヒアリングを行った（**口絵・写真 5 、写真 6** ）。陳坊橋漁業村については青浦区檔案館に「青浦県漁民協会会員入会登記表」(1953年)なる文書が所蔵されていて参考になる[10]。この登記表は新中国成立当初、青浦県で漁民協会が設立される際に、会員となる漁民の基礎的な情報——姓名、性別、年齢はもちろん、宗教信仰、文化程度、捕魚工具、本人歴史情況などまでをも記入させている——を得る目的で登記を行わせたものと推定される。管見のかぎり、登記表には合計54戸が登録を行っているが、宗教信仰の項目に注目してみると、そのうち圧倒的多数の52戸が「天主教」と書き込んでおり、さらに1戸が「非天主教」、1戸が未記入となっていて、ともに該漁業村の漁民が天主教徒であることを前提とした書き方になっている。なぜ陳坊橋漁業村に天主教徒が多いのか、現在のところ、その歴史的経緯は判明しないが、文献史料も残されている該漁業村を調査することは、文献史料とヒアリングから立体的に歴史を描出しようとする場合、恰好の事例たりうるといえるのではないだろうか。

漁民と賛神歌

　次に漁民と賛神歌について触れておきたい。賛神歌とは現在、太湖流域で一般に漁民の伝統文化と見なされている伝統藝能の1つである。漁民の信仰と深く結びついた賛神歌は、各種の神霊が"人"から"神"へといたる伝説故事を唱ったものであり、特に劉猛将（劉王、劉皇、劉府上天王、本方大老爺）の故事を唱った劉王神歌が最も重視されている。江蘇省非物質文化遺産の指定にかかわる資料によれば、「賛神歌は明末に起源を有し、抗日戦争勝利～解放前夜に最盛期を迎えた。解放後も活動を続けたが、文革期に停頓し、文革の収束と同時に活動を再開した」「汾湖流域の神歌は賛神歌と俗称する。隋代に始まり、歴代王朝を通じ口頭伝承されて現在にいたるという。"陸上派"と"水上派"に分類される」などとあり、賛神歌が隋代以来の長い歴史を有すること、明代以降は文化大革命による中断を経ながらも現在まで唱われ続けていること、農民を中心とする"陸上派"に対して、漁民を中心とした"水上派"とも呼ばれるグループが形成されていることなどが判明する[11]。

　賛神歌を唱う歌手＝賛神歌歌手は前出の「香頭」と称する漁民のリーダーと重なることが多く、自ら「社」「会」を組織して一般の漁民を「香客」として編成し、焼香拝仏などの信仰活動を積極的に展開している。前掲『中国農村の民間藝能——太湖流域社会史口述記録集2』でも紹介したとおり、本書で整理・紹介する賛神歌歌手は、①沈小林、②張福妹、③沈全弟、④倪春宝、⑤沈毛頭の5名である[12]。なかでも③沈全弟は「公子社」神歌班の香頭（班主ともいう）であり、蘇州市レヴェルの"同里賛神歌"の代表性伝承人に認定されていて、地元の漁民に頗る声望を有している[13]。また①沈小林は「太親社」、④倪春宝は「七生社」、⑤沈毛頭は「旗傘社」をそれぞれ組織している（②張福妹については不明）。

　これら賛神歌歌手への調査を進めるなかで、ヒアリングという手法を用いることで、単なる賛神歌の外形的な知識のみではなく、神霊と繋がる方法の継承者としての香頭の心性にも迫りうることを確信するようになった。

日本住血吸虫病（血吸虫病）

　最後に、かつて太湖流域で大流行した地方病＝日本住血吸虫病を取り上げたい。筆者が調査対象とした太湖流域は、江南デルタの低湿地帯のなかでも最も地勢の低い地域に属している。長江流域から華中・華南にかけては、かような低湿地帯が河川や湖沼に沿って帯状に存在するが、そうした地域に特有の地方病があり、太湖流域漁民を含めた水辺に暮らす人びとを苦しめていた。日本住血吸虫病（中国名：血吸虫病）がそれである（**口絵・写真7**）。この地方病はもちろん漁民だけが罹患したわけではないが、太湖流域における暮らしを考えるうえで、この問題を避けて通ることはできない。日本住血吸虫病（血吸虫病）に関する初歩的な考察は、調査に同行した李雅君（当時広島大学院生）がすでに論攷を発表しているから、詳細はそちらに譲るとして[14]、ここではかつて全国の日本住血吸虫病感染トップ10の県の1つに入っていた青浦県の徐涇鎮を事例としながら簡単に状況を紹介しておきたい。

　徐涇鎮が編纂した新編地方志『徐涇志』によれば、「〔青浦県〕徐涇郷は歴史上において血吸虫病が酷かった。解放以前、水利が整わず、衛生条件も悪かったため、疫水が氾濫し、疾病が流行した。徐涇地区の170にもおよぶ河浜にはたくさんの釘螺（たにしの1種）がおり、村々には血吸虫病の患者があふれ、感染率は80％にも達した。数百年来、自然の"瘟神"がいかに多くの人々の生命を奪ってきたであろうか[15]」とあり、新中国成立以前から日本住血吸虫病に苦しめられてきたこと、中間宿主である釘螺が河川に多く分布したために、感染率が極めて高かったことが綴られている。

12

　同書によれば、政府による対策として、1951年に青浦県血吸虫病防治站が設立されたほか、1953年に徐涇郷聯合診所が血防組を組織して血防工作に着手、群衆による査螺滅螺運動（中間宿主である釘螺を取り除くことで感染を防ごうとする運動）を展開した。1956年には徐涇郷が乾河滅螺を採用、河底を乾燥させ釘螺を埋めて殺貝剤を散布した。そして同年、県内で二番目の血防点である青東血吸虫病長程治療点が成立した。そこでは大衆向けの具体的な衛生教育として図片展覧、電影幻灯、糞便日記などの方法で公共衛生の宣伝活動が行われるとともに、徐涇人民公社内に血吸虫病治療小組が組織され、衛生院医生（医者）、大隊の"赤脚医生"がアンチモン剤を投与するなど患者の治療にあたった。衛生院とは1950年に成立していた聯合診療所に開業医を吸収して1958年に設立されたもので、「予防を主とし、予防と治療を結合させる」という方針を採用した。一方"赤脚医生"とは1950年代において衛生員や保健員のことをさしてこのように称していた。1969年には村衛生室を合作医療站と改め、さらに試験を実施して合格した"赤脚医生"を郷村医生とした。

　本書には、日本住血吸虫病に罹患した人はもちろん、医師、赤脚医生や村の幹部へのヒアリング内容が掲載されている。日本住血吸虫病は現在でこそ猛威を振るわなくなったが、かつては太湖流域の人びとを震え上がらせるほどの脅威であったのであり、今も完全に消滅したわけではない。そうした太湖流域の人びとの過去の苦難や恐怖、闘いの日々をヒアリングで明らかにして後世に伝えることは極めて重要な作業といってよいであろう。

本書の構成

　本書は三部構成となっている。第Ⅰ部論文篇、第Ⅱ部調査報告篇、第Ⅲ部口述記録篇である。第Ⅰ部論文篇では、本書掲載の口述記録の一部分を利用し、実際に口述記録の利用が文献史料の限界を克服して興味深い論点を提出しうることを提示してみたい。具体的にいえば、文献史料ではなかなか踏み込みにくい太湖流域漁民の心性にまで掘り下げた検討を試みる。ここにいう心性とは太湖流域漁民のアイデンティティとしての1つである祖籍に基づく自己同定認識をさしている。筆者が知るかぎり、太湖流域船漁民には「本地人」「蘇北人」「山東人」意識が存在する。かようなアイデンティティが漁民たちの口からどのように語られるのかを口述記録から紹介・整理しつつ、ともすれば外側から"一枚岩"に見られがちな太湖流域漁民像の内部の実態に切り込んでみたい。

第Ⅱ部調査報告篇では、調査の過程で知り合った陳俊才氏が調査・寄稿してくださった「一顆古老的太湖明珠——蘇州市漁港村漁文化遺存調査」を掲載する。陳氏は1933年、江蘇省の蘇州市生まれで、仕事をもちながら太湖流域の漁民について独自に調査を進め、その成果を論文や書籍として出版してきた、いわゆる郷土史家である。江蘇省漁業経済研究会、蘇州市民俗学会などの会員として活動するほか、「太湖漁民信仰習俗調査」(『中国民間文化』、1992年)、『太湖漁業史』(1986年)、『情繋太湖』(中国文史出版社、2005年)などの編纂・執筆も行った。本書の編纂にあたっては、筆者から陳氏に寄稿をお願いし、太湖流域漁民の歴史、衣・食・住・行などの風俗、宗教・信仰についてこれまでの調査結果を踏まえながら大胆に記述していただいた。

第Ⅲ部口述記録篇では、2004～2011年にヒアリングを実施した太湖流域船上生活漁民の語りを中心として整理・掲載する。一部の漁民については、すでに前掲『中国農村の信仰と生活——太湖隆起社会史口述記録集』で発表済みであるので、読者には是非とも併せて参照していただきたいが、本書ではあらたに43名の漁民(うち1名は補充調査を実施した)へのヒアリングを公開する。ただしヒアリング開始直後の事例が多いだけに、内容的には満足できない部分、さらなる補充が必要な部分も少なくないが、太湖流域漁民の語りがこれまで全く収集・整理・公開されたことがなく極めて貴重な記録であるだけに恥を忍んで公開することを決断した。

さらに本書では、上述のように、漁民をはじめとする太湖流域の水辺に暮らす人びとにとって克服すべき重要な問題の1つであった日本住血吸虫病(血吸虫病)をめぐる語りをも併せて掲載することにした。なぜなら筆者が漁民を含む多数の太湖流域の水辺に暮らす人びとにヒアリングを行っているなかで、しばしば語られたのがこの地域の地方病である日本住血吸虫病の猛威と収束だっ

14

たからである。日本住血吸虫病は太湖流域のみならず長江以南の低湿地帯で広く発生し、多くの人びとが犠牲になったことは有名であり、特に太湖の東に位置する青浦県（現在の上海市青浦区）では一つの村落が消滅するほど猛威を振るった。現在では、戦後の査螺滅螺運動などの対策が実を結び、一部の地域を除いてほぼ収束するにいたっており、青浦県任屯村に建設された血防陳列館が当時の人びとの苦難と努力を物語っている（口絵・写真8）。筆者は、実際の日本住血吸虫病罹患者や医師・赤脚医生に当時の詳細な状況をたずねただけでなく、査螺滅螺運動などの政策を現場の太湖流域で具体的に実施・展開してきた人びとにヒアリングを行った。この問題は本来ならば本書とは別に一冊を立てて整理すべきものであるが、ヒアリングの成果を可能なかぎりすみやかに他の研究者と共有するためにここに一足早く公開することにした。

　謝辞

　太湖流域船上生活漁民にヒアリングを実施するなかで、最も尽力してくださったのは上述の楊申亮氏である。この若き好奇心旺盛な工場経営者が溢れんばかりの"郷土愛"をもって筆者に接し、労を厭うことなく積極的にインフォーマントをさがしヒアリングの通訳を買って出てくれた。心より感謝の言葉を贈りたい。

　また中国中山大学歴史系の呉滔氏および夏一紅（香港科技大学博士課程学生）、潘弘斐（中国中山大学博士課程学生）、徐芳（同修士課程学生）、銭豊（同修士課程学生）、陳天勤（同学生）、李星毅（杭州師範大学学生、いずれも当時）には、さまざまな手配、通訳、録音の文字化などで大変お世話になった。ここに記して感謝を申し上げる。

　なお本書の刊行にあたっては、国立大学法人国際競争力強化事業（京都大学）による「平成29年度国立大学改革強化推進補助金（国立大学法人国際競争力強化事業）」をいただいた。助成機関ならびに関係各位に感謝を申し上げたい。

序　文　　　15

注

（1）　太田出『中国近世の罪と罰——犯罪・警察・監獄の社会史』（名古屋大学出版会、2015年）165〜168頁。

（2）　筆者も明清時代の太湖流域船上生活漁民に関する文献史料から接近を試みた。太田前掲書、169〜172頁を参照されたい。

（3）　濱島敦俊「農村社会——覚書」（森正夫他編『明清時代史の基本問題』汲古書院、1997年）163頁。

（4）　太田前掲書、190〜191頁。

（5）　近年になってようやく胡艶紅『江南の水上居民——太湖漁民の信仰生活とその変容』（風響社、2017年）を得た。かかる文化人類学的な成果を中国人の若手研究者が出版するにいたった事実は素直に喜びたい。後述するとおり、本書が主に太湖流域の中小型漁船を扱うのに対して（口絵・写真1、写真2）、太湖で操業する大型漁船を取り上げており（口絵・写真3）、太湖流域を総合的に俯瞰するうえで、相互補充的な関係にあるので、読者には併せて参照いただければ幸いである。

（6）　各報告書の詳細については、太田出「中国地域社会史研究とフィールドワーク——近年における江南デルタ調査の成果と意義」（『歴史評論』663号、2005年）、佐藤仁史・太田出「太湖流域社会史現地調査報告——外国人研究者とフィールドワーク」（『近代中国研究彙報』30号、2008年）、佐藤仁史・太田出「中国近現代口述史における『語り』とオーラルヒストリー資料」（岩本通弥・法橋量・及川祥平編『オーラルヒストリーと〈語り〉のアーカイブ化に向けて』成城大学民俗学研究所グローカル研究センター、2011年）を参照していただきたい。

（7）　佐藤仁史・太田出・稲田清一・呉滔編『中国農村の信仰と生活——太湖流域社会史口述記録集』（汲古書院、2008年）59〜61頁。

（8）　前掲『中国農村の民間藝能——太湖流域社会史口述記録集2』、75頁。

（9）　太田出「太湖流域漁民の「社」「会」とその共同性——呉江市漁業村の聴取記録を手がかりに」（太田出・佐藤仁史編『太湖流域社会の歴史学的研究——地方文献と現地調査からのアプローチ』汲古書院、2007年）、同「太湖流域漁民信仰雑考——楊姓神・上方山大老爺・太君神を中心に」（『九州歴史科学』第39号、2011年）、同「太湖流域漁民の「香頭」の職能とその継承——若干の「社」「会」を事例に」（『広島東洋史学報』第15・16号、2011年）。

（10）　青浦区檔案館蔵、1-2-63「陳坊橋漁民協会会員」。

16

(11) 　前掲『中国農村の民間藝能——太湖流域社会史口述記録集2』、83頁。

(12) 　前掲『中国農村の民間藝能——太湖流域社会史口述記録集2』、84〜86頁。

(13) 　太田出「太湖流域漁民の香頭と賛神歌——非物質文化遺産への登録と創り出された「伝統」」（氷上正・千田大介・山下一夫・佐藤仁史・二階堂善弘・平林宣和・太田出・戸部健『近現代中国の芸能と社会——皮影戲・京劇・説唱』好文出版、33〜34頁。

(14) 　李雅君「“瘟神”から日本住血吸虫病へ——清末民国期上海における報道と情報の蓄積」（広島大学『史学研究』286号、2014年）。

(15) 　徐涇志編纂委員会編『徐涇志』第一巻、第十編衛生・体育、第二章除害防病、第二節血吸虫病防治。

調査日程表

第1回調査　2007年8月5日〜9月10日上海市・江蘇省・浙江省調査

　調査者　太田出、稲田清一、佐藤仁史、吉田建一郎

　同行者　呉滔（中山大学歴史系）、夏氷（蘇州市政協）、夏一紅・潘弘斐・蕭瀾（中山大学歴史系本科生）、沈萌（北京師範大学博士生）、費強・楊申亮（通訳）

　ゲスト参加者　金子肇（下関市立大学）、水羽信男（広島大学）、高田幸男（明治大学）

日時	地址	訪問先及び聞き取り対象者	課題	参加者
8月6日午前	上海市松江区広富林村	徐金龍氏採訪	解放前、広富林鎮の土地所有と農家経済	太田・稲田・佐藤・吉田・費強
8月6日午後	上海市松江区広富林村	周伯良氏採訪 湯伯泉氏採訪	解放前、広富林鎮の土地所有と農家経済 広富林鎮の城隍廟	〃
8月7日午前	上海市松江区広富林村	湯伯泉氏採訪金鳳氏採訪	広富林鎮老街の復原	太田・稲田・佐藤・吉田・夏一虹・費強
8月7日午後	上海市青浦区広富林村	湯伯泉氏採訪	解放前、広富林鎮の土地所有と農家経済	
8月8日午前	呉江市北厙鎮	許桂珍女史採訪	解放前後の市鎮・農村の教育	太田・佐藤・楊申亮
	上海市松江区広富林村	金鳳氏採訪	解放前、広富林鎮の土地所有と農家経済	稲田・吉田・夏一紅・費強
8月8日午後	上海市松江区広富林村	金鳳氏採訪 湯伯泉氏採訪鎮城隍廟参観	解放前、広富林鎮の土地所有と農家経済 広富林鎮の鎮城隍廟	太田・稲田・佐藤・吉田・夏一虹 〃
8月9日午前	上海市松江区広富林村	呉永泉氏採訪	解放前、広富林鎮の土地所有と農家経済	太田・稲田・佐藤・吉田・夏一虹・費強
8月9日午後	上海市松江区広富林村	呉永泉氏採訪湯伯泉氏採訪	解放前、広富林鎮の土地所有と農家経済	〃
8月10日午前	上海市松江区王家浜村	徐妙発氏採訪	解放前、王家浜村の土地所有と農家経済	太田・稲田・佐藤・吉田・夏一虹・費強
8月10日午後	上海市松江区王家浜村	姚永泉氏採訪徐妙発氏採訪倪愛根氏採訪	解放前、王家浜村の土地所有と農家経済	〃
8月11日午前	上海市松江区新陳家村	張永法氏採訪	解放前、新陳家村の土地所有と農家経済	太田・稲田・佐藤・吉田・夏一虹・費強

日時	地址	訪問先及び聞き取り対象者	課題	参加者
8月12日午前	上海市松江区新陳家村	徐光球氏採訪	解放前、新陳家村の土地所有と農家経済	太田・稲田・佐藤・吉田・夏一虹・費強
8月12日午後	上海市松江区広富林村	李銀翔氏採訪	解放前、広富林鎮の土地所有と農家経済	〃
8月13日午前	嘉善県楊廟鎮	楊廟禅寺参観	解放前、嘉善県の民間信仰	太田・佐藤・吉田・費強
	上海市青浦区	青浦区檔案館	所蔵檔案の閲覧・撮影・複写	稲田・夏一虹
	呉江市北厙鎮大長浜村	「待青苗」見学	農村生活と民間信仰	太田・佐藤・吉田・費強
8月13日午後	嘉興市王店鎮	景観調査関帝北陰殿参観	嘉興市王店鎮の歴史と現況	太田・稲田・佐藤・吉田・夏一虹・費強
8月14日午前	上海市松江区王家浜村	徐雪泉氏採訪	解放前、王家浜村の土地所有と農家経済	太田・稲田・佐藤・吉田・夏一虹・費強
8月14日午後	上海市松江区陳坊橋鎮	薛夢賢氏採訪	解放前後、農村の教員と教育	〃
8月16日午前	杭州市	霊隠寺参観	解放前後の仏教信仰	太田・佐藤・呉滔・潘弘斐・蕭瀟・費強
8月16日午後	杭州市西湖区花牌楼・三郎廟・海月橋・水澄橋・閘口	九姓漁戸調査邵祖連氏採訪	解放後の九姓漁戸	〃
8月17日午前	海寧市周王廟鎮	周王廟遺址見学孫炳金氏採訪	解放前後の周宣霊王信仰	太田・佐藤・呉滔・潘弘斐・蕭瀟・費強
8月17日午後	海寧市周王廟鎮	蔣慕傑氏採訪	解放前後の周宣霊王信仰	〃
		沈阿菊女史採訪	解放前後の周宣霊王信仰と漁民	〃
8月18日午前	杭州市	浙江省図書館	所蔵図書・雑誌の閲覧・撮影・複写	太田・佐藤・呉滔・潘弘斐・蕭瀟
8月19日午前	建徳市新安江鎮	朱睦卿氏訪問	建徳の九姓漁戸と梅城の歴史	太田・佐藤・呉滔・潘弘斐・沈萌
	建徳市梅城鎮	七郎廟参観周建氏採訪	九姓漁戸と総管信仰楊七郎・金元七民間故事	〃
8月19日午後	建徳市梅城鎮航業新村	姜財香女史採訪張発財氏採訪	航業公司と水運	太田・佐藤・呉滔・潘弘斐・沈萌
	建徳市梅城鎮南峰大隊	林炳賢氏採訪	九姓漁戸の歴史と現況	〃

調査日程表　　　　　　　　19

日時	地址	訪問先及び 聞き取り対象者	課題	参加者
8月20日午前	建徳市新安江鎮	建徳市檔案局	所蔵檔案の閲覧・撮影・複写	太田・佐藤・呉 滔・潘弘斐・沈 萌
8月20日午後	建徳市梅城鎮 南峰大隊	林炳賢氏採訪	九姓漁戸の歴史と現況	〃
8月21日午前	建徳市梅城鎮 饅頭山漁業村	陳狗児氏採訪 徐秋英女史採訪	九姓漁戸の歴史と現況	太田・佐藤・呉 滔・潘弘斐・沈 萌
8月21日午後	建徳市梅城鎮 饅頭山漁業村	陳狗児氏採訪 徐秋英女史採訪 銭樟生氏採訪	九姓漁戸の歴史と現況 九姓漁戸の歴史と現況	〃
8月22日午前	建徳市新安江鎮	建徳市檔案局	所蔵檔案の閲覧・撮影・複写	太田・佐藤・呉 滔・潘弘斐
8月22日午後	淳安市千島湖	景観調査	ダム湖見学	〃
8月23日午前	建徳市大洋鎮 漁民村	陳樟坤氏採訪	九姓漁戸の歴史と現況	太田・佐藤・呉 滔・潘弘斐
8月23日午後	建徳市大洋鎮 漁民村	陳樟坤氏採訪	九姓漁戸の歴史と現況	〃
	建徳市大洋鎮	王氏宗祠見学 胡氏宗祠見学	建徳市における宗族組織と 宗祠	〃
8月24日午前	建徳市三都鎮 漁業村	銭祚児氏採訪	九姓漁戸の歴史と現況	太田・佐藤・呉 滔・潘弘斐
8月24日午後	建徳市新安江鎮	唐雲慶氏採訪	九姓漁戸の歴史と現況	〃
8月25日午前	桐廬県富春江鎮蘆茨村	陳公寺参観	九姓漁戸の陳老相公信仰	太田・佐藤・呉 滔・潘弘斐
8月26日午前	蘇州市横涇鎮	姚佩英女史採訪	解放前後における農村教育 の変遷	太田・佐藤・夏 氷
8月26日午後	蘇州市横涇鎮	汪暁明氏採訪	解放前後における農村教育 の変遷	〃
	蘇州市	独墅湖・金鶏湖 見学	蘇州市漁業の歴史と現況	〃
8月27日午前	蘇州市	朱家元氏採訪	解放前後における蘇州の茶 食糖果行	太田・佐藤・夏 氷・金子・水羽
8月27日午後	蘇州市	劉振英氏採訪	解放前後における蘇州の茶 食糖果行	〃
8月28日午前	蘇州市	呉中区檔案館	所蔵檔案の閲覧・撮影・複写	太田・佐藤・高 田
8月28日午後	蘇州市	蘇州市図書館		太田・佐藤
8月29日	蘇州→無錫	移動日		
8月30日午前	無錫市	高田科研の聴取 調査に参加		太田・佐藤
8月30日午後	無錫市	高田科研の聴取 調査に参加		〃

日時	地址	訪問先及び 聞き取り対象者	課題	参加者
8月31日午前	無錫市	無錫市図書館	所蔵図書・雑誌の閲覧・撮影・複写	太田・佐藤
8月31日午後	常熟市	常熟市碑刻博物館	所蔵石刻碑文の撮影	〃
9月1日午前	呉江市北厙鎮大長浜村	楊小龍氏採訪	大長浜村の歴史と現況	太田・佐藤・費強
		徐流金氏採訪	大長浜村の歴史と現況	〃
		楊洪興氏採訪	大長浜村の歴史と現況	〃
9月1日午後	呉江市北厙鎮翁家港村	金宝栄氏採訪	翁家港村の歴史と現況	〃
	呉江市北厙鎮大長港村	楊德卿氏採訪	大長浜村の歴史と現況	〃
	呉江市北厙鎮大長浜村	沈永林氏採訪	大長浜漁業村の歴史と現況	〃
9月2日午前	呉江市北厙鎮漁業村	金天宝氏採訪	北厙鎮漁業村の歴史と現況	太田・佐藤・費強
	呉江市北厙鎮大長浜村	王天宝氏採訪	大長浜村の歴史と現況	〃
9月2日午後	呉江市廟港鎮漁業村	徐貴祥氏採訪	太湖興隆社の実態	〃
9月3日午前	呉江市北厙鎮	許桂珍女史採訪	解放前後の市鎮・農村の教育	太田・佐藤・楊申亮
9月3日午後	呉江市北厙鎮大長浜村	浦志澄氏採訪	大長浜村の歴史と現況	〃
9月4日午前	呉江市北厙鎮大長浜村	楊小龍氏採訪	大長浜村の歴史と現況	太田・佐藤・楊申亮
		徐留金氏採訪	大長浜村の歴史と現況	〃
		浦愛林氏採訪	大長浜村の歴史と現況	〃
9月4日午後	蘇州市鳳凰涇	北雪涇寺参観	蘇州の小城隍・五公公・六太爺信仰	太田・佐藤
	蘇州市	蘇州政協・夏氷氏訪問	今後の研究計画に関する打ち合わせ	〃
9月5日午前	湖州市下昂水産村	周根桂氏採訪	下昂解糧社の実態	太田・佐藤・費強
9月5日午後	呉江市八坼鎮漁業村	孫紅弟氏採訪	北六房の実態	〃
	呉江市八坼鎮龍津村	朱火生氏採訪	呉江市における宣巻藝人の活動	〃
9月6日午前	呉江市北厙鎮西浜村	呉宏興氏採訪	解放前、北厙鎮袁万順魚行の経営	太田・佐藤・楊申亮
9月6日午後	呉江市	呉卯生氏採訪	呉江市における宣巻藝人の活動	太田・佐藤・費強
	呉江市	趙華女史採訪	呉江市における宣巻藝人の活動	〃

調査日程表　　　　　　　　　　　　　　21

日時	地址	訪問先及び聞き取り対象者	課題	参加者
9月7日午前	呉江市北庫鎮	楊前方氏採訪	大長浜村の歴史と現況	太田・佐藤・楊申亮
9月7日午後	呉江市莘塔鎮漁業村	褚阿弟氏採訪	莘塔漁業村の歴史と現況	太田・佐藤・費強
	呉江市松陵鎮南庫村	西城隍廟・東城隍廟参観	南庫村の城隍神信仰	〃

第2回調査　2008年6月6日～6月14日上海市・江蘇省調査

調査者　太田出、佐藤仁史、侯楊方（復旦大学中国歴史地理中心）
同行者楊申亮・費強（通訳）、張舫瀾（郷土史家）

日時	地址	訪問先及び聞き取り対象者	課題	参加者
6月6日午後	上海市	復旦大学	GIS を利用した歴史学研究の可能性	太田・佐藤・侯楊方
6月7日午前	呉江市北庫鎮大長浜村	楊林書氏採訪	大長浜村の歴史と現況	太田・佐藤・楊申亮・費強
	呉江市北庫鎮大長港村	浦愛林氏採訪	大長港村の歴史と現況	〃
	呉江市北庫鎮大長港村	楊徳卿氏採訪	大長港村の歴史と現況	〃
	呉江市北庫鎮大長港村	陳宝珠氏採訪	大長港村の歴史と現況	〃
6月8日午前	呉江市北庫鎮大長浜村	楊小龍氏採訪	大長浜村の歴史と現況	太田・佐藤・楊申亮
6月8日午後	呉江市北庫鎮	浦志澄氏採訪	大長浜村の歴史と現況	〃
6月9日午前	呉江市廟港鎮漁業村	徐貴祥氏採訪	太湖興隆社の実態	太田・佐藤・費強
6月9日午後	蘇州市光福鎮太湖郷湖東村	王希賢氏採訪	太湖公義社の実態	〃
6月10日午前	呉江市北庫鎮	張春栄氏採訪	北庫鎮の米行・魚行	太田・佐藤・楊申亮
		張宏勲氏採訪	解放前後の北庫鎮における商会の活動	〃
	呉江市北庫鎮漁業村	金天宝氏採訪	北庫鎮漁業村の歴史と現況	〃
6月10日午後	呉江市金家壩鎮梅湾村	梅孫栄氏採訪	梅湾村の歴史と現況	〃
6月11日午前	呉江市北庫鎮翁家港村	金宝栄氏採訪	翁家港村の歴史と現況	太田・佐藤・楊申亮
6月11日午後	青浦区広富林鎮・王家浜村	景観調査	広富林鎮の移転と王家浜村の現状	太田・佐藤・費強

日時	地址	訪問先及び聞き取り対象者	課題	参加者
6月11日午後	呉江市金家壩鎮楊文頭村	胡阿根氏採訪	呉江市における宣巻藝人の活動	太田・佐藤・張舫瀾・費強
	呉江市金家壩鎮長巨村	柳玉興氏採訪 陸妹珍女史採訪	呉江市における宣巻藝人・仏娘の活動	〃
6月12日午前	湖州市下昂水産村	周根狗氏採訪	下昂解糧社の実態	太田・佐藤・費強
6月12日午後	呉江市八圻鎮龍津村	朱火生氏採訪	呉江市における宣巻藝人の活動	〃

第3回調査　2008年8月6日～9月8日上海市・江蘇省・浙江省調査

調査者　太田出、山本英史、稲田清一、小島泰雄、佐藤仁史、吉田建一郎、戸部健、宮田義矢（東京大学教養学部博士課程）、侯楊方（復旦大学中国歴史地理中心）、呉滔（中山大学歴史系）、緒方賢一（大阪市立大学）、藤野真子（関西学院大学）

同行者　楊申亮・費強（通訳）、張舫瀾（郷土史家）、夏氷（蘇州市政協）、潘弘斐・徐芳（中山大学歴史系本科生）、沈萌（北京師範大学博士生）

日時	地址	訪問先及び聞き取り対象者	課題	参加者
8月7日午前	上海市松江区広富林村	湯伯泉氏採訪	広富林鎮と図正	太田・稲田・小島・佐藤・吉田・戸部・潘弘斐・徐芳
8月7日午後	上海市松江区広富林村	湯伯泉氏採訪	広富林鎮と図正	〃
8月8日午前	上海市松江区広富林村	湯伯泉氏採訪	広富林鎮と図正	太田・佐藤・戸部・徐芳
	上海市松江区佘山鎮	佘山鎮政府地方志編纂室	佘山鎮の歴史と現況	稲田・小島・吉田・侯楊方
	上海市松江区	松江区政府地方志編纂室	松江区の歴史と現況	〃
8月8日午後	上海市松江区広富林村	湯伯泉氏採訪	広富林鎮と図正	太田・佐藤・戸部・徐芳
	上海市松江区王家浜村	景観調査	王家浜村でのGIS利用	稲田・小島・吉田・侯楊方
8月9日午前	上海市松江区王家浜村	張永法氏採訪	王家浜村の歴史と現況	太田・佐藤・戸部・徐芳・侯楊方
	上海市松江区広富林村	湯伯泉氏採訪	広富林鎮と農家経済	稲田・小島・吉田・潘弘斐
8月9日午後	上海市松江区王家浜村	姚文川氏採訪	王家浜村の歴史と現況	太田・佐藤・戸部・徐芳
8月9日午後	上海市松江区広富林村	湯伯泉氏採訪	広富林鎮と農家経済	稲田・小島・吉田・潘弘斐

調査日程表

日時	地址	訪問先及び聞き取り対象者	課題	参加者
8月10日午前	上海市松江区新陳家村	老年活動室訪問	新陳家村の歴史と現況	太田・佐藤・戸部・潘弘斐
	上海市松江区王家浜村	姚文川氏採訪	王家浜村の血吸虫病	稲田・小島・吉田・徐芳
8月10日午後	上海市松江区王家浜村	徐士興氏採訪	王家浜村の歴史と現況	太田・佐藤・戸部・潘弘斐
	上海市松江区新陳家村	張根全氏採訪	新陳家村の歴史と現況	稲田・小島・吉田・徐芳
8月11日午前	呉江市北厙鎮大長浜村	楊小龍(楊誠)氏採訪	大長浜村の歴史と現況	太田・稲田・佐藤・潘弘斐
	呉江市廟港鎮	景観調査		小島・吉田・戸部・徐芳
	呉江市七都鎮開弦弓村村民委員会	景観調査		
8月11日午後	呉江市北厙鎮大長浜村	浦辛妹女史採訪	大長浜村の女性	太田・稲田・佐藤・潘弘斐
	呉江市盛沢鎮	周徳華氏(郷土史家)訪問居士林参観先蚕祠参観済東会館参観	盛沢鎮の歴史と現況	小島・吉田・戸部・徐芳
	嘉興市王江涇鎮民主村	劉承忠紀念館・劉公塔参観	王江涇鎮の歴史と現況	〃
8月12日午前	上海市松江区陳坊橋鎮	薛夢賢氏採訪王毓芳女史採訪	広富林鎮と教育広富林鎮と血吸虫病	太田・佐藤・戸部・徐芳
	上海市松江区新陳家村	張根全氏採訪	新陳家村の歴史と現況	稲田・小島・吉田・潘弘斐
8月12日午後	上海市松江区陳坊橋鎮	薛夢賢氏採訪王毓芳女史採訪	広富林鎮と教育広富林鎮と血吸虫病	太田・佐藤・戸部・徐芳
	上海市松江区王家浜村	徐錫泉氏採訪	王家浜の歴史と現況	稲田・小島・吉田・潘弘斐
8月13日午前	呉江市黎里鎮	景観調査	黎里鎮の歴史と現況	太田・稲田・小島・佐藤・吉田・戸部・潘弘斐・徐芳
8月13日午後	呉江市蘆墟鎮	荘家圩劉王廟参観	呉江市の民間信仰	〃
	呉江市蘆墟鎮	大仙廟参観	〃	〃
8月15日午前	建徳市梅城鎮	林炳賢氏採訪	九姓漁戸と航運	太田・佐藤・呉滔・沈萌・徐芳
8月15日午後	建徳市梅城鎮	周健氏採訪	九姓漁戸に関わる故事や伝説	〃
	建徳市梅城鎮	林炳賢氏採訪	九姓漁戸と航運	〃
8月16日午前	建徳市下涯鎮馬目	林樟秋氏採訪	新安江の航運と供銷社	太田・佐藤・呉滔・沈萌・徐芳

24

日時	地址	訪問先及び聞き取り対象者	課題	参加者
8月16日午後	建徳市下涯鎮馬目	林樟秋氏採訪	新安江の航運と供銷社	〃
8月17日午前	建徳市三都鎮漁業村	銭祚児氏採訪	九姓漁戸と捕撈	太田・佐藤・呉滔・沈萌・徐芳
8月17日午後	建徳市三都鎮漁業村	銭祚児氏採訪	九姓漁戸と捕撈	〃
8月18日午前	建徳市梅城鎮	唐雲慶氏採訪	九姓漁戸と航運	太田・佐藤・呉滔・沈萌・徐芳
8月18日午後	建徳市大洋鎮漁業村	陳樟坤氏採訪	九姓漁戸と捕撈	〃
8月19日午前	建徳市下涯鎮大洲村	姚金海氏採訪	山村と木材・木炭等の砍出・運搬	太田・佐藤・呉滔・沈萌・徐芳
8月19日午後	建徳市下涯鎮大洲村	姚金海氏採訪	山村と木材・木炭等の砍出・運搬	〃
8月20日午前	桐廬県	桐廬県図書館桐廬県檔案館	所蔵書籍・檔案の閲覧・撮影	太田・佐藤・呉滔・沈萌・徐芳
8月20日午後	桐廬県	桐廬県檔案館	所蔵書籍・檔案の閲覧・撮影	〃
8月21日午前	桐廬県富春江鎮蘆茨村	陳公寺参観邵春潮氏採訪	陳老相公信仰と蘆茨村	太田・佐藤・呉滔・沈萌・徐芳
8月21日午後	桐廬県富春江鎮蘆茨村	邵春潮氏採訪	陳老相公信仰と蘆茨村	佐藤・呉滔・沈萌・徐芳
8月23日午前	蘇州市横涇鎮	盛介正氏採訪陳俊才氏訪問	蘇州の経造太湖流域漁民	太田・山本・宮田・夏氷
	呉江市	呉江市図書館	所蔵書籍の閲覧・撮影	佐藤・緒方・藤野
8月23日午後	蘇州市横涇鎮	盛介正氏採訪陳俊才氏採訪都監廟（城隍廟）参観	蘇州の経造太湖流域漁民城隍神信仰の復活	太田・山本・宮田・夏氷
	呉江市松陵鎮呉星村	趙華女史採訪	呉江市における宣巻藝人の活動	佐藤・緒方・藤野
8月24日午前	蘇州市	顧彩元氏採訪	蘇州の経造	太田・山本・佐藤・夏氷
8月24日午後	呉江市松陵鎮	趙華女史採訪	呉江市における宣巻藝人の活動	佐藤・緒方・藤野・宮田
8月25日午前	蘇州市蘇州市海寧市呉江市松陵鎮	周家瑜氏採訪蘇州市方志館海寧皮影劇調査呉卯生氏採訪	蘇州の血吸虫病所蔵書籍の閲覧・撮影海寧市の皮影劇呉江市における宣巻藝人の活動	太田山本・宮田佐藤緒方・藤野・張舫瀾
8月25日午後	蘇州市海寧市呉江市平望鎮	蘇州市方志館海寧皮影劇調査高黄驥氏採訪	所蔵書籍の閲覧・撮影海寧市の皮影劇呉江市における宣巻藝人の活動	太田・山本・宮田佐藤緒方・藤野・張舫瀾

調査日程表　　　　　　　　　25

日時	地址	訪問先及び聞き取り対象者	課題	参加者
8月26日午前	上海市松江区	湯伯泉氏採訪	広富林鎮の図正	太田・山本・佐藤・宮田・費強
	北厙鎮葉周村	張宝龍氏採訪	呉江市における宣巻藝人の活動	緒方・藤野・張舫瀾
8月26日午後	上海市松江区	湯伯泉氏採訪	広富林鎮の図正	太田・山本・佐藤・宮田・費強
8月27日午後	蘇州市	蘇州市方志館	所蔵書籍の閲覧・撮影	太田・佐藤
8月28日午前	呉江市北厙鎮大長浜村	浦新妹女史採訪	大長浜村の歴史と現況	太田・佐藤・潘弘斐
8月28日午後	呉江市北厙鎮大長浜村	浦春林氏採訪	大長浜村の歴史と現況	〃
8月29日午前	呉江市廟港鎮漁業村	徐貴祥氏採訪	太湖興隆社徐家公門	太田・佐藤・潘弘斐
8月30日午前	上海市松江区新陳家村	陸永寿氏採訪	農村における赤脚医生の役割と血吸虫病	太田・佐藤・潘弘斐
	上海市松江区陳坊橋鎮	馬桂芳女史採訪	農村における婦女主任の役割	〃
8月30日午後	上海市松江区新陳家村	徐金鳳女史採訪	農村における婦女主任の役割	〃
8月31日午前	呉江市蘆墟鎮	楊申亮氏訪問	口述記録集打合せ	太田・佐藤・楊申亮
9月1日午前	呉江市北厙鎮大長浜村	楊小龍（楊誠）氏採訪 浦志澄氏採訪	大長浜村の歴史と現況	太田・佐藤・費強
9月1日午後	呉江市松陵鎮	張舫瀾氏訪問	呉江市地方志購入	〃
9月2日午前	浙江省湖州市菱湖鎮	景観調査	菱湖鎮の歴史と現状	太田・佐藤
9月2日午後	浙江省湖州市新市鎮	景観調査 劉王堂参観	新市鎮の歴史と現状	〃
	浙江省湖州市双林鎮	景観調査 東嶽廟参観	双林鎮の歴史と現状	〃
9月3日午前	呉江市北厙鎮大長浜村	浦志澄氏採訪	大長浜村の歴史と現況	太田・佐藤・費強
9月4日午前	上海市松江区佘山鎮	沈進賢氏採訪	佘山鎮志の編纂	太田・佐藤・侯楊方・費強太田・佐藤・費強
9月4日午後	呉江市八圻鎮龍津村	朱火生氏採訪	呉江市における宣巻藝人の活動	
9月6日午後	上海市	上海図書館近代文献部	所蔵書籍の閲覧・撮影	太田

第4回調査　2009年8月17日〜9月6日上海市・江蘇省・浙江省調査

　　調査者　太田出、稲田清一、小島泰雄、佐藤仁史、吉田建一郎、呉滔（中山大学歴史
　　　　　　系）、唐立宗（台湾）、緒方賢一（立命館大学）、藤野真子（関西学院大学）
　　同行者　張舫瀾（郷土史家）、楊申亮（通訳）、潘弘斐（中山大学歴史系院生）、徐芳（中山
　　　　　　大学歴史系4回生）、銭豊（中山大学歴史系4回生）、伍珺涵（中山大学歴史系1回生）

日時	地址	訪問先及び聞き取り対象者	課題	参加者
8月18日午前	上海市松江区王家浜村	徐錫泉氏採訪	王家浜村の歴史と現況	太田・稲田・小島・吉田・伍珺涵
	呉江市八坼鎮龍津村	朱火生氏採訪	呉江市における宣巻藝人の活動	佐藤・緒方・藤野・徐芳
8月18日午後	上海市松江区王家浜村	姚福昌氏採訪	王家浜村の歴史と現況	太田・稲田・小島・吉田・伍珺涵
	呉江市八坼鎮龍津村	朱火生氏採訪	呉江市における宣巻藝人の活動	佐藤・緒方・藤野・徐芳
8月19日午前	呉江市八坼鎮龍津村	朱火生氏採訪	呉江市における宣巻藝人の活動	太田・佐藤・緒方・藤野・徐芳
	上海市松江区王家浜村	姚文川氏採訪	王家浜村の歴史と現況	稲田・小島・吉田・伍珺涵
8月19日午後	呉江市八坼鎮龍津村	朱火生氏採訪	呉江市における宣巻藝人の活動	太田・佐藤・緒方・藤野・徐芳
	上海市松江区陳家村	張根全氏採訪	陳家村の歴史と現況	稲田・小島・吉田・伍珺涵
8月20日午前	呉江市屯南社区	江仙麗女史採訪	呉江市における宣巻藝人の活動	太田・佐藤・緒方・藤野・徐芳
	上海市松江区	湯伯泉氏採訪	広富林鎮の図正	稲田・小島・吉田・伍珺涵
8月20日午後	呉江市金家壩鎮長巨村	柳玉興氏採訪	呉江市における宣巻藝人の活動	太田・佐藤・緒方・藤野・徐芳
	上海市松江区	秀野橋・岳廟等景観調査	米行等の旧址と市場の見学	稲田・小島・吉田・伍珺涵
	上海市松江区	湯伯泉氏採訪	広富林鎮の図正	〃
8月21日午前	松江区陳坊橋鎮	馬桂芳女史採訪	滅螺隊長と血吸虫病	太田・佐藤・徐芳
	上海市松江区	上海図書館松江分館	所蔵図書・雑誌の閲覧・撮影・複写	稲田・小島・吉田・伍珺涵
	呉江市平望鎮	高黄驥氏採訪	呉江市における宣巻藝人の活動	緒方・藤野
8月21日午後	松江区陳坊橋鎮	石坤元氏採訪	赤脚医生と血吸虫病	太田・佐藤・徐芳
	上海市松江区	上海図書館松江分館	所蔵図書・雑誌の閲覧・撮影・複写	稲田・小島・吉田・伍珺涵

調査日程表

日時	地址	訪問先及び聞き取り対象者	課題	参加者
8月21日午後	呉江市	趙華女史採訪	呉江市における宣巻藝人の活動	緒方・藤野
8月22日午前	呉江市北厙鎮大長浜村	楊小龍氏採訪	大長浜村の歴史と現況	太田・佐藤・徐芳・楊申亮
	上海市松江区王家浜村	姚福昌氏採訪	王家浜村の歴史と現況	
	呉江市同里鎮	肖燕女史採訪	呉江市における宣巻藝人の活動	緒方・藤野・張舫瀾
8月22日午後	呉江市北厙鎮	浦志澄氏採訪	大長浜村の歴史と現況	太田・佐藤・徐芳・楊申亮
	上海市松江区王家浜村	倪愛根氏採訪	王家浜村の歴史と現況	稲田・小島・吉田・伍珺涵
8月23日午前	松江区陳坊橋鎮	王毓芳女史採訪	青浦県における血吸虫病	太田・佐藤・徐芳
	松江区広富林鎮	景観調査	松江区の市鎮の歴史と現況	稲田・小島・吉田・伍珺涵
8月23日午後	松江区陳坊橋鎮漁民新村	朱新堂氏採訪	漁民と血吸虫病	太田・佐藤・徐芳
	松江区陳坊橋鎮・辰山鎮	景観調査	松江区の市鎮の歴史と現況	稲田・小島・吉田・伍珺涵
8月24日午前	呉江市同里鎮	芮時龍氏採訪	呉江市における宣巻藝人の活動	太田・佐藤・徐芳
	上海市青浦区朱家角鎮	景観調査	朱家角鎮の歴史と現況	稲田・小島・吉田・伍珺涵
8月24日午後	呉江市周荘鎮	宣巻見学	呉江市における宣巻藝人の活動	太田・佐藤・徐芳
		江仙麗女史採訪		〃
		張福妹女史採訪	漁民の仏娘・賛神歌歌手	〃
	呉江市北厙鎮漁業村	朱金林氏採訪	漁民の賛神歌歌手	〃
8月25日午前	呉江市→建徳市			太田・佐藤・唐立宗・潘弘斐・徐芳・銭豊
8月26日午前	建徳市	地方志編纂室訪問李氏採訪	所蔵書籍・檔案の閲覧・撮影	太田・佐藤・唐立宗・潘弘斐・徐芳・銭豊
	建徳市	建徳市檔案館	所蔵書籍・檔案の閲覧・撮影	〃
8月26日午後	建徳市	建徳市檔案館	所蔵書籍・檔案の閲覧・撮影	唐立宗・潘弘斐・銭豊
8月27日午前	建徳市	許小根氏採訪	新安江の航運	太田・佐藤・唐立宗・潘弘斐・銭豊
8月27日午後	桐廬県	桐廬県檔案館	所蔵書籍・檔案の閲覧・撮影	太田・佐藤・唐立宗・潘弘斐・銭豊
	桐廬県畬族郷	李氏大屋見学	畬族の生活と歴史	〃

日時	地址	訪問先及び聞き取り対象者	課題	参加者
8月28日午前	建徳市	許小根氏採訪	解放前後における建徳市の航運	太田・佐藤・呉滔・唐立宗・潘弘斐・銭豊・費強
8月28日午後	建徳市	陳連根氏採訪	解放前後における建徳市の航運	〃
8月29日午前	梅城鎮饅頭山漁業村	陳狗児氏採訪 徐秋英女史採訪	建徳市の九姓漁戸	太田・佐藤・呉滔・唐立宗・潘弘斐・銭豊・費強
8月29日午後	梅城鎮饅頭山漁業村	許菊英氏採訪	建徳市の九姓漁戸	〃
8月30日午前	桐廬県蘆茨村	邵春潮氏採訪	蘆茨村の歴史と現況	太田・佐藤・呉滔・唐立宗・潘弘斐・銭豊
8月30日午後	桐廬県蘆茨村	邵春潮氏採訪	蘆茨村の歴史と現況	〃
8月31日午前	桐廬県	桐廬我山郷郷政府	所蔵書籍・檔案の閲覧・撮影	太田・佐藤・呉滔・唐立宗・潘弘斐・銭豊
8月31日午後	桐廬県 桐廬県我山郷	桐廬県方志館 鄭長春氏採訪	所蔵書籍・檔案の閲覧・撮影 畬族の生活と歴史	〃
9月1日午前	蘭渓県	蘭渓県方志編纂辦公室	所蔵書籍・檔案の閲覧・撮影	太田・佐藤・呉滔・唐立宗・潘弘斐・銭豊
9月1日午後	蘭渓県	蘭渓県档案館 蘭渓県文化局	所蔵書籍・檔案の閲覧・撮影	〃
9月2日午前	建徳市	許小根氏採訪	解放前後における建徳市の航運	太田・佐藤・呉滔・唐立宗・潘弘斐・銭豊
9月2日午後	建徳市	許小根氏採訪	解放前後における建徳市の航運	〃
9月3日午前	桐廬県労働路漁民村	銭関林氏採訪	解放前後の桐廬における九姓漁戸	太田・佐藤・呉滔・唐立宗・潘弘斐・銭豊
9月3日午後	桐廬県労働路漁民村	銭関林氏採訪	解放前後の桐廬における九姓漁戸	〃
9月4日午前	建徳市	建徳市文化中心	建徳市の歴史と現況	太田・佐藤・呉滔・唐立宗・潘弘斐・銭豊
9月4日午後	上海市	復旦大学歴史地理研究所侯楊方氏訪問	来年度の研究の打合せ	太田・佐藤・唐立宗・侯楊方
9月5日午前	上海市	復旦大学巴兆祥氏訪問	来年度の研究の打合せ	太田・佐藤

調査日程表　　　　　　　　　　29

日時	地址	訪問先及び聞き取り対象者	課題	参加者
9月5日午後	上海市	復旦大学鄭土有氏訪問	来年度の研究の打合せ	〃

第5回調査　　2009年12月18日～12月30日上海市・江蘇省調査

　　調査者　　太田出、山本英史、佐藤仁史

　　同行者　　徐芳（中山大学歴史系院生）、費強（通訳）

日時	地址	訪問先及び聞き取り対象者	課題	参加者
12月19日午前	呉江市北厙鎮大長浜村	王天宝氏採訪	大長浜村の歴史と現況	太田・佐藤・徐芳
12月19日午後	呉江市北厙鎮大長浜村	楊誠（楊小龍)氏採訪	大長浜村の歴史と現況	〃
	北厙鎮	金天宝氏採訪	解放後の北厙鎮漁業村	〃
12月20日午前	同里鎮浩浪村	沈小林氏採訪	漁民の信仰と賛神歌	太田・佐藤・徐芳
12月20日午後	黎里鎮	陳鳳英女史採訪	呉江市における宣巻藝人の活動	〃
12月21日午前	呉江市北厙鎮大長浜村	楊勝昌氏採訪	大長浜村の歴史と現況	太田・佐藤・徐芳
12月21日午後	同里鎮葉沢村	金女史採訪	呉江市における宣巻藝人の活動	〃
	同里鎮浩浪村	沈小林氏採訪	漁民の信仰と賛神歌	〃
12月22日午前	呉江市金家壩鎮長巨村	柳玉興氏採訪	呉江市における宣巻藝人の活動	太田・佐藤・徐芳
12月22日午後	呉江市金家壩鎮長巨村	柳玉興氏採訪	呉江市における宣巻藝人の活動	〃
		陸美珍女史採訪	農村における婦女子の活動	〃
12月23日午前	松江区陳坊橋鎮楊楼村	朱新堂氏採訪	陳坊橋漁民の天主教信仰と血吸虫病	太田・佐藤・徐芳
12月23日午後	松江区陳坊橋鎮楊楼村	王娥秀女史採訪朱雨堂氏採訪	陳坊橋漁民の天主教信仰と血吸虫病	〃
12月24日午後	松江区	周菊娥女史採訪	陳坊橋漁民の血吸虫病	太田・佐藤・徐芳
	松江区佘山鎮	佘山鎮教堂参観・ミサ見学	陳坊橋鎮漁民の天主教信仰	〃
12月25日午前	呉江市北厙鎮大長浜村	浦春林氏採訪	大長浜村の歴史と現況	太田・佐藤・徐芳
12月25日午後	呉江市周荘鎮南湖新村	張福妹女性採訪	漁民の賛神歌手・香頭・仏娘	太田・佐藤・費強・徐芳
12月26日午前	横涇鎮南湖新村	席炳梅氏採訪	横涇鎮の歴史と現況	太田・徐芳
	横涇鎮南湖新村	孔仁和氏採訪	催甲の任務	山本・佐藤・夏氷

日時	地址	訪問先及び聞き取り対象者	課題	参加者
12月26日午後	横涇鎮南湖新村	周培寧氏採訪	赤脚医生	太田・徐芳
	横涇鎮南湖新村	陸伯清氏採訪	経造の任務	山本・佐藤・夏氷
12月27日午前	上海市松江区	湯伯泉氏採訪	広富林鎮の図正	太田・山本・徐芳・費強
12月28日午前	常熟市	常熟市図書館	所蔵書籍の閲覧・撮影	太田・山本・徐芳・費強
12月28日午後	同里鎮浩浪村	沈小林氏らによる賛神歌見学	賛神歌(劉王)の実演	〃

第6回調査 2010年3月24日～4月4日上海市・江蘇省調査

　　調査者　太田出、佐藤仁史、緒方賢一（立命館大学）、藤野真子（関西学院大学）、長沼さやか（日本民族学博物館外来研究員）

　　同行者　張舫瀾（郷土史家）、徐芳（中山大学歴史院生）、費強（通訳）

日時	地址	訪問先及び聞き取り対象者	課題	参加者
3月25日午前	呉江市八坼鎮新営村	江仙麗女史採訪	呉江市における宣巻藝人の活動	太田・佐藤・緒方・藤野・長沼・費強
	呉江市八坼鎮	朱火生氏採訪	呉江市における宣巻藝人の活動	〃
3月25日午後	上海市青浦区練塘鎮蓮湖村	柳玉興氏採訪楊爺廟参観	呉江市における宣巻藝人の活動	〃
	上海市青浦区金沢鎮	楊爺廟参観	漁民の信仰活動	〃
3月26日午前	呉江市八坼鎮	朱火生氏採訪	呉江市における宣巻藝人の活動	太田・佐藤・緒方・藤野・長沼・費強
3月26日午後	桐郷県王江涇鎮	蓮泗蕩劉王廟参観	漁民の劉王信仰	〃
	呉江市黎里鎮	黎里鎮見学	黎里鎮の歴史と現況	〃
	呉江市蘆墟鎮	荘家圩廟参観	漁民の劉王信仰	〃
3月27日午前	松江区陳坊橋鎮楊楼村	周雪娟女史採訪	漁民と血吸虫病	太田・佐藤・長沼・徐芳
3月27日午後	松江区陳坊橋鎮楊楼村	周金弟氏採訪	漁民と血吸虫病	
3月28日午前	松江区佘山鎮	佘山鎮教堂参観	漁民のカトリック信仰	太田・佐藤・長沼・徐芳
	松江区広富林鎮	広富林鎮見学	水郷市鎮の観光化	〃

調査日程表　　　　　　　　　　31

日時	地址	訪問先及び聞き取り対象者	課題	参加者
3月28日午後	松江区陳坊橋鎮楊楼村	周金弟氏採訪	漁民の生活とカトリック信仰	〃
3月29日午前	呉江市北厙鎮大長浜村	徐海龍氏採訪	大長浜村の歴史と現況	太田・佐藤・長沼・徐芳
3月29日午後	呉江市北厙鎮大長浜村	楊誠(楊小龍)氏採訪	大長浜村の歴史と現況	〃
	上海市青浦区金沢鎮	金沢鎮見学	金沢鎮の歴史と現況	〃
3月30日午前	呉江市北厙鎮大長浜村	徐海龍氏採訪	大長浜村の歴史と現況	太田・佐藤・長沼・徐芳
3月30日午後	崑山市周荘鎮	張福妹女史採訪	劉王・上方山太太の賛神歌農村女性の生活	太田・佐藤・長沼・費強・徐芳
3月31日午前	同里鎮浩浪村	沈小林氏採訪	漁民の信仰と賛神歌	太田・佐藤・徐芳
3月31日午後	浙江省湖州市千金鎮章家壩	潮音廟参観	漁民の親伯信仰	〃
4月1日午前	呉江市松陵鎮龐山湖	沈全弟氏(公子社)採訪	漁民の信仰と賛神歌	太田・佐藤・張舫瀾・徐芳
4月1日午後	呉江市平望鎮漁業村	倪春宝氏(七生社)採訪	漁民の信仰と賛神歌	〃
4月2日午後	上海市	復旦大学朱海濱氏訪問	今後の研究の打合せ	太田・佐藤

第7回調査　2010年8月15日～9月6日上海市・江蘇省・安徽省・浙江省調査

　　調査者　太田出、佐藤仁史、長沼さやか(日本民族学博物館外来研究員)、横山政子(神戸大学)、宮原佳昭(京都大学非常勤研究員)、千田大介(慶應義塾大学経済学部)、山下一夫(神田外語大学外国語学部)、唐立宗(台湾曁南国際大学)、呉滔(中山大学歴史系)、

　　同行者　張舫瀾(郷土史家)、銭豊(中山大学歴史系院生)、李星毅(寧波大学卒業)、杜娟(安徽師範大学本科生)、沈萌(通訳)、陳天勤(中山大学歴史系本科生)、費強(通訳)

日時	地址	訪問先及び聞き取り対象者	課題	参加者
8月16日午前	松江区陳坊橋鎮	薛夢賢氏採訪朱桂林氏採訪	広富林鎮と教育	太田・佐藤・長沼・横山・宮原・銭豊
8月16日午後	松江区陳坊橋鎮	沈雲輝氏採訪	松江区の船民子弟学校	〃
8月17日午前	呉江市同里鎮浩浪村	沈小林氏採訪	漁民の信仰と賛神歌	太田・佐藤・長沼・横山・宮原・銭豊

日時	地址	訪問先及び聞き取り対象者	課題	参加者
8月17日午後	呉江市同里鎮	沈全弟氏採訪	漁民の信仰と賛神歌	〃
8月18日午前	松江区陳坊橋鎮	朱桂林氏採訪	広富林鎮と教育	太田・佐藤・長沼・横山・宮原・銭豊
8月18日午後	松江区陳坊橋鎮	王毓芳女史採訪	広富林鎮と公共食堂・託児所	〃
8月19日午前	松江区陳坊橋鎮楊楼村	趙良芳氏採訪	漁民の生活とカトリック信仰	太田・佐藤・長沼・横山・宮原・銭豊
8月19日午後	松江区陳坊橋鎮楊楼村	趙良芳氏採訪	漁民の生活とカトリック信仰	〃
	浙江省嘉善県西塘鎮	景観調査	江南デルタの水郷市鎮の現在	〃
8月20日午前	呉江市同里鎮	沈全弟氏採訪	漁民の信仰と賛神歌	太田・佐藤・長沼・横山・宮原・銭豊
8月20日午後	呉江市同里鎮	沈全弟氏採訪	漁民の信仰と賛神歌	〃
8月22日午前	安徽省宣城市水東鎮	何沢華氏採訪 皮影戯博物館参観	宣城市の皮影戯	太田・佐藤・千田・山下・李星毅・杜娟
	安徽省宣城市柳村	陳景華氏採訪	宣城市の皮影戯	〃
8月22日午後	安徽省宣城市沈村	柯玉英女史採訪	宣城市の皮影戯	〃
8月23日午前	安徽省宣城市柳村	陳景華氏採訪	宣城市の地域社会と皮影戯	太田・佐藤・千田・山下・李星毅・杜娟
8月23日午後	安徽省宣城市沈村	柯玉英女史採訪	宣城市の地域社会と皮影戯	〃
8月25日午前	桐廬県労働路漁民村	銭関林氏採訪	解放前後の桐廬における九姓漁戸	太田・佐藤・唐立宗・沈萌・陳天勤
8月25日午後	桐廬県労働路漁民村	銭関林氏採訪	解放前後の桐廬における九姓漁戸	〃
8月26日午前	建徳市三都鎮漁業村	傅根娣女史採訪 許珏明氏採訪	三都鎮三江口村の漁家楽経営による観光化(村委会)	太田・佐藤・唐立宗・呉滔・沈萌・陳天勤
8月26日午後	桐廬県堯山塢村	鐘秉(炳)良氏採訪 鐘樟豹(宝)氏採訪	畲族の生活と家譜の編纂	〃
8月27日午前	建徳市	呉連樟氏採訪	九姓漁戸と航運	太田・佐藤・唐立宗・呉滔・沈萌・陳天勤
8月27日午後	建徳市	呉連樟氏採訪	九姓漁戸と航運	〃

調査日程表

日時	地址	訪問先及び聞き取り対象者	課題	参加者
8月28日午前	建徳市大洲村	姚金海氏採訪	建徳市の山村経済	太田・佐藤・唐立宗・呉滔・沈萌・陳天勤
8月28日午後	建徳市十里埠村	景観調査	建徳市十里埠の現在	
8月29日午前	桐廬県蘆茨郷茆坪村	胡宗陶氏採訪	桐廬県の山村経済	佐藤・唐立宗・呉滔・沈萌・陳天勤
8月29日午後		胡明君氏採訪	桐廬県の山村経済	太田・費強
	桐廬県蘆茨郷茆坪村	胡明君氏の自留山山登り	自留山の実態	太田・佐藤・沈萌・費強
	桐廬県蘆茨郷茆坪村	胡明君氏採訪	桐廬県の山村経済	〃
	桐廬県蘆茨郷茆坪村	胡宗陶氏採訪	桐廬県の山村経済	唐立宗・呉滔・陳天勤
8月30日午前	桐廬県莪山畬族郷山陰塢村	鐘寿女史採訪	畬族の歴史と現況	太田・佐藤・唐立宗・呉滔・沈萌・陳天勤
8月30日午後	桐廬県莪山畬族郷山陰塢村	鐘寿女史採訪	畬族の歴史と現況	〃
	桐廬県莪山畬族郷山陰塢村	雷広恒氏採訪	畬族の歴史と現況	〃
	桐廬県莪山畬族郷山陰塢村	鐘樟林氏採訪	畬族の歴史と現況	〃
9月1日午前	北厙鎮大長港村	村民委員会訪問	村委档案の閲覧・撮影	太田・佐藤・李星毅・費強
9月1日午後	北厙鎮	楊月卿氏採訪	大長浜村の歴史と現状	太田・佐藤・李星毅
9月2日午前	北厙鎮	楊月卿氏採訪	大長浜村の歴史と現状	太田・佐藤・李星毅
9月2日午後	北厙鎮大長浜村	楊小龍(楊誠)氏採訪	大長浜村の歴史と現状	〃
9月3日午前	北厙鎮	沈老四氏採訪	北厙鎮漁業村の歴史と現状	太田・佐藤・李星毅
9月3日午後	北厙鎮	徐文釗氏採訪	大長浜村の歴史と現状	〃
9月4日午前	北厙鎮	沈老四氏採訪	北厙鎮漁業村の歴史と現状	太田・佐藤・李星毅
9月4日午後	北厙鎮	徐文釗氏採訪	大長浜村の歴史と現状	〃
9月5日午後	上海市	復旦大学馮筱才氏訪問	今後の研究の打合せ	太田・佐藤
	上海市	復旦大学侯楊方氏訪問	今後の研究の打合せ	〃

第8回調査　2010年11月1日～11月7日浙江省調査

　　調査者　太田出、佐藤仁史

　　同行者李星毅（寧波大学卒業）

日時	地址	訪問先及び聞き取り対象者	課題	参加者
11月2日午前	桐廬県労働路漁民村	許金法氏採訪	解放前後の桐廬における九姓漁戸	太田・佐藤・李星毅
11月2日午後	桐廬県労働路漁民村	許金法・銭関林氏採訪	解放前後の桐廬における九姓漁戸	〃
11月3日午前	建徳市大洲村	姚金海氏採訪	建徳市の山村経済	太田・佐藤・李星毅
11月3日午後	建徳市大洲村	姚金海氏採訪	建徳市の山村経済	〃
11月4日午前	建徳市芳山村	潘高発氏採訪	建徳市の山村経済	太田・佐藤・李星毅
11月4日午後	建徳市芳山村	潘高発氏採訪	建徳市の山村経済	〃
11月5日午前	建徳市三都鎮漁業村	許珏明氏採訪	三都鎮三江口村の漁家楽経営による観光化(村委会)建徳市の山村経済	太田・佐藤・李星毅
11月5日午後	建徳市芳山村	王来生氏採訪		〃

第9回調査　2010年12月22日～12月30日上海市・江蘇省調査

　　調査者　太田出、山本英史、稲田清一、小島泰雄、佐藤仁史、長沼さやか（日本民族学博物館外来研究員）、吉田建一郎

　　同行者　銭豊（中山大学歴史系院生）、徐芳（中山大学歴史系院生）、夏氷（政協会議文史資料編纂室）

日時	地址	訪問先及び聞き取り対象者	課題	参加者
12月23日午前	松江区陳坊橋鎮楊楼村　上海市	趙良芳氏採訪　上海市檔案館	解放前後、漁民の生活と行政　檔案の閲覧・複写	太田・山本・佐藤・長沼・銭豊稲田・小島
12月23日午後	松江区陳坊橋鎮楊楼村　上海市	趙良芳氏採訪　上海市檔案館	解放前後、漁民の生活と行政　档案の閲覧・複写	太田・山本・佐藤・長沼・銭豊稲田・小島
12月24日午前	松江区　　上海市	東嶽廟参観　上海市檔案館	松江府の東嶽神・楊爺信仰　檔案の閲覧・複写	太田・山本・佐藤・長沼・銭豊稲田・小島・吉田
12月24日午後	松江区佘山鎮　　上海市	佘山鎮教堂参観・ミサ見学　上海市檔案館	陳坊橋鎮漁民の天主教信仰　檔案の閲覧・複写	太田・山本・佐藤・長沼・銭豊稲田・小島・吉田
12月25日午前	横涇鎮上林村	陸伯清氏採訪	蘇州の経造・地保	太田・山本・佐藤・長沼・夏氷

調査日程表 35

日時	地址	訪問先及び聞き取り対象者	課題	参加者
12月25日午前	上海市松江区王家浜村	張根全氏採訪	王家浜村の現状と歴史	小島・稲田・吉田・銭豊
12月25日午後	横涇鎮上林村	陸伯清氏採訪	蘇州の経造・地保	太田・山本・佐藤・長沼・夏氷
	上海市松江区王家浜村	姚文川氏採訪姚福昌氏採訪	王家浜村の現状と歴史	小島・稲田・吉田・銭豊
12月26日午前	上海市松江区王家浜村	徐士興氏採訪	王家浜村と血吸虫病	太田・山本・佐藤・長沼・費強
		徐錫泉氏採訪	王家浜村の現状と歴史	小島・稲田・吉田・徐芳
12月26日午後	松江区陳坊橋鎮楊楼村	朱為娥女史採訪	陳坊橋鎮と血吸虫病	太田・山本・佐藤・長沼・徐芳
	上海市松江区王家浜村	姚福昌氏採訪	王家浜村の現状と歴史	小島・稲田・吉田・費強
12月27日午前	呉江市平望鎮漁業村	倪春宝氏採訪	平望鎮漁業村の歴史と現状	太田・佐藤・徐芳
	上海市松江区王家浜村	倪愛根氏採訪	王家浜村の現状と歴史	山本・稲田・小島・吉田・費強
	上海市青浦区	青浦区博物館見学	前近代〜近代の青浦の歴史	〃
12月27日午後	呉江市平望鎮漁業村	倪春宝氏採訪	平望鎮漁業村の歴史と現状	太田・佐藤・徐芳
	上海市青浦区	青浦区図書館	所蔵図書の閲覧・撮影	山本・小島・吉田
12月28日午前	蘇州市光福鎮太湖郷衝山村	蔣勝元氏採訪太湖の七桅漁船参観	太湖漁民の生活と信仰	太田・山本・小島・佐藤・長沼・吉田・徐芳・費強
12月28日午後	蘇州市	蘇州革命博物館見学	戦前・戦後の蘇州	〃

第10回調査 2011年3月5日〜3月10日江蘇省調査

調査者　太田出、佐藤仁史

同行者　李星毅（寧波大学卒業）

日時	地址	訪問先及び聞き取り対象者	課題	参加者
3月6日午前	呉江市北厙鎮漁業村	金天宝氏採訪	解放後の水面使用権	太田・佐藤・李星毅
3月6日午後	呉江市大長浜村	楊小龍（楊誠）氏採訪	大長浜村の歴史と現状	〃
3月7日午前	呉江市大長浜村	楊前方氏採訪	大長浜村の歴史と現状	太田・佐藤・李星毅

日時	地址	訪問先及び聞き取り対象者	課題	参加者
3月7日午後	呉江市大長浜村	楊前方氏採訪	大長浜村の歴史と現状	〃
3月8日午前	呉江市平望鎮漁業村	倪春宝氏採訪	解放後の水面使用権	太田・佐藤・李星毅
3月8日午後	呉江市平望鎮漁業村	倪春宝氏採訪	解放後の水面使用権	〃
3月9日午前	呉江市平望鎮漁業村	倪春宝氏採訪	賛神歌の見学	太田・佐藤・李星毅
3月9日午後	呉江市大長浜村	楊小龍(楊誠)氏採訪	大長浜村の歴史と現状	〃

第11回調査　2011年8月3日～8月23日安徽省・江蘇省・上海市調査

調査者　太田出、佐藤仁史、千田大介（慶應義塾大学経済学部）、山下一夫（慶應義塾大学商学部）、長沼さやか（東京外国語大学AA研）

同行者　杜娟（安徽師範大学卒業）、陳天勤（中山大学歴史系本科生）、費強（通訳）

日時	地址	訪問先及び聞き取り対象者	課題	参加者
8月4日午後	上海市	復旦大学侯楊方氏訪問	今後の研究の打合せ	佐藤
8月5日午後	上海市	復旦大学馮筱才氏訪問	今後の研究の打合せ	佐藤
8月6日午後	安徽省宣城市	景観調査	宣城市の皮影戯	太田・佐藤・千田・山下
8月7日午前	安徽省宣城市水東鎮	何沢華氏採訪 皮影戯博物館参観	宣城市の皮影戯	太田・佐藤・千田・山下・杜娟
8月7日午後	安徽省宣城市水東鎮労山村	呉金陵氏採訪	宣城市の皮影戯藝人	〃
8月8日午前	安徽省宣城市陳村	陳景華氏採訪	宣城市の皮影戯藝人	太田・佐藤・山下・杜娟
8月8日午後	安徽省宣城市麻姑山茶場	方宗唐氏採訪	宣城市の皮影戯藝人	〃
	安徽省宣城市蘆渓村	呉金陵氏採訪	宣城市の皮影戯藝人	〃
	安徽省宣城市	皮影戯(太平戯)見学	宣城市の皮影戯	佐藤・千田・山下・杜娟
8月9日午前	安徽省寧国市	徐永春氏採訪	寧国市の皮影戯藝人	太田・佐藤・杜娟
8月9日午後	安徽省宣城市	方宗唐氏採訪	宣城市の皮影戯藝人	〃
8月11日午前	呉江市平望鎮漁業村	倪春宝氏採訪	七生社の実態	太田・佐藤・陳天勤

調査日程表

日時	地址	訪問先及び聞き取り対象者	課題	参加者
8月11日午後	呉江市蘆墟鎮漁業村	沈毛頭氏採訪	旗傘社の実態	太田・佐藤・陳天勤・費強
8月12日午後	呉江市蘆墟鎮野猫圩	陳連舟氏採訪	栄字村の過去と現在	太田・佐藤・長沼・陳天勤
8月13日午前	蘇州市木瀆鎮	蔣勝元氏採訪	太湖漁民	太田・佐藤・長沼・陳天勤
8月13日午後	蘇州市木瀆鎮	蔣勝元氏採訪	太湖漁民	〃
8月14日午前	蘇州市太湖郷漁港村	蔣勝元氏採訪金瑞根氏採訪王暁明氏採訪蔣宝林氏採訪王礼庭氏採訪	太湖漁民の賛神歌	太田・佐藤・長沼・陳天勤
8月14日午後	蘇州市太湖郷漁港村	蔣勝元氏採訪	太湖漁民	〃
8月15日午前	蘇州市太湖郷漁港村	王礼庭氏採訪蔣勝元氏採訪	太湖漁民	太田・佐藤・長沼・陳天勤
8月15日午後	蘇州市太湖郷漁港村	王礼庭氏採訪蔣勝元氏採訪	太湖漁民	〃
8月16日午前	呉江市蘆墟鎮野猫圩	陳連舟氏採訪	栄字村の過去と現在	太田・佐藤・長沼・陳天勤
8月18日午前	呉江市莘塔鎮漁業村	張小弟氏採訪	莘塔鎮漁業村の過去と現在	太田・佐藤・陳天勤
8月18日午後	呉江市莘塔鎮	褚阿弟氏採訪	莘塔鎮漁業村の過去と現在	〃
8月19日午前	呉江市莘塔鎮	褚阿弟氏採訪	莘塔鎮漁業村の過去と現在	太田・佐藤・陳天勤
8月19日午後	呉江市蘆墟鎮中浜里	銭四海氏採訪	栄字村の過去と現在	〃
8月20日午前	呉江市莘塔鎮	張小弟氏採訪	莘塔鎮漁業村の過去と現在	太田・佐藤・陳天勤
8月20日午後	呉江市金家壩鎮漁業村	倪文寿氏採訪	金家壩漁業村の過去と現在	〃
8月21日午前	呉江市同里鎮浩浪村	沈小林氏採訪	漁民の信仰と賛神歌	太田・佐藤・陳天勤

第12回調査　2011年12月22日～12月30日江蘇省・上海市調査

　調査者　太田出、佐藤仁史、長沼さやか（東京外国語大学AA研）、宮原佳昭（南山大学）、
　　　　　李雅君（広島大学院生）

　同行者　陳天勤（中山大学歴史系本科生）、李星毅（寧波大学卒業）、夏氷（蘇州市檔案館職
　　　　　員）

日時	地址	訪問先及び聞き取り対象者	課題	参加者
12月23日午前	呉江市同里鎮浩浪村	沈小林氏採訪	賛神歌（太公）	太田・佐藤・長沼・宮原・李雅君・陳天勤・李星毅
12月23日午後	呉江市同里鎮浩浪村	沈小林氏採訪	賛神歌（父親、大哥）・送仏	〃
12月24日午前	上海市松江区新陳家村	陸永寿氏採訪	農村における赤脚医生の役割と血吸虫病	太田・長沼・李雅君・陳天勤
	蘇州市	姚佩英女史採訪	蘇州の教育・教師	佐藤・宮原・李星毅・夏氷
12月24日午後	上海市青浦区任屯村	上海市青浦任屯血防陳列館参観	日本住血吸虫病	太田・長沼・李雅君・陳天勤
	蘇州市	姚佩英女史採訪	蘇州の教育・教師	佐藤・宮原・李星毅・夏氷
12月25日午前	呉江市北厙鎮漁業村	金天宝氏採訪	北厙鎮捕撈大隊の構成	太田・長沼・李雅君・陳天勤
	呉江市大長浜村	楊小龍（楊誠）氏採訪	大長浜村の歴史と現状	佐藤・宮原・李星毅
12月25日午後	呉江市大長浜村	楊小龍（楊誠）氏採訪	大長浜村の歴史と現状	〃
12月26日午前	蘇州市	蘇州市方志館参観	蘇州市の地方志の閲覧・撮影	佐藤・宮原・李星毅・夏氷
12月26日午後	呉江市北厙鎮漁業村	徐香香氏採訪	北厙鎮漁業村の山東人	太田・長沼・李雅君・陳天勤
	蘇州市横涇鎮	陶敏氏採訪	農村教育（中心小学）	佐藤・宮原・李星毅・夏氷
12月27日午前	呉江市北厙鎮	朱文華氏採訪	蘆墟鎮付近の廟会と教育	佐藤・宮原・李星毅
	呉江市蘆墟鎮	沈毛頭氏採訪	旗傘社と賛神歌	太田・李雅君・陳天勤
12月27日午後	呉江市北厙鎮	朱文華氏採訪	蘆墟鎮付近の廟会と教育	佐藤・宮原・李星毅
		季関宝氏採訪	鸕鷀漁撈と蘇北人	太田・李雅君・陳天勤

調査日程表　　　　　　　　　39

日時	地址	訪問先及び聞き取り対象者	課題	参加者
12月28日午前	呉江市北厙鎮	季関宝氏採訪	鸕鷀漁撈と蘇北人	太田・李雅君・陳天勤
		楊小龍(楊誠)氏採訪	大長浜村の歴史と現状	佐藤・宮原・李星毅
		王天宝氏採訪		
12月28日午後	呉江市七都鎮開弦弓村	費孝通江村紀念館参観	費孝通氏と開弦弓村	太田・佐藤・宮原・陳天勤・李星毅
	呉江市八坼鎮	八坼鎮城隍廟見学	八坼鎮の民間信仰	〃

第13回調査　2012年8月9日～8月25日安徽省・江蘇省・上海市調査

　調査者　　太田出、佐藤仁史、宮原佳昭（南山大学）、千田大介（慶應義塾大学）、山下一夫
　　　　　　（慶應義塾大学）、李雅君（広島大学院生）

　同行者　　陳天勤（中山大学歴史系本科生）、李星毅（寧波大学卒業生）

日時	地址	訪問先及び聞き取り対象者	課題	参加者
8月10日午後	安徽省宣城市水東鎮労山村	呉金陵氏採訪	宣城市の皮影戯藝人	太田・佐藤・千田・山下・李雅君・李星毅
8月11日午前	安徽省宣城市麻姑山茶場	方宗唐氏採訪	宣城市の皮影戯藝人	太田・佐藤・千田・山下・李雅君・李星毅
8月11日午後	安徽省広徳市	蔣道根氏採訪	宣城市の皮影戯藝人	〃
8月12日午前	安徽省広徳市	蔣道根氏採訪	宣城市の皮影戯藝人	太田・佐藤・李雅君・李星毅
8月13日午後	呉江市開弦弓村	費孝通江村紀念館参観	費孝通氏と開弦弓村	太田・佐藤・李雅君・李星毅
8月14日午前	呉江市廟港鎮漁業村	李才生氏採訪	漁民の生活と信仰	太田・佐藤・李雅君・李星毅・陳天勤
8月14日午後	呉江市廟港鎮漁業村	李四宝氏採訪	漁民の生活と信仰	〃
8月15日午前	上海市青浦区任屯村	血防陳列館参観	日本住血吸虫病と中国社会	太田・佐藤・宮原・李雅君・李星毅・陳天勤
8月15日午後	上海市青浦区任屯村	馬四英氏採訪	任屯村の歴史と現状	〃
8月16日午前	上海市青浦区任屯村	李森林氏採訪	任屯村と日本住血吸虫病	太田・佐藤・宮原・李雅君・李星毅・陳天勤

日時	地址	訪問先及び聞き取り対象者	課題	参加 者
8月16日午後	上海市青浦区任屯村	李森林氏採訪	任屯村と日本住血吸虫病	〃
8月17日午前	上海市青浦区任屯村	卜金興氏採訪	任屯村と日本住血吸虫病	太田・佐藤・宮原・李雅君・李星毅・陳天勤
8月17日午後	上海市青浦区任屯村	陳常英女史採訪	任屯村と日本住血吸虫病	〃
8月19日午前	上海市青浦区任屯村	呉阿大氏採訪	任屯村と日本住血吸虫病	太田・佐藤・宮原・李雅君・李星毅・陳天勤
8月19日午後	上海市青浦区任屯村	卜金興氏採訪	任屯村と日本住血吸虫病	〃
8月20日午前	上海市青浦区任屯村	呉阿大氏採訪	任屯村と日本住血吸虫病	太田・佐藤・宮原・李雅君・李星毅・陳天勤
8月20日午後	上海市青浦区任屯村	李梅生氏採訪	任屯村と日本住血吸虫病	〃
8月21日午前	上海市青浦区北任村	朱炳云氏採訪	北任村と日本住血吸虫病	太田・佐藤・宮原・李雅君・李星毅・陳天勤
8月21日午後	上海市青浦区北任村	朱炳云氏採訪	北任村と日本住血吸虫病	〃
8月22日午前	上海市青浦区北任村	沈吉生氏採訪	北任村と日本住血吸虫病	太田・佐藤・宮原・李雅君・李星毅・陳天勤

第Ⅰ部　論　文　篇

太湖流域漁民の蘇北人と鵜飼い
―― 本地人・山東人との比較研究

太田　出

はじめに

　本稿は太湖流域船上生活漁民の「祖籍」によるアイデンティティ（自己同定認
識）に文献史料とヒアリングから迫ろうとするものである。調査対象地である
太湖流域の新編地方志を繙くと、太湖流域漁民には本地人・蘇北人・山東人の
区別があったという記載にしばしば出会す。このとき、当然ながら、かかるア
イデンティティがなぜ新編地方志に記載されたのか、いかなる意図を持って記
されたのかと考えると同時に、実際にかようなアイデンティティは本当に存在
するのか、それは果たしていついかなるかたちで表出するのかという問題にも
思いをめぐらせることになる。

　本稿の目的は、文献史料を利用しながらも、それのみでは十分には語り切れ
ない人間の心性の部分にまでもう一歩踏み込むために、ヒアリングを併せて用
いることで、より立体的な感覚でアイデンティティの表現を試みることにある。
もちろん現状ではヒアリングですら十分ではないため、大きな制約を伴うこと
は致し方ないが、さしあたり現段階でおぼろげながらも何が見えてきたのかを
提示し、今後の研究の一つの方向性を指し示してみたい。以下では、まず第1
章において文献史料中に見える祖籍に基づいた区分を概観し、第2章において
ヒアリングから明らかになる太湖流域漁民のアイデンティティを整理・検討し、
最後に第3章においてアイデンティティの表象の一つとしての漁法＝魚鷹（鵜
飼い）について言及したいと思う。

1　新編地方志に見える本地幇・蘇北幇・山東幇の区別

　新編地方志の捕撈・漁業などの項目を見ると、各県市の漁民に「祖籍」の区別があることを述べる記載が少なくない。そもそも「祖籍」とは何であろうか。瀬川昌久によれば、「これ（祖籍。引用者補、以下同じ）はもともと、歴代の中華帝国の国内において、各個人にとりその納税義務と科挙受験資格の付随した戸籍の所在場所を指したが、中華帝国のシステムが崩壊または有名無実化した後も、自分の父祖が住み続けてきた地域を指し続け、個人のアイデンティティー上、しばしば大きな意味を担ってきた。その意味で単なる個人の出生地とも異なるし、また日本で言う「本籍」の概念とも異なる。通常は、個人はその居住地のいかんにかかわらず、自分の父親の「祖籍」を父系的に受け継ぐ。したがって、場合によっては数世代もその地を離れて生活していても、なおその父祖の地へのアイデンティティは失われず、自分の「故郷」または「郷下」と呼んではばからないのである[1]」とあるように、「祖籍」とは父祖以来、住み続けてきた、あるいは離れてもアイデンティティを失わずにいる地をさしていると考えてよいであろう。漁民の場合、極めて貧困で漁税や丁銭も廃止され、教育も受けられないのがほとんどであったから、納税や科挙との関係は考慮する必要がない。

　では新編地方志に見える太湖流域漁民の「祖籍」による区別をいくつか拾ってみよう。

　解放前の江蘇省呉江市では、専業漁民と半漁半農（亦漁亦農）漁民の二種類があり、前者は捕撈作業の習慣から「山東幇」「浙江菱湖幇」「紹興幇」に分かれていた[2]。「幇」とは船団をさす言葉で、呉江市には、遠く華北は山東省を「祖籍」とする「山東幇」、近隣の浙江省菱湖鎮を「祖籍」とする「浙江菱湖幇」、浙江省紹興府を「祖籍」として湖泊・河道養魚技術の伝播と深く関わった[3]とされる「紹興幇」の三つの船団があったことがわかる。彼らは民国24年（1935）当時、主に第四区の黎里鎮・北庫鎮および第八区の平望鎮・横扇鎮に分布し、撒網・絲網・踏網・蟹網・銀魚網・蝦網・魚籪・魚鷹（鵜飼い）などの捕撈工具を用いていた。

次に上記四鎮の一つである北厙鎮の解放前後の状況について史料を補うと、第一に、北厙鎮では「山東幇」と「本地幇」に分かれていたこと、第二に、船をもって家となし、固定した居住点はなく、江蘇・浙江・上海の交界地帯を漂泊していたこと、第三に、「山東幇」の捕撈工具は麦釣鈎（写真１）・魚鷹（写真２）を主とし、粗末な推槳小木船で、風雨のときは農村の船棚に避難するのみで、漁獲量も少なく、収入はやっと生活を維持できる程度であったこと、第四に、「本地幇」は張籪拖網・扳網・扒螺螄（タニシ採り）を主とし、収入が比較的多く、漁船にもこだわりがあり船上の遮蔽物もしっかりして風雨を怖れなかったことなどが確認できる(4)。このように北厙鎮には「山東幇」「本地幇」の二つの船団があったが、後者がさきの「浙江菱湖幇」にあたるのか否かは判断を留保せざるをえない。「山東幇」は山東の言語や文化（たとえば漁具）を持ち込んだ外地の者たちであり、「本地幇」とは区別されるべき存在であったのであろう。

一方、浙江省嘉善県では、1989年の状況が判明する。統計によれば、19ヶ所の漁民（水産）村に1,675戸の漁民があり、そのうち「祖籍」が興化・塩城・高郵・泰州など蘇北（江蘇省北部）の者は612戸（36.5％）、江蘇省呉江・呉県等の者は341戸（20.4％）、上海市青浦区の者は127戸（7.6％）、浙江省嘉興・平湖の者は11戸（0.7％）、本地の者は288戸（17.2％）であったという(5)。このように本地（嘉善県）の者はわずかに17.2％に止まり、じつに82.8％もの者が外地の者であった。特に蘇北を「祖籍」とする者がかなりの比率を占めていたことがわかる。

また青浦県（現在の上海市青浦区）でも崑山・太倉・嘉善など近隣のいくつかの県のほか、東台・興化・泰州・建湖・塩城・如東など蘇北の諸県、滕州といった山東省を含めた、外地を「祖籍」とする者が927戸、3,780人と、全体の48％を占めていた(6)。

このように太湖流域の漁民には「本地幇」――太湖流域の近隣諸県の漁民も含めて――のほか、「山東幇」や「蘇北幇」が少なからぬ比率を占めていたこと

写真1 麦釣鈎（於幸塔鎮漁業村、2005年8月9日撮影）

写真2 魚鷹（於北厙鎮漁業村、2011年11月26日撮影）

がわかる。さらに新編地方志の記載で興味深いのは、北厙鎮で魚鷹、すなわち鵜飼いを「山東幇」の漁法であるとしている点であろう。魚鷹は俗に水老鴉、鸕鷀鳥とも称し、日本・中国などアジアにはこれを用いて専門的に捕魚する者があった。しかし魚鷹は魚の大小を区別なく捕捉するうえ、糞便には病原菌や寄生虫があって魚類の生長に危害を加えたため、次第に淘汰されていった[7]。

　新編地方志には若干ながら他にも魚鷹に関する記載が見られる。1985年段階で呉江市には200羽以上の魚鷹がいた[8]。民国期、呉江市廟港鎮の輪穂村には10戸以上の漁撈に従事する者があったが、そのうち8戸が魚鷹（俗に摸呷鳥という）を用いて捕魚していた。該村3組の漾口（船溜まり）は当時 “魚鷹船” の停泊地であったため、現在でもこの地を “鳥船場” と呼んでいる。廟港鎮に程近い、費孝通の現地調査でも有名な開弦弓村の談家墩には、当時 “魚鷹船” が集散する場所があり、現在でも該村にはなお3隻の魚鷹を用いて捕魚する船があって、3羽の魚鷹を飼育している。しかし1980年より漁政の管理が厳しくなり、魚鷹は大小の魚を区別なく傷つけるとの理由で、電気を用いた捕魚（電触魚）とともに厳禁された[9]。呉江市蘆墟鎮でも、専業漁民が外地を「祖籍」とする者を主とし、船をもって家とする漂泊して定居しない生活を送りながら、魚鷹などの漁法を用いて捕魚していたと記されている[10]。

　解放前の浙江省嘉善県では姚庄郷星輪村、天凝鎮陶庄村放鳥浜、西塘鎮塘西村高家浜・東匯村などで鸕鷀鳥が確認されている[11]。“放鳥” 浜という地名から見れば、そこが “魚鷹船” の停泊地であったことが十分に推測される。江蘇省蘇州市の陽澄湖鎮では、放鳥船とは鸕鷀鳥（水老鴉あるいは魚鷹とも称する）を水中に入れて捕魚する漁船をさしていた。漁船には大小二種類があり、小型のものは船長3メートル、幅1メートル足らず、一人で櫂を漕ぎ、7〜8羽の鸕鷀鳥を乗せる。漁をする者は漕ぎながら鸕鷀鳥を放つ。大型のものは船長4〜5メートル、一人が櫓を操り、もう一人が船頭に立って櫂を執って鸕鷀鳥を放ち、同時に足を踏みならして魚を驚かせる。1960年前後、10隻ほどの放鳥船と100羽以上の鸕鷀鳥がいた[12]。

　このように新編地方志を繙いてみると、太湖流域漁民には主に「本地幇」「蘇北帮」「山東帮」という「祖籍」に基づいた三つの区別があったことが判明する。しかも魚鷹は「山東帮」の漁民に特有の漁法と見なされていた。また魚鷹に関する記載は精粗の差こそあれ太湖流域の各地で確認できる。かような図式は大変興味深いものではあるが、あくまで新編地方志の編纂者の目を通して描出されたものであり——たとえ現地をよく知る調査者の協力を得ていたとしても——、ましてやマイノリティに属する漁民たちをめぐる事象となると、漁民たちについて相当に理解している人でなければ、事実を誤認する可能性もないわけではない。かかる点は地方志などの文献史料を用いるとき、十分に注意すべき点であろう。上記の図式を相対化するためにも、漁民たち自身に対するヒアリングは不可欠なものとなる。次章では、漁民たちの語りを分析しながら、新編地方志に見える図式を再検討することにしたい。

2　ヒアリングに見る本地人・蘇北人・山東人意識

新編地方志の編集者という第三者から見た「本地帮」「蘇北帮」「山東帮」という区別は、もしそれらが漁民たち本人の語りから出たならば、「本地人」「蘇北人」「山東人」意識と言い換えることができるであろう。以下では、「本地人」「蘇北人」「山東人」の順に筆者らが行ったヒアリング内容を紹介・検討していくことにしたい。

（1）「本地人」漁民の語り

まず最初に、いわゆる「本地人」に属する沈全弟を取り上げよう。沈全弟については、かつて別稿で取り上げ、「公子社」の香頭でもあり賛神歌歌手でもある彼の一面を分析したことがある[13]。父親・沈阿大と母親・沈巧宝のあいだに生まれた、沈全弟は三人兄弟の長男として船上で誕生した。当時、両親はいまだ家屋を有しておらず、同里鎮の漁業大隊に属して捕魚していた。同大隊には「蘇北」の漁民も少なからず存在したようであるが、両親はともに「本地」の漁民であった。そして曾祖母が住んでいた前珠村における漁法についてたずねたとき、以下のような語りが交わされた。

——鸕鷀（鵜飼い）はありましたか？

ありません。一般的に放鳥（鵜飼い）は本地人のもの（漁法）ではありません。蘇州地区の漁民は決して放鳥しません。現在ここ（同里鎮富漁村）に住んでいる漁民は多くが蘇北の人です。

——蘇北の漁民は放鳥するのですか？

放鳥する人がいて"鸕鷀（ここではカワウを意味する）"を放つといい、「本地人」は"鸕鳥"と呼びます。とにかく本地の漁民は決して放鳥しません。なぜ、われわれがここで放鳥するのか？それは清末民国期、あなたたち日本人が中国へ来たとき、蘇北の戦争は南方よりも酷く、「蘇北人」はここへ逃れてきたからです。

——放鳥する漁民は蘇北方言を話すのですか？

はい。現在ではここ（本地）の方言も話せます。同里鎮の漁民のうち、蘇北から来た者は30％を占めます。

——蘇北の漁民が来る以前、ここ（本地）の漁民は放鳥しなかったということですね？

はい。信じないなら私が母に聞いてみるよ。お母さん、"鸕鳥"を放つ「本地人」はいますか？

（沈全弟の母親）いないよ。

——山東から来た人ではなくて、蘇北の人なのですね。

（沈没全の母親）蘇北の人です。

私の母がいう"鸕鷀"を放つ人は必ずや「蘇北人」です。"鸕鷀"ですらここ（本地）にはいない、蘇北にいるんだ。

ここに沈全弟と母親ははっきりと鸕鷀はわれわれ「本地人」の漁法ではなく、清末民国期に逃れてきた「蘇北人」の漁法であると明言している。鸕鷀それ自体がもともと太湖流域にはなく蘇北から来たものなのだと断言する。これは「本地人」の漁民の立場から見た「蘇北人」の漁民とのあいだの自他の区別であろう。「本地人」から見れば、「蘇北人」は清末民国期になって逃れてきた外地の者なのであり、たとえ太湖流域の方言（呉方言）が話せたとしても、やはり本地に溶け込むことはなく、"われわれ"とは区別されていた。鸕鶿を用いた漁法も決して本地のものでも「山東人」のものでもなく、蘇北を表象するものであった。鸕鶿を「山東帮」の漁法とする北厙鎮の新編地方志の記載とは食い違っていることがわかる。

（２）「蘇北人」漁民の語り

　次いで今度は「蘇北人」の漁民の語りに耳を傾けてみよう。じつは筆者らが行ったヒアリングのなかで、自らの祖宗が蘇北から来たとする漁民は少なくない。太湖流域で有名な太湖興隆社徐家公門の香頭である徐貴祥も次のように答えている[14]。

　　——あなたの先祖はどこから来たのか知っていますか？
　　　たぶん蘇北から、その後に横涇鎮に往き、そこから〔廟港鎮に〕来たのです。横涇鎮は小太湖とも呼ばれます。横涇鎮の前庄村に落ち着きました。すなわち蘇州上方山の徐渓庄です。あなたたちが横涇鎮で漁民にたずねたら、皆な知っていますよ。徐渓庄とはわれわれ祖宗の名前です。

　徐貴祥も祖宗移住の伝説を聞き伝えており、蘇北から横涇鎮、さらに廟港鎮へという蘇北から太湖流域へと移住し、さらに域内において再移住したことを告げている。管見のかぎり、徐貴祥は魚鷹を用いていないが、「蘇北人」であることは間違いない。

　平望北六房の香頭で呉江市八坼鎮漁業村に住む孫根栄・孫紅弟父子[15]も自らの母親の出身地について「蘇北〔から来た〕。彼女は「本地人」ではなく、〔蘇北から〕八坼鎮に移住してきたのだ。ここには「蘇北人」が非常に多い」と答え、八坼鎮漁業村にも多数の「蘇北人」がいたことをうかがわせている。

　嘉興南六房老長生分会の香頭で同じく八坼鎮漁業村に住む劉小羊[16]は筆者らとの会話のなかで以下のように語っている。

　　——老祖宗はどこの人ですか？
　　　老祖宗は蘇北の興化〔県〕の人です。何代前の人か知りません。

——興化のどこの村ですか？

　　　伯父がいうには興化〔県の〕劉家庄です。

　　——いつ頃、蘇北から同里鎮へ来たのですか？（劉小羊は同里鎮漁業村出身）

　　　はっきりしません。たぶん自然災害に遭って逃れてきたのでしょう。

　　——何代前のことですか？

　　　わかりません。太公（曾祖父）も江蘇で生まれていて、江北ではありません。

　劉小羊はいつのことか明確には覚えていないが、それでも祖宗が蘇北の興化県から来たとはっきり語っており、劉家庄という具体的な村名にまで言及している。彼らは蘇北から太湖流域にまで移住してきて、「本地人」との差異を常日頃感じているのであろうか。劉小羊であれ、徐貴祥であれ、孫根栄・孫紅弟であれ、今でも強い「蘇北人」意識を有し、かつ祖宗の移住過程をよく認識している。

　次に紹介する季関宝は筆者が北厙鎮でヒアリングを行った人物である。彼との出会いは筆者が偶然に車窓から彼の"魚鷹船"を目撃したことに始まる。彼は北厙鎮漁業村に住む「蘇北人」漁民である。

　　——「山東人」や「本地人」は魚鷹で捕魚する方法を学ばないのですか？

　　　彼らにはわからない。これは先祖代々のもので、必ず先祖伝来のものでなければならない。私は七歳のとき魚鷹を学びはじめた。……彼らも学ぼうとするが無理です。

　　——学ぶのにはどのぐらいの時間がかかるのですか？

　　　少なくとも三年。魚鷹の性格はまるで人間のようで、一羽一羽性格が違っている。

　　——もし「山東人」や「本地人」があなたたちと結婚したら、彼らは〔「蘇北人の」〕魚鷹の方法を学ぶことができますか？

　　　できません。無理です。学ぶには遅すぎる。親子間で小さな頃から伝えないと。

　　——〔魚鷹は〕小さな頃から学びはじめる必要があるのですか？

そうです。小さい頃から船上生活しないと。私は七歳から船上生活しています。たとえば水中に魚がいれば、魚鷹は反応する、魚がいると表現します、私は見てわかるし、魚の大小もわかる。

——すなわち魚の大小で魚鷹の反応も違うということですか？

はい。魚鷹の良し悪しもここから区別できます。

この一連のやりとりのなかで、季関宝は「蘇北人」の魚鷹が先祖伝来の漁法であって、「山東人」「本地人」には習得できないことを強調している。自らは七歳のときから船上生活で魚鷹による漁撈にも慣れ、魚鷹の魚に対する微妙な反応にも対処できる、たとえば魚の大小すら見分けがつくと自信ありげに答えている。やはり太湖流域の漁民にヒアリングするかぎり、魚鷹は「山東幇」ではなく「蘇北人」の漁法であることが理解できる。季関宝も北庫鎮漁業村の人であるから、さきに検討した『北庫鎮志』の記載には誤りがあると判断してよかろう。

このように魚鷹＝「蘇北人」の漁法を強調する季関宝も、上海には上海伝来の魚鷹があることを認めている。

——魚鷹は「蘇北人」だけが用いるのですか？

「本地人」にもできる。たとえば莘塔鎮の龍井村。

——その人は「本地人」ですか？

「本地人」です。〔魚鷹も〕また先祖伝来のものですが、現在はやりません。

——「本地人」にも先祖代々の魚鷹があるのですか？

ある。上海などにもある。しかし二人の老人がいるだけで、若い方はもうやっていない。この職業は苦しいんだ。本地人の言葉には“雪が降ったり、雨が降ったり、風が強かったり、仕事はおもしろくない”といって、毎日仕事に出ねばならない。

少数ではあるものの、「本地人」にも魚鷹はあるようである。「蘇北人」と同様、先祖伝来の漁法ではあったようであるが、非常に苦しく辛い仕事として認識されていた。このように魚鷹が完全に「蘇北人」のみに特有の漁法であるとは言い切れないが、やはり魚鷹を「蘇北人」につなげる言説は少なくない。

　さらに季関宝は集団化期の北厍捕撈大隊について概ね以下のように述べている。当時、捕撈大隊には三つの小隊があった。一隊はすべて「本地人」、二隊は「本地人」と「蘇北人」、三隊はすべて「山東人」から構成されていた。「蘇北人」である季関宝は二隊に属していた。一隊の「本地人」はすべてが捕魚するわけではなく、漁具を有する者に限られ、他の者は螺蛳（タニシ）や蚬子（しじみ）を捉ったり販売したりしていた。二隊の「本地人」も基本的には同じであったが、魚鷹を用いて捕魚する季関宝は「本地人」と一緒に捕魚することがなかったという。三隊の「山東人」はすべて鈎（上述の麦釣鈎か）を用いて捕魚し、漁網を用いることがなかった。

　季関宝はまた次のようにも語っている。

　　——あなたたち〔蘇北人〕は伝統的に魚鷹で捕魚し、彼ら〔山東人〕は鈎を用いて捕魚するということですね？

　　〔山東人は〕捕まえられないよ。山東人には無理だ。現在は良くなったが、〔鈎で〕捕魚するのではなく、電気で〔感電させて〕捕魚するのさ。ある者は魚の販売をして捕魚しない。彼らは役立たずで、捕魚できないのさ。

　　——あなたたち〔蘇北人〕は他（本地人、山東人）の漁撈方法を学ばないのですか？

　　どうして学ぶ必要があるのか。われわれ〔蘇北人〕の漁具（魚鷹）は最もすばらしい宝物のようだ。

　季関宝の語りを見るかぎり、彼は完全に「山東人」を見下している。「山東人」が鈎を用いた漁から、次第に技術なくともできる電気に頼って捕魚するようになったことを軽蔑しているのかもしれない。少なくともここに「蘇北人」の「山東人」に対する優越感、「蘇北人」の表象ともいえる魚鷹への誇りを見て取ることが可能であろう。

　続いて季関宝は自らの「蘇北人」意識に関して次のように述べている。

　　——以前、あなたたちは「蘇北人」と呼ばれて気にしましたか？

　　いいえ、気にしません。われわれは「蘇北人」ですから。見下す人もいました。

——あなたたちは〔北厍鎮へ〕来た頃も自ら「蘇北人」と自称していたのですか？

「蘇北人」ですよ。現在では気にしない。誰も私が「蘇北人」だと気づきません。私は本地話（方言）ができますから、「蘇北人」か否か全く気づきません。

——あなたは本地話がわかるのですね？

はい。

——あなたは普段どんな場合、蘇北話を話すのですか？

自宅では蘇北話を話しますが、外地の人と話すときは本地話で話します。

——「本地人」はまだ「蘇北人」に対して特別の感情を有していますか？

現在はない。

——「本地人」は「山東人」を見下していますか？

そうですね。

——「本地人」は「蘇北人」「山東人」を見下していますか？特に言動的に意識させられる場合がありますか？

特にありません。〔ただし〕自分の心の中では「蘇北人」だから、「本地人」より地位が少し低いと感じています。

ここには「蘇北人」としての季関宝の微妙かつ複雑な感情が表現されている。現在では「蘇北人」を自称することを憚らないとしながらも、「本地人」から「山東人」とともに見下されていることを認め、かつ自らも「本地人」に対してコンプレックスを有していることを明かす。太湖流域という舞台においては「蘇北人」が「山東人」とともにマイノリティであることを認識しながらも、「山東人」と対等とは考えておらず、やや見下しているように見える。「蘇北人」の立場からすれば、「本地人」から見下されながらも「山東人」を見下すという重層的な構図となっている。

（3）「山東人」漁民の語り

　最後に、「山東人」漁民の語りを検討しておこう。ヒアリングを実施した漁民
のなかには少なからぬ「山東人」が含まれている。北厍鎮漁業村の沈老四は祖
先の移住について次のように振り返っている。

　　──爺爺（祖父）も北厍の人ですか？

　　　祖籍は北厍ではありません。われわれの祖籍は山東省の済南です。皆な
　　山東省からやって来て、ここで捕魚しているのです。

　　──山東省のどこですか？

　　　山東省の済南です。どこの県かは知りません。長毛（太平天国）のときに
　　逃げてきて江南に定住しました。つまり洪秀全の時代です。老人たちに聞
　　いたところでは、われわれは糧米を積む大型の船で戦火を避けてきました。
　　あわせて18家が一緒に来ました。現在では、蘇州・崑山・西塘に分かれて
　　います。

　沈老四の言によれば、彼らの祖籍は山東省の済南市であり、清末の太平天国
の乱を避けて太湖流域へとあわせて18家が大型船で移住し、さらに呉江市北厍
鎮のほか、蘇州・崑山・西塘などに分散したという。こうした太平天国時の山
東移民伝説は、北厍鎮漁業村の他の漁民にも共有されている。該村の金天宝は
以下のように語る。

　　──祖籍はどこですか？

　　　山東省済寧府滕県です。太平天国のとき梁山から北厍へ逃げてきました。

　このように金天宝の祖籍も山東省であり、太平天国時に太湖流域へと移住し
ている。また該村の徐香香も祖先が山東から来たことを述べる。

　　──あなたは本村人ですか？

　　　「山東人」です。ここに到着してから数百年が過ぎました。長毛の戦乱の
　　とき、われわれはここに逃げてきました。

　　──山東省の済南ですか？

　　　山東省兗州府滕県です。

──山東省から移住してきた漁民は18戸あるのではありませんか？

　18戸ぐらいです。父親から聞いたところでは、10数戸です。この10数戸は浙江・江蘇・崑山にも分かれています。……われわれ漁民はここが最も多い。「山東人」が最も多い。

──山東省から来た漁民のなかには何という姓の人がいますか？

　徐姓、孔姓、孫姓。章姓も王姓もいる。

──金姓もいますか？昨日、金天宝先生にヒアリングを行いました。

　彼（金姓）も一戸、王姓も一戸。われわれ徐姓は数十戸あって最も多い。徐姓は大姓です。次は孫姓で５、６戸あります。徐姓が最も多い。

　徐香香も「山東人」であり、沈老四や金天宝の祖先と同様、太平天国期に山東省から逃れてきたという。こうした太平天国期の山東移住伝説がはたして北厙鎮漁業村のみに共有されるものなのか、あるいはより広域の太湖流域の山東人漁民にも看取されるのかは、残念ながら今後の研究に俟つほかないが、華北の洪洞移民伝説、広東の珠璣巷移民伝説、河南固始県移民伝説などのように、広域に跨がった神話的な世界を伝えているようで興味深い。そしてさらにその後に小地域内の二次的分散をも含んでいる点も忘れてはなるまい[17]。

　次いで「山東人」と漁法あるいは「本地人」「蘇北人」との関係についてヒアリングを整理してみよう。沈老四は次のように語っている。

──あなたの父親はどこで捕魚したのですか？

　北厙鎮一帯です。

──東は最も遠くてどこまで行きましたか？

　上海の青浦〔県〕。西は太湖、無錫、北は蘇州、南は浙江の嘉興や西塘鎮まで行きました。

──父親はどんな漁具を使っていましたか？

　鈎子（釣り針）を取り付けた縄を使っていました。

──魚竿（さお）は使わなかったのですか？

　使いません。鈎子を取り付けた縄を使います。われわれ「山東人」は皆な鈎子を用い、漁網を使いません。

——魚鷹を使ったことがありますか？

　ありません。なぜならわれわれの祖先は使わなかったから。「蘇北人」には使っている者がいます。われわれの村にも魚鷹で捕魚している者がありますが、彼らの祖先は「蘇北人」です。

　沈老四の父親は北厙鎮を中心に太湖流域の広範囲において捕魚していたが、魚竿（さお）は用いず、鈎子（釣り針）を取り付けた縄を使っていた。これは文献史料に見えた「山東帮」の麦釣鈎のことではなかろうか。「山東人」は皆なこれを用いるという。しかし魚鷹は用いなかった。「山東人」である沈老四の口からも、魚鷹は「山東人」が用いる漁法ではなく、「蘇北人」が先祖代々用いるものであることが告げられている。もはや太湖流域における魚鷹は「蘇北人」を表象する漁法であるといってよかろう。

　続いて金天宝は以下のように述べている。

——黎里の漁民（呉江市黎里鎮、太湖流域内にあり、本地人漁民と見なしてよい）がやって来たとき、彼らの風俗や漁具は異なっていましたか？

　すべて違います。

——たとえば？

　たとえば彼ら〔本地人〕が用いるのは漁網（写真3）ですが、われわれ〔山東人〕は漁網を用いず、鈎子を使います。捕魚の方法が全然異なります。われわれは夜間に捕魚し、彼らは白昼に捕魚していて、全然違います。

　ここでは「本地人」と「山東人」との差異について漁具から説明がなされている。前者は漁網を、後者は鈎子を使うとし、それが両者間の目に見える差異として言及されている。そしてこれまで縷々述べてきたとおり、「蘇北人」といえば魚鷹ということになるのであろう。さらに金天宝は「山東人」と「本地人」「蘇北人」を比較しながら、歴史・風俗的な差異について話を展開していく。

——ここ（北厙鎮漁業村）の漁民には3つのカテゴリーがあるのですか？たとえば本地、山東、蘇北？

　さらに安徽。

——ここに来た漁民のうち本地を除けば、歴史が最も長いのは？

写真3　漁網（於大長浜村、2005年8月21日撮影）

　われわれ山東だよ、本地の人だといっていいぐらい。われわれが済南から来たのは太平天国の時です。われわれは現在10数家いる。
――蘇北漁民は？
　そんなに長くない。100年前後。
――蘇北漁民は多いですか？
　少ない。10％ほど。
――おおよそ何戸ほどですか？
　5、6戸ほど。
――1958年に僅か5、6戸ですか？
　はい。われわれ山東は20戸以上あり、「山東人」が多く、次に本地〔人〕です。
――本地〔人〕は何戸いましたか？
　20戸ほど。
――あなたたち山東漁民は本地漁民か蘇北漁民かいずれとよく往来しましたか？

特に差はないよ。三隊（生産隊）では差がない。

──いつも往来があったのですか？

ない。何の往来もない。それぞれバラバラです。

──あなたたち山東漁民は蘇北漁民の話が聞き取れるのですか？

聞き取れる。

──何か異なる点があるのですか？

少しあります。ある物の呼び方には異なる点があります。でも聞き取れるし、言語上のコミュニケーションには問題がない。

──あなたたちはあの人が「蘇北人」だと聞き分けられるのですか。

はい。

──つまり「山東人」と「蘇北人」はコミュニケーションできるということですね？

できます。「蘇北人」の話（方言）は聞きやすいですよ。いつも聞いて理解できる。村のなかで仕事をしていても、安徽・四川・蘇北、われわれはすべて聞き取れるし、聞き分けられる。安徽ではない、蘇北だ、あるいは蘇北ではない、安徽だ、このようにすべて聞き分けられる。

──あなたたち山東漁民の言葉は本地漁民とほとんど同じですか？

訛りは異なります。ある物の呼び方も異なります。われわれ「山東人」の言葉は「本地人」には聞き取れません。彼ら〔本地人〕の言葉はわれわれには聞き取れます。

──あなたたちの話す言葉はまだ山東の訛りを残していますよね？

まだ残っています。「山東人」が本地の言葉を話したら、われわれ「山東人」は〔山東話を忘れたとして〕笑います。もし祖宗の〔山東人の〕ことを忘れたら「本地人」が笑います。われわれ「山東人」は「本地人」と本地の言葉で話します。

やや長文を引用したが、「山東人」である金天宝から見た北厙鎮漁業村内の人びとの関係がよくわかる。上述のとおり、三隊は「山東人」から構成されていたが、一隊・二隊の「本地人」「蘇北人」とはあまり密接な往来はなく、「山東人」は普段「山東人」同士で往来していた。しかし日常から同じ漁業村内で暮らし接触があったのであろう、「蘇北人」が話す言葉とのあいだに多少の区別はあろうとも、コミュニケーションは可能であり、またそれぞれの言葉を聞き分けることもできた。一方、「本地人」とのコミュニケーションについては、マイノリティである「山東人」がマジョリティである「本地人」の言葉を習得し、意思の疎通を行っていた。その逆はあり得なかった。かかる点は「蘇北人」「本地人」間でも同様であったろう。このように100年単位で太湖流域に暮らそうとも、「蘇北人」であれ「山東人」であれ、マイノリティであっても互いにアイデンティティを保持したまま生活し、マジョリティである「本地人」とは一定の距離を保ちつつ、言語面ではマジョリティの言葉を習得しながらコミュニケーションを図っていた。

　最後に、徐香香の話から再度「蘇北人」と魚鷹の関係について分析を加えておこう。

　　——ここ（北厍鎮漁業村）では以前も魚鷹はなかったのですか？

　　かつてはあった。とても多かった。現在は少ない。20羽ほどの魚鷹しかいない。

　　——山東漁民、蘇北漁民、本地漁民すべて魚鷹を用いますか？

　　蘇北漁民だけができます。われわれ〔山東人〕にはできません。

　　——彼ら〔蘇北人〕は捕魚のとき、魚鷹のみを使いますか、漁網は使わないのですか？

　　まず漁網を張りめぐらせてから魚鷹を用います。漁網をめぐらせた後、魚鷹をなかへ放てば、魚鷹は大きな魚を捕まえてきます。

　　——かつて蘇北漁民とあなたたち山東漁民の生活条件は同じであったと考えてよいですか？

　　生活条件は彼ら〔蘇北人〕の方が良いです。彼らの魚鷹の方が生計を立てやすい。彼らが捕まえた魚は活きたままですから。

　徐香香もやはり魚鷹を「山東人」の漁法とは見なさず、「蘇北人」のものと意識している。そして魚鷹を用いた捕魚の優勢が語られる。魚鷹は大きな魚を活きたまま捕まえるし、魚も新鮮という意味であろうか、「蘇北人」の生活条件の方がよいと告白する。これはさきの季関宝に対するヒアリングとも一致するものである。

　このように北厍鎮漁業村の事例を中心に検討してきた結果、太湖流域漁民内部の「本地人」「蘇北人」「山東人」意識は明確であることがわかった。それは言語面による相違だけでなく、漁法も「本地人」は漁網、「蘇北人」は魚鷹、「山東人」は鈎子と異なっていた。本稿で注目してきた魚鷹は新編地方志に見えるように「山東人」の漁法ではなく、「蘇北人」を表象するものであった。また詳細は省くが、金天宝は船を一目見ただけでも区別が可能であるという。「本地人」「蘇北人」「山東人」というアイデンティティは単に人の意識や言語のなかにのみ垣間見られるのではなく、漁法、船の大きさや構造によっても表象されていたのである。

3　表象としての鵜飼い

　前章で検討したように、太湖流域では魚鷹（鸕鶿、鸕鳥＝鵜飼い）が「蘇北人」を表象する漁法であった。この中国の魚鷹、すなわち鵜飼いについては、中国・日本二元的独立発生説など多数の学説が発表されているうえ、アジアに独特の漁法であり、その分布・技術伝播は注目に値する。中国の魚鷹に関する研究としては、先駆的な可児弘明、ベルトルト・ラウファーの研究のほか、周達生、Jackson, C. E.、王恵恩、Manzai and Coomes の諸研究があるが[18]、近年、最も注目すべきものとしては、文化人類学的なアプローチから現代中国における鵜飼いの実態をつぶさに分析した卯田宗平の研究があげられよう[19]。卯田は中国の山東・河北・河南・安徽・江蘇・湖北・湖南・江西・浙江・福建・四川・雲南・貴州・広西・広東の各省、重慶市などの魚鷹を長年にわたって丁寧に調査・整理し、緻密な考証によって魚鷹を用いた漁と漁師たちの実態を明らかにした。卯田の研究は圧倒的な情報量を誇り、筆者も大いに刺激を受けた。しかしながら、本稿の調査対象地である太湖流域にはほとんど足を踏み入れていないよう

なので、以下、もう少し太湖流域の魚鷹についてヒアリングを用いながら掘り
下げた議論を行っておきたい。

前出の北厙鎮漁業村の季関宝は魚鷹を用いて捕えた魚類とその販売について
次のように詳細に語る。

　　——鸕鷀を使いはじめたとき、固定された範囲があったのですか？

　　あった。ここ（北厙鎮）が固定された場所です。網で囲んで鸕鷀を放つの
です。

　　——北厙鎮ということですね？

　　そう、北厙鎮の龍船碼頭だ。魚鷹は10数斤（約5キログラム）の大きな魚
を捕えられる。最も大きかったのは36斤（約18キログラム）にもなった。

　　——魚鷹はどんな魚を捕まえるのですか？

　　最もいいのは鮭魚、甲魚（すっぽん）、これらは最も高価な魚です。鮭は
上海人が最も好む。

　　——普通の魚では？

　　普通の魚としては青魚（ニシン）、草魚、鯿魚、さらに普通なのが鯉魚で
す。鯽魚（ふな）も最も普通の魚です。上海人は河鯽魚と呼ぶ。……

　　——これらの魚も市場に持って行って売るのですか？

　　市場へ持って行って自分で売ります。

　まず季関宝が以前から北厙鎮附近を範囲として魚鷹を用いた捕魚を行ってい
たことがわかる。ここにいう「網で囲んで鸕鷀を放つ」というのは、さきの徐
香香のヒアリングでも同様のことに触れていたように、卯田が整理・分類した
「刺し網に魚を追い込む漁法」をさすのかもしれない[20]。実際に捕獲する魚類の
うち、高価なものとしては鮭魚（さけ）と甲魚（すっぽん）があげられる。市場
として重要な上海に向けて出荷されるのだろうか、上海人が好むとわざわざ言
及している。そして普段よく捕獲する鯉魚や青魚・草魚は自分で市場へ持って
行き販売するのだという。これは改革開放以後の近年の話であろう。

　続いて魚鷹の長所と短所についても興味深い内容を話している。

　　——魚鷹を使うのは他の漁具を使うのと比べたとき、どんな長所がありま

すか？

　そりゃいいよ。魚鷹は水中でも魚を見られるけど、他の漁具は見えないから。他の漁具では追い切れなかったらおしまい、でも魚鷹は見つけたら追いつく。これはすばらしい。なぜ、われわれの生活条件が他の者（本地人や山東人）に比べたら少し良いのか、こういう理由があるのさ。

──鸕鷀の短所は何ですか？

　ない。先進的な方法だから。

──魚鷹を飼育するのに困難はありますか？たとえば育てたり、訓練したり、ときには飛んで逃げたりとか。

　あります。魚鷹には性格が乱暴なのもいて、他の魚鷹より良くなく逃げてしまう。性格がとても野蛮で、東へ放てば西へ行く、こういう魚鷹は良くなく、寿命も短い。逃げたら叩くよ。

──よく逃げるのですか？

　よく逃げる。魚鷹はいつも逃げる。

──改革開放前後、魚鷹を使った捕魚にはどのような違いがありますか？異なるところがありますか？

　ない。しかし〔開放前〕捕まえた魚は公有であって、自分には何の権利もない。

──あなたたち〔蘇北人〕一家のほか、他の人たちも魚鷹を使いますか？

　使う。呉江市にもいる。松陵鎮にはいくつかの家があるが、現在はやらない。もうからないから。現在、電気を用いて捕魚するようになってから、われわれの漁具は役立たなくなった。電気はすごいよ。

──電気を用いて捕魚してみたことがありますか？

　電気を用いて捕魚するのは好みでない。なぜなら魚の大小を問わず捕まえてしまうから。

──魚鷹は大きな魚だけを捕まえて、小さな魚は捕まえないのですか？

　うん。小さいのは少ない。

季関宝は自らの行う魚鷹を用いた捕魚に相当思い入れや愛着があるのであろ

うか、魚鷹は先進的な漁法であり、長所はあっても短所はないと言い切っている。その先進性は魚鷹の生き物としての極めて自然な行為である、獲物すなわち魚を追いかけて捕獲する能力に求められている。しかし魚鷹の性格は個体ごとになかなか難しく、野蛮あるいは凶暴なものあり、手なづけるのには苦労がかかるようである。最後に登場する電気を用いた捕魚（電触魚）は近年しばしば行われていたらしいが、新編地方志にも見られたとおり、禁止の対象にもなっている。

　魚鷹についてもう少し季関宝に語ってもらおう。

　　――魚鷹は互いに交配して雛を産むことができますか？

　　できる。

　　――あなたたちは雛を自分で育てられますか？

　　私にはわからない。蘇北の泰州の人ならばわかる。卵を産んで孵化させて雛をかえす。

　　――あなたたちは蘇北の泰州まで行って買うのですか？

　　はい。

　　――雛がかえってからどのぐらいで買うのですか？

　　40～50日ほど。

　　――40～50日以前なら育てられない、以後なら育てられるということですか？

　　はい。〔40～50日後には〕すでにこんなに大きくなります。

　　――もし万が一船上で交配して卵を産んだら、育てられませんよね、どうするのですか？

　　魚鷹に卵を産ませません。食べさせなければ卵を産みません。

　　――何を食べさせないのですか？

　　魚です。食べさせなければ卵を産みません。食べさせれば産む。十分に食べさせずに半分ぐらいにすれば卵を産みません。

　　――魚鷹に十分食べさせないと寿命が短くなるのでは？

　　そんなことはありません。労働するときに魚を少し与えます。十分に与えてしまうと魚を捕らなくなります。

　ここでは魚鷹の交配、産卵、孵化、雛の飼育について言及している。とりわけ産卵・孵化は難しいらしく、季関宝もある程度大きくなった雛を蘇北の泰州にまで赴いて購入している。詳細は判明しないが、蘇北の泰州には、伝統的に魚鷹を交配させ卵を産み、孵化させることを担う人材がいること、それを前提とした魚鷹の雛を取り扱う市場が成立していることなどが推測される。ここにも蘇北人が魚鷹を用いる理由の一つがありそうである。ただしこれを裏づけるには実際に泰州で魚鷹を調査する必要がある。また季関宝も魚鷹に与える餌の量を調整することで、交配させなかったり、捕魚させるようにしたりしていた。

　最後に、同じく前出の北厙鎮漁業村の徐香香の語りを聞いておきたい。

　　──1958年に捕撈大隊が成立したとき、彼ら〔蘇北人〕は継続して魚鷹を用いていたのですか？

　　はい。ずっと魚鷹を用いてきました。私が幼かった頃、彼らが魚鷹を用いているところを見たことがあります。

　　──人民公社期、すべての漁具が集団化の対象となったのですか？

　　そうです。

　　──魚鷹も集団化の対象となったのですか？

　　すべてが集団化の対象です。魚鷹が魚を食べることについては、二割の魚を食べさせ、八割を政府に納めました。

　　──つまり魚鷹が食べる分の魚については上納する必要がなかったのですね？

　　魚鷹の食べる分の魚は免除されました。

　北厙鎮では集団化に伴う捕撈大隊成立（1958年）以前・以後ともに魚鷹が継続して用いられていた。集団化期は当然に漁具も公有化されたが、魚鷹はそのまま使用され（個人所有ではなく「作価」され集団所有とされたのであろう）、漁獲量の八割が上納された（水産公司に売却する）という[21]。

　また徐香香はさきに現在では北厙鎮漁業村には「20羽ほどの魚鷹しかいない」と語っていたが、これについてヒアリングを補充してみよう。

——これら20羽ほどの魚鷹は誰が飼育しているのですか？

　すべて捕魚する人が飼育しています。帰って魚鷹に肉や魚を食べさせます。すべて代々伝わってきた魚鷹で、年をとったものばかりで、若いものはいません。

——肉や魚を食べさせるのは誰ですか？

　捕魚する人です。彼が与えたものを魚鷹は食べます。もし別の人が与えたら嚙みつきます。犬と一緒で固定した主人がいるのです。

——彼らは本地の漁民ですか？

　本地の漁民ですが、「蘇北人」です。北厙鎮に住む彼らは鎮からやって来て魚鷹で捕魚します。生活条件は最も良い。

——蘇北人はなぜ魚鷹を用いて捕魚するのですか？

　魚鷹がなければ、「蘇北人」は生活できません。他の方法はできません。魚鷹は大小を問わず魚を捕ります。現在では電気で捕魚する人もいますが、当時は魚鷹が唯一の方法でした。

やはりここでも「蘇北人」にとって魚鷹が重要な漁具であったことが述べられている。単なる機械的な漁具というよりは、むしろ忠実な番犬のように飼育され、主人とともに共同で漁をしていた姿が思い浮かぶ。この魚鷹を用いた捕魚は一定程度の成功を収めたらしく、魚鷹を飼育する者の生活条件の良さが繰り返し強調されている。おそらくは太湖流域漁民のあいだには「蘇北人」＝魚鷹＝高収入という図式が暗黙のうちに成立していたと考えてよいであろう。

おわりに

本稿では、第1章で新編地方志という文献史料を、第2・3章でヒアリングの内容を取り上げ検討を加えながら、太湖流域漁民内部の「本地人」「蘇北人」「山東人」意識や、「蘇北人」意識の表象の一つとしての魚鷹（鵜飼い）について概観してきた。管見のかぎり、太湖流域漁民についてかかる課題に取り組んだ先行研究は存在しないため、大雑把な推測に終わったり、論点の整理・提出に止まらざるを得ない部分も少なくなかった。今後、機会があれば、さらに史料を補充し、再検討を試みてみたいと思う。

かかる状況にありながらも、いくつかの興味深い事実は指摘できた。第一に、文献史料を用いる場合、特にマイノリティや社会的弱者に対する記載には、十分注意する必要がある。本稿では、新編地方志の記載を皮切りに検討を始めたが、実際に現地でヒアリングを開始すると、その記載には重大な誤りがあることが判明した。新編地方志に限らず、文献史料もしっかり裏を取る作業を行わねばならず鵜呑みにはできないのである。第二に、第三者から漁民を見た場合、ともすれば一枚岩のように外見的には見えるかもしれないが、実際には祖籍の別によるアイデンティティに基づいた内部集団が形成されていた。太湖流域漁民では「本地人」「蘇北人」「山東人」意識を有した各集団が存在しており、「本地人」がマジョリティ、「蘇北人」「山東人」がマイノリティに位置づけられていた。言語面では後者が前者の言語を習得することでコミュニケーションが成立していた。第三に、漁民にとって重要な漁具・漁船も各集団を表象するものとして認識されていた。「本地人」は漁網、「蘇北人」は魚鷹（鵜飼い）、「山東人」は鈎子（釣り針）を専門的に用いていた。とりわけ魚鷹は特殊な技能を必要としたうえ、生産効率も高いと認められており、かかる漁法を独占的に利用できた「蘇北人」は、結果として「本地人」「山東人」に比較してやや優勢な生活条件を享受していると見なされていた。

近年、中国の経済発展のスピードは極めて速い。筆者の調査対象地である太湖流域の漁業村もすでにその波を受け、大きな変化を遂げつつある。先祖代々伝えてきたという魚鷹（鵜飼い）も果たしていつまで続けられるのだろうか。もちろん近年の水郷古鎮の観光化のなかで、魚鷹を観光客に見せるという逃げ道は存在しているのであるが（**口絵・写真4**）、生業としての魚鷹は急激にその数を減らしていることは間違いない。太平天国期の山東移民伝説をも考慮に入れるとき、山東・蘇北と太湖流域のあいだの人的移動、技術や文化・習俗の伝播に関する調査はまさに急務であるといえよう。

注

（1） 瀬川昌久『客家——華南漢族のエスニシティーとその境界』（風響社、1993年）52
　　　～53頁。

（2） 『呉江県志』（呉江市地方志編纂委員会、呉江、江蘇科学技術出版社、1994年）第
　　　五巻農業、第三章漁業、第二節捕撈。

（3） 『呉江県志』第五巻農業、第三章漁業、第一節淡水養殖。

（4） 『北庫鎮志』（呉江市北庫鎮地方志編纂委員会、上海、文匯出版社、2003年）第一
　　　巻建置区画、第三章集鎮和農村、漁業村。

（5） 『嘉善県志』（嘉善県志編纂委員会、上海、三聯書店、1995年）第七編漁業、第四
　　　章漁民、第一節漁民組織。

（6） 『青浦県志』（上海市青浦県県志編纂委員会、上海、上海人民出版社、1990年）第
　　　九篇漁業、漁業生産関係変革。

（7） 太田出「連家漁船から陸上定居へ——太湖流域漁民と漁業村の成立」（佐藤仁史・
　　　太田出・稲田清一・呉滔編『中国農村の信仰と生活——太湖流域社会史口述記録集』
　　　汲古書院、2008年）50頁。

（8） 『呉江県志』第五巻農業、第三章漁業、第二節捕撈。

（9） 『廟港鎮志』（廟港鎮志編纂委員会、杭州、浙江大学出版社、2002年）第三巻農業、
　　　第三章多種経営、第五節漁業。費孝通（著）、仙波泰雄・塩谷安夫（訳）『支那の農
　　　民生活』（生活社、1939年）第八章職業分化、第三節漁業を参照。

（10） 『蘆墟鎮志』（蘆墟鎮志編纂委員会、上海、上海社会科学出版社、2004年）第四巻
　　　農業、第六章漁業、第二節捕撈。

（11） 『嘉善県志』第七編漁業、第四章漁民、第一節漁民組成。

（12） 『陽澄湖鎮志』（陽澄湖鎮志編纂委員会、上海社会科学院出版社、2004年）第六章
　　　水産、第二節水産捕撈。

（13） 太田出「太湖流域漁民の香頭と賛神歌——非物質文化遺産への登録と創り出され
　　　た「伝統」」（氷上正他著『近現代中国の芸能と社会——皮影戯・京劇・説唱』好文
　　　出版、2013年）。

（14） 徐貴祥については、太田出「太湖流域漁民の「社」「会」とその共同性——呉江市
　　　漁業村の聴取記録を手がかりに」（太田出・佐藤仁史編『太湖流域社会の歴史学的
　　　研究——地方文献と現地調査からのアプローチ』汲古書院、2007年）204～217頁を
　　　参照されたい。

太湖流域漁民の蘇北人と鵜飼い   69

(15)　太田前掲「太湖流域漁民の「社」「会」とその共同性」217〜227頁を参照。

(16)　太田前掲「太湖流域漁民の「社」「会」とその共同性」217〜227頁を参照。

(17)　中国各地の移民伝説に関しては、太田出・林淑美「福建省龍海市歩文鎮蓮池社・
　　　石倉社・玄壇宮社調査報告（上）」（神戸商科大学『人文論集』37巻3号、2002年）51
　　　頁にて整理・検討したことがある。またそれぞれの移住伝説の詳細については、牧
　　　野巽「中国の移住伝説――特にその祖先同郷伝説を中心として」（『牧野巽著作集』
　　　第五巻、御茶の水書房、1985年）、黄有泉等『洪洞大槐樹移民』（山西古籍出版社、
　　　1993年）、張青主編『洪洞大槐樹移民志』（山西古籍出版社、2000年）を参照。

(18)　可児弘明『鵜飼――よみがえる民俗と伝承』（中央公論社、1966年）、ベルトルト・
　　　ラウファー（著）・小林清市（訳）『鵜飼――中国と日本』（博品社、1996年）、周達
　　　生『民族動物学ノート』（福武書店、1990年）、同『民族動物学――アジアのフィー
　　　ルドから』（東京大学出版会）、Jackson, C. E.; Fishing with Cormorants. *Archives of Nat-
　　　ural History* 24(2), 1997、王恵恩「捕魚能手――鸕鷀」（『民俗研究』1999年第3期）、
　　　Manzai and Coomes; Cormorant Fishing in Southwestern China: A tradition fishery under
　　　Siege. *Geographical Review* 92(4).

(19)　卯田宗平『鵜飼いと現代中国――人と動物、国家のエスノグラフィー』（東京大学
　　　出版会、2014年）

(20)　卯田前掲書、41頁。

(21)　集団化期の組織化、漁場と漁獲物、漁法の変化などについては卯田も検討を行っ
　　　ている。卯田前掲書、248〜259頁。

第Ⅱ部　調査報告篇

一颗古老的太湖明珠

——苏州市渔港村渔文化遗存调查

陈 俊 才　　陈 军[*]

渔港村位于太湖东部，是以大中船为主的天然捕捞渔村，本世纪初，太湖镇与光福镇合并后，现属苏州市吴中区光福镇的一个行政村。全村有1365户（2010年统计，下同）4770人，划分为15个居民小组，共有708条渔船，270条铁驳船，在中国淡水捕捞中曾创造了数项全国之最。一是风帆船最集中的地区之一，至今尚有近千余条风帆船，每年9月份的太湖开捕节等重大节庆活动时，百舸争流，千帆竞发，场面蔚为壮观。二是捕捞渔船全国最大，最多时全村拥有载重六、七十吨五桅、七桅大渔船100余艘，是太湖标杆性的活化石和"镇园之宝"，有"到了太湖不看太湖七桅船等于未到太湖"之说。三是淡水捕捞产量最高，全村捕捞产量约占全湖鱼虾总产的三分之一，全盛时期，接近太湖总产的一半。素有"太湖水产甲天下，大船捕鱼甲太湖"之称。四是拥有内陆最大的人工渔港，渔港全长1400米，港宽48米，港深吴淞水位零度，整个渔港共开挖土方11.64万立方，誉为"内陆第一渔港"。

自从上世纪80年代改革开发以来，渔港村与其他农村一样，被融入了滚滚而来的进程中。大中渔船业由原来的"一枝独秀"成了"船大调头慢"，出现了资源性枯竭的返贫。从单一的捕捞改变为现在的太湖捕捞、水上运输、水产品营销和旅游三产，"四马分肥"的经济格局，渔村面貌急剧发生变化。

渔船的由来与渔村的变迁

太湖渔船，大小不一，载重60-70吨五桅、七桅船为大型船；载重15-30吨的三桅、四桅船为中型船；载重1-10吨的独桅、双桅船为小型船。渔港村都是大中

---

[*] 1986年出生，男，江苏苏州人，省招村官，现于吴中区长桥街道文体中心工作。

型渔船，这些渔船，来源大致有四个方面。

一是由战船演变而来。相传春秋时期，吴相伍子胥与兵圣孙武根据吴国湖泊密布，河港纵横的地理环境和“习于水性，善于用舟”的民族特性，建议吴王“以船为车，以楫为马”[1] 组建了世界第一支海军。参照陆地的车战法，编制出水战法。吴国水师由大翼（相当于陆军之重车）、小翼（相当于轻车）、突冒（相当于冲车）、桥船（相当于轻足骠骑）、楼船又称“艅艎”（相当于楼车）是旗舰组成。大翼配士兵90人，配吏、仆、射、长各 1 人，配备长钩、长矛、长斧、弓弩。是水师中的主力战船，为吴国争霸战争中立下了赫赫战功。经过历史的变迁，船型与编制有所变化，但作为战船的功能一直延续下来。

南宋时期，抗金名将岳飞将水师布防太湖。建安三年（1129年）二月，“金人攻常州，岳飞提兵督救……闻飞至，遁入太湖。飞追破之，获其舟，余人悉降”[2]。“十二月，金人复犯常州……选舟师战于太湖，降其兵千五百人”[3]。绍兴十一年（1141年）十一月，宋高宗听信秦桧谗言，屈辱议和，以淮水为界，割唐、邓二州，岳飞下狱，翌年十二月，岳飞被害，并斩子云及张宪于市，家属徙广南，官属于鹏等论罪有差[4]。岳家军水师获悉朝廷忍耻偷安，主帅被害，一片哗然。“天高皇帝远，隐遁太湖，继续抗金，粮饷断绝，遵守：冻死不拆屋，饿死不掳掠”的军纪，将战船改为渔船，捕鱼为生，繁衍成一支大型的捕捞船队，即现在的七桅渔船。这批渔船虽经历代改造，但至今留有战船的痕迹，如 4 船合拖一条网的称“带”，两船对船作业的称“舍”。有舟师“管带”遗风。大渔船与当地“父产子承”不同，是沿袭“单传长子制”与吴地风俗相悖，有军事继承的因素。大船渔民至今坚称是岳家军的后裔，崇敬岳飞，结婚时要先赕南元帅，据老渔民说，当时岳飞尚未平反。涉嫌叛逆，以南元帅隐喻岳元帅至今。赕佛时有请“岳（飞）韩（世忠）两王”程式等[5]。

二是由海洋渔船演变而来。该渔船方头平底，船艄呈“ㄎ”刀币形，载重60多吨，原来在黄海的海州湾一带渔场捕鱼的“沙船”，渔民称“北洋船”。在清代后期由海船演变为湖船在太湖定居下来。“（常熟）浒浦港有渔船十余号，福山港大小渔船约百余号”[6]。常熟临近太湖，水路便捷，原来海船春捕黄鱼，秋打带鱼，冬季是海洋淡季，正值太湖渔业旺汛，即到太湖捕捞，成为“湖海两栖船”。清末沿太湖造桥、建闸增多，太湖由"敞开型"逐渐成为"半封闭型"。海船多桅而且不易倒伏，进出太湖不便。当时太湖水产资源丰富，收入多。太湖捕捞比海洋捕捞风险小，相对比较安全。生活安定，就逐渐在太湖定居下来。1998年笔者陈俊才曾访问湖中村海船渔民的后裔薛士虎（当年已85岁高龄）。据薛回忆，其祖父薛金荣在清嘉庆年间到太湖捕捞才定居的。薛金荣有金才、金芳三兄弟，大哥薛金才留在常熟海洋捕鱼，有子怡福、怡定，二弟薛金荣移居太湖捕鱼，生三个儿子，名怡金、怡德、怡方，均是"怡"字辈，经常往来。民国21年（1932年）薛金荣81时，携孙子薛士虎到常熟浒浦老家海船上探过亲，进祠堂拜过祖宗。五桅北洋船型头艄较高，用一剖二半圆木做船板，是海船抗浪的特征，至今与常熟海船的船型基本一致，仅区别海船招（头）桅偏于艄桅一侧，北洋船在融化过程中与太湖七桅船一样居中了。北洋船与原有的太湖七桅船船型载重相仿，很快融为一体，由于生活习惯相同，两帮之间互相通婚，已经分不出彼此了。这些大型渔船，全部集中在渔港村的原湖中大队。

三是由大渔船繁衍而来。太湖捕捞船都是以船为家的连家船，渔船既是捕捞工具又是生活的场所，人口增加子女成长后，要独立生活就必须新增中船依赖生存，由于水域环境和经济成本等因素，太湖大渔船是"三年一小修，五年一大修，每年抹抹油"，一直保持在100艘左右。解放初期和互助合作化时期，由于中船与大船船型不同即单独组帮捕鱼，这些中船与大船均有父子的血缘关系。如渔港村的原湖丰大队，渔民嬉称"小湖丰"。是"大船衍生的中船"。改革开放后，渔船归渔民所有，可以按自己意愿改造使用。太湖捕捞由原来常年捕捞到半年禁捕，逐渐大船改中船，汛期捕鱼，禁捕时运输。加上木船由水泥、钢板代替。可节省维修成本，出现了打中船的高峰。渔港村的湖丰大队，1972年率先与吴县水泥制品厂合作，开发30吨太湖水泥渔船，到1984年发展到46条。渔港村从1983年到1984年上半年，不到一年时间里，新打中船85艘，修理旧中船73条。大渔船也从这期间开始逐步减少，直到上世纪末退出了太湖捕捞的历史舞台。

四是由于体制变动合并而来。有的是解放前就来的，如渔港村原湖胜大队部分蒋姓渔民，原属常州府的放老鸦船，后来改为中船后就到苏州府捕鱼了。解放后又经历了两次，一是解放初期太湖剿匪时，太湖渔船统一管理；二是1958年，全湖渔船统一成立太湖人民公社时，打破原有行政界线，实行按工具性质划分大队，使湖州、无锡、常州等地一些中船合并在一起，虽然1961年调整太湖渔业行政体制时，部分中船划归原地，但也有一部分中船不愿回原籍留了下来。

自古以来，太湖水面没有明确划分行政界线，渔民全湖自由捕捞。渔民历史上由沿湖当地政府管辖。

1949年解放后不久，苏南区党委、行署在太湖开展剿匪肃特，建立新政权，调集部队，成立"太湖剿匪指挥部"，同时建立"太湖区行政办事处"，协助剿匪。范围是太湖水域内的捕捞渔民与岛屿及沿湖一公里内的陆地港口。内河渔民、养殖渔民、半渔半农属于农业范畴，参加当地土地改革。以船为家的纯捕捞渔民实行全湖统一管理。到1951年6月，大规模武装剿匪结束，剿匪指挥部撤消，办事处亦随之撤消，改建太湖水上公安局，直属苏南公安处。

1952年重建县级太湖行政办事处，在太湖水面始划以数字命名的第三到第七5个渔民水上区，当时大船属于第三区，驻地在光福潭东。不久第三区与第五区中船合并。

1953年春，太湖渔船进行"民船民主改革"（简称"民改"），结束后，太湖行政办事处改建震泽县，第三区改为湖中区。1957年撤区并乡时改为湖中乡。

1958年湖中、湖东、湖西3个乡的渔民合并成立太湖人民公社，实行政社合一，公社一级核称，打破地域界限，按捕捞工具建立营，大中渔船属第一营，后改为第一大队，后又改称太湖大队。

1961年秋，调整了太湖渔业行政体制，将部分渔船划归无锡、常州、湖州等市原籍管理，部分中船一并划出。太湖公社的100余条大船单独成立湖中大队，中船分别成立湖胜、湖丰2个大队，实行队为基础，三级核算。1959年，震泽县并入吴县。

2001年，太湖镇并入光福镇。原湖中、湖胜、湖丰3个渔村合并，更名为渔港村至今。

渔港村地理位置环境特殊，与外界隔绝，形成了独特的生产方式与生活习惯。渔民婚姻都在本帮内联姻，成了以血缘为纽带的聚落，保留了不少原生态的渔业文化。解放前，渔民文化低，渔文化依靠口传心授传承，缺乏文字记载，外界知之甚少。上世纪70年代，渔港村在白浮山旁"围湖造田"，逐渐定居下来，改变了单一捕捞方式，结束了漂泊的水上生活，生产、生活随着发生变化。

悠久的渔业历史

太湖渔业历史悠久，渔樵耕读，渔业先于农业，是先民们赖以生存的主要手段。太湖从宋末有了大渔船捕捞，改变了太湖捕捞格局，可以全水域、全天候捕鱼，捕捞发生了质的变化，当时产量高，价格便宜。《吴郡志》载"鱼自太湖来，击鼓侵晨卖之，其余饭鬻于市，载筐及罾而已"，"吴俗以斗数鱼，今以二斤半为一斗，买卖者多论斗，自唐至今如此。"[7] 直到清末才改用衡器计量。

明代汤絅《太湖诗》云："金碧芙蓉映太湖，相传奇胜甲东吴。渔业处处舟为业，农业年年橘代租"。孙子度在《戈船诗》中称："谁知五湖（太湖古称）中，鱼乐乃此过。长鱼几人搏，尺许无足齿。衣食既鲜华，弦涌恒精美。人生老戈船，头白何作耻。"清代后期，沿湖建闸筑路后，太湖由敞开型演变成半封闭，使湖海两栖的"北洋船"，船大桅多，进入太湖不便，有30余艘逐渐在太湖定居下来，与原来太湖的大渔船融为一体，进一步壮大了太湖的捕捞力量。

渔船为了适应险恶的水上环境，渔民自觉组成"渔帮"。渔帮一般以捕捞区域称呼，每帮20-30条船，大船有南湖帮，北湖帮等。渔帮是一种从生产互助出发自动形成的生产组织，既无帮规，又不依靠黑社会势力，但有重义轻财的江湖义气。同帮渔民的渔船、鱼讯、渔场相同，一起捕鱼、一同停泊，以便互相照顾，应付突发事件。由于地域闭塞，与外界接触少，男婚女嫁大多在本帮内联姻，形成了以婚姻为基础的血缘部落。因此，渔帮的基础比较牢固。

渔船实行老大负责制。太湖大渔船每船配9个劳动力，分老大、看风、挡橹、下肩舱、半粒头、女工6个工种。老大是一船之主，由经验丰富、决策果断的人担任，是在生产实践中自然产生的，具有绝对权威，起航、抛锚、下网、上网等都由老大作主。主桅篷出了故障，老大要在剧烈摇摆的风口中，徒手爬上15米多高的桅顶去排除；如遇风暴和突发事故，老大必须机智沉着，果断组织自救，去化险为夷。因而，老大是全船安全的主心骨。其余各工种（渔民称之为"穴子"）也都有明确而严格的职责范围，在老大的统一指挥下协调操作。"捕鱼时联四船为一带，两船牵大绳前导以驱石，两船牵网随之，常在太湖西北深水处，东南水域不至也"[8]。

捕鱼时，两条船拉缆绳前导的称"带船"，后两条拖网的称"网船"。带船与网船每次风信轮换。合拖一条"墙拦网"，有20多幡（条）网组成，将鱼用墙一样拦住，形成约一公里宽的弧形网张，网口用2米长的"门撑"支开，上至水面，下着湖底，拖扫面积大，每船有七道篷，篷与篷之间加风袋，受风面大，船速快，鱼货多。下网后顺风日夜牵捕，间隔一段用舢板到网中取鱼和捞掉水草。一直牵到岸边或息风时才起网，有"农民牵三日三夜磨，不及大船上一柳风"之说。这种捕鱼方式，全国独有，直到解放后70年代水产资源起了变化才逐渐淘汰。

劳动时必打号子。俗谚称渔民"手里拿了三寸板，不是叫就是喊"。集体劳动起锚、扯篷、上网时，一人领唱众人和，节奏明快，高亢有力。二三人排网、摇舢板、取鱼时，亦要领唱与和唱，低沉有力，声音嘹亮。连一个人整缆、理网时，也自吟自和，委婉动听。这是因为劳动号子能协调动作，提神鼓劲。在黑夜中航行或操作时，舢板还靠它向大船传送安全信号，久而久之，打号子便成了渔民劳动时的习惯。

渔船成对拖网作业。一对"姊妹船"有一位"作主人"指挥生产，互相间靠"篷语"联络：梢篷落下即通知对船下网，二梢篷落下要起网。服从指挥是渔民在长期劳动中形成的共识，用他们的话说："老大多了要翻船。"

渔业捕捞终年与风和水打交道，过去渔民识天全凭经验，因而触礁翻船事故时有发生。一旦遇险，在桅杆上挂醒目的饭笼等物件，也有用拖把垂直打圈，发出求救信号，称"出招"。其他渔船见后要全力相救。但在风激浪高而又辽阔的湖面上，过往渔船甚少，翻船溺死者屡见不鲜。因而在渔船上忌讳与"翻"、"沉"有关的行为和语言。在船上掀锅盖、揭舱板、晒鱼筐等，均不能翻放。不能在船头、船旁或两人同时大小便，以避"船头土地"、"左青龙，右白虎"和所谓"两人争坑道，必定有风暴"。语言上忌讳"翻"、"落"等谐音。因此，东西打翻只说"泼出"，翻身只说"调戗"，放下一部分帆则称"小篷"等。

渔民的生产习俗是在"三寸板内是娘床，三寸板外见阎王"的险恶环境和经验教训中日积月累形成的，从而成为保障安全的重要组成部分，形成了同舟共济、勤劳勇敢、重义轻财的朴实民风。

深厚的渔民风情

太湖渔港村的渔民以前一直以船为家，终年在湖上捕鱼，闭塞自守。为了适应婚后生活，都在帮内通婚，形成了独特的生活习惯，一直保留下来。

衣

太湖渔民的服饰讲究实用，对有利生产、方便生活的服装特别青睐。

男子普遍穿包裤，包裤又称"灯笼裤"，用狭幅蓝色土布制作，深档大腰，大裤脚管，前后有密裥，束在外衣上。正反可穿，蹲站舒适，避脏通风不挂缠。腰下有空插袋，可放钱物，又可暖手。不论捕鱼、上街、作客，全年三季都穿它。夏天穿赭色拷布制成的短裤、背心，隔热性能好，烈日下不发烫。拷布耐湿、耐穿、凉爽、易干，是"香云纱"的老祖宗。渔民一年四季都戴帽，夏季戴斗笠、草帽；春秋冬三季戴毡帽，挡风又遮雨。

妇女一年四季身围裙裙，头扎包头布。裙裙用料和包裤相同，两旁打密裥，前有裙幅掩盖的大贴袋，长可过膝。裙裙既保暖又可避脏。劳动时利落干净，也可放东西，若方便时蹲下，裙裙散开成鸡罩形，用于遮羞。包头布能遮阳避雨、挡风保暖，四季皆宜。她们大都喜欢穿彩色鲜艳的大花朵衣服，大概是长期生活在灰蒙蒙的湖面上色彩太单调的关系。

儿童戴虎头捂兜帽，前面做成有耳朵的虎头状，帽后成琵琶形拖到背部，舒适保暖。男童穿虎头鞋，女童穿猫儿鞋。虎头鞋额上有"王"字，眼呈椭圆形；猫儿鞋没有"王"字，眼为圆形。幼童身上佩有"吊背带"，后有约 2 公尺长的绳子系在船棚架上，防止儿童不慎落水，但不影响儿童爬、站、走、坐和戏耍。

太湖渔民的服饰是在天水相连、网索满船的环境中形成，稍有不慎，轻则影响劳作，重则发生伤亡。《淮南子》上有"九嶷之南，陆事寡而水事众，于是民人断发纹身"的记载。断发可避免挂缠之苦，纹身可防水族之患。包裤、裙裙、帽子、包头巾取代了"断发文身"的防护功能，适宜水上劳作，有很强的生命力。

这也是吴越"断发纹身"的国俗在衣着上的影响。

食

渔民平时一日三餐，捕捞时四餐，轮到"供学"时吃五餐。有风昼夜捕捞，晚上十时左右吃"汤饭"，烧上一大锅鱼汤，吃些面条、鱼汤泡饭之类的夜餐。办"船学"时，师生的食宿有家长轮供，"供学"时在上午十时左右吃一餐面食、汤团之类的点心。

吃饭时男女不同桌，男的在甲板上盘腿坐成一圈，妇女和孩子在伙舱内吃。渔民吃饭个个狼吞虎咽，速度极快，是作业环境养成的习惯。吃鱼时，吃了上片剔掉鱼骨再吃下片，不能翻身，不能挪动鱼碗，吃后不能将筷子搁在碗上，要轻轻扔在舱板上，最好滑动一下，表示顺风顺水。由于湖上湿度大，生活单调，渔民喜欢喝高度白酒，都是海量，男人整天烟不离口。

水产是渔民的主要副食品，渔船间有无偿要饭鱼的习惯。一日三餐离不开鱼虾，各种水产品有最佳的食期和精华。渔谚有："正月梅花塘鳢肉头细，二月桃花鳜鱼长得肥，三月菜花甲鱼补身体，四月汪丝籴纯鲜无比，五月莳里白鱼更加肥，六月夏鲤鲜胜鸡，七月鳗鲡正当时，八月桂花鲃鱼要吃肺，九月吃蟹赏菊打牙祭，十月芙蓉青鱼要吃尾，十一月大头鲢鱼头更肥，十二月寒鲫赛人参。"

渔船上都要加工水产品，备淡季时食用，常见的有醉鲤片、白片干、烙鱼干。醉鲤片用鲤鱼腌后晒干，用白酒浸后密封，开坛时鱼肉绯红，酒香扑鼻，不走油不返潮，蒸后香溢满船，不咸不肥，十分可口。白片干是将斤把重的鱼剖开洗净，放在通风的网架上，在烈日下曝晒成雪白的鱼干，吃时调料蒸食，其味亦佳。烙鱼干用刺少肉多的针口鱼，洗净后放调料在水中煮到七成熟，沥干水渍，利用饭后硬柴的余火，在铁锅中烤炙成米黄色，食时松脆，越嚼越鲜，回味无穷，曾是贡品，所以又叫贡鱼。

渔船上吃鱼有不少规矩和忌讳。节庆吃鱼时，要老大先动筷，其他人才能吃，老大吃鱼头，挡橹（舢板小老大）吃鱼尾，渔捞手吃中段，不能吃错。曾发生过挡橹未吃到鱼尾，把橹板锯断的事，老板只能忍气吞声道歉。

渔民信奉小孩吃了鱼头会捉鱼、吃了鱼尾会摇船、吃了鱼翅会游泳、吃了鱼子会变笨、吃了鱼脸上的无情肉会"小气"。小孩吃鱼规矩多，但捕捞到螃蟹，就烧一面盆，任由孩子玩耍取食，现在看来，螃蟹要比鱼值钱得多，所以就不能这么任由取食了。

渔民的婚宴很丰盛，特别是婚后请女方亲戚的"新亲酒"，规格更高。要先上蜜饯、糕点、水果等16盘茶点，喝桂圆茶。茶后上鸡、鸭、牛肉等16只冷盘，开始喝酒。接着上南北货做的10道"新菜"，再上禽、畜做的10道"老菜"。然后上全鸡、全鸭、四喜肉、狮子头等10道大菜。每上一道菜，用同样原料配做一道汤一同上桌，每道菜用碗装六七成，菜肴不可重样。最后是四道点心。每桌人数可多可少，人多只要围坐在甲板的圈子大一些。入席的人数要成双，上菜的人也要成双。桌上不能有单纯的白色，白糖上要放红枣，白饭上要放荸荠。凡是上席的碗碟席间不能收，到最后统一卸席，是对客人的尊敬，又能检点"吃了多少碗"。一般有七八十碗，多的有一百多碗。

现在渔民的船上生活也有变化，不再是一日三餐吃鱼虾了，讲究荤素搭配，也不能无偿在渔船上拿饭鱼了。原来不登大雅之堂的螃蟹、鳗鲡、甲鱼等成了水产中的贵族，都送到宾馆、饭店卖个好价格。

其他的禁忌，也随时代变异：吃鱼翻身可以，但在老年渔民中，还是喜欢原来的渔民生活，忘不了那些古老而有趣的习惯和习俗。

住

太湖大渔船长约25米，宽近5米，深3米多，载重六七十吨，有七道桅杆，是国内湖泊中最大的捕捞船。捕捞操作在甲板上，生活起居在甲板下，操作方便，居住舒适。中间有船楼，又称烟棚，宽敞明亮，两边是活动的挡板，前后有移门，冬天避风保暖，夏天通风阴凉，是会客、吃饭、休息的场所。以船楼为界，前甲板是捕捞兼祭典区，主桅前的甲板称"大板面"，是赕佛、结婚拜堂的场所；二桅前是"头板面"，是祭祖等活动的地方。婚宴时，娘舅靠大桅，姑父倚二桅。后甲板是生活区，融合了吴地"明堂、暗房、亮灶"的居住习俗，寓意明堂有福、暗房聚财、亮灶发禄。船尾有挑出的"踏桥"，放置盆栽花草和晒放杂物。两侧有木制对称的"坑棚"和小棚，是卫生间和储藏室。

大渔船共有十三个船舱，其中船头、大舱、夹舱、伙舱、大船艄、小船艄六个舱是生活舱。船头有前后并列的四个铺位。船梁上有一对木制桃形的"引子"，供上下舱踏脚用，是船工的住宿舱。大舱最宽敞，是重大活动的场所。旧时渔民办船学，十多位学生合请一位老师，随船读书，轮到"供学"时，大舱白天读书，晚上住宿。夹舱是小卧室，是祖父母的卧室或放置生活用品。伙舱在船楼下面，半敞开式，由"梯档"上下。木灶对面有尺许高的"高床"，是晚上照看篷索网张"看船郎"的住处。厨房用具俱全，都用木框或铁丝固定，连两只陶制行灶也是用木灶面固定，烟囱伸向船外，灶门开成5乘10公分的鸭蛋形，省柴又不冒烟，用硬柴做出的饭又松又香。

伙舱前通"大艄"的是主卧舱，若儿子结婚，父母要让出来作新房。兄弟多的按哥东弟西或"品"字安排床位，床与床之间由移门或门帘相隔。此时的"大船舱"就成了父母的卧室。

渔民一年四季只脱一件外套和衣而卧，以应付突发事件。湖中没有蚊子，夏天男的就睡在甲板上，妇女和孩子睡在船楼，其他季节就住在船舱，上有双层甲板，遮风避雨，下铺"替舱板"，冬暖夏凉，平整清洁；舱深一米半左右，人可直立活动。如遇下雨，只要背风撑起能调节的"平基板"，舱内滴水不漏，光线充足。清代朱彝尊有"谁信罛船万斛宽，舟居反比陆居安，但得罛船为赘婿，千金不羡陆家姑"的赞叹。很可惜朱老夫子没有看到刮风下雨，那"开花浪"嘭嘭地撞击船体，人像睡在皮鼓上，随浪向上一弹一弹，嘭嘭之声回旋在闷热的船舱里，震得耳膜嗡嗡作响，早晨一看，孩子都滚到船舱的一侧了。"陆家姑"就不会住这种房子。

妇女活动在船楼为界的后半部，不随便到前甲板，嬉称"后半只"。这是因为船上单身男性多活动空间小，保护一夫一妻的婚姻制度，有一定的约束力和道德规范。刚到陆上定居时，有些渔民不习惯，眼睁睁看着房顶，心里不踏实，就干脆铺上平基板搭上船棚，在"屋中屋"睡觉。也有将地板当成替舱板，把一块地板做成活动的，存放小物品。

现在。年深月久，有的渔民建了小别墅，装饰豪华，已和过去的船上生活"拜拜"了！

行

渔民生活在水上，以舟代步。大船无橹无桨，靠风行驶。顺风时篷开左右，如飞鸟展翅，六级风时速20公里，既快又稳，有"神仙眼热扯篷船"之说；横风时下舷放两块"披水板"，船微斜向前直驶；八级风时三分之一的船底露出水面，用脚顶住船舷才能坐稳；逆风时"调戗"成"之"字形向前航行，宛如湖上的盘山公路，七拐八弯航行了许多路，只前进了三分之一。大风时，老大注目船头，右手掌舵，左手牵篷脚索，阵风时放松篷脚索，过后拉紧，使风帆受力均匀，其余人屹立在风口中，听从老大指挥，各司其职。扯"足篷船"要头重脚轻，落得过低，浪速超过了船速，要左右摇晃，要调节到船恰好在浪尖前，才能快速安全。九级大风，仍可正常航行。

船老大每天清晨、傍晚都要观天测风，在长期的实践中，摸索出全年刮风的规律，将节令与"神诞"连在一起，一年有20个风信，又称"报头"、"风报"。如正月十二开印报、正月半三官报、二月初二土地报、二月初八大帝报、二月十九观音报、二月廿八老和尚过江、三月初三芦青报、三月廿三娘娘报、四月二十谷雨报、五月初六立夏报、九月初九重阳报、九月十三皮匠报、九月十九观音报、九月廿六一头风、十月初五五风信、十月半三官报、十月三十黎星报、十一月初八立冬报、十一月廿二小雪报、十二月初七大雪报。

在这些风信的前后一、二天，要刮六七级大风，至今任作为预测刮风的依据，准确率较高。

每艘渔船有一条舢板作代步工具。儿童会走路就会吊绷，能握住橹就会摇舢板。舢板方头、平底、短身，载重一吨左右，像只半封闭的火柴盒，七八级的大风照常行驶。有时波浪落差四、五米，舢板抛上浪尖，如蹿上山顶，周围浊浪滔天，天水混沌一片，真有"一览众山小"的感觉；落入波谷，像跌入的水桶，滚动的黄色水墙伸手可及，只剩头顶一方青天。初上舢板的人，要不了几个颠簸，就会天翻地覆，肚子里的东西全部吐出来了。渔民却能纹丝不动地站着，随着波浪跳跃操作，是从小练就的硬功夫。

太湖渔民的衣、食、住、行，现在大不一样了，有些风俗已逐渐消失。

独特的夏禹信仰

渔港村的渔民信仰庞杂，在众多的崇拜对象中，夏禹具有特殊的意义，被视为渔民的保护神。建有禹王庙的平台山，视为"圣地"。是其他渔民和当地农民中没有的。

一、从治水英雄到渔民的保护神

夏禹治水，在中国几乎是家喻户晓，《史记》记述："夏禹，名曰文命。禹之父曰鲧……当帝尧之时，鸿水滔天，浩浩怀山襄陵，下民其忧……禹伤先人父鲧功之不成受诛，乃劳身焦思，居外十三年，过家门不敢入。"[9] 最终采用疏导的方法，制服了洪水。后人为了纪念禹的治水业绩，建庙祭祀，成了中国古代的治水英雄。"茫茫禹迹，画为九洲。"[10] 夏禹建立了中国历史上第一个奴隶主国家，也是炎黄子孙的祖先神之一。

夏禹，作为治水英雄神，在太湖怎么又变成了大船渔民的保护神呢？这要从治水说起。夏禹治水，足迹遍及江河湖泊，留下了众多的遗迹。要说是一个凡人做的，几乎不可想象，只有将他当作神，至少是半人半神来看待，才符合逻辑。于是历史加传说，使夏禹在治理水的过程中，留下了许多神异的故事，在生存环境险恶、终年不离水的渔民，为了寻求精神依托，便将夏禹逐渐推崇为保护神了。

吴越是"东南水都"，古代洪水泛滥，以太湖为中心的吴越故地首当其冲。夏禹治水重点在吴越，在太湖流域留下了广泛而深刻的影响，史有"禹治水于吴，通渠三江五湖"[11] 的记载。禹吸取其父"堵"法治水的教训，用了疏导方法，三江通流入海，太湖水患得以平息，"三江既入，震泽底定"[12]。震泽，是太湖的古称。变太湖水患为水利，"天美禹德，而劳其功，使百鸟还为民田"[13]，是夏禹美德感动苍天带给人民的好处。"震泽底定"，使人们有了安定的生存环境，不仅促进了太湖流域的稻作生产环境，也有利于当地的渔猎活动。"禹劳天下，死而为神"[14]，功绩显赫，"圣莫神于夏禹，祠莫古于夏庙，功德之在扬州者，莫大于震泽底定"[15]。传说当年夏禹治理太湖洪水时，梦中有一黑衣仙丈指点，在洞庭西山林屋洞内取得治水天书，禹即以天书诀窍，开凿三江，平息了水患[16]。

渔民终年在湖上捕鱼劳作，长期在"三面朝水，一面朝天"的环境中与风浪、洪水打交道，经常会遇到狂风巨浪、洪水激流等人力不可抗拒的自然灾害，造成翻船、触礁、溺水等湖难事故。正如渔民所说："天是棺材盖，地是棺材底，太湖八百里，摇来摇去在棺材里。""三寸板内是娘床，三寸板外见阎王。"险恶的自然环境，严重威胁渔民生命财产的安全。在科学尚未昌明的时代，渔民将渔船的安全、渔业的丰歉同神灵联系起来：平安丰收是神灵保佑，反之则是独犯了神、激怒了水怪。夏禹治水通三江五湖，因而被看成是治水定风的神，能保护渔民逢凶化吉，化险为夷。夏禹也就逐渐演变为渔民的保护神了。

古代吴越水泽多蛇蟒，常成灾害。太湖大渔船，古称"戈船"。据《史记集解》解释："越人于水中负人船，又有蛟龙之害，故置戈（于）船下，因此得名。"反映了当时蛇蟒之害的严重和渔民的恐惧心理。对看不见、摸不着、猜不透的风信、水文、鱼情，古人无法用科学的方法来解释，便很自然地和水妖、水怪联系起来，认为狂风巨浪是鳌鱼作怪，山洪爆发是蛟龙出洞……而禹王正是这些鳌鱼、蛟龙的克星。《岳渎经》上有"水兽好为害，禹锁之，名巫支祁"的记载。渔民流传这样的传说：巫支祁触犯了天规，贬为观音脚下的鳌鱼。因看管不严，被它逃到太湖兴风作浪，被禹王收服，锁在太湖中央的太平山，露出水面的四座小岛是鳌鱼的躯体，平台山是鳌鱼头，禹王坐在上面，不让它兴风作浪。渔民习惯称平台山为"鳌上"。还有一个传说：禹王治水来到太湖平台山，见蛟龙作怪，山泉如涌，泛滥成灾，就铸了一口大铁锅，堵到了泉眼上，但水仍汹涌不止，情急之中他就坐到了铁锅上，这一坐，涌泉被堵住了。禹王说："我要长期镇守于此，留玉带有何用？"随即将身上的玉带抛入太湖，谁想玉带一入湖就化为一条沙带，巨浪也就立即平息了。可是禹王屁股一动，蛟龙马上又要作怪，于是人们干脆将禹王庙建在这个泉眼上，水怪终于被镇住了。平台山地形像倒扣的铁锅。土质含铁砂。传说是当年禹王铸成的铁锅，如今孽龙还被扣在下面呢。清·顾震涛在《吴门表隐》中记载了这一传说："平台山有砂如铁，大禹铸铁釜，复孽龙于此。"这些文字记载和民间传说，发生在当地，渔民从小就耳濡目染，印象深刻。在不能科学地解释自然灾害的原因和渔业生产规律的时代，思想上深化了对禹王的迷信，就逐渐形成了以水、风、鱼与夏禹有联系的信仰范畴，确定了以治水禹王为保护神的信仰范畴和体系。夏禹从治水英雄神转化为太湖渔民的保护神，是历史的必然。

二、平台山由湖中孤岛到渔民的圣地

禹王庙是对禹王信仰的产物，平台山因禹王庙而有名。太湖是洪水走廊，洪涝灾害频繁。据方志记载，自唐至清发生大的水灾有42次（唐代4次，宋代7次，元代4次，明代17次。清代10次）[17]。鳌鱼是传说中兴风作浪的水怪，禹王是治水英雄神，只有他才能将鳌鱼镇住。古人为了"镇水"，在鳌鱼的"躯体"上建禹王庙，鳌鱼就无法作恶了。《太湖备考》载："太湖中小山之名昂者有四，其上皆有禹王庙。"[18] 庙初建时规模较小，近似陆上的土地庙。小岛四周环水称洲。建禹王庙后以方位用鳌（昂）命名。

东鳌，即三洋洲，又名峧嘴，在镇湖上山。

南鳌，即众安洲，又名瓦山，在洞庭西山消夏湾。

西鳌，即甪头洲，又名鳌山，在洞庭西山郑泾港。

北鳌，即杜圻洲，又名平台山，在太湖中央。

经过历史的变迁，沧海桑田，东鳌被湖水冲刷，"至明中沦于湖"[19] 禹王庙随之消失。南鳌、西鳌地处偏僻，经过泥沙冲积，与陆地相连，交通不便，香火逐渐冷落，禹王庙自然消亡（上世纪九十年代中期，在西鳌重建禹王庙旅游景点）。"禹王庙唯北昂最称灵异……庙三楹两庑……六桅渔船岁时祭献"[20]，一直鼎盛不衰。北鳌即平台山，由于地形地貌和地质环境因素，生发出许多神秘的自然现象，必然地与禹王联系起来，信仰产生传说，传说又加深了信仰，荒无人烟的孤岛逐渐演变为渔民心目中的圣地了。

平台山，位于太湖中央捕捞作业的要冲，渔船往来方便，全岛面积不足一百亩，山高七八米，"山甚小而不没，称地肺"[21]，像浮在湖面上若隐若现的大鼋。渔民传说平台山是鳌鱼的头，能随水自然涨落，太湖水再大也不会淹，蒙上了一层神秘莫测的面纱。其实能够浮在水中的"地肺"，不淹的原因是太湖水位落差小，岛在湖的中央，周围湖面辽阔，不受洪水排泄和刮风屯水的影响，故山小而不没。平台山的土质是含铁质的砂砾土，浸蚀剥落小，经历了千百年湖水的冲刷仍屹立在湖面上，庙宇巍然不动，成了全湖唯一的禹王庙。

平台山在太湖中心，水位最深（年均4.87米）；远离陆地，水面最广，风急浪高，是翻船等湖难事故的多发区；又是渔船唯一的航标和避风处。渔民中流传：每遇狂风巨浪渔船遇险时，只要口念"大树连根起，小树着天飞，禹王救我"，就会有立在鳌鱼背上的禹王在湖面上飞翔，太湖立即风平浪静，渔民就转危为安了。其实是优越的地理环境为渔船提供了安全保障：在该湖面仅此一岛，山体浑圆，四周都可停船避风；湖底平坦地质硬，抛锚后不会"走锚"，停泊安全；湖上有砂带阻挡风浪，是一处良好的天然避风港，使渔船在狂风巨浪中化险为夷。湖难事故大多数发生在雷雨大风等突发性风灾中。在天昏地暗、乌云翻滚、狂风呼啸、浊浪滔天、大雨倾盆、混沌一片的恐怖环境中，渔船"上不着天，下不着地"，孤立无援，只有祈求禹王保佑。砂带在波涛中时隐时现，造成左右摆动的错觉，巨浪撞上砂带，立即花成白色细浪。渔民传说是禹王命鳌鱼用尾巴戏水赶走恶浪，保护渔民。《太湖备考》上也有这样的记载："神砂首屈曲如钩，广三丈，长五里。尾随风摆漾，风北则南，风南则北。风浪至此，捍激而返回。"[22]古人无法解释这一自然现象，脱险后，刻骨铭心，自然地与平台山联系在一起，无形之中又使它增添了超自然力量的神秘色彩。

渔民劫后余生，归功禹王的保护和平台山的神异力量，要到禹王庙敬香谢神还愿，使平台山逐渐成了神圣不可侵犯的"神山"。清《太湖备考》载：平台山"无巨石，四址皆鹅卵石，石有光润可爱者，人不敢取，取则行舟有风涛之患，渔民恒相戒。"[23]渔民上岛前，要叮嘱小孩，不能动山上一草一木、一砖一石。故山上的树石花草保护完好，生长得郁郁葱葱，犹如蓬莱仙境。信仰产生传说，越传越神，久而久之，平台山被视为"圣地"了。渔民不论何时何地上岛，都要到禹王庙烧香；有时来时匆忙未备香烛，事后要"补香"才能了却心愿。

三、禹王庙香火长盛不衰

平台山禹王庙始建无考。据现存嘉庆十九年（1814年）由蔡九龄撰《重修禹王庙记》碑载："太湖中东西南北四昂皆立大禹庙，报震泽底定之功也。北昂，庙貌较诸昂为最。乾隆戊子（1768年）重修，于梁木上得'梁大同三年（537）重建'之识。重建则非创明矣，梁以前无碑可考，不足证也。""禹庙石柱镌宋末吴兴徐雪卢诗句。"庙内原有明代大学士王鏊题的"功高底定"匾额。清咸丰年间毁于兵灾。同治年间重新修葺。是太湖渔民主要朝拜禹王之处。民国时，有正殿、东殿、西殿、后殿，房至二十余间，以及辅房，面积近2000平方米。正殿是禹王殿，禹王象左右塑皋陶、伯益，前者司农，后者司林。供桌前有青石制成的"猪羊石"，是祭鳖时的供台。东殿是猛将殿，供奉"扬威候天曹猛将"刘天王。西殿房供奉"岳（飞）韩（世忠）两王"。以禹王为主，集佛教、道教、地方神、自然神、忠神烈夫于一庙，各阶层都有自己的崇拜对象。祭祀时请神从玉皇大帝、元始天尊、天后圣母，水府龙王开始，太湖周围港口、岛上庙内的诸神都请到。祭祀一次可烧遍全湖庵观寺庙所有的香。事半功倍，渔民何乐不为，平台山也就成了渔民信仰的中心，香火长盛不衰。

平台山禹王庙，一年有三期"禹王香信"，即清明"禹王庙会"，正月"上昂"，冬季"献头鱼"。

禹王庙会。清明祭祖渔民公祭禹王，香期七天。前三天祭祀，公祭禹王同时祭祀诸神。按照神的身份供不同的供品，禹王职位最高，供全猪全羊的"肉山"。地上的"猪羊石"供宰后背上留一撮鬃毛的全猪全羊，一只活鸡，二条活鲢鱼，是祭鳖的。其他神像前供"猪头三牲"，即猪头、猪尾巴、连脚猪蹄，一只鸡和一条鲤鱼干。供品俗称"七（猪）头八脚"。在专管禹王坐船的"坐船王爷"前，只供一只连脚猪蹄，点燃三支棒香，没有红烛。素佛堂是"素供"，猪头、鸡、鱼也用面粉做成后用素油炸制。庙内主祭，各香社在庙场两侧设香棚分祭，香社之间互相攀比，香棚都办得隆重有气派。祭祀由"太保先生"[24]主持，有发符、请神、宴神、唱神歌、斋码头、送神等的仪式。其中唱神歌的时间最长，司祭领唱，渔民随着乐曲和唱，唱唱歌歌，从黄昏开始到黎明结束。后三天演戏酬神，每天下午和晚上在戏楼演两场，每场四折京剧折子戏，《打渔杀家》是必演剧目。戏班子是设备简陋的"草台班"。渔民中有首顺口溜："京剧草台班，刀枪毛竹爿；老到'棺材板'，小到手里馋；拉直喉咙喊，有戏冬瓜咸菜饭，没戏南瓜当晚饭。"形容的就是草台班的情景。最后一天"出会"，有行牌、銮驾、神轿、文艺表演、收梢锣鼓，绕山游行。

禹王庙会时，苏南、浙江、上海等地的渔民也来赶会。平时冷冷清清的孤岛，届时千船云集，桅樯林立，烧香的、赶会的、做买卖的可达数千人，可正谓人山人海，昼夜喧声不绝。搭起来"木椽堂"[25]，百贾云集。茶楼酒店，风味小吃，游艺杂耍，全岛遍布。岛上挤不下了，就在水上营业，将茶馆、酒店开在船上，赌博、喝酒。庙会后期，渔船之间找搭档组合捕捞对船，船主招雇渔工，渔工寻找雇主。平时捕鱼有了纠纷，也在庙会上公断。庙会成为一年一度的渔业劳动市场。渔民平时难得见面，利用庙会渔船集中的机会，探亲访友。这种热闹景象，一直要持续半月之久。

正月"上昂"。是纪念禹王诞生。吴地有神诞举办庙会的风俗。传说正月初八是禹王的生日，庆贺禹王圣诞的同时，祭鳌赈诸神。上昂祭祀，以四条拖网捕鱼船组成的作业单位"带"为祭祀单位，每次一个单位祭祀，祭祀一昼夜。从农历正月初八开始，到禹王庙烧香挂牌，按渔船到达的先后顺序，确定祭祀日期，写在"水牌"上，公布于众，称"拈香为定"。由于要争"烧头香"，开始祭祀时船只集中；也有渔船避开进香高峰，放到最后，称"收大元宝"，但最迟不能过"九九"。前一个祭祀单位结束，请后面祭祀的八人（每船二人）吃顿酒饭，称"接张"，依次接下去。有等待祭祀的，有祭祀后看别人祭祀的，岛上人来人往，湖上舢板穿梭，非常热闹，要持续半个多月。

渔船备供品后，不能再捕鱼，否则"心不诚，要纲断网破"。要直航平台山，用两条舢板将供品送到岛山，由两人用篾缆点燃的"神火"为前导，两人鸣锣开道，其他人抬供品随后，交庙祝布置，祭祀仪俗与清明祭禹王相同，祭祀时集体开伙，称"吃八顿半"，费用由四条船平均分摊。

"献鱼头"，是冬季捕捞旺汛开始，祈求禹王保佑冬汛太平，渔业丰收。《太湖备考》上有"北昂禹庙，网船冬月致祭，以网中第一大鱼致献"的记载和"一年生计三冬好，吃饭穿衣望有余；牵得九囊多饱满，北昂山上献头鱼"[26]的诗句。"献头鱼"香信没有固定日期，要看冬季第一次刮大风的时间，一般在农历九月底十月初，渔谚"九月廿六一阵风，单牵墙缆不用篷"，标志冬季捕捞开始，"献鱼头"仪俗较为简单，供品不用全猪全羊，除常规猪头、鸡、鲤鱼、水果、糕点外，增供一条最大的活鲢鱼，边上放一杆木秤，意思是请禹王称一称鱼大不大？祈祷"称心如意"、"连（鲢）年丰收"。时值"三季靠一冬"的渔业旺汛，随到随献，亦可数船同时进献，香期一般两天左右。

解放后，政府明令禁止迷信活动，渔民组织起来，渔船定期停泊休渔，禹王庙香火逐渐冷落，庙宇年久失修，破损严重。1958年"大炼钢铁"时，无锡等地农村组织农民到平台山扒铁砂炼钢铁，有些扒砂的农民顺手拿走庙里的门窗、梁、柱等木料，坍塌日益严重。1962年，由吴县太湖公社将禹王庙拆掉，在原地建造渔船导航灯塔。建塔时有人自发将塑像集中起来，搭了个简易小棚，遮风避雨，在"文化大革命"、"破四旧"时被毁。1994年，太湖渔民又自发在平台山重修禹王庙。而后，当地有关部门又派人上岛拆毁了禹王庙部分建筑。但渔民思想上烙印很深，无法磨灭。平台山仍是渔民心中的"圣地"，禹王仍是一部分人的精神寄托。后渔民又重修，屡毁屡建，至今香火旺盛。

大船渔民夏禹信仰，除了精神寄托外，还包含了许多社会功能，如利用渔业淡季庙会期间，找对船，双向选择渔工。庙会又是贸易集市的主要形式，以及探亲访友、文化娱乐等功能，有深厚的群众基础，长盛不衰。

几点思考

通过对苏州市吴中区光福镇渔港村渔业文化的调查，对太湖捕捞渔业的过去与现状，有了个较为系统的了解。太湖捕捞渔业，解放后在人民政府的领导下，采取了一系列的措施，取得了较大的成效。但是水产资源的枯竭与渔业人口的增长，矛盾十分突出。这也许是全国性渔业的矛盾，笔者提几点粗浅的想法，也许对太湖捕捞渔业有所帮助。

尽快立法、依法保护太湖

我们只有一个太湖，"水是基础性的自然资源和战略性的资源"。治理太湖，事关长治久安，稳定发展的大事。太湖是流域性的湖泊，流域内分布有上海市和江浙两省7个地级市，共30个县（市）。对我们的生活用水、工业发展、农林水利等都与太湖息息相关。党中央、国务院非常重视太湖的治理，各地都化了大力气作出了成效。随着太湖水域资源的开发及流域经济的快速发展，流域水系水质污染和太湖水体富营养化问题严峻。特别是太湖周围河流的污染，流入太湖。上世纪末，流传着一首"民谣"：五十年代淘米洗菜，六十年代洗衣灌溉，七十年代水质变坏，八十年代鱼虾绝代，九十年代身心受害。因太湖蓝藻暴发，曾引发无锡市居民饮用水恐慌。渔业载体是水体，"鱼儿离不开水"，因此渔业形式严峻。

太湖治理应该是流域性的，整体的联动，但由于各地各部门利益需求不同，观念认识不同，导致治理的整体效果不佳。因此，尽快制订出台《太湖保护法》，"保护优先"，依法保护太湖。

在保护措施上，成立全流域的统一机构。并强化保护法制权威，采取严厉的整治手段，加大违法处罚力度，为"铁腕治太"提供法律依据，实现人与自然和谐共存。

太湖治理，事关大局。历史经验证明，作为区域性的水利工程，非合数郡之力不能胜任，由中央牵头才能实施。由于上下游所处环境有异，在治理方略上不同。太湖的现状是上游来水畅通，下游淤塞严重，排泄不畅，得了"肠梗阻"，亦是近年来经常高水位原因之一。太湖治理是项系统工程，应从全局整体考虑，中央与地方之间、地方与地方之间、流域与流域之间全面协调，避免只顾局部利益和眼前利益短平快的做法。通过调查研究，科学论证，作出宏观治理规划，出台相应的治理法规，由协作治水到依法治水，使太湖治理的连续性，建成世界一流的防洪排涝体系。相信经过努力整治，一定会重现蓝天、碧水、山青、水秀愈发美丽的太湖。

倡导低碳渔业，回归风帆捕捞

早在1953年，太湖就推广水产资源的增殖保护，是全国最早实行水产资源保护的湖泊。从开始停捕保护半个月，到1956年延长到53天，并在全湖划定10处，75公里长，沿湖岸 1 公里宽的禁鱼区，从清明至立夏，芒种至小暑两季禁捕。1978年将东太湖18万亩水域禁捕一个月。从1989年起，经江苏省政府批准，实施全湖半年封湖育鱼，取得了较好成效，太湖成为全国淡水湖泊中单产最高。

随着改革开放和渔业人口的增长，太湖水产资源与捕捞能力的矛盾越来越尖锐。在上世纪50年代，太湖专业捕捞渔船约2000艘左右，现在入湖捕捞的约有5000艘左右，绝大部分都使用机器为动力。原来捕捞时使用棉、麻渔网，现在使用尼龙化纤为原料，不仅不需要停捕染网，而且阻力小，船速快，捕捞方法也起了变化，如渔港村的大中船，原来是四船合拖一条鱼网，后都改两船合拖的对船，现在有不少渔船是单船独拖的"飞机网"，捕捞强度超过鱼类自身繁殖能力，繁衍无亲幼不能存。现在捕捞的鱼类，绝大部分是当年繁殖，当年成长的速生鱼类。鱼讯随之逐渐缩短。开始时，半年封湖育鱼后，鱼讯从开捕陆续到春节为止，后逐渐缩短到一个月左右，最近几年，个把星期就稀稀拉拉形不成鱼讯了，有的渔船捕捞的鱼虾抵不上烧掉的柴油钱就自动停捕了。

太湖水产资源繁殖保护加人工放流取得了很大成效，但也有负效应。被称为"太湖三宝"的银鱼、白虾、梅鲚鱼是太湖的"三小"，都是不满10公分的小鱼。秋季开捕时，是梅鲚春天产卵后长大的和春天放流的鲢鱼，捕捞时都是使用密目网捕鱼，大小鱼一起捉，这与自然界强者生存的法则相悖。现在太湖大鱼少，鳜鱼等凶猛鱼类已很少见，破坏了鱼类的生物链。个头小的鱼更安全，因此鱼整体速度都会减慢，不仅意味着鱼的个头会越来越小，生长周期也会变长，与初衷背道而驰。

太湖捕捞可以逐步恢复风帆捕鱼。太湖从上世纪70-80年代起，推广捕鱼机帆化，是在渔船上装上农用挂桨机，大船4台、中船2台，至今没有变动帆船的结构。太湖的渔法，原来都是风帆船拖网作业，现在渔民中还有基础。可以先划出几个风帆捕捞区，如城市中的步行街。限定船只，限定网目，捕大留小，常年捕捞，生态平衡。风帆区内设立"太湖野生水产交易市场"，既解决渔民后顾之忧，又形成特色。在成熟的基础上，扩大风帆捕捞区，区与区之间逐渐连成片，回归自然。避免了"拼柴油"的滥捕酷捞，既减轻渔业生产成本，又减轻环境污染，净化空气。形成白云蓝天、风鼓白帆，百舸争流场景，吸引游客。

发扬优势，拓展旅游休闲渔业

太湖渔业从原来的捕捞渔业到网围养殖渔业，捕捞渔业由于水产资源枯竭日渐衰退，网围养鱼由于污染太湖水域而限止发展。太湖已由猎式渔业变为牧式渔业，太湖今后的方向是拓展旅游业、观光、休闲渔业，按照各地的条件，在保护太湖生态环境的前提下，科学规划，充分发掘历史的内涵正确定位，合理开发太湖生态旅游渔业，转移渔业劳动力，增加渔民收入，保护好渔文化遗存，保护好渔村的记忆，实现保护太湖环境与增加渔民收入"双赢"。

渔港村渔文化积淀深厚，由于环境闭塞形成原生态群落，有独特的语言、信仰和传统的风俗习惯，被嬉称"太湖中的少数民族"，渔村中物质的、非物质文化遗产底蕴深厚。村内有国内最大的内陆渔港，有"活化石"之称的七桅古船，有号称网具老祖宗的罛网，有口头传承数百年的渔歌、神歌和民间故事。是迄今为止，保护最完好、最壮观、最典型的渔村，也是不可再生的文化遗产。

要科学论证、统筹规划，开发以保护太湖原生态为主，抢救"渔文化"为目标的"生态渔业旅游区"。区内可建设"水产资源馆"、"渔船渔具馆"、"渔民风情馆"等设施。让游客在回归自然中参与，体验"碧波、明月、扁舟、渔火"的意境；在返璞归真中陶冶情操，常游常新。逐步建成社会和经济效益双赢的太湖渔业旅游"圣地"。

只有太湖环境好了，水产资源增殖与捕捞能力协调开发，鱼类生态平衡，实现良性循环，太湖渔业才能持续、稳妥发展，为民造福。

注释

（1）《越绝书》

（2）清乾隆·金友理《太湖备考》转引《宜兴县志》

（3）清乾隆《太湖备考》转引《武进县志》

（4）《宋史·高宗本记》

（5）陈俊才《太湖大渔船起源初探》，载《古今农业》1994年第2期

（6）清《江苏沿海图说》

（7）宋·范成大《吴郡志》

（8）清乾隆《太湖备考》卷十六"杂记"

（9）《史记·夏本记》

(10)《中国古代史》，上海科学出版社，1987年8月

(11) 《史记·夏本记》

(12) 《禹贡》

(13) 《吴越春秋·越王无余外传》

(14) 《淮南子·氾论训》

(15) 清乾隆《太湖备考》卷十六"杂记"

(16) 清乾隆《太湖备考》卷六"古迹"

(17) 陈俊才《太湖开发与太湖地区的农业》，载《古今农业》，1997年第1期

(18) 清乾隆《太湖备考》卷十六载"昂"，作岛屿名，但字典上未查到。当地方言"昂"、"鳌"发音相同，作者认为作"鳌"较确切

(19) 清道光《吴门表隐》卷三

(20) 清乾隆《太湖备考》卷十六"杂记"

(21) 清道光《吴门表隐》卷三

(22) 清乾隆《太湖备考》卷十六"杂记"

(23) 清乾隆《太湖备考》卷十六"杂记"

(24) "太保"一词，来源甚古，《尚书》、《左传》、《史记》均有出现。其义为沟通上天与天子的神职者。平时以渔业为主，是业余或半职业的祈神职司。粗通文墨，脚本是师承或家传，属道教范畴。

(25) 苏南地区供出租的木结构活动房屋。

(26) 清乾隆《太湖备考》卷六"古迹"

第Ⅲ部　口述記録篇

第Ⅲ部　口述记录篇　说明

在2004年至2006年度科学研究费补助金《清末民初江南三角洲市镇的结构变动和文献的基础研究》（研究代表太田出，基盘研究B，课题编号16320098）和2008年至2010年度科学研究费补助金《解放前后，太湖流域农渔村的"乡土社会"与的田野调查》（研究代表太田出，基盘研究B，课题编号20401028）的补助下，我们成立了一个田野调查组，对江南三角洲的市镇与农村之间的关系和其变迁展开调查，之后出版了①太田出・佐藤仁史主编的《太湖流域社会的历史学研究：以地方文献结合田野调查的分析》（汲古书院，2007年）、②佐藤仁史・太田出・稻田清一・吴滔主编的《中国农村的信仰与生活：太湖流域社会史口述记录集》（汲古书院，2008年）和③佐藤仁史・太田出・藤野真子・绪方贤一・朱火生编著的《中国农村的民间艺能：太湖流域社会史口述记录集2》（汲古书院，2011年）的三本作品。

与此同时，太田出、佐藤仁史和研究广东蛋民的文化人类学者长沼爽，在江苏省和上海市以太湖流域船上生活的渔民为对象，进行了采访。就文献资料来看，太湖流域渔民是以船为家的。但是中华人民共和国成立以后，已经有若干渔民配合政府的政策，实行陆上定居，不过有部分的渔民仍然在船上生活。另外，我们极希望了解这些船上渔民的历史、生活与文化情形，但由于历史文献与政府公开的档案极为不足，因此太田出和佐藤仁史就从历史学的角度出发来采访渔民们的历史，而长沼爽则从文化人类学的角度来采访新中国建国后的生活。当然如果中国方面的学者曾留下任何采访记录的话，绝对是我们应该优先参考的资料。不过很可惜，中国学者似乎在这方面，从来没有作过调查，没有留下任何口述记录。由于在我们的调查过程中，获得了很多珍贵的讯息，所以借此书的出版以公开采访内容，冀与研究同仁们分享。

正如②2008年的口述记录一书里面已经提到过的，2004年以后，吴江市进行了行政村与镇的废合整编，行政区划与名称也有了大幅的调整。但本书的口述资料中所使用的行政区划，基本上沿用2003年以前的旧制。这是因为我们考虑到旧制的区划，应该较贴近讲述人的记忆。不论是解放前、刚解放后或集体化时期，在村、乡镇级的行政区划上，曾出现过无数次的小幅变动，对此本书略而不提。其详细的内容，请读者自行参阅以下相关文献。《吴江县志》（吴江市地方志编纂委员会编，南京，江苏科学技术出版社，1994年）、《北库镇志》（吴江市北库镇地方志编纂委员会编，上海，文汇出版社，2003年）、《芦墟镇志》（芦墟镇志编纂委员会编，上海，上海社会科学院出版社，2004年）、《吴江县地名录》（吴江县地名委员会编，1983年）。

以下就收录在第Ⅲ部的口述记录，在转换成文字稿（transcription）时的若干原则做简単的说明。我们的访谈每一回都由复数采访人共同参与，采访人的姓名都留在记录的概要部分。但是在每篇记录文里，除非有特殊的需要，否则采访人的姓名一概省略，仅以"问"字代替。这是因为采访人用普通话的提问，都是经过中间翻译者转成吴江方言后，再传达给讲述人的。从讲述人的立场来看，他们听到就只是居间的翻译者所发的提问。另一方面，讲述人基本上都是使用吴江方言，在这种情况下，要求把这些访谈内容一字不漏地转换精确的普通话文本，困难度是非常高的。因此，在转换成普通话（从这点来看，口述访谈录音资料的保存和公开就显得格外重要）的过程中，一些记述会有出现白字的情形。

本书口述资料的记录方式如下：（一）讲述人在叙述时省略的部分，为了帮助阅读者掌握脉络，在〔　〕内插入辅助性的词句。（二）在（　）里，为编者、翻译人所自行添加的说明、解释和注释。（三）……是表示提问人和讲述人在谈话过程中，出现片刻的沉默或中断等状况。（四）为了增进阅读者的理解，我们把访谈内容再切成几个标题来铺陈，并根据需要，调整若干谈话内容的顺序。在处理访问稿时，我们尽可能做到维持口述文本的原貌。为了让原音重视，我们也考虑在适当的时机，公布这批录音资料。（五）在牵涉到一些敏感的政治事件、个人隐私、或特定人物的评价和传言时：①讲述人不愿意公开的部分一律不刊登；②虽然有些讲述人并不避讳，但当地的有识之士认为不宜公布的部分也同样的不刊登。

我们在每一位讲述人底下，建立采访日期、采访地点、采访人、翻译人、讲述人、讲述人简历、讲述人家庭等项目来整理访谈所得的资料。在讲述人的简历中所出现的年龄，是以第一次接受采访时的年龄为准。至于家庭一项，是根据讲述人的家庭成员整理而成的。

口述资料的转录是在中山大学历史系吴滔教授的安排下，委托潘弘斐、徐芳、钱丰三位同学完成的。中文文本由太田出负责整理。润稿部分请京都大学兼任讲师林淑美帮助，谨此致谢。

（太田　出）

讲述人分类

(1) 渔民、鱼行与干部（吴江市）

1 金天宝（99）　　2 徐香香（113）　　3 沈老四（121）　　4 季关宝（134）
5 李四宝（142）　　6 李才生（146）　　7 朱鹤民（151）　　8 孙定夷（155）
9 张顺时（157）　　10 倪文寿（161）　　11 褚阿弟（168）　　12 张小弟（179）
13 李根大（186）　　14 李三宝（193）　　15 王礼庭（196）　　16 蒋胜元（205）
17 陆正耀（243）

(2) 渔民（陈坊桥）

18 赵良芳（245）　　19 周金弟（253）　　20 周雪娟（270）

(3) 教员（陈坊桥）

21 沈云辉（277）

(4) 半农半渔（荣字村）

22 陈连舟（286）　　23 夏木根（299）　　24 盛阿木（305）　　25 邹正福（310）
26 陈宝生（315）　　27 吴忠明（328）

(5) 赞神歌

28 沈小林（333）　　29 张福妹（350）　　30 沈全弟（358）　　31 倪春宝（374）
32 沈毛头（390）

(6) 血吸虫病患者（陈坊桥与王家浜村）

33 王毓芳（394）　　34 王娥秀（408）　　35 朱新堂（415）　　36 徐锡泉（427）

(7) 赤脚医生、医生与干部

37 周家瑜（432）　　38 周培宁（435）　　39 陆永寿（440）　　40 席炳梅（448）
41 周菊娥（457）　　42 马桂芳（462）　　43 石坤元（466）

1　金天宝

采访日期　：①2009年12月19日，②2011年12月25日
采访地点　：①北库镇茶楼，②吴江市北库渔业村
采访人　　：太田、佐藤、长沼
翻译人　　：徐芳、陈天勤
讲述人　　：金天宝（六十八岁）
讲述人简历：山东渔民后代。渔民，得过血吸虫病。
讲述人家庭：妻子徐双丁，山东渔民后代。

捕捞大队的成立、渔改前后的打渔方式

问：您多大岁数？
答：六十八。
问：北库镇那边的捕捞大队是哪一年成立的？
答：捕捞大队是1958年成立的。
问：捕捞大队之前有什么渔民组织呢？
答：没有的。我们以前都并入镇上的居委会的。
问：1958年成立的时候，有几个干部？
答：干部大概有三个到四个。
问：叫什么名称？
答：名称大概叫大队长。
问：还有呢？
答：到后来有生产队长，当时大概是三个捕捞大队。
问：就是三个小队长，一个大队长？
答：对。
问：大队长叫什么名字？
答：叫李继深，现在都不在了。他是公社里调下来的呀，来负责捕捞大队。
问：他不是渔民吗？
答：他不是渔民，大队长是农民。
问：那时候他几岁？
答：总归三十多岁吧。现在已经不在了。连生产队长都不在了。
问：组织捕捞大队的时候，怎么组织的？
答：都开会组织起来的呀。
问：那些被组织起来的渔民都是从哪里过来的？
答：常住在这里的呀。
问：一直以来都是本地人吗？

答：对的呀。常住这里捕鱼的，53年成立人民公社，到后来就成立捕捞大队。

问：在大长浜那里路上定居的渔民，也是本地人吗？

答：也是本地的呀。当时从黎里划过来一批也是本地人，当时68年渔改的时候。

问：从黎里划过来的渔民也是黎里当地人？

答：对的，黎里大队的。

问：不是从苏北迁过来的？

答：不是的。

问：刚成立捕捞大队的时候，大概有多少人？

答：人口啊，大概一百多个到二百吧，那时候人口少啊。

问：户口吗？

答：人头。

问：大概几户人家？

答：大概三、四十户吧。

问：从黎里迁过来的渔民大概有多少？

答：大概二百到三百人，68年的时候。

问：黎里渔民刚迁来的时候，他们的风俗、渔具跟你们的不一样吗？

答：都不一样。

问：比如说呢？

答：比如说他们用那个网具，我们都不用网具，我们用钩子。捕鱼的方式都不一样。我们是晚上捕鱼，他们白天捕鱼的，都不一样的。

问：1958年成立捕捞大队之前，你们怎么打渔？

答：我们也用钩子，一家一户的，有的在

东边，有的在西边。

问：那时候有没有固定的范围？

答：没有。

问：到处都可以吗？

答：对，到处都可以。

问：最远到哪里去打渔？

答：有些到苏州，没人管的。

问：东南西北到哪里？

答：南面到嘉兴、嘉善、西塘，北面到苏州车坊，东面到金泽、朱家角，西面到横扇、宛平，太湖也要去去的。

问：这么广的范围啊？

答：因为没人管的呀，哪里生意好就到哪里去，也有朋友介绍的。

问：捕鱼有季节性吗？

答：有的。夏天呢一般到西边，太湖那边去。

问：抓什么鱼呢？

答：鱼品种多了，不是抓一种的。

问：冬天呢？

答：冬天在当地多。

问：春天、秋天呢？

答：总归一般在当地多。

问：成立捕捞大队前，出去打渔是自己单独去，还是跟亲戚一起去？

答：自己去。一户一只船，全家人都住上面的。

问：有没有几户人家一起去的？

答：没有的。

问：自己管自己的？

答：哎，各管各的，有的到东，有的到西。

问：你们本地渔民是晚上捕鱼嘛，几点出

发？

答：早上六点就出发了，到下午三、四点钟回来。抓到的鱼还要卖的呀。

问：成立捕捞大队后，是不是就一起去捕鱼了？

答：一道去了也有的。

问：也有一户一户出去捕鱼的？

答：也有的。

问：有些什么变化？

答：有些变化的。到后来大队里搞一个集体撒那个大网，就把几户并起来，要十几个劳力的。其余的还是一户一户的，搞渔业。

问：成立大队后有没有固定的捕捞范围呢？

答：还是没有的。直到文化大革命以后了，到陆上定居了，都固定了。

问：68年渔改后有固定范围，这个范围具体是到哪里？

答：讲起来，我们总的点呢还在北库镇上，另外还有分点，我们还改了一块荡种田。

问：讲讲具体位置。

答：有三个点，黎新那里有个点种蔬菜，有三、四户人家；还有西面有个四方荡么种田，这里人口最多，劳力有五、六十个。

问：捕鱼的范围呢？

答：捕鱼还是到处去。有两、三只船，或者三、四只船一个小组，分成一个小组，一个小组的。

问：可以到西塘、车坊那些地方捕鱼吗？

答：也可以。一个船是不可以，要以二、三只船的小组名义去才可以。

问：捕到的鱼交到哪里？

答：镇上有供销社的嘛，称鱼行，按斤计算给你，回来到大队里结账。

问：不是工分？

答：不是工分。

问：集体捕鱼计工分吗？

答：那时候没工分。

问：渔改以后有工分了吧？

答：似乎有工分，但是固定的集体是有的，像种菜地。工分要到年底才有的。

问：打渔的也有工分？

答：工分也是有的，要一年一评。

问：满分是几分？

答：十分。一天十分。

问：是不是用工分去领粮食？

答：粮食一般是国家供应的，要么荡里收起来的，稍微有点奖励。对收入大的，能力高的，稍微给点奖励。

问：是给钱吗？

答：我们到年底分红。到年底，三、四个队，或者五、六个队，总数合起来，按照工分十分多少钱发。工分最高的时候，一块四角七分折十分，那一年收入最多。最低的时候四角几都有，也是折十分。那时候的工作太复杂了。

问：这些钱要到年底才有得拿？

答：到年底，要把之前借的钱去掉，剩余的给你。

问：就是十分折合多少钱，到年底一起拿回来吗？

答：是一起算，比如一户人家总共可以拿多少钱的，一年下来每个月借过多少钱的，最后算出来还能拿多少钱。

问：就是每个月可以去大队里借钱的？

答：哎，不借钱没得吃，不能活了。也有人家透支了的。那时候的工作最复杂。小孩多的话，吃的多，年底透支，钱就拿不到。

问：养鱼的荡什么时候有的？

答：大概58年以后，也弄了几个荡来养的。

问：有没有人管的？

答：有人管的。归大队管的。

问：是大队派人去的吗？

答：是的。

问：是不是渔民？

答：是的。

问：荡的名字还记得吗？

答：最大的是元鹤荡。还有八角荡，那时候荡多了，好几个。还有李公漾、野鸭荡、天花荡，现在都没有了，灭钉螺的时候都填平了。

问：你有没有参加过灭钉螺？

答：我没有参加。我没有文化呀，搞这一行要一点文化的呀。

问：管这些荡的人，主要负责什么工作？

答：荡的口子上有籪的嘛，有洞要去补；有人要来偷抓鱼的，夜里要值班，防偷。

问：如果一个荡位在北库和黎里交界的地方，怎么决定归谁管理？

答：这个矛盾有的，就需要两方协商，最后呢谁占的范围大就归谁养。

问：归黎里管的荡，北库渔业队就不能在那里养鱼，对吧？

答：对的。哪个占的范围大就归谁养呀。

问：养鱼不行，捕鱼可以吗？

答：当然也不可以。

问：什么时候的规定？

答：大概是渔改以后吧。

问：除去这些荡，公共的地方还是可以捕鱼的吧？

答：公共场所还是可以去的，公共场所还是有的，比如有些港啊，像太浦河那种港，都算公共的。养鱼的地方都不可以去捕鱼了。

问：公共的地方归谁管？

答：没有人管。养了鱼的有人管，别的随处可以去捉的。

问：大队管的荡是不是一般产量比较高？

答：也有的。

问：公共场所是不是鱼比较少？

答：总归要少，因为你也捉我也捉，鱼总少。到渔改以后，基本上荡都归集体养鱼了，只有小港归公。

从大队养鱼到私人承包的变化

问：鱼塘从什么时候开始实施承包的？

答：最近了，大概是九几年开始承包的的，是个人承包。

问：什么样的人可以承包？

答：这个不一定的，你有这个实力，有这个经济，有胆子，都可以承包。

问：第一批承包的人你还记得吗？

答：承包是三年一个季度，过了三年就要

换人。这个很乱的。

问：还记得第一批承包的人的是谁吗？

答：王小弟。

问：他发财了？

答：发财了。

问：他还住在渔业村吗？

答：还在渔业村。

问：几岁人？

答：七十多了。以前承包的人都发财了，后来改成招标了，对老百姓好一点，可以拿到一笔钱。

问：刚开始的时候是用抽签的？

答：抽签的，都发财咯。

问：沈老鼠呢？

答：他也包了三年。

问：他人怎么样？

答：六十二岁，人还好。

问：他也在渔业村吗？

答：还在。他做过大队干部的社长。他管理老年活动室的。

问：社长是干什么的？

答：相当于村主任。

问：刚开始承包的时候就是用抽签决定的吗？

答：那不是的。到后来过了两三年，〔也就是〕六年以后呢，就抽签了。抽签又过了两个三年，现在招标了。现在老百姓受益一点，十八岁到五十岁的都拿到二千八百元一年。

问：刚开始的时候，这两个人（指王小弟和沈老鼠）受益最大了？

答：对啊。现在投标了，成本大了，还是

发财。鱼的价钱高了呀，花鲢卖到五元一斤。

问：抽签的时候，具体怎么决定哪个荡归谁承包呢？

答：大队里用什么方式呢，我讲给你听，总共是六个生产队，刚好是六个荡嘛，就准备六个阄子。抽到哪个荡，这个荡就归那个队的人去承包。

问：一队的可以承包的荡，就只限一队的队员能参加抽签吗？

答：是的。

问：别队的人不可以参加吗？

答：不可以。外地人也不可以。

问：外地人不能来承包吗？

答：不可以。但是可以转包，本地人承包下来，转包给外地人。现在国营养殖场都可以转包。

问：可以两三个人一起来承包吗？

答：一个老板包下来了，跟要好的亲戚朋友一起包，盈利的话再分。

问：承包一个荡要多少钱？

答：有大小的。

问：比如元鹤荡呢？

答：大概一百四十几万一年，二千多亩。

问：一个人承包的话，管不来吧？

答：现在好像是娘舅两个人吧。

问：承包下来后，整个水面都可以用吗？

答：全部都可以用，没有限制。

问：其他人不能去里面捉鱼吧？

答：不可以。

问：小孩子可以去钓鱼吗？

答：看见就要抓的。一般现在没有人抓的，

农村里人条件也好了，买点吃吃么好了，自己去捉还麻烦。

问：除了元鹤荡，还有哪些荡？

答：还有五个荡，杨树荡、南荡、龙珠湾、淡泗兜、莲荡。

问：可以承包的六个荡就是这六个吗？

答：对。

问：这六个荡是归你们捕捞大队吗？

答：对的。

问：别的大队的人绝对不可以来承包？

答：对。除非本大队的人转包。

问：如果发现有人来偷鱼，会报警吗？

答：大范围要报警，小范围逮到了就罚款。

问：承包元鹤荡要一百四十几万，大队拿到多少？

答：都是大队收的呀。

问：大队要上交多少？

答：不上交，要么就发给老人，一般老百姓。我们养老金两千八百元，一般劳动力也是两千八百元。

问：比农民要好得多吧？

答：稍微好一点。家里人口多一点的话那不得了。

问：你说的两千八百元，是一年吗？

答：一年。同里屯，村荡多，收入还要多，劳动力一年可以拿到一万一千几，老人每个月可以拿四百元。

问：承包的钱有一部分要上交给镇政府吗？

答：大概也拿一点。

问：书记一年可以拿多少工资？

答：六、七万。

问：承包是三年一个季度，在承包的三年里，如果承包人为了提高产量，下了药进去，水质变差了，三年后承包人就不要了，这种做法允许的吗？

答：在我们当地好像没有这种情况。

问：三年到期后可以继续投标吗？

答：可以继续投。你出的钱多的话，还是可以你来包。

问：承包一年要一百四十多万，三年就要四百多万，这么多钱哪里来啊？

答：他们赚的更多，像上个三年，两个老板赚了一百多万，一个人。

问：有人在荡里面放药吗？

答：没有这个情况。

问：水质会变坏吗？

答：没这个情况。因为荡里的水是流动的，水质很好的，不需要放药。池塘里面是要放药的。

问：承包的话，养什么鱼都可以？

答：都可以。

问：一般养什么鱼？

答：花鲢、白鲢最主要。

来自各地的渔民

问：听说你以前当过渔业村的干部是吧？

答：做过会计。

问：你对渔业村的事情很熟悉吧？

答：还算好。

问：以前在北库有捕捞大队是吗？

答：嗯。

问：捕捞大队下面有几个生产队？

答：捕捞大队58年成立的，只有三个生产

1 金天宝

队。

问：生产队叫什么名字？

答：就叫一队、二队、三队，其他名字没有。都是在抓鱼的，其他的没有。

问：没有养鱼的吗？

答：养鱼要到后来。刚成立的时候没有。

问：都是捕鱼的吗？

答：都是捕鱼的。

问：有没有运货的？

答：运货的也没有。

问：你是哪一队的？

答：我是三队的，第三生产队。

问：一个队有几户人家？

答：大概二十来户一个生产队，每一队都是二十来户，都差不多。

问：队长是谁？

答：一队姓潘，叫潘新堂。二队姓章，叫章阿二。三队姓戴，叫戴咬齐。

问：都是渔民吗？

答：都是渔民，他们三位现在都不在了，都是本地渔民。大概那个姓戴的是泰州的，祖宗是泰州人，过来到江南念书，久了，都算本地人了。

问：泰州是？

答：苏北的。我们这个五湖四海的都有，有的山东的，有的安徽的，都有。像我祖宗在山东的，山东的济南。

问：一队的潘队长是从哪里迁过来的？

答：没有迁过来，是本地的。

问：姓张的呢？

答：姓张的也是本地的。

问：戴的是泰州的？

答：他是苏北泰州的。

问：当地渔民的祖籍有本地、山东、苏北的是吗？

答：还有安徽。

问：除了本地渔民，来最久的是哪个地方的？

答：我们山东的，也算本地的。我们是太平天国的时候从济南过逃过来的，我们现在有十几代人家了。

问：苏北渔民呢？

答：没有多少年，一百年左右。

问：一百年的话，大概是民国时期左右吧？

答：对对对。

问：安徽的渔民呢？

答：安徽的过来的时间短，都回〔安徽〕去了，现在没有了。

问：他们什么时候过来的？

答：不太清楚。

问：什么时候回去的？

答：60年左右回去的。

问：安徽渔民生活怎么样？

答：也要捕鱼，捕来捕去啊。他们这个捕鱼很苦的，光膀子在河里摸鱼啊。身上穿着一个棉背心，他们用个锅烧热水，冷的么在水里沾一沾再去捕。艰苦得不得了。现在这个行业没有了，摸鱼啊，叫摸鱼。

问：生活最苦的是安徽渔民吗？

答：对对对。

问：以前安徽渔民有多少？

答：不多，大概没几户，一两户。本地渔

民最多，人数也最多。

问：本地渔民是北厍镇本地渔民？还是从吴江各地方过来的？

答：文革〔开始〕后的68年，他们从黎里迁过来一部分。

问：过来的有几户人家呢？

答：大概二十五户。

问：他们从黎里过来后，这里变成有五个生产队是吗？

答：对对对。

问：增加了两个生产队是吗？

答：嗯。

问：他们不是从苏北迁过来的吗？

答：不是，他们是黎里的，也是本地的。

问：他们过来是政府的命令？还是自己过来的？

答：命令，国家的命令、政策。他们一千多名的渔民过来了，要划到四、五个镇。金家坝的也有，宛平也有，庙港也有，还有我们这里，他们都移开来了。因为他们那里的渔民太多了啊。

问：都是黎里的吗？

答：都是黎里的，分开来的。

问：他们有两个生产队是吗？

答：他们过来有二十几户，过来么划开两个队。他们有十几个生产队过来，东边去两户，西边去两户，这里也划了两户。大概分两个生产队。

问：本地有两个生产队，黎里再划过来两个生产队是吗？

答：再加我们一个生产队，五个。

问：就是从黎里迁出来的一共有十几个生产队，然后各个地方编入两个生产队吗？

答：分两个生产队呀，后来迁来后分两个生产队。他们黎里跟我们差不多呀，一样的组织，都是吴江县嘛，就是他们人口多一点，他们有十一个生产队在黎里。

问：去了金家坝的有两个生产队吗？

答：这个不知道了，金家坝过去的少。

问：宛平、庙港的呢？

答：宛平、庙港的也少。我们北厍迁过来的是最多的。我们原来只有三个生产队呀，渔民少啊，总人口两百来人都还不到。

问：黎里的渔民有十一个生产队那么多，所以政府透过政策把他们分散开来吗？

答：对对，〔响应〕国家的号召呀，68年的时候。

问：黎里的渔民也参加捕捞大队的吗？

答：对对，也是捕捞大队。我们在〔同〕一个年份里成立的捕捞大队，都是58年。

问：黎里来的渔民有二十五户，分成两个生产队，一个生产队有几户人家呢？

答：总归也有近二十户的人家。

问：也就是当中两个生产队都是黎里来的？

答：都是黎里的，我们〔那一队〕是北厍的也有。

问：从黎里过来的谁是头头？

答：头头是到我们这里后选出来的。

问：就是搬过来之后再选出来的吗？

答：对对。选出队长的。他们两个生产队，两个队长呀。

问：队长叫什么名字？

答：有一个姓顾，顾财宝。还有一个姓任，叫任金亏。

问：这里最多的是黎里渔民吗？

答：不是，我们最多，我们有三个生产队了。后来再弄了两个生产队，我们就有三个了呀，本地的我们最多。

问：所谓本地渔民是从哪些地方过来的？

答：我们当地的就三个生产队。黎里过来的就两个生产队，一共五个呀，其他地方没有了。都是68年过来的。

问：68年有从大长浜过来的渔民吗？。

答：大长浜没有，没有过来的，没有到我们的队来的。

问：苏北的渔民多不多？

答：少，10%。

问：大概有几户人家呢？

答：大概有五、六户人家。

问：是58年的时候只有五、六户吗？

答：嗯，对对对。我们山东有二十多户了，山东人多，再连本地的。

问：本地有几户人家呢？

答：本地也有二十多户。

问：你们山东渔民是跟本地渔民比较好？还是跟苏北渔民比较好？

答：都掺乱了，三个生产队都掺乱了。

问：经常有来往吗？

答：没有，没有什么交往，就各做各的。

问：你们山东渔民听得懂苏北渔民说的话吗？

答：听得懂的。

问：有没有区别呢？

答：有一点的，有的东西上的叫法是有点区别的，但是都听得懂的，语言上都通的。

问：从语言听得出他们是苏北人是吗？

答：听得出的。

问：意思是山东人和苏北人沟通没问题吗？

答：可以沟通的。苏北人讲话蛮好听的，经常听都听得懂的。像我们在村里打工的，有的安徽的、四川的、苏北的，我们都听得懂，听得出来，我听得出是苏北的。他或者你，不是苏北的，是安徽的，都听得出来的。

问：本地渔业村外地人多吗？

答：蛮多的，租房的。

问：他们在这里打工是吗？

答：打工在厂里，租房在这里，有十几户了，十多户了。

问：是现在吗？

答：现在。

问：不是渔民吗？

答：不是渔民。

问：回到58年的事情，那三个队长是选出来的？还是……

答：选出来的。

问：是渔民自己选出来的？还是政府派的？

答：渔民选的。

问：什么样的人才能当生产队的队长？

答：一个是老实，第二个是会说。要求不高的，不像现在的要求高了。

问：他们都有文化吗？

答：文化都没有，没有文化。

问：都没有读过书是吗？

答：没有，没有。

问：都是男的吗？

答：都是男的。

问：黎里的队长也是男的？

答：都是男的。

问：你们本地三个队长主要做什么？

答：没有什么，开开会，其他的任务也没有。

问：抓生产呢？

答：抓生产，还没有呢，他这个不管的。上面还有大队长，大队长是农民调过来的，还有一个会计，也是农民，外地调过来的。

问：还有什么是农民当的？

答：那没有了，就一个大队长，一个会计，其他没有了。

问：都是上面派过来的？

答：是的。

问：是乡政府吗？

答：是公社，乡政府还是以前了，58年成立公社了。

问：58年的大队长是谁？

答：他姓李，李季生。

问：会计呢？

答：会计叫张光祖。

问：他们是哪里的农民？

答：大队长好像是金家坝公社的，但是后来我们并在一块了，金家坝没公社了呀，都归北厍的，后来到六几年的时候再成立金家坝公社的。金家坝的农民。

问：张光祖呢？

答：张光祖大概是镇上的，北厍镇上的。

问：山东渔民跟苏北渔民，哪一个生活条件比较好？

答：那个时候都差不多的。

问：跟本地渔民比呢？

答：都差不多。58年的时候都差不多，好像我们山东人再苦一点。子女多，有的都是四、五个，五、六个的，一户人家。

问：你还记得祖辈的事情吗？

答：我祖先记不得了，听我们的老人讲的。

问：有没有族谱或家谱？

答：没有没有，都没有的。

问：有没有听说怎么从山东过来的？

答：都不知道了，你想都经过十几代了，连我算上都十二代了。不知道了，都听老人说的，过来的时候有十八户人家啊。

问：你们老一辈的人过世后葬在哪里？

答：我小的时候知道在乱马营，在北厍的那个地方。乱马营都是坟墩、棺材啊，就是坟岗。

问：现在还在吗？

答：早就不在了，都弄平了，造房子了。

问：去扫墓吗？

答：现在那个地方都没有咯。

问：当时呢？

答：当时我们要么就去烧点纸，弄点菜，烧点纸，其他也没有。

问：这里是专供埋葬的地方吗？

答：先前都是专门埋葬的。农民也有，渔民也有，后来拆掉了，都建立厂了。

问：你爸爸妈妈的坟呢？

答：都没有了。

问：爷爷奶奶的呢？

答：都没有了。

问：都在乱马营吗？

答：当时都在那里。

问：你说渔民都埋葬在那里，是包括苏北渔民、本地渔民和山东渔民都有吗？

答：都有都有。

问：你太太叫什么名字？

答：她叫徐双丁。

问：也是山东渔民吗？

答：山东的，渔民。

问：58年大队成立时，苏北人、山东人、本地人都还住在船上吗？是各归各的，还是混在一起？

答：这个不一定的。混在一起的，基本上都好停的。他要好讲的话，〔船〕就停在一起。他们休息时间短，都要去抓鱼的。到过年停一天，到年初二又要去抓鱼了，那生活条件真正的苦哦。

问：过年时船停在哪个地方？

答：北库镇，也不固定的。到处都好停，北边、东边都好停。

问：是不是山东渔民和山东渔民停在一块儿，苏北渔民和苏北渔民停在一块？

答：嗯，对对对。本地的和本地的。

问：本地人对山东来的、苏北来的渔民有什么特别的看法吗？

答：看法倒没有。

问：政策也都一样的吗？

答：都一样的，因为解放了，都一样的。

问：没有对本地人特别的照顾？

答：没有的。

问：58年时本地人要结婚的时候……

答：要照他们的规矩办，他们本地人结婚有本地人的规矩，我们山东人结婚有山东人的规矩。

问：有没有山东人和本地人结婚的？

答：也有。

问：基本上还是本地人和本地人结婚，山东人和山东人结婚？

答：〔这种情形〕多一点。

问：你的兄弟姐妹都跟山东渔民结婚是吗？

答：我们是，到后面不管。我两个姐姐都跟本地人〔结婚〕。一个在同里，一个在八坼。

问：是本地渔民？

答：是的。

问：八坼、同里都是渔民吗？

答：都是渔民。

问：有没有跟苏北渔民结婚的？

答：有的。

问：跟你有关系吗？

答：没有。不是我。

问：你们家有吗？

答：我们家没有。

问：你们山东渔民说的话跟本地渔民差不

多吗?

答：语音两样，有的东西叫法也是不一样
　　的。像我们山东人讲话，本地人听不
　　懂，但是他们讲话我们听得懂。

问：你们说的话还保留着山东口音吗?

答：还保留的，你要讲本地话，我们山东
　　人要笑你，你连祖宗的话都忘，他要
　　笑你的。我们山东人跟本地人讲本地
　　话（意思是山东人如果不会说山东话，
　　就会被本地人嘲笑）。

问：山东是苏北的北边吗?

答：路不少了，东北，我们山东在东北啊。
　　我们长江过去就是苏北了，泰州啊，扬
　　州啊。山东比安徽更北边了。

问：哪个地方的话你们山东人听得最懂?

答：我们都听得懂本地啊，苏北啊，安徽
　　啊，都听得懂。他们说我们聪明啊，连
　　四川话都会讲。四川的话唱腔一点，
　　山东话更爽一点。我们都听得懂，不
　　管。

问：58年捕捞大队成立的时候，苏北人的
　　船? 山东人的船? 或本地人的船? 你
　　们一看就知道吗?

答：看得出。

问：有什么区别吗?

答：他们苏北的船短，长度短。

问：大概有几米呢?

答：他们苏北的有一丈多了，我们的船有
　　两丈四、两丈六，都用桨来划的。他
　　们的船一丈二、一丈三，要一丈多嘞。
　　本地的船用橹。

问：山东人呢?

答：山东人用桨，苏北人也是用桨。我们
　　苏北、山东人都用桨。本地的船也差
　　不多长，也是两丈四、两丈六的。

血吸虫病

问：渔民当中有人得过血吸虫病的吗?

答：有有有，我也得过。我在六几年的
　　时候得过的，有一个月了。

问：大概六几年?

答：在文化大革命中吧，66年左右。那个
　　时候血吸虫病得的人蛮多的呀，30%。
　　我们一个村庄有十几个了，我66年治
　　疗的。

问：你是通过粪便检查? 还是抽血检查
　　的?

答：大概抽血的吧，药吃得多的，三顿
　　药大概要吃十多粒了。

问：药是免费的?

答：免费的。

问：你一个多月就治好了吗?

答：一个多月，就是吃药，打针都不打。

问：就是普检的时候检查出来了，然后吃
　　药?

答：是的。

问：是春天检查的? 还是秋天?

答：大概秋天吧。割稻的时候，是秋天。

问：是不是不捕鱼的时候去治疗?

答：我们治疗是没办法的呀。没办法只好
　　去啊。

问：你是在村里面接受治疗的? 还是政府
　　单独弄的?

答：单独的。

问：就是在政府安排的地方治疗的？

答：好像有不少的点，一个点一个点。

问：当时你在哪治疗的？

答：叫港上大队治疗的。

问：现在还在吗？

答：现在几个村并一个村了。我们现在渔业村并到居委会去了，没有了。

问：你们家就你一个人得了这个病吗？

答：对，我们家就我一个。

问：那时害怕吗？

答：怕是不怕的，不知道呀。我才二十来岁呀。

问：当时村里面有宣传血吸虫病吗？

答：宣传有宣传的，就是生水不要吃。

问：就是在村里的广播做宣传吗？还是……

答：开会，开会。

问：整个村一起开会吗？

答：对。

问：做宣传的是村里做的吗？

答：村里的，也有个大队书记，也是农民。

问：就告诉你们生水不要吃，还有呢？

答：还有脏东西不要吃，搞点卫生。

问：你们村有没有专门查螺灭螺的？

答：灭螺的有。但是没有时间的，要拿工分的。

问：查螺灭螺也要拿工分的吗？

答：拿工分么，有的〔人〕没有文化，也不懂。

问：渔民得了这个病的多吗？

答：蛮多的，一个村有几十个了，分几批去治疗的。

问：你有遇到像肚子大的这种症状比较严重的人吗？

答：大肚子的有。大概有两个大肚子的，要去开刀的。

问：是本地人吗？

答：是的。开刀也是免费的，到吴江去开刀的。

问：村里面有没有治好的吗？还是都治好了？

答：都治好了。

问：村里面有做宣传的大报吗？

答：没有。

问：也没有广播吗？

答：没有。我们大队那个设备没有啊，很苦的。

问：就是通过每年两次的普检你们才知道有这个病的？

答：对的，大家都不知道。我们只有一个书记、一个会计，其他都没有。宣传的都没有。到文化大革命的时候也只有一个书记、一个会计，其他也没有什么宣传不宣传的。

问：这个检查是在本村做的吗？

答：到医院里去检查出来的，公社的医院检查来的。

问：检查的时候是整个村民一起去的吗？

答：是一批批调着检查的。因为我们出去抓鱼，有的不在，有的在，一批批来的。

问：检查的时候是不是由书记和会计通知的？

答：是的。

问：村里的血吸虫病从什么时候消灭了？

答：总归到七几年的时候就没有了。

问：你们知道这个病之后有没有做什么预防措施？比如说下水的时候在腿上抹油？

答：没有没有，下水照样下水，哪里知道什么油不油的，呵呵。

问：做检查的公社医院离这里不远吗？

答：就是镇上，不远。

问：开船过去？还是走路过去？

答：走路，车站还没有呢，不远，都靠近的。

问：一查出来就要去港上大队治疗吗？村子里没有治疗设备吗？

答：没有没有。

问：那时村子里有医院吗？

答：村里面没有，只有赤脚医生。

问：赤脚医生有没有被调到政府里面加入治疗吗？

答：好像没有吧。

问：赤脚医生是渔民吗？

答：渔民。

问：是本地渔民？

答：本地的。

问：他是一边捕鱼一边……

答：不是的，脱离生产的。他享受一般生产队里面最高的待遇。

问：记得他们的名字么？

答：叫什么……赤脚医生左换右换的，特别多，换了好几个了。

问：赤脚医生平时就治治小病，感冒什么的吗？

答：他也没有药啊。

问：他治疗什么？

答：名义上是赤脚医生，没有药。

问：诊断吗？

答：没有。

问：他平时都干什么了？

答：就开开会，宣传宣传。

问：他会看病吗？

答：不会看。

问：就是虚有其名？

答：对对对。上面任务压下来，他就虚叫一个名字。红药水有的，纱布也有一点。

问：一个村子里面有几个赤脚医生？

答：换了几个，今年不干了再换一个。

问：赤脚医生是随便选的吗？

答：稍微有点文化的。

问：本地的？苏北的？还是山东的？

答：换了三个都是本地的。

问：都是男的吗？

答：有大概两个女的，一个男的。

问：都比你年轻吗？

答：年轻的。都干个两年换一个。

问：他们大概现在几岁呢？

答：四、五十岁，五十多吧。当时的话只有二十来岁。

问：是有文化的？

答：稍微有点文化，也没念过书啊。

问：赤脚医生什么时候没了？

答：还像大概75年76年的时候就没有了，响应上面的号召啊。

2　徐香香

采访日期　：2011年12月26日
采访地点　：吴江市北厍镇渔业村
采访人　　：太田、长沼
翻译人　　：陈天勤
讲述人　　：徐香香（七十一岁）
讲述人简历：山东移民后代，渔民。
讲述人家庭：妻子孙春妹，六十五岁，山东移民后代，渔民。三个儿子。

个人与家庭概况

问：您叫什么名字？
答：徐香香。
问：生日什么时候？
答：不知道，身份证上知道的。
问：属什么的？
答：蛇。
问：本村人吗？
答：是山东人。过去已经几百年下来了，是"长毛"打仗，我们逃到这里。
问：是山东济南吗？
答：是山东兖州府滕县。
问：爸爸叫什么名字？
答：姓徐，徐老四。
问：他还健在的话多大年纪了？
答：已经一百多岁了。我十三岁的时候，我爸就死了。他属牛的。
问：他也是渔民吗？
答：渔民，都是渔民。
问：你父母是一起捕鱼的吗？
答：对的。
问：母亲叫什么？
答：影小妹。
问：也是山东渔民吗？
答：对，山东的。
问：山东渔民里头姓影的人多不多？
答：不多。姓影的就我母亲一个。
问：山东哪里的？
答：就是我们山东，都是我们一块的，山东兖州的。
问：她娘家人也是在北厍抓鱼的吗？
答：娘家也在北厍抓鱼的。
问：她的亲戚后来也住在渔业村吗？

答：亲戚就不知道了。

问：这个村还有姓影的吗？

答：没有了。

问：你哪一年结婚的？

答：我不知道了。

问：你几岁的时候？

答：我二十五岁，哈哈。那时候苦。

问：解放了吗？

答：解放了。那个时候我二十五，我太太才十九岁。

问：你太太也是山东的渔民吗？

答：对，山东的。

问：姓什么呢？

答：姓孙。

问：叫什么名字呢？

答：徐春妹，她嫁给我后就跟我姓了，她原来叫孙春妹。

问：什么时候改姓的？

答：大概是渔改的时候。

问：68年的时候。是不是为了登记户口？

答：我们都没有登记，要登记就登记，不登记也不管的。

问：为什么要改名呢？

答：渔业大队的会计弄错了。我们下放农村来，我下放农村六年，下放后回到渔业村那边，那个大厂长大队长，那边有个荡，在那边的田干活过。

问：你太太多大年纪？

答：她今年六十五岁。

问：跟太太怎么认识的？

答：找的。她姓孙，我姓徐，都是我的妈和她的妈说的。

问：就是你们双方的父母都认识？

答：对。我们从小一起长大的。

问：你们山东渔民跟山东渔民结婚的多吗？

答：山东人跟山东人结婚也不多。以前和种田的农民多，跟岸上种田的多，跟渔民〔结婚〕的也有。我们渔民没有田，农民有田，我的媳妇儿她就是农民，我两个媳妇儿都是农民。我们抓鱼的没有钱。

问：渔民嫁给农民多不多？

答：现在有了，现在农民田也没有了，农民找对象也就找渔民的。

问：你有几个孩子？

答：三个孩子，我三个都是男孩子。

问：其中两个媳妇是农民？

答：嗯。两个媳妇一个同里的，一个是北库的。

问：还有一个媳妇呢？

答：还有一个小的是做女婿的，不好算的。

问：三个儿子都捕鱼吗？

答：二儿子捕鱼，大的养鱼。

问：三儿子也捕鱼吗？

答：三儿子不捕鱼。他在外头弄个车子装装鱼、装装虾。

问：你有几个兄弟姐妹？

答：兄弟啊现在有四个。本来有六个，有两个已经去世了。弟兄四个，老三做女婿了，做了农民的女婿。我老四。

问：几个男的？几个女的？

答：只有一个姐姐，给镇上了。

问：是老大吗？

答：她是老大。现在要八十几咯。

问：老二是哥哥吗？

答：老二死了，老大也死了。姐姐最大了，下面有老二、老三，我老四，还有老五、老六。

问：老二几岁时候去世的？

答：老二，六十几岁死的吧。我大概是五十八岁的时候他死了，已经十九年了。

问：他太太呢？

答：没有，一直单身。你说老二是吧，他一个人。

问：老三是男的吗？

答：他做女婿了。

问：老五是弟弟吗？

答：第五个了，他也不抓鱼了。住在这里。

问：小弟弟呢？

答：做女婿做到苏州。那个地方也是抓鱼的，撒网，苏北人。

问：在这个渔业村，有山东渔民、本地渔民还有苏北渔民是不是？

答：有，这个地方有。

问：你兄弟里有没有跟苏北渔民结婚的？

答：没有。

问：你说没有和苏北人结婚的，那老六呢？

答：老六是说女婿做过去的。

问：他太太是苏北人？

答：他太太是苏北人，她在苏州开了一个厂，放炮仗的，被炸死了。后来又再婚了，也是苏北人。

问：老五的太太是本地人吗？

答：她不是本村的，是上海过去的，那个镇叫张颖。也是抓鱼的，是我妈妈的妹妹的女儿。

问：姓什么？

答：她姓王。

问：这个王家也是山东来的吗？

答：她爸爸是苏北的，她妈妈是山东的。

问：你知道爷爷的名字吗？

答：我不知道。

问：奶奶呢？

答：不知道了，爷爷都不知道了。

问：你的母亲几岁？属什么？

答：她八十一岁死的，属马的。

问：还健在的话几岁呢？

答：健在的话一百多了吧。

问：爸爸妈妈的坟墓在哪里？

答：我爸爸没有坟墓了，都已经开发了。我母亲的坟在附近，在公墓。

问：你爸爸的坟墓原来在哪里？

答：原来在北库的镇上，现在没有了，就是镇南面一点，有一个乱坟岗。

问：就是乱马营吗？

答：就是乱马营，对对对对。现在都开发，都没有了。

问：那个地方变成什么了？

答：变成厂了，什么厂不知道了，全部都开了厂。

问：清明节的时候会去扫墓吗？

答：每年清明节会去母亲的墓，老爸的找不到了，呵呵。

问：每年一次？

答：每年一次，对。

本地的山东渔民

问：山东迁过来的渔民，有十八户是吗？

答：十八户差不多，我听过我老爸说的，差不多有十几户。过来十几户人家，〔落户〕浙江、江苏、昆山都有的。你到那个地方，他到那个地方，抓鱼抓惯了，人熟了，他就在这个地方。渔民我们这里最多，山东人最多。

问：山东过来的渔民大多姓什么？

答：姓徐、姓孔、姓孙。姓孙的也有，姓章的也有，姓王的这里也有。

问：也有姓金的吗？昨天我们采访了金天宝老先生。

答：就是他一户，姓王也有一户。我们姓徐的有好几户，过去的话，姓徐的是最多的，姓徐的大门大户了。第二多的是姓孙的，姓孙的有五、六户。

问：姓孔的呢？

答：姓孔的不在北厍，在浙江西塘。现在迁到里泽了（1999年11月部分乡撤销建制，枫南、里泽二乡并入嘉善的政府驻地的魏塘镇，下甸庙、大舜二镇并入西塘镇。至2008年底，嘉善县辖十一镇、一百十八个村、二十六个社区居委会，一个居民区居委会。因此，徐香香指的应该是"里泽乡"。信息来源为《嘉兴日报》嘉善版）。

问：姓章的呢？

答：姓章的本地的，不是山东人。昆山、周庄姓章的有山东人。

问：本村姓徐的有十几户吗？

答：七、八户。

问：姓孙的有几户？

答：姓孙的三户。

问：姓王的呢？

答：姓王的一户。现在分开三户了，总的一户，分开来三户了。

问：从山东迁来的有十几户人家是吗？

答：跑过来的时候只有十几户人家。我老爸的时候是十几户人家过来。过来的时候只有十几户。

问：你老一辈的人家过来的吗？

答：已经有十几代了，连我孙女已经十一代了。以前我不太清楚的，听我老爸老妈说的呀。

问：你是第几代？

答：第九代。

问：你前面说的事都是听祖辈讲的吗？

答：对。

问：有族谱、家谱吗？

答：没有没有。我那会儿都不识字啊，都不识字啊。

问：祖辈有没有传下来一些东西啊？

答：传下来就这个（指的是捕鱼技术）。现在我们下面（指年轻一辈）抓鱼的人没有了，现在抓鱼的就我老太婆。

问：你现在还捕鱼吗？还是退休了？

答：我现在不抓了，我儿子还在抓，儿子还在外面抓，他是用电打渔。他用电一网起来有几千斤呢。

问：这跟金天宝的大女婿是一样的，金天宝的大女婿跟你的儿子认识吗？

答：就是跟我的儿子一块儿电打鱼。他姓

金，他的女儿的老公姓朱。

问：姓朱的也是山东的吗？

答：不是山东的，本地人，本帮的。

问：祖先从山东迁过来的时候，有没听说还有从其他地方迁过来的人家？

答：不知道。我都是听老妈说的，都是"长毛人"打仗。

问：从山东过来的时候，你的祖先为什么落脚在这里呢？

答：因为在这边抓鱼，这个地方蛮好的。

问：你在哪里出生的呢？

答：就在北厍。

问：你们来的时候有没有听说过血吸虫病这种病啊？

答：没有，我们村上没有这种病。

解放后的渔民生活

问：你什么时候不捕鱼了？

答：我今年不捕鱼了，六年了。

问：捕鱼的时候在哪个范围捕？

答：在浙江、上海、北厍，我们捕鱼人哪里鱼多到哪里去。

问：58年捕捞大队刚刚成立的时候，最远到哪里捕鱼？

答：黎里、芦墟。

问：当时基本上在北厍这个范围捕鱼是吗？

答：多。

问：60年代有什么变化？

答：以前抓鱼都要交给任务，都要交给上面。那时候我们做一天，每个人拿四毛钱。

问：什么时候？

答：50年代。我们一家人九毛钱一天，那个时候多苦啊。

问：为什么一个人四毛钱，一家人九毛钱？

答：一个人一天只有四毛钱，小孩不算，就是九毛钱。

问：后来按工分的时候呢？

答：后来按工分好一点，还是四毛钱，但多劳多得，就多一点了。那个时候大队也苦啊，我们大队放那个鱼籽。

问：男女都四毛钱吗？

答：是劳动力的都是四毛钱。

问：后来60年代、70年代呢？

答：开放了。后来抓了鱼好卖了，都要上缴钞票交给大队，一个月七十块。

问：什么时候一个月要交七十块？

答：60年代的时候，60年代、70年代都是这样子的。60年代，一个月，像我这种人家，一户有小孩、太太的上交七十块。那个时候一个月上交七十块钱，不得了啊。

问：上交哪里啊？

答：大队。

问：抓鱼都自己卖吗？

答：也卖。

问：那时候可以卖了？

答：好卖了。交给食堂里。交给食堂还会开张发票，开张收据呢。开张收据么比交给大队〔的钱〕多一点。

问：就是交给村子里面的食堂吗？

答：不，就是镇上的，有个食堂。

问：改革开放以后捕鱼的范围有没有变化？

答：没有变化。以前就是在那里抓鱼。

问：没有去更远的地方吗？

答：没有。

问：当时捕鱼的时候，有几个劳动力？

答：我们一个船只有两个，一男一女。

问：只有你和太太吗？

答：嗯。

问：捕鱼的时候带小孩去吗？

答：小孩就住在船上，就在船上。

问：捕鱼的时候也是吗？

答：我们是一家人家，船上都是一家人。现在我们住在大队里，老太婆还在船上，我们那个木头船很小啊，我们那个船只有五坨长。

问：五坨有多长？

答：就是那么长嘛（手势比划）。

问：几吨呀？

答：一吨多一点。

问：长度呢？

答：就这么长。

问：七、八米？

答：也差不多。

问：宽呢？

答：宽一尺多点，两米差不多。

问：一家人都在船上是吗？

答：对啊，大人小孩都在一块儿。

问：小孩上学的时候怎么样？

答：没有上学。

问：你的儿子也没有上过学吗？

答：没有没有，只有我那个小儿子做女婿

的上到高中，高中毕业就没了。

问：他几岁了？

答：三十八岁。

问：渔业村里没有小学吗？

答：没有。我大儿子十岁的时候，读了一个礼拜的书。

问：在哪里读的？

答：在渔业村有一个。

问：是小学吗？

答：不是一个小学，叫个老师来的。

问：大儿子多大呢？

答：四十三岁了。

问：给大儿子上课的那个老师是农民吗？

答：不是，是镇上的。他不在略，死了好多年了。

问：镇上做什么的？

答：他老爸是开棺材店的，姓费。

问：老二也上学吗？

答：没有，老大、老二都没读书。

问：老二几岁了？

答：四十一岁。

本地的苏北渔民

问：北厍镇的苏北渔民多吗？

答：苏北的现在就剩那边一个了，都没有了。姓丁的就这一户了，姓戴的，他们都养鱼了，不抓鱼了。

问：本村的苏北渔民，除了姓丁、姓戴，还有其他的吗？

答：没有了。

问：他们的捕鱼工具跟你们有什么不一样吗？

答：两样的。过去的时候，他们的叉不一样，后来跟我们的一样了。

问：向你们学习吗？

答：对，哈哈哈。

问：具体上有什么不一样？

答：以前他们的鱼叉在水里捣。

问：没有鸬鹚吗？

答：鱼鹰在镇上都有的。

问：本村有吗？

答：本村没有。

问：这里以前也有鱼鹰吗？

答：以前有。很多，以前多，现在少了，只有二十多只鱼鹰了。

问：山东渔民、苏北渔民、本地渔民都放鱼鹰吗？

答：只有苏北渔民会，我们不会。

问：苏北渔民捕鱼时只用鱼鹰吗？有没有用网的？

答：这个网先上好，再用鱼鹰。先把网下好，下好以后再把鱼鹰放下去，这样鱼鹰可以抓大鱼。

问：以前苏北渔民跟你们山东渔民的生活条件差不多吗？

答：生活条件他们好，他们放鱼鹰的好。他们抓的到鱼呀，活抓的。我们抓鱼，网放下去了，来吃了就来了，不来吃的就走了呀。它（指鱼鹰）这个活抓活拿的，生活条件他们好。

问：58年捕捞大队成立的时候，他们还放鱼鹰吗？

答：有，过去时候都放鱼鹰的，我小的时候就看见他们放鱼鹰的。

问：人民公社的时候，任何渔业工具都归集体的是不是？

答：是的。

问：鱼鹰也是归集体的吗？

答：也都归集体的。这个鱼鹰它吃鱼，这个鱼吃了二斤，八斤上交。

问：也就是鱼鹰吃的鱼不算入上交的？

答：鱼鹰吃的鱼要给它去掉的。

问：现在没有鱼鹰了，是吗？

答：现在不多了。

问：什么时候没有了？

答：现在都倒退了，现在水不好了，不繁殖了。鱼鹰不孵了，不正常了。现在只有二十个左右。

问：在这个渔业村，总共有二十只？

答：总共有二十个左右，在本村。

问：在哪里？

答：在镇上，在镇口，鱼鹰都在那边，晚上四点钟上回家，八、九点就出去了。早上船出去放鱼鹰，晚上就回家了。

问：二十只左右的鱼鹰是谁养的？

答：都是抓鱼的〔人〕自己养的，回来还给它肉吃鱼吃。都是以前传下来的，都是老鹰，没有新的。

问：喂他们吃肉、吃鱼的都是哪些人？

答：都是抓鱼的人啊。它要吃什么都是我给它吃的，像你给它、喂它，要咬你的。它认人的，像狗一样的，它有固定的主人的。

问：主人现在在哪里？

答：在镇上，这里没有。

问：现在在镇上养鱼鹰的不是这里的人

吗？

答：只有苏北人，养鱼鹰和抓鱼的都是苏北人。

问：他们本来是渔民吗？

答：是渔民。

问：是本地的渔民吗？

答：本地的渔民，本地的渔民都是苏北人，镇上他们都用鱼鹰来抓鱼，生活条件他们最好。

问：苏北人为什么用鱼鹰捕鱼？

答：没有鱼鹰苏北人是不能过生活的，其他的〔捕鱼方法都〕不会呀。鱼鹰它大鱼、小鱼都要抓的呀。现在电打鱼都好打了，那个时候只有一套〔捕鱼方法〕。

问：在这个村还捕鱼的有几户呢？

答：现在用电网捕鱼，现在有七八户了。

问：都是年轻人吗？

答：对。这个电网捕鱼都要年轻人。

问：他们现在不用这个捕鱼工具吗？

答：这是老古董了。

问：他们在渔场捕鱼吗？

答：他们要联系的，不联系不好捕。你养鱼，渔场要跟你联系，要分账的，你不同意就不好捕。其他电打鱼只有一家，电打鱼用电频打，电打鱼跟电网是两样的。

问：电打鱼只有一户？

答：一户。也是苏北人。

问：电网打渔的呢？

答：本地的山东人。

问：电打鱼的苏北渔民是……

答：苏北的，他这个也是放鱼鹰的，电网打渔的。夏天打渔喂鱼鹰，用小鱼喂鱼鹰。

问：叫什么名字？

答：姓计。

问：用电打鱼要和负责人联系，这个鱼塘负责人是农民还是？

答：农民。是国营养殖场的，承包的。现在都搞承包了，打渔都要跟他联系的。

问：哪里的农民？

答：吴江县的农民。

3　沈老四

采访日期　：①2010年9月3日，②2010年9月4日
采访地点　：北库镇
采访人　　：太田、佐藤
翻译人　　：李星毅
讲述人　　：沈老四（1948年1月5日出生，六十三
　　　　　　岁）
讲述人简历：出生于北库镇，渔民，祖籍山东济南。
　　　　　　文革时当纠察队，后下放农村。曾任
　　　　　　合作社社长。
讲述人家庭：妻子王小妹，1948年出生，祖籍山东，
　　　　　　渔民。育有四个子女。

个人与家庭概况

问：您姓什么？
答：沈老四。渔民没有文化，名字都简单
　　的。
问：几岁？
答：六十三岁。
问：哪年出生的？
答：1948年1月5号，属老鼠。
问：这边是北库吧？为什么身份证上面不
　　是北库？
答：因为是老的身份证，现在都合并了。
问：你在哪里出生的？
答：在本地出生的，就是在北库。
问：那个时候还没有陆上定居吗？
答：还没有，住在船上的。
问：你的船就停在北库镇吗？

答：不一定的，到处流动的。到太湖、浙
　　江、上海都去的，哪里有鱼抓去哪里
　　的。
问：你爷爷叫什么？
答：叫沈一龙。
问：如果还活着的话几岁了？
答：不知道了，我没看到过。
问：他是渔民吗？
答：是的。
问：爷爷也是北库人吗？
答：祖籍不是北库的，我们祖籍是山东济
　　南的。都是从山东过来的，在这边抓
　　鱼。
问：山东哪里的？
答：山东济南，哪个县不知道。是"长毛"
　　那个时代逃到江南定居的。就是洪秀
　　全那个年代。听老辈的人说，我们是

用装米的那种大船逃难过来的，一共有十八家，现在苏州、昆山、西塘都有我们的人。

问：奶奶叫什么?

答：我不知道，是渔民，姓什么不知道了，祖籍是山东的。

问：父亲的名字呢?

答：沈德荣。

问：现在大概几岁?

答：我不知道了，我父亲五几年死的时候我八岁。

问：那时候父亲几岁呢?

答：六十岁不到。当时穷得要死，生病没钱看，又饿，就死了。

问：他也是北库人吗?

答：是的，北库渔民。

问：母亲叫什么?

答：沈阿妹，87年去世的，当时七十八岁，生病死的。

问：也是渔民吗?

答：是的，北库的。

问：你父亲有几个兄弟姐妹?

答：连我父亲是兄弟姐妹三个吧。我父亲是老大，其他两个都是妹妹。

问：你父母亲有几个孩子?

答：三个男的，两个女的，最大的那个〔哥哥〕，我才几岁就死了，是生血吸虫病，在乡下去世，连棺材都没有。

问：哥哥叫什么?

答：他是属狗的，叫什么我要去问〔一〕下我另外一个哥哥，好像叫沈狗弟。

问：活着的话几岁了?

答：大概七十七、八岁。

问：血吸虫病去世的吗?

答：是的，大概二十一、二岁死的，没有结婚。第二个哥哥是哑巴。

问：老二叫什么?

答：沈哑子。1937年2月28日出生的，还在的。

问：老大是渔民吗?

答：都是渔民。我们一家都是渔民。

问：老三呢?

答：是女的，叫沈祥妹，比我大六岁，是1942年（出生的）。

问：几月几号知道吗?

答：不知道，已经去世了，大概93年吧。嫁在同里，也是渔民，嫁给渔民。

问：你大姐结婚后还打渔吗?

答：是的，还种菱的。

问：老四是妹妹还是姐姐?

答：也是我姐姐，叫沈妹香。也在同里渔业村。比我大三岁，六十六岁，是1945年出生的，还在。

问：你是老么吧? 为什么叫老四?

答：因为我属老鼠的，原先叫沈老鼠，后来改掉叫沈老四的。以前的人认为贱名好养活，所以父亲叫我沈老鼠。

问：你妻子叫什么?

答：王小妹。和我一样大，1948年的。祖籍是山东的，当时逃到苏州的。

问：也是渔民吗?

答：是的。

问：你有几个孩子?

答：四个子女，三个女儿，一个儿子。老

大叫沈永新，现在三十九岁，也属老
鼠的。我媳妇也是属老鼠的，一家四
个老鼠。

问：他做什么？

答：现在没有工作。以前呢在渔政上
　　[班]，管管渔民什么的。

问：他是在哪个渔政的？

答：渔政是每个镇配一名的。

问：工作是做什么？

答：管渔民，不让渔民用电捕鱼。

问：媳妇叫什么？

答：袁敏芳，和我儿子一样大的，三十九
　　岁，在家里打鞋帮的。

问：媳妇以前是渔民吗？

答：是农民，以前是朱家湾的。

问：二女儿叫什么？

答：沈新妹，比儿子小一岁，三十八岁，在
　　幼儿园打扫卫生。

问：女婿叫什么？

答：张建新，沈家港人，在电机厂里开车，
　　是农民。

问：三女儿呢？

答：叫沈金花，在浴室里卖票的，三十一
　　岁吧，还没有结婚。

问：小女儿呢？

答：沈银花，她们是双胞胎。她没有工作，
　　就在家里玩。他丈夫叫费强，也没有
　　工作。他父亲开了一家旅馆，他在里
　　面帮忙。

问：几岁了？

答：好像一样大的，三十一岁吧，也是沈
　　家港的农民。

血吸虫病与查螺灭螺运动

问：你大哥是得血吸虫病死的，北库附近
　　流行血吸虫病吗？

答：我们村里有几例的，肚子很大的。

问：这种病很流行吗？

答：那倒没有，就是有几例。

问：这几个例子都是在镇上还是农村？

答：我们村里有两个，镇上也有几个。

问：血吸虫病是怎样的症状？

答：就是肚子大得不得了，有十几斤呢。

问：有发烧什么的吗？

答：没有的。

问：什么时候才发现你大哥得血吸虫病？

答：就是看不好，我那个时候小，我也不
　　太清楚。

问：这里有查螺灭螺运动吗？

答：有的。

问：具体工作是什么？

答：这个是镇上防疫站搞的，就是村里派
　　人去河边上抓螺，然后用石灰淹掉。

问：你也参加了吗？

答：没有，我太小了。

问：灭螺是哪一年呢？

答：不清楚啊。

山东渔民

问：你北库出生的，你老婆从苏州来的，怎
　　么认识的？

答：我们山东那边移民过来的人都认识的，
　　我们两个之前就认识，58年左右的吧，
　　他们从苏州迁过来的。

问：现在山东渔民大概有几户人家？

答：很多了。我们办喜事什么的都大伙一起的，我们山东人不比本地人，我们山东人很讲义气，当地人分得很清楚的。

问：你们山东人之间怎么联络关系呢？

答：当时大家都是在一块儿抓鱼的，要到哪里都是大批去抓鱼的，所以都认识的。

问：太平天国的时候你们从山东逃到这里来的，有听说过是直接过来？还是经过别的地方来的？

答：经过不少地方了，但是我们不知道的，我们老一辈当时是撑大木头船过来的。

问：山东这几户人家，现在没有结成帮派什么的？

答：没有的。文革前有〔帮派〕的，当时我们山东帮派有一把万名旗，谁出生了要在这上面签字。文革的时候，你看（指图）有帮派的，四旧扫掉了后，我们这辈就不知道了。为什么有帮派呢，因为这里烧香有头的，头子一来，他叫买什么你就要买什么，他让你买大的香火你不能买小的。都要听他的。

问：帮派的头头主要做些什么？

答：我们过去穷啊，人生病了，就叫头头用迷信方法看病，有的都被看死了，所以我们不参加。我的大哥，生血吸虫病的时候就叫头头看的，结果死了。这都是迷信，我现在都不相信的，就是每年去烧香烧一下。

问：头头是山东帮的头子吗？

答：是的，当时没有钱就不让你看，钱都被帮派搞光了，所以我们不参加的。比如说你参加了帮派，他到桐庐你就要跟到桐庐，他到哪你要到哪，他叫你买条肉，你就得买，他要鸡，你就得买鸡。

问：帮派头头的名字你知道吗？

答：不知道，我太小了。

问：帮派现在还有吗？

答：山东的帮派都没有了，外帮的还有。你看这个荡，这么大一条船开过来，上面肯定有头头的，像我们去烧香就是一天，他们要在那里过好几天的，肯定有帮派的。

问：现在还有外帮吗？北库渔业村上有吗？

答：他是几个村合并的，比如说姓周的，他团结几个村合并起来，不是单单一个镇的。

渔民与鱼行

问：你父亲在哪里抓鱼的？

答：就是北库这一带。

问：最远东边到哪里？

答：上海青浦。西边呢太湖、无锡那里，北边呢到苏州，南边到浙江、嘉兴、西塘。

问：你父亲有什么捕捞工具？

答：用装钩子的线。

问：不用鱼竿吗？

答：不用的，就是线，上面装钩子的。我

们山东人都是用钩子的，不用网，和钓鱼差不多的。

问：用鱼鹰吗？

答：不用的，因为我们祖先没有，苏北人有的。我们村也有用鱼鹰抓的，他祖先是苏北人。

问：你父亲通常几点出发去抓鱼？

答：晚上去放线，第二天夜里十二点到两点去收线。收好线如果你要上街，还要划几个小时的船。到街上卖了，还要去挖蚯蚓，再回来上线，很多事情，我们都没有睡觉的，每天只能睡两个小时，很苦的。早上都不吃早饭的，来不及吃。早上起来卖了鱼，然后还要去茶馆里面喝茶，喝半个小时，那为什么要去喝茶呢，因为要动脑筋啊，你今天上这个荡，我上这个荡，都要到茶馆里面切磋（一）下，说好的。这样的话不会发生你在这里放线，我也在这里放线，冲突了。这就是安排工作，大家一起商量。

问：就是商量放线的位置吗？

答：是的，没成立渔业村的时候都是在茶馆店里面商量的。

问：解放前你父亲抓的鱼卖到哪？

答：随便卖的，鱼行也有的。

问：鱼行在哪里？

答：当时每个镇都有鱼行的，私人卖的话也可以的。

问：北库镇有什么鱼行呢？叫什么？

答：朱在卿鱼行，他是地主，他有五十四片荡，你要到他的荡里抓鱼，要到他

那里买票。他的孙子还在的。

问：除了朱在卿的鱼行，还有其他鱼行吗？

答：有的。一个姓张的开了一家鱼行。

问：和朱在卿鱼行比起来，哪个大？

答：朱在卿(的)大。当时朱在卿鱼行外面有一条大船，里面装河水的，船上分几个大框，装不同品种的鱼，然后摇到上海，〔在〕青浦附近一个小镇专门收鱼的地方。

问：在朱在卿荡里抓鱼要付钱，这钱叫什么呢？

答：荡钱。

问：在朱在卿的荡里抓的鱼一定要卖到他的鱼行吗？

答：这个不一定的。大部分都是卖给他的鱼行的，因为他荡多啊，今天我抓鱼卖给其他的鱼行的话，明天我去他那买票可能就不卖给我了。

问：票是他们过来卖还是自己去买？

答：是自己去鱼行买的。

问：你见过朱在卿吗？

答：没有。

问：朱林宝呢？

答：没有，她解放前〔被〕枪毙了。

问：鱼卖给鱼行还是卖到乡下？

答：上鱼行比较多。

问：给鱼行怎么卖？

答：按品种不同卖的，每个品种价格不一样的，好的价格大一点。

问：就是说你卖给鱼行，鱼行付你钱这样吗？

答：是的，是解放前。

茶馆

问：卖了鱼后要到茶馆和其他人喝茶、商量，平时都去哪里的茶馆？

答：这个茶馆现在还有的。

问：主要是去哪个茶馆？有具体的名字吗？

答：不知道了。当时都是商业开的，不是个人开的。现在是私人的。

问：渔民喝茶的茶馆和农民的不一样吗？

答：是的，比较少的。

问：固定的吗？

答：是的。

问：农民也到渔民的茶馆吗？

答：有的，不多的。

问：除了商量放线的位置，还讲什么呢？

答：就是聊天。当时泡壶茶喝一点点时间就要走了，放线的位置是谁先说谁先放。

问：茶馆是每天去吗？

答：是的。

问：大概几点去呢？

答：什么时候空什么时候去，现在去的少了，因为村里有个老年活动室了。现在抓鱼的人都没了，都是养鱼的。

问：茶馆里有说书的吗？

答：以前有的，现在没了。

问：你看到过吗？

答：看到过。

问：讲什么内容呢？

答：都是苏州评弹。

问：听说书不用付钱吗？

答：要付钱的。要买票进去的。当时有两间房子，一间是说书的，一间是喝茶的。现在浙江还有的，我当时到桐乡去的时候还有的。

苏北渔民与鱼鹰

问：你认识镇上养鱼鹰的人吗？

答：认识的。

问：他用鱼鹰抓鱼吗？还是表演？

答：抓鱼的。

问：他是本地的人吗？

答：不是，是苏北人。

问：一般用鱼鹰的都是苏北的人吗？

答：是的，这些人冬天忙，春天空。

打渔的季节性

问：你父亲有几条船？

答：一条，木头船，不到三吨。

问：船通常停放在哪？

答：镇上吧。

问：抓鱼有季节的吗？

答：有的。春天抓鲫鱼、鳗鱼、鲶鱼、黑鱼、甲鱼也抓的，我们那个时候甲鱼很多的。

问：价格比较高的是哪些鱼？

答：甲鱼还有鳜鱼价钱比较高。

问：夏天呢？

答：鲤鱼、鳊鱼，就这两种。一月到五月是抓春天的鱼，六月份到十月份抓夏天的鱼，有些时候抓那个白鱼。

问：秋天呢？

答：抓那个大的鲤鱼，是用钩子抓的。

问：春天和夏天用什么抓呢？

答：是用"弓"，80年开始到现在都没有抓过鱼，工具都没了。

问：冬天呢？

答：也是用钩子抓鲤鱼。

问：80年后你就不抓鱼了？

答：是的，开始养鱼了。

捕捞大队时期

问：解放后渔民有什么组织？

答：解放后是58年大跃进、大炼钢铁的时候，开始把渔民组织起来。

问：这组织叫什么？

答：捕捞大队。一直叫到90年村名改了以后开始叫渔业村。

问：58年刚开始组织捕捞大队时，队长是谁？

答：李纪森。是外面调来的，乡下人。

问：书记呢？

答：没有书记，有小队长，叫戴老七。

问：是本地人吗？

答：是的。已经去世了。

问：捕捞大队下面有几个小队？

答：之前是三个，现在改成六个小队。经过68年渔改后，黎里镇的渔民多，当时是分水面的，这块水面是北库的，那块是黎里的，那么大家不会到对方的地方抓鱼，但是黎里的渔民多，挖了一部分渔民过来，所以变成了五个生产队了。

问：三个小队其中有没有全是山东人的队？

答：三队是山东的。

问：戴老七祖籍是哪儿？

答：他是苏北的。

问：一、二、三队的祖籍都不一样吗？

答：第一队是当地的，第二小队有苏北的，也有当地的。

问：第三小队呢？

答：队长是苏北的，其他是山东的。

问：第一小队队长叫什么？

答：张永发，是本地人。第二小队队长潘新唐，本地人。

问：一个小队大概有几户人家？

答：我们三队最多，是三十几户人家。第一小队呢二十五、六户，第二小队有二十几户。

问：捕捞大队大概有八十户人家这样吧？

答：是的。

问：大队长主要的工作是什么？

答：那个时候简单的，那个时候抓的鱼都要上交的，你在外面抓的鱼要卖到这边的，所以大队长不用在外面跑，工作很轻松的。这些干部都是贪污的，后来就下台了。我们那个时候，自己抓的鱼自己不能吃，被发现要批斗的。

问：小队长的工作是什么？

答：他没有什么工作，也没有什么工资补贴的。

问：大队长是从上面派来的吗？

答：是的，那会儿是乡〔派来的〕，现在变镇了。

问：小队长是自己选的吗？

答：是的。他就是管管人的。

问：58年成立捕捞大队，下面有三个小队，这三个队有来往吗？

答：有的，现在分成五个生产队以后都打乱了，不是山东的一个队，苏北的一个队这样。

问：三个队之间通婚吗？

答：有的，像我女儿嫁给了当地的人。

问：以前我去大长浜村的时候，四方荡的旁边有一个很小的渔民定居的地方，是沈永林他们住的地方，他们是从四方荡那边上岸，后来到这里的渔业村来的吗？

答：不，他们很早就在我们这里了。

问：哪一年呢？

答：58年左右吧。

问：他为什么住在四方荡那里呢？

答：我们那个时候也住在那里。

问：意思是说大家回来的时候，沈永林没有跟大家回来吗？

答：72年有一张户口，有一间房子，当时是国家分配的，我当时有十间房子，他当时种田么，我就想给他一间房子，后来他开始开鱼池养鱼。

问：为什么他一个人住在那边？

答：因为他村里面没有房子。

问：为什么他没有分到房子？

答：因为他分到的房子在四方荡啊。

问：他的房子不是大长港村分给他的？

答：我们渔业村分给他的。四方荡有三户人家。

问：那三户人家是几队的？

答：那个时候是属于集体的，这个好像不太清楚。

问：这里58年成立捕捞大队的时候有三个小队，后来黎里的渔民过来成了五个小队，黎里渔民过来是政府安排的吗？

答：水产局安排的。黎里的渔民太多，水面又太少。

问：从黎里过来的渔民有多少？

答：三十几户人家吧。

问：三十几户人家一起过来的吗？

答：是的。

问：他们的口音是苏北的还是当地的？

答：是我们七都的。

问：这三十几户人家每年也去莲四荡吗？

答：都去的。

问：他们过来的时候和这边的渔民有什么矛盾吗？

答：没有的，那个时候房子还没有分配呢。后来给渔民造房子，木料和砖头都是水产局承担的，我们渔民就是出工钱就可以了。

渔改时期

问：黎里那边是什么时候过来的？

答：大概是69年吧。

问：已经开始渔业改革了吧？

答：是的。

问：你们那时已经上岸了吗？

答：还没有。

问：已经开始造房子了吗？

答：还没有。

问：68年开始渔改吧？渔改的主要内容是什么？

答：就是分配固定的荡给渔民抓鱼。

问：以小队还是以各个户为分配标准？

答：当时没有这样分配的，就是比如说这块荡是我们北库的，我们北库的渔民就只能在这边抓鱼，不能超出这块范围。

问：有哪些固定的荡？

答：那荡很多的，北库荡很多的。东荡、西荡、八个荡、李公漾、天花荡，都是归我们渔业村的，后来才打干了，开始种田的。这些荡都是我们用来养鱼的。以前大荡有船开来开去，很难养鱼，现在都能养了。

问：除了分配荡给渔民，还有其他什么的？

答：没有了。

问：陆上定居不也是渔改的内容吗？

答：这是后来的，也属于渔改的工作。

问：大概是什么时候？

答：75年左右吧。开始每户一间，造房子。

问：75年之前一直在船上生活吗？

答：是的。

文革下放，围垦四方荡

问：你小时候读过书吗？

答：没有，吃都吃不饱，怎么读书。

问：什么时候开始打渔？

答：十二岁吧。干大活的，真的干活七、八岁就开始了。文革，我二十岁的时候，当纠察队，看管牛鬼蛇神（就是犯错

误的犯人），当了两年。二十二岁下放农村，去种田，种了三年。后来到70年又出来抓鱼，抓到80年，然后到这边养鱼。养了两年，村里叫我当村干部。当那个合作社的社长。

问：当了几年？

答：当到五十岁退休的，82年当了副社长，到87年转为正社长，属于脱产的干部。五十岁政府叫我退休了，拿两百块一个月，现在还是这个样子，不到六十岁都是拿两百一个月，到六十一岁才开始拿社保的。

问：两百块是什么补贴？

答：是村里的补贴。你算算这样一年是两千四百块，拿出一千三百块买社保，自己拿三分之一，村里拿出三分之一，所以说每个月实际拿到的钱只有八十块，所以老干部退下来的都对政府不满，你当干部的一年四、五万，我们这些人只有八十块一个月，太过分了。政府当时说五十五岁退休的，我们现在五十岁就退休了，损失了五年，现在当干部容易了，承包到户啊，那个时候我们当干部不是这样的。

问：你是哪里的纠察队？

答：就是当地的，政府成立的。打倒牛鬼蛇神吧。

问：你下放时做什么？

答：我们围垦了一个荡在那里种田。

问：什么荡？

答：四方荡。

问：围垦的时候，捕捞大队成立了吗？

答：是的。

问：围垦四方荡的就只有你们捕捞大队吗？

答：不是的，还有两个农村大队，一个是红星大队，现在是大长港。还有一个苍蝇大队，现在叫北珠大队。我在那边住了三年。

问：围垦的领导是谁？

答：当时有工作组，我们村里来了五个工作组，荡里面有两个，一个叫周银三，一个是徐春龙。他是指导我们的，因为我们渔民不会种田。

问：两人都是农民吗？

答：是的，是镇里派来的工作组。

问：另外三个呢？

答：在村里，一个是倪福官，一个姚金龙，还有一个姓张，具体叫什么不知道了。

问：四方荡的围垦怎么进行的？

答：先筑坝，然后把河水抽干，在里面种田。这个荡有三百多亩，我们队分到一百四十多亩。

问：是捕捞大队吗？

答：是的，现在还是归我们的，我们养鱼的。说起来为什么其他两个大队拿一半，我们大队拿一半呢？因为我们住的地方是高田，一亩还他两亩。

问：你们的产量怎么样？

答：我种的时间不长，因为我不会种啊，手都种得出血了。我们当时一年种两季，产量倒还好，四、五百斤吧。

担任合作社副社长、社长

问：你87年当过合作社社长吧？

答：我们渔业村有四个干部，一个村主任、一个书记、会计、一个合作社社长。

问：叫什么合作社呢？

答：北庠渔业村合作社。

问：是谁找你过来的吗？

答：是村里书记找我的。副社长就是管副业的，还有些管工业的，我们这里工业基本没有。

问：主要有什么副业？

答：就是养猪、养鸡、养鸭、养鱼，我们这的编制和农村一样的。

问：有运输业吗？

答：没有的。

问：你当副社长的时候，社长是谁？

答：林贵荣。

问：还在吗？

答：退休了，他自己辞职的。后来老书记岁数大了，调走了，我们村主任当书记，我当社长，他就上来当村主任，现在还在的。

问：当时的书记叫什么？

答：潘根荣，村主任是顾宝弟。现在是书记。

问：他们都还在吗？

答：在的，都退休了。

问：会计是谁？

答：沈刚生，现在在芦墟土地局当社长。他们会计是两年调一次的。

问：潘根荣住在渔业村吗？

答：他原来是在沈家港的，是农民，但是在我们这里十年，所以现在户口在我们这里。他现在北库镇上。林贵荣也在镇上。

问：他是渔民吗？

答：是的。

问：顾宝弟呢？

答：也是渔民，沈刚生是农民。

问：87年当社长以后，你的工作内容有什么变化吗？

答：也没有变化，我还是养鱼抓副业。

问：你在合作社的时候领多少薪水？

答：当时就几百块一个月，当时是这样算的，比如说书记拿一万，村主任、社长和会计就打九折，拿九千，那么副社长就再打九折，拿八千一。

承包水面养鱼

问：你80年开始养鱼，在哪里养鱼呢？

答：在村里的元鹤荡养鱼。

问：几亩水面？

答：当时是归集体的，大概有四千亩水面。原来这边都是荡，现在搞干了，所以水面少了。

问：80年代有承包到户吗？

答：没有，到83年才开始承包的。

问：元鹤荡面积那么大，你要养哪一块怎么决定？

答：不，这一圈都是我们的，都是大家一起养的，这边荡有三个口子的话，一个口子派两个人看。

问：养的是什么鱼？

答：花、白鲢，还有青鱼。其他不养。

问：养的鱼都要上交吗？

答：上交食品公司。

问：食品公司固定的吗？

答：是的，就是北库食品公司，被供销社收购的，归供销社管的。

问：上交以后你有多少收入？

答：钱都归村里的，村里结账，而我们都是拿工分的。

问：元鹤荡是归北库捕捞大队管理的吗？

答：是的。

问：有没有管理别的荡？

答：还有两个荡，很小的，鲢荡，才三百亩。还有一个袋子兜，一百亩。元鹤荡是三千五百亩。归村里〔的〕这几个荡是一起算的，总共四千亩水面。

问：养了两年鱼之后，你就进了合作社？

答：中间还玩了一年，我们养两年产量还好，开始承包了，招标了。我说我在这里养了两年鱼，承包的话我不行的，那有些人说自己可以，所以我83年就玩了一年，结果那个抢着要养鱼的人亏得一塌糊涂，账到现在还没有结算清楚。我到83年上半年，我妻子要去开刀做手术，需要钱，所以我下半年就去了菜场摆鱼摊子，当小贩，还卖得不错。其实还没有菜场，就是在街上卖。83年春节的时候，镇政府一定要我回来养鱼，没办法只好养鱼，84年养了一年。原来承包呢，是承包产量，到85年开始承包钱了。你这个荡我要承包，要交多少钱这样。85年正式承包的时候我就不养了，去村里当社长了。

问：承包是怎么进行的？

答：当时我们的老书记说这个荡每年要上交十万斤鱼，再上交一万块钱。我们不同意，因为毕竟没有做过。一队的队长姓张的说，这点没问题，我们就闹僵了，决定让他一个人去承包，结果亏得一塌糊涂。〔其实〕我们村这个老书记老早就搞承包到户了，71年开始的，每个月你们上交多少鱼，每个月来结账，你在吴江那里抓的鱼卖了，不拿钱的，拿票，我们每个月回来凭票结账。鱼上交到一个浙江的水产公司，自己卖是不可以的。比如说我们渔业村大队在北库，一个月回来一次，我们当时抓鱼都上交的，公司都要开发票上交大队的，不开发票不准卖的。我们的老书记因为这件事受到上级的批评，说我们是"包产到户"。

问：一队的亏损，最后怎么处理？

答：就自己拿出钱来吧，他当时鱼养不大，养的鱼每年要挑两万多斤鱼，放到阴历二十四，就是春节的时候供应给市场的，就是要求每个农民都要吃得上鱼的。这个还是计划分配的，但是他养的鱼太小了，不够大。所以他只能去外面，高价买大鱼回来供应市场。我们农民83年还是计划分配，每年春节每人要有鱼的。到84年开始，计划分配没有了。我们这边食品公司的鱼拿去都是卖给上海的，供应上海市场的。

问：承包的具体流程是怎样的？

答：这个简单的，就是比如三个要养鱼的，当时没什么人要养鱼的，85年我要到村里去，所以我舅老承包下来养。都是开开会，你们谁出得高谁养，有些人他只会抓鱼，不会养鱼的，所以他不肯养。现在都想承包养鱼。我们那时荡承包是上交十万斤鱼，现在招标招到要上交一百四十万块钱，只有两千两百亩田。

问：85年开始承包后，就一直是用招标的方式吗？

答：后来94年开始抓阄了。抓一次是三年，抓到的话可以养三年，到2006年就结束。

问：为什么从94年开始用抓阄呢？

答：因为原来外面抓鱼很好抓的，后来越来越少了，大家反映都要养鱼，那么村里没办法，有一百多户人家，怎么办呢。我说我动动脑筋，当时五个生产队，我说你们每个队抓阄选两个人到村里来，十个人到我们村里来抓六个荡，有四个是没有的。

问：不是有三队吗？

答：后来黎里过来，再分成了五个队。

问：抓阄的好处是什么？

答：公平。

问：有什么不好的吗？

答：没什么不好的。

问：2006年以后为什么又不用抓阄了呢？

答：因为当时第一次抓阄抓到元鹤荡的人，

把这个阄卖出去，赚了两万元。第二
次是我儿子抓到的，是我养的。第三
次抓阄，这个阄卖出去，卖了九万元，
第四次就卖到了五十万。

问：抓到就是发财的意思？

答：是的，那现在呢，其他外面的地方都
开始招标了，我们就不能再抓阄了。
抓阄的话是个人富有，其他人就没办
法了。

问：你自己只抓到过一次吗？

答：是的。

问：你参加过招标吗？

答：不，我不参加招标。这边的水比较浑。

问：刚承包的时候，比较好赚钱，但后来
就不太好赚钱了，那招标的话，风险
也比较大的吧，村里有没有考虑过要
集体养鱼？

答：政府的这种行为也有的，但是集体养
鱼的话肯定要养不好的。

问：抓到阄或招到标的人赚钱，其他不能
在荡里抓鱼的人只能到外面抓鱼，如
果外面又抓不到鱼，两者差距不是会
拉大吗？

答：是的，是不公平，所以要开始招标了。
村里现在三千几百亩水面，招标招到
两百多万吧，村里拿出七十万，其余
的分给组员，按照劳动力分的，大概
是两千多块钱一个劳力。如果抓阄的
话，其他的渔民就分不到钱，所以要
招标。第一次组员是分到一百四十几
万，按照劳力分，大概是两千四百元
一个人。

问：劳力是怎么计算的？

答：十八岁以上，六十岁以下。

问：现在一年拿多少？

答：一个人两千五百多元。我们这些超过
六十岁的都拿不到了。

4　季关宝

采访日期　：2011年12月28日
采访地点　：吴江市北厍镇渔业村
采访人　　：太田、长沼
翻译人　　：陈天勤
讲述人　　：季关宝
讲述人简历：祖籍苏北的渔民，
　　　　　　鸬鹚打渔。

放鸬鹚打渔

问：用鸬鹚打渔有没有固定的范围？
答：有的。就是今天这个地方就是固定的地方。网圈好了，我们把鱼鹰都摆在里面。
问：是北厍镇吗？
答：对，就是在北厍镇，龙船码头。你们没有看到，鱼鹰能抓十几斤的大鱼，最大的三十六〔斤〕。
问：鱼鹰能抓什么样的鱼？
答：最好的鱼就是鲑鱼、甲鱼，这是最高档的鱼。上海人最喜欢的东西，鲑鱼上海人也喜欢的。
问：普通的鱼呢？
答：普通的鱼只有青鱼、草鱼、鳊鱼，再普通就是鲤鱼，鲫鱼最普通了。上海人叫河鲫鱼。都是好鱼啊，鲫鱼也是好的。
问：这些鱼也是拿到市场上卖吗？
答：拿到市场上卖，自己卖。
问：早上打渔下午卖？
答：老太婆去卖，我不卖。我票子又不识，〔票子就是〕钱，钱我不识的。现在社会上假的多，我又不识，弄得不巧，弄得假的回来。我不识票子呀，票子是识的，真假不识呀。
问：改革开放之前鱼不可以自己卖的吗？
答：嗯。多要上交。改革开放之前，上交。自己没有权力，没有权力卖鱼，上交水产公司，现在水产公司没有了。
问：用鱼鹰打渔和其他的工具相比有什么优势？
答：一个是好呀，它能在水里看到鱼呀，其他的工具就看不到了。其他的工具逮不到就没有，这个东西它（鱼鹰）看

到就可以逮，这个肯定就是好的。为
什么我们生活条件比其他的好一点，
就是这个道理。

问：用鸬鹚打渔的劣势有什么？

答：没有不好的地方，它是蛮先进的。

问：养鱼鹰有没有遇到过困难呢？比如说
训练它的有时候它飞掉？

答：这是有的。鱼鹰有的种气不好，没有
其他的鹰好，它要跑掉，性子很野，你
放东边，它要搞到西边去。这个鹰肯
定不好，寿命短。它逃跑你要打它呀。

问：经常跑掉吗？

答：经常跑，这个鹰它经常跑。

问：改革开放前后，用鱼鹰捕鱼有什么变
化吗？

答：这个倒没有。不过抓的鱼都要归公家，
自己没有权，只有这一点，逮鱼还是
要逮的，抓还是要抓的。

问：北库渔业村用鸬鹚打渔就只有你吗？

答：我们叔叔也搞的。

问：就你们这一家吗？

答：都姓季的，就我们苏北人上面两家人
家，到这个地方，都姓季。

问：别的地方有吗？

答：有的，但现在不搞了呀。

问：除了你们这一家，还有其他人家用鱼
鹰的吗？

答：有，吴江也有，吴江县也有，吴江市
也有，松陵镇，有好几家了，现在不
干了，生意不行了，现在用电捕鱼以
后，我们这个工具就没有用了。这个
电厉害。

问：你也用电捕鱼吗？

答：用电捕鱼太讨厌了，因为〔如此一来〕
大小〔鱼〕都捞呀。

问：鱼鹰只捞大鱼不捞小鱼？

答：嗯，小的少。

问：山东人和本地人不学习你们用鱼鹰捕
鱼吗？

答：他们不懂啊。这个是祖传的，必须要
祖传的。我从七岁就开始学这个生意
了，所以我字不识，不认得的。他们
也想学，学不会呀。

问：学会大概要多长时间呢？

答：至少要三年，这个鱼鹰也有性格的，像
人一样，每个人有每个人的性格。

问：你也在镇上表演鱼鹰捕鱼吗？

答：这个地方没有，周庄就有。就是旅游
区那里，给外国人看的。我们同行中
有一家，现在岁数大了，也不行了，同
里也有。

问：你有表演鸬鹚打渔给外国人看吗？

答：没有，我们这不是古镇。

问：这些鱼鹰会交配生下小鱼鹰吗？

答：会。

问：你自己可以养活小鱼鹰吗？

答：我不懂，苏北泰州那个地方比较懂。
要生蛋，生蛋孵出小鹰，不生蛋没有。

问：你们都是去苏北泰州买小鱼鹰回来
吗？

答：对。

问：多大的时候买回来呢？

答：四十到五十天左右。

问：四五十天之前的你们养不了，之后你

们就可以自己养了的吗？

答：哎，对。大了，已经这么大了。你们不懂，看不出来。

问：万一鱼鹰在船上下了蛋，你们养不了的话，这些蛋怎么办？

答：我们不让它们生的，不给它吃，它就没有蛋了。

问：不给它吃什么？

答：不给它吃鱼，不给它吃就不生蛋了。要给它吃得好，不给它吃饱，它就不下蛋了。

问：鱼鹰吃不饱寿命会减短的吗？

答：这个不会的。这个东西（鱼鹰）在劳动的时候，一点鱼，一点东西都不能〔让它〕吃。它吃饱了就不捕鱼了。

问：你说有固定的打渔地点，如果打渔地点的鱼都抓没了怎么办呀？

答：你放这个鱼鹰啊也要有固定地点的，抓完再调。它们（鱼鹰）不干了，调个地方。哪个地方鱼多就去哪里，有的地方只有小鱼。

问：鱼鹰抓一次鱼大概要多久啊？

答：多的情况两个小时。它（鱼鹰）先搞小鱼，两斤、三斤，搞完之后没有了，再搞大的，十几斤，十几斤大的鱼，人也搞不住啊。好的鸟一只要卖千把块了，这个不好的一百块都没人要。

问：好不好怎么看？

答：我们看得出来的。我们祖宗就看得出来，我们看得出的。

问：放鱼鹰捕鱼的只有你们吗？山东渔民

或本地渔民没有吗？

答：没有的。我们这个工具和别的不同的。他们张网，根本不同的。

问：在同一个水面，你用鱼鹰捕，他们用电网捕，行吗？

答：这个不行的，鱼鹰捕这个，电网是吃不消的。

问：就是说在你们捕鱼的范围里，别的人不可以进来？

答：嗯。

问：是你们不允许别人进来吗？

答：他们不敢，不敢进来。如果把工具搞坏了就讨厌〔麻烦〕了，破坏了，你要赔偿的。

问：发生过有人碰坏鱼鹰的纠纷吗？

答：没有，这没有。他们也知道，这个东西不好碰的，这个价钱还是挺贵的，他不敢碰啊。

问：鱼鹰只有苏北人会用？

答：本地人也会。莘塔龙井，乡下的一个村子，龙井村。

问：那是本地人吗？

答：本地乡下人，也是祖传的，他现在不搞了。

问：本地人也有祖传鱼鹰的啊？

答：有。上海也有的，好几个地方了。不过都只有两个老人了，小的一个不搞，这个东西小的不搞。这个行当要吃苦的，本地话讲"落雪，落雨、风大，工作没白相（"白相"即"玩"）的"，天天要出去的。

问：如果山东人或本地人同你们结婚，他

们不也就可以学到你们用鱼鹰打渔的方法吗？

答：不会，学不会的。学的时候岁数大了，这学起来不能隔代。

问：就是要从小时候开始学吗？

答：是啊，要在小时候〔就〕在船上，像我七岁就在船上了。比如水里有鱼的话，鱼鹰会有一个表现，表现出有鱼，这个我看得懂的，还能看出这个鱼是小的还是大的。

问：鱼大还是小，鱼鹰的反应也不一样的？

答：是的。所以〔判断〕这个鱼鹰好或坏，在这个里边有区别的。

问：用鸬鹚打渔是被允许的吗？

答：不允许。

问：鱼鹰也是不允许的？

答：文化大革命之后就不允许。

问：文革之后就不允许？

答：文革之前也不允许，54年开始的。对，刚刚解放过来，我两个儿子都不干了。

问：为什么54年开始就不允许了？

答：人家反映。

问：为什么反映呢？

答：哎呀，你逮得多啊。

问：现在还不允许吗？

答：现在允许啊。

问：从什么时候开始的？

答：三年前。

问：就是2008年又允许了？

答：嗯嗯，差不多。

问：怎么又允许了？

答：我也不懂啊，我们这个东西也是归渔政管。

问：不被允许的时候，一年要交多少钱呀？

答：一年一百六。

问：交鱼鹰的钱吗？

答：对，每一只鹰一百六，上交给渔政。

承包水面

问：你们经常捕鱼的码头叫什么？

答：就叫龙船码头。你们早十分钟来就能看到。

问：除了龙船码头打渔，你们不去别的地方打渔吗？

答：这个地方是我的，我承包的，包到南面。

问：大概多少亩？

答：三百多亩。我包了六年了，今年让给别人包了。人家出三十几万。

问：水面怎么承包的？你跟谁协商的？

答：不要协商，只要投标。你投的钱多，就是你包。

问：你投了多少钱呀？

答：我这个六年，前三年是十五万，后三年二十三万五千。今年我也投标的，没投到呀。人家比我多呀，我投三十一万多点，人家投三十五万。

问：你怎么还可以在这里抓鱼呢？

答：因为还没有到期了，到〔明年〕一月九号。

问：到期之后你到哪儿去呢？

答：去我们大队那边，一个小荡，小荡五

万多块钱一年。

问：承包一次几年呢？

答：三年一次，钱是交给大队。

问：都是用承包来决定的吗？不用抽签吗？

答：以前的时候都用抽签的，现在不用了。

问：什么时候不用抽签的？

答：六年〔前〕了，都是用抽签的方式，现在不抽了。

问：为什么改了，用抽签有什么不好的？

答：我们渔民都〔向政府〕反应。〔有些渔民〕抽签总是抽不到，有的老是抽到。嗯，不公平。

问：交多少钱是抽签之前就后决定好的吗？

答：你今年要交五万的，三年交十五万。你这个投标啊，你投五万，他投四万九就没有。

问：用抽签的话大概交多少钱？

答：抽签那个时候便宜。

问：价格是怎么决定的？

答：价格老早就定好了。那个时候便宜，我这个龙船码，那个时候三万五。那个便宜，那个太便宜了。

问：承包从哪一年开始？

答：老早就开始了。

问：哪一年呀？

答：不记得了，渔民反应要改方式投标。

问：承包也是三年吗？

答：三年。

问：抽到签的人都是三年？

答：嗯。

问：你承包的水面叫什么？

答：这个荡叫南荡。

问：收成不好时，国家有补贴吗？你们买养老保险吗？

答：养老保险没有。有些人可以去买，没有钱就不买，要好几万了。

问：医保也没有吗？

答：没有。

问：你们不是属于一个大队的吗？

答：有的人买了，有的人不买就没有。

问：什么都没有吗？

答：只有大队里稍微有一些退休金。

问：你有退休金吗？

答：有，这个有。养老保险要你自己买才有。

本地的苏北人、山东人

问：集体化的时候，你属于北厍捕捞大队的？

答：是。

问：捕捞大队里面有几个小队呢？

答：有三个小队。我们属于二队，还有一个一队，还有一个三队。三队全是山东人，我们这里山东人多啊，山东人最苦。

问：有全都是苏北人的队吗？

答：没有，我们就几家人家，我们叔叔〔一家和我们这一家〕就好了。

问：只有第三队全是山东人？

答：对。

问：有一队全是本地人？

答：对。

问：哪一个队？

答：我们这个队也有本地人参与。

问：你是第几队？

答：我们二队。

问：第一队都是本地人？

答：都是，第二队也都是本地人。

问：只有你们季家一家是苏北人？

答：这个地方只有我们是苏北人。搞渔业的，除了我们，都是本地人，要么都是山东人。

问：你在二队，本地人和你一起去打渔吗？

答：他们不懂啊。他们做贝类生意，捉螺蛳、蚬子，跟我们不同的，不能放在一起的。人家一年到头三百六十五天，天天打渔。

问：小队里面不全都是渔民呀？

答：都是渔民，但是有的不打渔。你给他打渔，他不会打渔，贝类他会，螺蛳、蚬子。

问：一队是捕鱼的吗？

答：本地人不都全捕鱼。只有我们这个工具，全部都是打渔的。

问：一队也有做贝类生意的，也有打渔的？

答：嗯，对对对。做贝类的多，他们基本上不会打什么渔。

问：山东人呢？

答：山东人会，他们全部都打渔。他们打渔用钩的。钓鱼的钩，小盘子那么大，一盘子一盘子的，这个东西没有生意呀。

问：山东人全是打渔的吗？

答：全是打渔的。鱼要吃这个东西（钓鱼的钩），要是不吃，这个东西就不捞了，其实有，它（鱼）不吃，不吃你钩上就没鱼。

问：山东人用鱼钩打渔，不用渔网打渔吗？

答：他根本就不懂渔网。

问：你们苏北人保留用鱼鹰捕鱼，他们山东人保留用鱼钩捕鱼。

答：捕不到呀，山东人就是捕不到。现在好了，现在他们不捕鱼了，他们用电捕鱼了，用电啊。有的做鱼贩子，贩点鱼卖卖，不捕了，他们这个东西（指的是山东人的捕鱼工具）最整脚（即"差劲"的意思），捕不到鱼。

问：你们不学习对方的捕鱼方法吗？

答：学着没有用呀，我们这个工具呢最狠，最狠一种工具，可能是最宝贝的工具了。

问：以前叫你们苏北人，你们会生气吗？

答：也不生气，我们本身就是苏北人嘛，人家有的看不起。

问：你们自称苏北人吗？

答：是苏北人嘛。现在又不管的，他又不知道我是苏北人的，再下去根本就不知道了呀。你跟我说本地话我全懂，〔他们〕根本就不晓得（我是否是苏北人）。

问：你是会说本地话的是吧？

答：对。

问：别人听得出来你有苏北口音吗？

答：我在这里生活了六十一年〔了〕啊。

问：你在什么场合讲苏北话?

答：自己家里人就用苏北话，跟外地人都是用本地话。

问：本地人还对苏北人有什么看法吗?

答：现在没有了。

问：本地人也会看不起山东人吗?

答：有的。

问：本地人看不起苏北人和山东人，有什么特别的表现吗?

答：表现倒没有，自己心里感觉到你是苏北人，比本地人总归低一点。

问：大队对你们外地人和本地人有什么差别吗? 在待遇上面。

答：这个倒没有。

问：只在捕鱼的方式上，才能看出你们之间的不同吗?

答：对。其他没有，他们现在山东人不捕鱼了，都做鱼贩子，称点鱼来卖卖。现在好了，现在条件都蛮好了。

问：山东人刚来的时候是用鱼钩打渔，现在用电网捕鱼?

答：有的不用电网捕鱼，有的现在不捕鱼了。

问：有的已经不捕鱼就做鱼贩了?

答：嗯，对。那我们啊，我们以前生活这个工具好，就没有想到去做鱼贩子。现在啊，有了这个电就吃不消了，他狠了，我不狠。电大小〔鱼〕都捞啊，小的这么一点点都捞。唉，这个东西太过分了。上海有渔政，我们这里也有渔政，没有用啊，管不了啊，它太多了呀。

问：电网捕鱼是禁止的吗?

答：是不允许啊，现在管不了啊。

问：是大队不允许还是国家不允许?

答：国家，渔政。上海也有的，〔像〕淀山湖啊，它也不是由渔政管的吗? 我老看见的，那会儿我到朱家角看见的，小汽艇啊，快艇快。管不了啊。

问：苏北人有自己的组织或小团体吗?

答：没有。

问：有头头吗?

答：没有。

问：没跟其他的苏北人联系吗?

答：没有。不同行就不联系。

问：同行苏北人之间呢?

答：同行的苏北人联系啊。

问：跟谁啊?

答：那个平望。

问：你们跟他们认识吗?

答：认识啊，亲戚。现在都不搞了呀，都不搞了。

问：他们也是用鱼鹰捕鱼吗?

答：对，用鱼鹰。这个就叫同行。

问：平望苏北人有几户人家?

答：搞那个鱼鹰的啊? 有近十家了，现在也不干了。

信仰

问：你有没有去过庙会烧香?

答：这个东西我不信的，我从来不去的。

问：莲泗荡知道吗?

答：南边的。

问：你去吗？

答：我不去，从来就不会这个东西。

问：有没有家人去莲泗荡烧香什么的？

答：我小儿子他要去，我不去，我不相信这个东西。这个都是假的，骗人的。我老伴死了，还有和尚来念经，这是不是骗人的？肯定是骗人的。现在有钱弄几张票子（即"钞票"）倒是真的，那些都是假的。

问：你去拜自己的老祖宗吗？

答：不拜的，老祖宗都不拜。他们渔船都会去的，他们那个张家圩都会去的，年初五。

问：你不去？

答：就在这个地方我也不去。

问：清明节去扫墓吗？

答：清明节啊，扫墓倒会去的，有长辈。

问：天主教的渔民去扫墓吗？

答：天主教的渔民有这个情况，他们不扫墓的，也不过节，他们冬至都不会过。

问：你过冬至吗？

答：冬至、七月半、清明就这三个，我们家里过的。还有一个，阴历二十七八日。

问：阴历二十七八的时候，就过年之前？

答：过年之前也有过节的。

5　李四宝

采访日期　：2006年8月29日
采访地点　：庙港镇渔业村李四宝家中
采访人　　：太田、佐藤
翻译人　　：徐芳
讲述人　　：李四宝（六十八岁）
讲述人简历：出生于庙港镇, 渔民。得过血吸虫病。

个人与家庭概况

问：爷爷多大年纪?
答：六十八岁。
问：几几年生的?
答：1939年。阴历7月13日。
问：出生在哪里的?
答：就在庙港这边。
问：庙港哪里?
答：沈家港。
问：祖籍哪里的?
答：吴县横泾浦庄吴桥。
问：现在捕鱼吗?
答：捕鱼的。
问：现在还出去捕吗?
答：现在已经不出去捕鱼了。
问：解放后做过干部吗?

答：从来没有做过。
问：爸爸叫什么名字?
答：叫李林宝, 大名叫宏祥。
问：有两个名字啊?
答：嗯, 有两个名字, 一个大名, 一个小名。
问：妈妈叫什么?
答：叫张阿珍。
问：解放之前你爸爸有自己的船吗?
答：有船的。
问：是住在船上的吗?
答：嗯, 住在船上的, 没有房子。
问：平常船都停在什么地方?
答：出生前父亲是把船停在盛家港的。
问：出生之后呢?
答：后来强盗登陆之后就逃到了沈家港。
问：大概什么时候搬到沈家港的?

答：逃到沈家港的时候还没有出生。

问：大概离出生有多少时间？

答：大概有三四年。盛家港当时强盗土匪太多，沈家港船多一点，相对安全一点。

问：你爸爸搬出来之前盛家港有多少条船？十几二十条有吗？

答：没有那么多船。

问：十条有吗？

答：十条也没有。

问：五六条吗？

答：嗯，差不多了。

问：到了沈家港之后，那里有多少条船？

答：二十条有的。

问：你祖辈过去都是住在哪里的？

答：祖辈过去都在横泾浦庄，后来是因为有强盗之类的，生活不安全就搬到了盛家港。

问：解放之前你爸爸手里有土地吗？

答：嗯，有的。

问：在什么地方？

答：在沈家港。到沈家港后向当地农民买了一些土地。

问：买土地的原因是什么？

答：手里存了一点钱，买下土地作为财产。

问：你爸爸买的土地解放之后在哪里了？

答：土地在解放后土改时都还给了政府。

渔霸、鱼行

问：你爸爸是通过什么方式赚钱的？

答：在太湖里面筑籪赚钱。属于条件比较好的人家。

问：籪都放在什么地方？

答：放沈家港、辽河港、西亭子港分别有三个籪。

问：是解放之前吗？

答：嗯，是的。

问：你爸爸的籪要到政府里去批准过吗？

答：政府不管的。那个时候是渔霸，你一定要在他的鱼行里面卖鱼。

问：渔霸管张籪吗？

答：去哪里张籪？鱼卖给谁？都要归渔霸管。

问：沈家港是归哪里管的？

答：沈家港归庙港管。

问：渔霸是什么人，叫什么名字？

答：渔霸是徐导生。

问：还有什么人？

答：徐连奎，是徐导生他儿子。

问：还有什么人？

答：沈阿二。

问：这三个人是不是都管沈家港和庙港的？

答：嗯，是的，他们都是轮流管理过来的。

问：这三个人住在什么地方？

答：三个人都住在镇上。

问：他们平常都做什么的？

答：不做什么，他们都是做鱼生意的。徐连奎是镇上的卫乡团团长。

问：徐导生跟徐连奎是什么关系？

答：父子关系。

问：徐导生是爸爸啊？

答：嗯，是的。

问：徐导生平常是做什么的？

答：开鱼行的。

问：徐导生开鱼行，沈阿二是做什么的?

答：也是开鱼行的。

问：徐导生家的鱼行叫什么名字?

答：鱼行的名字不太了解。

问：徐导生解放后就死了?

答：嗯，是的。

问：徐连奎解放后怎么了?

答：徐连奎解放后被戴上"五类分子"的帽子。

问：被管制?

答：嗯，被管制。

问：坐过几年牢?

答：嗯，是的。

解放前后的渔民生活

问：解放后参加渔民组织吗?

答：嗯，参加的。

问：这只渔民组织叫什么名字?

答：互助组不取名字的。有星星初级社，荣星高级社。

问：参加哪个人民公社呢?

答：太湖人民公社。

问：互助组里有多少户人家?

答：有七、八户人家。

问："渔帮"听说过嘛?

答：没有的。就是黎里的渔民比较厉害。

问：你刚才说黎里的渔民比较厉害是什么意思?

答：过去黎里的渔民比较霸道，有渔帮倾向，这里的渔民比较和善。

问：已经是一个帮了吗?

答：不是一个帮，就是打架什么的他们都会帮在一起。

问：解放前你们出去捕鱼会先去拜一下菩萨吗?

答：那肯定是会去拜的。

问：每次出去捕鱼都要去拜拜的吗?

答：不是每次出去都会去拜。一个季节，要张簖了，就会去拜一下。类似换一种方式捕鱼，就拜一次庙。

问：到什么地方去拜?

答：都是本地的庙，张簖就拜簖老爷。

问：这些庙近吗?

答：近的。

问：在什么地方?

答：一个是老太庙，一个是土地庙。

问：老太庙在什么地方?

答：在七一村。

问：土地庙在什么地方?

答：土地庙已经拆掉了，在庙港中学北，现在已经拆光了，叫土地方，有四庙一寺，土地庙、观音庙、圣堂庙、东岳庙、永定寺。原来这个寺房子啊有几百间，就是日本人进来的时候炸掉了。

血吸虫病

问：你生过血吸虫病呀?

答：嗯，生过。

问：解放之前你们马桶倒到哪儿的?

答：马桶都直接倒进太湖。

问：有人收粪便吗?

答：解放前没有，解放后有。

问：血吸虫病是什么时候治好的?

答：好像是58年之前治好的。

问：怎么治好的？

答：有的打针，有的吃药。第一次都是打针的。

问：打针是在大队里还是哪里？

答：当时是国家出钱的，是县里派人来给村里人集体检查看病，医生来过几次，是免费治疗的。

问：当时生吸血虫病的人多吗？

答：很多人，百分之七八十都生了这个病。

问：生这个病的症状是什么？

答：有一些特别严重的肚子会很大，有的看不出来，生这个病的人肝脏、脾脏都会出现问题，严重的人会有腹水。

问：农民生这个病多？还是渔民生这个病多？

答：农民比较多。农民有百分之七八十都得了这个病。

问：渔民有多少人得这个病？

答：渔民不到一半。

问：血吸虫病怎么感染的？

答：血吸虫病通过钉螺为中间案主传播血吸虫。

问：几几年的时候血吸虫病最严重？

答：解放初的时候最严重。

问：1949年吗？

答：嗯，是的。

问：生血吸虫病的是女的多？还是男的多？

答：男的比较多，因为男的喜欢在水里游泳、洗澡。

问：血吸虫病有什么症状？

答：许多患病病人都不知道自己染上了血吸虫，要到医生诊断之后才知道。症状就是面黄，脖子白，有腹水，无力等。

6　李才生

采访日期　：2006年8月29日
采访地点　：庙港渔业村李才生家中
采访人　　：太田、佐藤
翻译人　　：徐芳
讲述人　　：李才生（七十二岁）
讲述人简历：庙港渔业村人，渔民，成分为下中农，参加过渔民协会。
讲述人家庭：妻子王彩娜。

个人与家庭概况

问：您多大岁数？
答：七十二岁。
问：几几年生的？
答：我属猪，几几年生的我也不大清楚了。
问：庙港渔业村人吗？
答：嗯，是的。
问：爸爸叫什么？
答：叫李泉林。
问：妈妈呢？
答：叫李根妹。
问：妻子叫什么名字？
答：叫王彩娜。
问：你是捕鱼的吗？
答：是的。
问：现在还出去捕鱼吗？
答：嗯，现在还出去。
问：什么时候出去捕鱼？
答：早上。
问：从几月到几月捕鱼？
答：三月到十一月，都是早上出去捕鱼的。
问：自己出去捕鱼的吗？
答：十二月到下一年的二月天比较冷，自己不去捕鱼的。

解放前后的渔政与渔民生活

问：政府规定什么时候可以开始捕鱼？
答：五月一号起开放。
问：三月到五月不可以捕鱼的吗？
答：不可以的。
问：你去吗？
答：嗯，自己偷偷地出去捕鱼。
问：政府规定什么时候可以捉鱼？

答：一月二十日到五月一日是禁捕的，然后这段时间是让小鱼苗长成大鱼。

问：到哪儿捕鱼？

答：都是去太湖捕鱼，比较近，晚上都回来的。

问：是到太湖任何一个地方？还是就一个地方？

答：一个地方，在陆家港范围内捕鱼。

问：为什么去陆家港捕鱼？是政府让你在这里捕鱼的吗？

答：不是，是属于渔民之间约定俗成了。

问：你就是固定到陆家港去捕鱼，别的人就到别的地方去捕鱼是吗？

答：嗯，是的。

问：为什么会有这种规定的？

答：因为有一个网拦着这个地方，就捕这一块地方，而且也比较熟悉这里的地形、水性，大家就是都习惯了你去这个地方捕，我去那个地方捕了。

问：在陆家港主要是捕什么？

答：捕虾，只有虾。

问：用什么方式捕鱼？或者说你们可以捕到什么鱼？

答：怎么样的工具捕怎么样的鱼。

问：政府对渔民的捕鱼方式有规定吗？

答：用什么方式捕鱼，捕什么鱼，政府都没有限制的，只要是在禁捕期之外。

问：太湖的水质好吗？

答：水质最近都是好的，没污染。

问：没被污染过？

答：没有。

问：太湖水一直都那么干净的吗？

答：嗯，是的。

问：有过死鱼或者什么的吗？

答：从来没有的。

问：太湖上有没有土匪的？

答：有的。

问：解放之前土匪多吗？

答：抗战期间最多，那时土匪都是流氓性质的。

问：土匪都是哪些人组成的？

答：渔民、农民都有。

问：土匪有武器吗？

答：少数土匪有枪，大多数用渔叉来抢。

问：解放之前有没有禁捕的？

答：没有的。那时候生活很苦，年三十、年初一都还要出去捕鱼。

问：解放前住在船上的吗？

答：嗯，是的，因为岸上没有房子的。

问：解放前船都是停在什么地方的？

答：庙港西边一点的张家港。上下三代船都一直停在张家港。

问：解放前有多少船停在张家港的？

答：大概有三四十条船停在张家港。

问：捕鱼是大家一起出去呢？还是各管各的？

答：自己管自己出去的。到解放后才有组织地出去捕鱼。

问：张家港的三四十条船的渔民，彼此有亲戚关系吗？还是各管各的？

答：船家都是杂姓，其中只有一些是亲戚，大多数都是各管各的。

问：亲戚是两三条船一起出去捕鱼的吗？

答：平时还是各管各出去捕鱼的，谁捕到

算谁的。

问：张家港中姓什么的最多？

答：姓奚的最多，姓朱的也很多，还有孙姓也比较多。

问：张家港姓奚的最多啊？

答：嗯。

问：钱也是最多的吗？

答：是的，钱也比较多。

问：张家港船里有没有领头的？

答：船都是沿着河岸上停着，没有领头的人。

问：解放前张家港是不是有保长或者甲长的？

答：有甲长，保长是上面的领导。

问：张家港的甲长姓什么的？

答：记不清姓名了。很多甲长都是岸上的农民。

问：甲长管农民也管渔民的是吗？

答：甲长平时没有其它工作，就是下来搜刮一些钱粮。

问：解放之前捕鱼是用什么方式捕的？

答：大钩、勾网等。

问：解放之前出去捕鱼晚上回来吗？

答：当时船主要停在张家港，但是如果出去远的话，就会停在其它的港口。每天晚上都进港的。

问：解放之前你们认识岸上的农民吗？

答：有些认识的。

问：有什么接触吗？

答：接触不多，碰到了就稍微聊几句。

问：是怎么认识岸上的农民的？

答：通过鱼的买卖或者上街喝茶认识的。

问：四十年代国民党来了之后，有没有人来调查户口？

答：解放之前没有调查过。

问：解放后你的身份是什么？

答：解放后为下中农。这里一般都是贫下中农。

问：解放后有参加渔民协会吗？

答：有参加的。

问：参加渔民协会要填表格的吗？

答：县里专门有派人下来办理。

问：几几年啊？

答：1951年或1952年。

问：解放后有互助组吗？

答：有互助组的。

问：渔民协会跟互助组有关系吗？

答：渔民协会归渔民协会，互助组归互助组，是没有关系的。

问：互助组是什么时候成立的？

答：1953年或1954年成立互助组。

问：一组互助组中有几户人家？

答：有七八家到十几家，是没有规定的。

问：你有没有做过互助组组长？

答：没有做过。

问：组长是谁还记得吗？

答：朱大昆，已经过世了。

问：朱大昆的船也在张家港是吗？

答：嗯，是的。

问：1968年渔业改革以后，政府说可以上岸了是吧？

答：嗯。

问：你们是喜欢住在岸上？还是喜欢住在船上？

答：岸上好，住楼房好。

渔民的婚葬习俗

问：解放之前婚礼是在船上摆酒席的吗？

答：婚礼是设在河岸上，比较富裕的就搭一个勃倒厅，若比较贫困的就用帆布搭个棚。

问：以前生小孩都是生在船上的吗？

答：都是去岸上找接生婆。

问：接生婆是哪里的人？

答：一般来自张家港村，都是岸上的农民，接生婆都是比较固定的几个人。

问：叫人来接生要给钱的吗？

答：就是意思一下，用几升米做接生的工钱，一升最多一斤半米。

问：葬礼在哪里办的？

答：也是在河岸上办。过世的人摆在船上，豆腐饭摆在河岸上。

问：你家里过世的人的墓地在哪？

答：张家港村东面，墓地是要向岸上农民去买的。

问：你爷爷以前是住在张家港还是住在其他地方？

答：爷爷以前在太湖边上，在苏州的横泾。十二岁时因为太平天国运动在他老家发生战乱，所以搬到了张家港。

问：为什么你爷爷要到张家港来？

答：因为这边战乱比较少，比较安定，所以到了张家港。

问：你知道那个时候几家人到这边来？

答：就爷爷一个人来到这里。

网船会

问：解放之前有网船会吗？

答：有的。

问：去参加过没？

答：去过的，去过烧香的网船会，每年都去莲泗荡，石棕、金泽也是，苏州凤凰泾的八十斤庙，上方山、五峰山、冲龙山。

问：什么时候去？

答：清明前后去莲泗荡，每年去一次，刘王老爷生日去。

问：石棕什么时候去？

答：九月初九，不是，九月初九是去金泽，每年下半年去，每年只去一次。

问：石棕呢？

答：每年去两趟，正月初八和九月半（九月十五）。七月十二去章家坝，八月十八去上方山。

问：什么时候到五峰山？

答：三月廿八去五峰山、冲龙山、后山。端午去西山的元山五老爷庙。

问：五老爷庙是？

答：五老爷是上方山太太的第五个儿子。

问：什么时候去八十斤庙？

答：就是三月廿八，一起去的。

问：八十斤庙是什么庙？

答：就是城隍庙。

问：现在还去八十斤庙吗？

答：现在还在去，每年都去的。

问：这些庙现在也都去吗？有没有解放后不去的？

答：解放后破四旧时，不再去烧香。开始十年多是偷偷去烧香的，后来才开放，恢复烧香，到现在已经有三十年了。

问：你们是一起去烧香的吗？

答：一开始不一起去的，到十五年前开始大家一起去烧香。

问：是摇船去的？还是包车去？

答：开始时是摇船去的，现在是包车去。

问：你们一起去烧香已经有十五年了是吧？

答：十三年多点。

问：你是兴隆社里的吗？

答：嗯，是的。

问：兴隆社是徐家公门的，除了徐姓的以外，别的人也可以加入的吗？

答：全太湖的人都可以来拜，外姓人都可以参加的。

问：为什么叫徐家公门呢？

答：是老祖宗传下来的。

问：徐家公门以外的人也可以做香头吗？

答：可以做的。

问：别的姓也可以进去做香头吗？

答：可以。已经有两个其他姓的了。

问：兴隆社除了徐家公门以外还有别的帮派吗？

答：是兴隆社，不是徐家公门。有的，吴江红光大队。

问：香头叫什么？

答：一个叫徐阿二，一个叫徐发财。

问：还有呢？

答：别的就没有了。

问：两家有联系吗？

答：两家没有联系，各管各的。

问：解放前有没有联系？

答：解放前是一起的，有联系。

问：徐家公门有香头吗？有其他香头吗？

答：没有徐家公门，兴隆社有的，庙港也有一个兴隆社，香头一个叫杨长生，一个叫李金奎。

7 朱鹤民

采访日期　　：2006年8月31日
采访地点　　：朱鹤民家中
采访人　　　：太田、佐藤
翻译人　　　：徐芳
讲述人　　　：朱鹤民（1948年9月5日出生，五十九岁）
讲述人简历：出生于北库镇。奶奶是"渔霸"朱林宝，文革时被枪杀。
讲述人家庭：育有三个儿女。

个人与家庭概况

问：婆婆您叫什么名字？

答：叫沈丽儿。

问：多大岁数？

答：八十岁。

问：出生在哪里的？

答：出生在金家坝钗金头。

问：大叔您叫什么名字？

答：叫朱鹤民。

问：出生在哪里？

答：出生在北库镇上。

问：今年几岁？

答：五十九岁。

问：什么时候出生的？

答：1948年9月5日（公历）。

问：现在在干什么？

答：由于身体不太好，现在在家，出租房
　　屋。以前是做裁缝的。

问：父亲叫什么名字？

答：叫朱伯龙。

问：哪里的人？

答：出生于北库。

问：什么时候去世的？

答：已经去世四、五年了。

问：父亲有几个兄弟姐妹？

答：一个叫朱松民，一个叫朱几荣。

问：姐妹叫什么？

答：一个叫朱隐玉，一个叫朱文云。

问：朱伯龙是在哪里退休的？

答：在供销社退休。

问：朱松民是在哪里退休的？

答：在浙江嘉善西塘农场。

问：朱几荣呢？

答：在安徽省淮南市淮农一校教书的。

问：朱松民在浙江嘉善农场里做什么工作
　　的？

答：农场里当然是做农活了。

问：什么时候去世的？

答：已经去世十年了。

问：朱几荣呢？

答：也去世了。已经去世五年了。

问：两个姑姑嫁到哪里？

答：朱隐玉是嫁到浙江嘉兴，以前是在化工厂做的，现在退休了。

问：朱文云呢？

答：她嫁到浙江王江泾，在经商的。

问：你有几个子女？

答：三个，一男两女。

问：女儿叫什么？

答：大女儿叫朱粤娥，小女儿叫朱小娥。

问：大女儿嫁到哪里？

答：嫁到青云乡下。

问：还有一个女儿呢？

答：嫁到北库镇上。

问：大女儿几岁？

答：大女儿五十五岁，小女儿五十岁。

问：小女儿在干什么？

答：在家，大女儿在家务农。

问：爷爷叫什么名字？

答：叫朱福顺。

问：哪里的啊？

答：吴江同里。

问：做上门女婿的是吧？

答：嗯，是的，原姓是姓张的。

鱼荡、鱼行

问：你奶奶叫什么名字？

答：叫朱林宝。

问：你爷爷活到多少岁？

答：约一百岁。

问：奶奶活到多少岁？

答：这个不太清楚。

问：你在三江开几家鱼行？

答：就一家鱼行。

问：你奶奶也是开鱼行的是吧？

答：嗯，是的。

问：鱼行叫什么名字？

答：叫朱大昌鱼行。

问：那个时候有没有鱼荡的？

答：自己有鱼荡，但是有多少荡不太清楚。

问：自己有冰厂的是吧？

答：嗯，自己有冰厂的，是天然冰厂。

问：冰厂是不是有自己的田的？

答：嗯，是的。

问：有多大？

答：有十七亩田，是冰厂专用的。

问：种地的田有多少亩？

答：这个不清楚。

问：经营一个鱼行，一个冰厂，还有什么？

答：没有了。

问：自己有没有船？

答：有，自己有小船。

问：朱大昌鱼行的规模有多大？

答：在北库是最大的。

问：鱼行雇用了多少人？

答：雇用了十多个人。

问：有没有店面的？

答：有店面房的，是临河的。

问：除了鱼行，还开别的店吗？

答：自己有茶馆，来往的客人较多。

问：你外太公叫什么名字？

答：叫朱再庆。鱼行是朱再庆开的，传下来之后，在朱林宝手里再扩大规模。

问：奶奶有兄弟姐妹吗？

答：没有的，朱再庆没有生儿女，朱林宝也是他领养的。

问：什么地方领养的？

答：那个时候我还没有出世，怎么可能知道。

问：奶奶开的这个朱大昌鱼行是什么时候关闭的？

答：在土改时期，朱大昌鱼行由于政策关闭了，所有雇用人员都回家。

问：冰厂呢？

答：土改时，冰厂土地还是自己的，还有十七亩土地。朱大昌店面房在当时也还是自己的。之后公私合营的时候把冰厂并入供销社。

问：冰厂是公私合营的时候并入供销社的，是吧？

答：嗯，是的，之后把父亲朱伯龙也带入供销社，所以朱伯龙在供销社退休。

问：冰厂还是你父亲管的？

答：不是，冰厂不在他手里，不是他管的。

问：解放初鱼行还经营吗？

答：嗯，还是经营的。

问：公私合营时，朱大昌鱼行已经关闭了，只有冰厂被并入？

答：嗯，是的。

问：朱大昌鱼行在现在的什么地方？

答：现在在电影院偏东河边。

问：冰厂位在哪里？

答：冰厂在自己居住的地方的南面。

问：冰厂总共有十七亩地是吧？

答：嗯。是的。冰厂有十七亩土地，现在还保留的。家里还有土地，在土改时分完了，当时有多少亩土地不太清楚。天然冰厂是由大草棚盖起，到了冬天，还有十七亩田，是这个冰厂专用田，在冬天结冰后，用人拿到大草棚。

问：冰放在大草棚里不是要化光了吗？

答：拿到大草棚，用盐，用土，用草围起来，到夏天卖到外地。

问：到苏州、上海这些地方是吧？

答：嗯，是的。这个冰的利用率在30%。

问：在冰上放盐是吧？

答：堆好之后往冰上撒盐。

问：鱼行为什么取名叫朱大昌鱼行？

答：因为朱再庆姓朱，号大昌，所以叫朱大昌鱼行。

问：鱼行卖的是咸鱼还是鲜鱼？

答：卖的都是鲜鱼，这个要鲜鱼才能冰的。

问：鱼卖到哪里去？

答：卖到上海十六铺码头。以前开鱼行，自己有荡，就像现在的水产养殖场一样。

问：渔民在荡里捕鱼后卖到你们的鱼行是吗？

答：嗯，是的。

问：妳（沈丽儿）什么时候嫁到朱家的？

沈丽儿答：十七岁就嫁到朱家，一直在种田，被朱家看不起。

问：妳自己家里条件还可以吧？

沈丽儿答：家里条件还行的，也是种田的。

问：自己家里条件还好，但是朱家条件还要好，是吧？

沈丽儿答：嗯。是的。

问：土改时条件好不好的？

答：土改时是工商界地主。

问：当时鱼行生意是怎么做的？

答：当时鱼行以贩为主，在镇上卖鱼很少。

问：有个问题，你（朱鹤民）可能蛮忌讳，就是你奶奶朱林宝什么时候被抓走的？

答：50年的时候。

问：是从这里被抓出去的？

答：是的。当初的时候，政策是蛮紧的。如果是现在，什么事情也没有。现在做这行的老板，不要太多。

问：有没有被抓到吴江？

答：没有。

问：就是被抓到芦墟镇上？

答：哎，是的。

问：当时被抓去有几个人？

答：……（一个她，还有一个是收小租米的，还有一个姓盛）。

问：经营鱼行的时候，账房是谁？

答：老板是朱林宝，账房是朱福顺。

问：采购是谁？

答：没有采购。

问：一共有几个账房？

答：还有两个老先生，一个是称鱼的，称的时候另一个写字，朱福顺付钱。

问：两个老先生叫什么名字？

答：名字叫不出了，一个是绍兴人，还有一个也不清楚了，都已经去世了。

问：卖鱼是以早晨为主的是吧？

答：嗯，是的，鱼行的市面以每天早晨为主。

问：渔民捕到的鱼是自己送过来的吗？

答：嗯，渔民都是送到鱼行来卖。

问：渔民最远的是从哪里过来的？

答：这个不太清楚，乡脚很远。如果在其他荡捕到的鱼，渔民可以卖给其他人，也可以卖给自己的鱼行。

8　孙定夷

采访日期　：2005年8月18日
采访地点　：芦墟镇渔业村村委
采访人　　：太田、佐藤
翻译人　　：徐芳
讲述人　　：孙定夷（六十岁）
讲述人简历：曾任渔业村会计、村主任。
讲述人家庭：妻子陆凤彩，五十七岁。有两个儿女。

担任渔业村会计、村主任

问：您叫什么名字？
答：孙定夷。
问：今年几岁？
答：六十岁。
问：哪年出生的？
答：1945年。七月，阴历七月初四。
问：现在你做什么工作的？
答：我现在退休了。
问：退休以前呢？
答：退休前是渔业村的会计、村主任。
问：会计做了多久？
答：68年到95年，三月份。
问：村委会主任呢？
答：1995年到1999年。
问：68年之前做什么？

答：68年之前是在当兵。
问：当兵是从哪一年开始的？
答：64年。
问：妻子叫什么名字？
答：陆凤彩。
问：多大年纪？
答：今年五十七。
问：在哪里出生的？
答：就在这里，我们是邻居。
问：现在的渔业村吗？
答：不是，新友村，现在叫高新村，现在是城镇了。
问：你什么时候到渔业村来的？
答：工作了，做会计到渔业村来，但是定居到这里是93年。
问：您祖籍是哪里，爸爸妈妈爷爷奶奶是哪里人？

答：也是新友村。

问：妻子呢?

答：也是新友村。

问：她祖籍也是新友村的?

答：哎，也是新友村。

问：有几个孩子?

答：两个，一个女儿一个儿子，小的是儿子。

问：叫什么?

答：女儿叫孙中英。三十五岁，1970年出生的。

问：儿子呢?

答：孙中浩，74年出生的。

问：做什么工作?

答：女儿现在开药店（中药店）。

问：儿子呢?

答：儿子搞外资，在镇上的企业管理服务中心。

问：您的学历是?

答：初中毕业，高中读过一年。

问：初中在哪里上的?

答：芦墟中学。

问：高中时在哪里?

答：高中在盛泽。

问：有没有打过鱼?

答：没有，我种过田。

问：什么时候?

答：63年种过田，68年就做会计了，像大队长、书记，都是"定工"。

问：他们（大队长、书记）是渔民吗?

答：我不是，他们么一个是渔民。

问：哪一个是渔民，大队长? 还是书记?

答：当时的书记是荣富过来的，大队长也是荣富过来的，大队长是捕鱼的。

问：大队长是渔民选出来的?

答：不是的，当时是革委会派过来的（当时革委会时期，大队长书记都是政府任命的。跟现在一样的，大队长、书记、会计都是定工的。定工就是脱产的。像以前，书记、大队长、会计是任命的，现在么就是选举的）。书记是党员选举的，队长和会计是农民选举出来的。

9　张顺时

采访日期	：2005年8月8日
采访地点	：黎里渔业村徐发龙家中
采访人	：太田、佐藤
翻译人	：徐芳
讲述人	：张顺时（八十四岁）
讲述人简历	：黎里渔业村，先祖从江苏兴化迁来。成分为贫渔民。
讲述人家庭	：妻子朱金妹（已逝），育有三个子女。

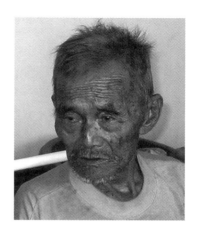

个人与家庭概况

问：您叫什么名字？
答：张顺时。
问：现在几岁？
答：八十四。
问：什么时候出生的？
答：22年，农历九月中（1922年，农历九月中旬出生的）。
问：这个地方的人吗？
答：哎，一直就是住这里的，以前么是从苏北迁过来的。
问：这里出生的，祖先么从苏北迁过来的咯？
答：哎，是的。
问：苏北哪个地方？
答：兴化，江苏（他祖先是从江苏省兴化县迁过来的。他们就是太公（曾祖父）以前就过来了）。
问：你有几个小孩啊？
答：三个。两个女儿，一个儿子，儿子最小。
问：老婆叫什么名字？
答：朱金妹，去世四十年了。
问：你是本地的渔民，世代都捉鱼的？
答：是的。
问：儿子做什么的？
答：卖虾的。
问：在哪里卖？
答：农贸市场。

解放前后渔民的生活

问：解放后你的身份是什么？
答：就是贫渔民。

问：有没有船？

答：有的呀。

问：解放前也有的么？

答：解放前有的呀。

问：有多大呀？

答：比娶老婆用的船要小一点。

问：是木船吗？

答：是的。

问：你自己捉鱼用的工具有没有？

答：钓钩有的呀。

问：就是钩子吗？

答：哎，钩子，直钩、麦钓，哝就是这个东西，还有谷钓、小钓、棍钓。

问：解放前有没有自己的田？

答：没有的，老祖宗不厉害么小辈也吃苦头。

问：解放前也捉鱼吗？

答：一直以来都是捉鱼。

问：捉了多少年？

答：从养老开始有十四年了（他一直捉到七十岁，他说已经休息了十四年，就是说一直捉鱼到七十岁）。

问：你有没有养过鱼？

答：我儿子养过。

问：你呢？

答：我帮他看鱼塘。

问：有多少年？

答：六年。

问：在哪里？

答：外荡。

问：养什么鱼？

答：鲢鱼。

问：解放前你到哪里捉鱼？最远到哪里？

答：南面么到平湖，北面么苏州，到处都去的（解放前捕鱼不固定的，南面到嘉兴，北面到苏州）。

问：东面到哪个地方？西面呢？

答：东面到朱家角为止，西面么到南浔。

问：解放后，捉鱼范围是固定的么？

答：固定的，不固定不行的，就在吴江范围。

问：解放前有没有房子的？

答：没有的。

问：解放前一直都是住在船里吗？

答：哎。

问：渔改后么就是住到陆上了？

答：是的，安排到一间房子，二十六个平方（解放前到渔改这段时间一直都是住在船上的）。

鱼行、鱼霸

问：解放前，你捉到的鱼都卖到哪里？

答：卖给鱼行。

问：老百姓啊农民啊，都卖的吗？

答：卖的（基本上都卖给鱼行，很少一部分卖给农民）。解放前的鱼呢，捉到哪里卖到哪里（捕鱼是不固定的，所以卖鱼也不固定）。

问：鱼行在哪里？

答：黎里的东风桥，西面也有一家。

问：西面的那家也是黎里的吗？

答：也是的。

问：在哪里？

答：西栅的亭子桥。

问：东风桥那家的老板叫什么名字？

答：周边胜。

问：西面那家呢？

答：许老虎，53年肃反的时候死掉了。

问：怎么死的？

答：枪毙。

问：哪个鱼行大？

答：东面的大。

问：周边胜算不算渔霸？

答：也有人叫他渔霸。

问：他这个人怎么样？

答：这个人还是可以的，为人还是可以的。

问：许老虎这个人好不好？

答：哦，这个人不好的（这个人很开明，就
　　是说到他这个鱼塘去捕鱼，开了票，明
　　天补到的鱼没有到，开的票那个价格，
　　他就算了。就是说很马虎，很开明）。

问：周边胜有没有鱼塘？

答：也有的。

问：在哪个荡？

答：在平望，大兵荡、大公漾、游长荡等
　　等。他这个人跟别人不一样，他有自
　　己的地，还有自卫队（解放后，这个
　　就成为被批斗的把柄）。

问：许老虎有没有武装？

答：他没有的。

问：许老虎有荡吗？

答：也有的。

问：有哪几个荡？

答：一个凤雪岸杨家荡。

问：你们捉到的鱼卖给鱼行，是鱼行派人
　　来收，还是你们自己送过去的？

答：我们送过去的略。

问：这两个鱼行是鲜鱼行，还是咸鱼行？

答：都是鲜鱼行。

问：冰厂有没有？

答：周边胜有的。

问：除了鱼行、冰厂，还开不开别的店？

答：不开了。

问：许老虎呢？

答：许老虎就只有鱼行。

问：这两个在黎里镇算是有名气的渔霸？

答：哎，是的。

问：小的渔霸呢？

答：那多住在农村。

问：小的渔霸是渔民还是农民？

答：种田的。

问：小渔霸跟你们有什么关系？

答：我们想要去他们那里捕鱼么就交一点
　　点钱。

问：大渔霸跟小渔霸之间有关系吗？

答：不来往的（大渔霸跟小渔霸之间没有
　　交往，要是乡里收取费用，大渔霸自
　　己交到乡里，小渔霸也自己交到乡里。
　　小渔霸一般生活在农村，渔民呢一般
　　也不跟他们打交道，因为小渔霸的湖
　　荡不太好而且小，到里面捕鱼收成不
　　太高。大渔霸与小渔霸之间也没什么
　　关系，如果要交什么苛捐杂税的，大
　　渔霸跟小渔霸都各自去交）。

问：开鱼行的都是渔霸么？

答：不是的，大渔霸有鱼行的，但是开鱼
　　行的不一定是渔霸。

问：小渔霸是不是就是荡主？

答：哎，是的，是无赖，上海话讲起来叫
　　"白相人"。

麦公长生社

问：你刚才说的长生社，全称叫什么啊？

答：长生社么，我同你讲，以前是有出会
　　的，出会你知道吧。

问：你们这个长生社属于哪个长生社？

答：麦公长生社。

问：这个社当时有多少人？

答：人多了，现在人少了。

问：现在有多少人？

答：现在这个社已经解散了，不组织去莲
　　泗荡烧香了。

问：现在他们还每年都去莲泗荡烧香吗？

答：去的，每年三月、八月。

问：统一的组织去吗？

答：都自己去的。

问：麦公长生社是按照亲戚朋友来组织
　　的？还是按照地域的，就是住在同一
　　个地方的人来组织的？

答：一个地方的人一起的（按照地域的。
　　有一个庙，庙的当家人组织的，他要
　　收钱的）。

问：叫什么庙？

答：刘王庙。

10　倪文寿

采访日期　：①2005年8月8日，②2011年8月20日
采访地点　：金家坝渔业村倪文寿家中
采访人　　：太田、佐藤
翻译人　　：陈天勤、徐芳
讲述人　　：倪文寿（六十七岁，1939年出生）
讲述人简历：父亲从苏北兴化移居此地。渔民。曾任小组长、副主任、治保主任等职。渔改后定居于金家坝渔业村。
讲述人家庭：妻子黄桂英，渔民。有一个儿子。

个人与家庭概况

问：阿公您什么名字？
答：叫倪文寿。
问：你多大年纪了？
答：今年六十七岁。1939年农历七月份。
问：你读过书吗？
答：没有读过书。
问：年轻的时候做什么的？
答：是捉鱼的，我在陆上没房子的，在船上的。
问：出生在哪里？
答：出生在苏北兴化。
问：几岁的时候搬到这里来的？
答：很小了，49年之前我们家在兴化，解放后我们过来了，过来后我们这边就有户口了，不回去了。
问：就是解放后过来的？
答：对，解放前我们是在苏北的，那时候很小了。
问：爸爸叫什么？
答：叫倪桂宝，他六十三岁死的。我的母亲到99了，也死了两年了。
问：父亲也是苏北兴化人吗？
答：是的，兴化人，江苏省。捉鱼的人在船上，没有屋子的。几代都是捉鱼的，后来捉鱼的才陆上定居的。
问：父亲是生活在船上的吗？
答：父亲是捉鱼的，住在船上的，那个时候一家人家都住在船上的。
问：母亲叫什么？
答：叫徐二小，也是兴化人。
问：也是捉鱼的吗？
答：也是捉鱼的。

问：解放后是全家一起过来的吗？

答：对，我们一家人一起过来的，四五个人，我还有一个兄弟，一个妹妹。

问：你出生在兴化的哪里呢？

答：在周庄区元朋乡南卢村。

问：你们从南卢村直接到这里？还是有经过别的地方？

答：就是摇船摇到吴江八坼，在这个地方呆得长了就当成家了，不回去了。

问：49年的时候，你船摇到哪儿了？

答：就是吴江八坼。那个时候是流动户口，不管你的，到57年有真正户口了，就是北库〔镇〕金家坝。那时候金家坝，没有村，没有镇的，后来有镇了。金家坝63年成立公社的。

问：57年的时候从八坼到金家坝的么？

答：49年的时候是流动户口的，57年才有户口。

问：57年的时候是上面划过来的？还是自己过来的？

答：自己过来的，都是自己过来的。57年的时候，这个地方是有人认得，到63年我们正式迁到北库，金家坝有公社了。

问：57年呢？

答：57年还是流动户口，在北库，有四五十户人家。

问：为什么从兴化搬过来呢？

答：这边捉鱼方便，这里人少，捉鱼时间长了就定居下来了。

问：兴化那边人多吗？

答：是兴化的亲戚很少。

问：你们离开兴化时，船是多大的呢？

答：小船，捉鱼的船。

问：几吨的？

答：二吨的小木头船。

问：和你一起从兴化过来的有哪些人？

答：我的父母和弟弟妹妹。

问：你最大？

答：我最大。那个时候我还小，没有结婚。我弟弟比我小十三岁，那时候我十几岁，他就一两岁而已。

问：你的父母只有三个小孩？

答：对。

问：老二是妹妹？

答：是，差五岁，叫倪羊扣，在八坼的渔业村上。

问：也是嫁给渔民吗？

答：对，也是渔民。

问：弟弟叫什么？

答：弟弟叫倪文财。

问：现在几岁？

答：差十三岁，属龙的，做鱼生意，在菜场上卖鱼。

问：弟弟的媳妇叫什么？

答：叫钟巧林，苏州人。

问：城里面的吗？

答：虎丘的，苏州虎丘，也船上的，船上边上的农村的。

问：她捉鱼的吗？

答：过去捉的，现在不捉鱼了，几十年不捉了。

问：你老婆叫什么名字？

答：老婆啊，黄桂英。

问：几岁？

答：六十三岁。她妈妈也是渔民，她的父母亲都是苏北的。父亲没有的，娘有。她的母亲还在，九十五岁。

问：她妈妈也姓黄？

答：啊，对。她的父母亲都是姓黄的。

问：她什么时候过来的？

答：大概解放过了就过来了，七十年前左右过来的。

问：你老婆哪里人？

答：是兴化人。

问：也是捉鱼的吗？

答：也是捉鱼的。

问：是怎么认识的呢？

答：原来都是苏北的嘛。

问：是通过亲戚关系还是人家介绍的吗？

答：老早我们〔各自的〕父母都认识的，互相都是兴化人也就认识了。

问：和兴化还有联络吗？

答：亲戚有是有，就是远了（那边是有亲戚，但是对一般来说都比较远的）。

问：你有几个小孩？

答：一个，其实小孩是领养的，儿子。

问：叫什么名字？

答：倪志锋，四十七岁。

问：做什么的？

答：打工的，打小工啊，在金家坝。

问：你的媳妇呢？

答：也是打工的，儿子和媳妇不在一起的。

问：你儿子捉鱼吗？

答：没捉过。

问：你什么时候开始捉鱼？

答：从小就捉鱼，大概十五、六岁开始捉鱼。

问：开始的时候在哪儿打渔？

答：八坼、吴江、同里，反正摇来摇去的，摇到吴江是吴江，摇到吴江是吴江，摇到八坼是八坼。到什么地方就什么地方，没有家的。

问：你鱼捉到几岁？

答：三十岁左右，到大队里工作了就不捉了（听不清楚）原先在捕捞大队里工作，以前在捕捞大队里工作，村委会副主任。就是说大队么就是说村委会副主任，捕捞大队，工作就是副主任，治保主任。我是共产党员，五十六岁退休，我有几十年不抓鱼了（他是三十岁以前是捕鱼的，三十岁以后就不捕鱼了）。

问：刚刚解放的时候，你捉的鱼怎么处理的？

答：捉好总归卖掉了。

问：卖到什么地方去？

答：乡下有人买么，我们就去卖了。就是捉鱼做生意，捉鱼是职业。

问：金家坝渔业村有没有富渔民？

答：全部都是贫渔民，就是贫渔民里面稍微好一点。渔民富的没有，只有假扮成富的，没有什么富的（他的父亲那个年龄渔民身份很低……他们这里没有富渔民，都是贫渔民，但贫渔民里面还分稍微好一点差一点）。

问：渔民的成分高低是怎么定的？

答：在土地改革的时候这里都是贫的渔民。

问：你们捕鱼都是用什么工具?

答：就是那个眼网跟钩子。

问：当时有没有土地?

答：没有土地。

问：解放前你有没有自己的房子?

答：没有自己的房子，在渔改时分到三十平方米的房子。

问：渔改是什么时候?

答：1968年到1970年。

问：当时跟你一起捕鱼的有没有养鱼的?

答：渔改以前是捕鱼的，渔改以后是集体养鱼，分工分的。

问：解放前你们捕鱼要不要什么证件的?

答：那个时候还小，不太清楚。

问：解放以后呢? 捕鱼要不要什么证件的?

答：解放后捕鱼要捕捞大队证明，有证明，就可以在吴江范围内到处捕鱼。

问：解放后你经常去捕鱼的是什么地方?

答：到八坼、吴江捕鱼。

问：具体是到哪些荡里面去捕的?

答：上荡跟下荡，上荡是共青，下荡是荣字。

问：你的祖坟在哪里?

答：祖坟啊，祖坟我不知道了，在兴化了。我也不知道。兴化有个叫"何家高"，这个查不到的，几代了。你到那个地方问才问得到。

问：金家坝渔业村里面兴化人多吗?

答：就我弟兄几个。我上面一辈只有弟兄两个，我这一辈弟兄有四个。我叔叔叔侄有两个，我弟兄两个。

问：其他人呢?

答：就我们这家，兴化人就我们这两家(指的是倪文寿和他兄弟这一家，以及倪文寿的堂兄弟这一家)。老一辈的都过世了，就剩我们弟兄四个。叔侄两个是我们的隔房弟兄。他们两个，我们两个。

问：你觉得你自己是属于兴化人? 还是吴江人?

答：爸爸是兴化的。

问：你认为你是兴化人吗?

答：是兴化人呀。

问：兴化方言你懂吗?

答：懂的。

问：你去过兴化吗?

答：去过的，这几年不去了。有些亲戚朋友在那边，这两年不去了。

问：你儿子会讲兴化方言吗?

答：讲的，少了。

捕捞大队、渔改

问：渔业村是什么时候成立的?

答：以前是隶属于北厍的。

问：什么时候划分出来的?

答：1963年划分出来之后，成立捕捞大队。

问：1963年以前捕捞大队是属于北厍的吗?

答：嗯，是的。

问：划分出来以后成立金家坝捕捞大队是吧?

答：嗯，是的。

问：金家坝渔业村是什么成立的?

答：也是1963年，从北库、屯村、同里、芦墟四个捕捞大队划出一部分，成立了金家坝人民公社捕捞大队。

问：多少户人家？

答：有十八户，八十人左右。

问：都是从北库划过来的？

答：嗯，是的。那么到1968年，黎里又划过来一部分，有四十户左右，二百人左右。

问：1968年后还有从其他地方划过来了的人家吗？

答：没有了。现在有一百五十户左右。

问：大约有多少人？

答：五百人左右。

问：在1968年渔改以前都是没有房子的吗？

答：嗯，没有房子，都是住船上的，到渔改时才建房子。

问：渔改建房子的时候有没有搭草房？

答：草房有的。

问：1968年渔改时这个叫什么荡？

答：叫围垦双甲亩荡。

问：叫陆上定居吗？

答：嗯，陆上定居。

问：当时双甲亩荡有多少亩地？

答：有三百亩左右。

问：双甲亩荡是归渔民负责种田？

答：嗯，归渔民的。

问：有几个小组？

答：有三个小组。

问：双甲亩荡的产量怎么样？

答：当时渔民种田技术不高，产量不高。因为渔民不知道种田，所有从镇上请技术员与他们一起进行管理。

问：你自己参加过围垦吗？

答：参加的，是记工分的。

问：干活的有渔民也有农民，是吗？

答：嗯，都有的，但是不在一起做，各自负责各自的地。这个双甲亩荡有四至五年种田，但是因为产量不高，就挖了鱼池养鱼。

问：养鱼的鱼池是归哪里的？

答：归乡里面集体的。

问：现在这个捕捞大队有几个小组？

答：现在不分小组的，就是一个大队。

问：1963年成立捕捞大队以前，渔民协会是在北库的是吗？

答：嗯，是在北库的。

问：北库的渔民协会是在哪年成立的？

答：1951年，金家坝渔业村的渔民参加了。

问：你是什么时候当村委副主任的？

答：1964年参加捕捞大队的生产小组，当了生产小组长。

问：你几岁开始在大队里工作？

答：我三十九岁到大队工作，在下面小队里做做，这个是在二十五六岁的时候。三十九岁在大队里工作。

问：你在小队里是小组长吗？

答：是小组长，捉鱼有个小队，我做小组长。

问：你做小组长做些什么工作？

答：捉鱼呀，领一班人捉鱼，领头人呀，那时候捉鱼成立一个组。

问：小组长做到几岁呢？

答：做到了三十九岁，一直做到1966年到了捕捞大队里。68年渔改，渔改后就在这个地方定居了。

问：1966年你在捕捞大队里做什么？

答：当时在捕捞大队里做杂务。

问：做到几年？

答：一直到1977年，那个时候是没有工资的，是义务的。

问：脱产的还是不脱产的？

答：不脱产的，到1977年才是脱产的。

问：1964年干的活就是捕鱼吗？

答：是的。

问：1977年呢？

答：1977年已经上来了。

问：1977年要捕鱼吗？

答：不用捕鱼了。

问：在村里做副主任的时候要捕鱼吗？

答：不捕鱼了。

问：副主任做些什么工作？

答：就做账的，现金保管员，会计也说不上。过去没有地方读书。

问：是不是还当过治保主任？做些什么工作？

答：村里的治安。

问：在大队工作的时候，做副主任、治保主任时碰到过什么困难吗？

答：就是吵架，解决这种事。

问：为什么事吵架？

答：纠纷的事情，我也记不得了。村里面经常会出现纠纷、吵架，我就去解决解决。婚姻事情、吵架事情多着呢。大事情都是上面解决的，不能解决的都让上面来解决。

问：你做到什么时候退休的？

答：到1994年退休。

问：1966年到1977年之间，渔业政策有没有什么变化？

答：1968年渔改，渔改时捕到的鱼要统一上交，拿工分。

问：什么时候开始记工分？

答：68年之后已经开始有集体了，捉鱼的捉鱼，不捉鱼的也有些田。大队里有个荡，后来干掉了。

问：工分是怎么记的？

答：各方面考虑，叫群众评工分，政治思想好、群众认可上、工作好，有很多方面。

问：工分拿到几年？

答：到1982年。

包产到户、个人承包

问：1968年到1982年这段时间都是捕鱼拿工分的，有其他变化吗？

答：没有变化了，拿工分一直到1982年。

问：1982年以后是？

答：是包产到户，个人承包了。

问：个人上交管理费吗？

答：嗯，定额上交。

问：定额上交以后剩下的收入都是归自己吗？

答：嗯，是的。

问：1982年以后这个村干部的工作有怎么样的变化？

答：包产到户以后收入是镇里面有方案批

的，根据捕捞大队的收入来发他们的工资。

问：个人承包了以后你是在哪里干活的？

答：在大队里做，之前是经济保管员。

问：你在哪里的大队工作？

答：金家坝渔业村大队。

问：你自己有没有承包过？

答：承包过。有了大队自己不包，我有了工作就没有包过了。

问：1982之前和之后，你的收入有什么变化？

答：收入增加了。1977年以后，每年的收入一年比一年好。

问：个人承包以后人们的收入是靠养鱼吗？

答：嗯，是的。现在村里面的收入主要来源是渔民围荡养殖每年上交的管理费用，从村里来开支。

问：现在这个渔业村渔民的个人收入有多少？

答：现在到底有多少收入也不是很清楚，就举例来说1994年渔民收入大概是每人每月两千元。

问：现在干部的收入有多少？

答：1994年得时候是每人每月两千五百元左右。现在的话，干部的收入是每年三万至三万五左右。

问：现在还有人去捕鱼吗？

答：有也有，现在主要是以养鱼为主，出去捕鱼的很少，还有的就是扒螺丝。

问：这边还有1968年盖的老房子吗？

答：现在还有几间。

信仰

问：离开兴化的时候，船上有没有放拜神用的老爷？

答：没老爷。

问：有拜菩萨烧香吗？

答：也没有，不烧香的。

问：到八坼以后去过什么庙吗？

答：没有。现在有的。

问：现在到什么地方去烧香？

答：到莲泗荡。莲泗荡一年去两次。

问：现在金家坝渔业村里有没有庙？

答：有的，但我不去。

问：叫什么庙？

答：小庙，小得不得了。

问：庙里有什么菩萨吗？

答：现在看不到了，小得看不到了。听说金家坝往西面四五里路有个庙，但我没有去过，我们烧香，要么到莲泗荡，要么到上方山。

问：到上方山？

答：对。那里有庙会。

问：现在拜祖先一年几次？

答：一年只有一次，清明咯。

问：坟墓在哪里？

答：在后面一个小地方。双格墓。就在前面，就在金家坝。

问：那里都是渔民的坟墓吗？

答：这都是几年前了，五六年之前了。现在的人死掉是葬在安息堂去了。这个是政府造的。

11　褚阿弟

采访日期　：①2005年8月9日，②2011年8月18日
采访地点　：莘塔渔业村褚阿弟家中
采访人　　：太田、佐藤
翻译人　　：吴滔
讲述人　　：褚阿弟（八十岁）
讲述人简历：出生于浙江菱湖，渔民，成分为贫下中农。天主教徒。
讲述人家庭：妻子王金宝，出生于嘉兴平湖，七十七岁，渔民。育有六个儿女。

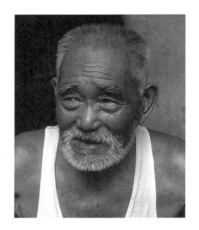

个人与家庭概况

问：阿公您叫什么名字？
答：褚阿弟。
问：今年几岁？
答：今年啊，八十岁，生肖是属兔子的。
问：是不是本地人？
答：哎，出生是浙江菱湖的。
问：几年几月份出生的？
答：出生倒记不得了。
问：你是从菱湖过来的？
答：哎，太公时候就来了，那么在菱湖水里不生螺蛳，那么就来这里捉螺蛳（太公就是爷爷的父亲）。
问：从菱湖迁过来先到哪里？芦墟还是莘塔？
答：先到莘塔，那么后来芦墟也住，莘塔也住。那时候有只船的，摇来摇去可以摇的。
问：现在做什么，还捉虾吗？
答：现在不捉虾了，吃儿子，吃孙子了。
问：年轻时候做什么的？
答：年轻时候么捉捉螺蛳，冬天的时候么捉捉虾。
问：有几个小孩？
答：三个儿子三个女儿。儿子还有两个，大的那个已经去世了。女儿也有三个。
问：现在儿子做什么工作？
答：大的那个么当兵回来就开开小店，到外面做些采购回来么摆摆摊，卖点香烟、食品，就是开小店。
问：你儿子女儿也捉螺蛳捉虾的吗？
答：现在小儿子也有四十几岁了，在家里捉螺蛳，两个女儿也在捉螺蛳。还有

第二个女儿嫁到嘉兴，卖电器的。

问：你的儿子也是信天主教的？

答：哎，天主教，女儿也信天主教。

问：妳叫什么名字？

褚阿弟妻答：王金宝。

问：多大岁数了？

褚阿弟妻答：七十七。

问：是本地人么？

褚阿弟妻答：嘉兴平湖的，解放以后来这里的。

问：也信天主教吗？

褚阿弟妻答：天主教。

问：妳父母呢？

褚阿弟妻答：也信天主教，我的兄弟们都信天主教。

问：妳父母是在哪里捕鱼的？

褚阿弟妻答：都是捉螺蛳的，河滩上，浜滩上捉螺蛳的。

答：不捕鱼的，她几个兄弟都是捉螺蛳的。

问：父亲的名字叫什么？

答：我爸爸一直是扒螺蛳的，叫褚毛弟，扒螺蛳的，七十八岁过世的。

问：他是哪里人呢？

答：也是船上的，捉螺蛳的。船上的，一直在船上的。

问：哪里人呢？

答：一直在莘塔做生意的，一直在莘塔这里的。一直在船上，那时候没有村的，以后有渔业村了就在渔业村里了。一只小木船，装起来有三吨，大也不大的。

问：妈妈叫什么名字呢？

答：也姓褚，褚宝妹。父亲生了两个儿子，一个小妹，小妹已经过世了。

问：妈妈属什么的？

答：妈妈是属老鼠的。

问：爸爸属什么的？

答：爸爸属猴的。

问：妈妈是哪里人？

答：一直在船上的，父母都是从小认识的，她小时候就和爸爸一起做生意的，一直在船上的，捉捉螺蛳，到市场上卖卖螺蛳，卖蚬子、蛏子。

问：妈妈也是莘塔的？

答：是的，爸爸妈妈一直在一条船上的。

问：妈妈的工作也是扒螺蛳的吗？

答：都没有文化的，都是扒扒螺蛳，卖卖螺蛳。从小都是不读书的，没有文化的。从小背个螺蛳篮筐在路边叫卖"哎哟，卖螺蛳啊卖螺蛳"。

问：冬天卖什么？

答：蚬子，就是在河浜里的河蚬，剥开来可以吃的。这个蚬子上海人也要吃，要卖三块钱一斤了。用蚬子做的汤也很好吃，蛋白质很好的。

问：你父母亲有几个孩子？

答：小孩就剩我一个人了，生了三个，过世了两个。一个妹妹过世，一个兄弟过世。

问：你是排第几的？

答：排第一个，老大。老二、老三都不在了。

问：老二是弟弟还是妹妹？

答：姑娘，姑娘。

问：老三是弟弟？

答：对。

问：妹妹叫什么名字？

答：一个阿二，一个阿三。

问：都是小名吗？

答：是小名。

问：老二在世的时候做什么的？

答：妹妹啊，兄弟都在船上的，扒螺蛳，捉捉蚬子。〔蚬子〕在河里爬出来的时候一只一只地挑开来。

问：妹妹比你小几岁呢？

答：小三岁，都是三岁一个人。〔他们〕过世已经很久了，在我十九岁、十八岁的时候就过世了。先过世一个兄弟，再过世妹妹，很早就过世了，在日本人领导的时候就过世的，年数很多了，到现在已经要六十多年了。

问：在船上生活的有爸爸、妈妈、弟弟、妹妹还有你，一共五个人吗？

答：就五个人，妹妹过世，弟弟过世后就和爸爸妈妈三个人了。三个人撑一条船，出去捉捉螺蛳，捉得多的话就在下午三、四点钟出去卖。

问：去哪里卖？在莘塔还是别的地方？

答：莘塔，一个篮子背着的，然后边走边叫卖。有人听到叫卖声，就能卖掉一点，没人卖就会在莘塔周围兜一圈，叫喊着"卖螺蛳啊，卖螺蛳"再拎一个箩筐，有十二到三十斤的螺蛳。人家都会来买的，蛮好吃的。那个时候用铜板买卖的。

问：你太太叫什么？

答：王金宝。

问：她是平湖人吧？

答：平湖的。也是扒螺蛳的，捉蚬子的，一样的。

问：你和你的太太是怎么认识的？

答：都是一起扒螺蛳捉蚬子认识的。我弟弟、妹妹去世后不烧香拜佛，去平湖信教了。老太婆是信天主教的，平湖有一个天主教堂，然后他们到平湖的教堂去，他们三个兄弟和我老太婆一共四个人，老太婆是二十一岁结婚的。

问：在平湖的天主教堂结的婚吗？

答：对，在天主教堂里结婚的，平湖的那个天主教堂蛮大的。

问：你几岁结婚的？

答：二十三岁。

问：太太呢？

答：二十一岁，小两岁。

问：你有几个孩子？

答：小孩六个呀，六个过了一个，剩五个。三个女儿三个儿子。一个小儿子做女婿做到下甸庙，也是扒螺蛳的，叫褚金弟。

问：过世的孩子是老几？

答：大儿子，当兵六年了，过世了。那个时候在山东部队造纸厂里，我儿子也是没文化的，从小都不读书的。

问：老大名字叫什么？

答：大儿子叫褚金龙。

问：大儿子现在还活着的话，今年几岁了？

答：四十八岁过世的，已经十一年了。

问：大儿子几岁当兵的？

答：大儿子不知道是二十一岁还是二十二岁当兵的。

问：怎么过世的？

答：他生病，脑子震动。

问：你儿子当兵回来还继续捉鱼吗？

答：捉鱼不捉了，在大队里开机船，一个轮船啊开来来去在荡里面。他装装鱼，弄弄鱼。

问：是运输吗？

答：不是运输的，是捕捞队渔业村上有个轮船，开来开去在荡里，归大队呀，就是检查检查。

问：老二是女儿还是儿子？

答：女儿，也是捕捞队的，叫二宝。她不会写自己的名字的。还有一个阿三（指他二儿子）也不会写名字的，大名叫褚小弟，金弟也是做女婿去了。我还有两个女儿，六宝，褚六妹，也是扒螺蛳的。还有一个阿五，褚五妹，从小困难没得吃，在文化大革命的时候给了下甸庙的农村里。现在在嘉兴，认都不认识了。

问：老二几岁了？

答：大女儿比儿子小两岁，现在五十七岁。

问：大女儿做什么工作呢？

答：扒螺蛳。

问：嫁到哪里去了？

答：也是捕捞队，都在渔业村里，我的女婿也叫阿弟。

问：大女婿也是扒螺蛳的吗？

答：是的。

问：老三呢？他现在几岁？

答：比女儿小三岁，五十四岁，在鱼塘里做工人，装装虾，捉捉虾，做一百块钱拿四十块钱，六十块老板做的。

问：是这里渔业村的鱼塘吗？

答：莘塔的。

问：他太太做什么的？

答：跟儿子一块儿做的，一起撑船，一起捉虾的。

问：老四呢？

答：老四是儿子，做女婿了，跑出去了，也是扒螺蛳的。

问：叫什么呢？

答：叫褚金弟，金弟。

问：现在几岁呢？

答：老四比小弟小三岁，五十一岁。

问：做什么工作呢？

答：也是扒螺蛳，〔螺蛳〕蟹也要吃的，弄点螺蛳肉给对虾、百米虾吃，都要吃螺蛳肉的。卖给下甸庙那些卖虾卖蟹的人吃。

问：做女婿做到哪里呢？

答：到下甸庙东风公社，去了浙江，嘉善县下甸庙乡。

问：靠近什么镇？

答：靠近下甸庙镇，东风公社镇上的。

问：老四的妻子也是渔民吗？

答：也是渔民，也是扒螺蛳的，也是在一个船上的。

问：老五呢？

答：叫褚阿五。

问：也是小名吗？

答：小名。

问：几岁呢？

答：也是小三岁，四十八岁。

问：做什么工作？

答：在嘉兴的市场上做小生意，卖塑料桶什么的。

问：嘉兴的哪里？

答：在嘉兴南门，南门市场上。

问：老五是儿子还是女儿？

答：女儿，姑娘从小就送掉了，八岁就给掉了。给了下甸庙东风的农村里面，种田的。

问：老六呢？

答：女儿，阿六也是扒螺蛳的，也是小三岁，四十五岁。

问：嫁给哪里？

答：也嫁给扒螺蛳的，在芦墟渔业大队，渔业村上。也是在做生意的，船也停在那里。六个孩子从小都不读书的，读不起书的，没有文化的。

天主教

问：你们从什么时候开始信天主教的？

答：我二十六岁信天主教的。

问：你爸妈都信吗？

答：他们都信的，但是一开始么是拜菩萨的。后来我的大儿子过世了，就去平湖信天主教了。

问：从什么时候开始信天主教的？

答：解放前的一年。

问：为什么开始拜菩萨，后来会去信天主教？

答：就是那些佛娘啊，佛教里面的头头啊，要我们出米的，一斗一斗米。那么我父母生意也做不起，米也给不了，他们就把我大儿子害死了，后来我们就去信教了（他们一开始是信佛教的，佛教不是有那个巫婆嘛，就是佛娘。佛娘要他们交多少钱，交多少米，他们呢交不起。后来大儿子就病死了，认为是佛娘害的，后来就去信天主教了）。

问：信佛的时候拜什么菩萨？

答：浙江莲泗荡，还有到杭州拜观音。

问：杭州什么寺？

答：到灵隐寺，那时候还小，不懂事。

问：庄家圩去吗？

答：庄家圩也去的。

问：金泽去吗？

答：也去的。

问：当时的出会去吗？

答：出会不大去的，有空去去。

问：妳的上一代也是信天主教吗？

褚阿弟妻答：不是，是信佛教的，到我们这一代信教了。

问：妳什么时候开始信天主教的？

褚阿弟妻答：从小七、八岁的时候就信天主教了。

问：妳是什么原因信天主教呢？

褚阿弟妻答：也是这个原因啊（就是佛娘要收钱，看病什么的）。

问：天主教不要交钱？

答：不要的，随便交，要交就交一点，不交也没关系。

问：天主教有什么活动？

答：没有什么活动的，就是8月15日，买几支洋蜡烛，点一点。

问：阳历还是农历？

答：阳历。

问：十二月份去吗？

答：十二月份也去的，阳历十二月二十五日。

问：你们平时是按照阳历生活吗？

答：阳历。

问：是不是圣诞节去做弥撒？

答：哎，弥撒。

问：到哪里的教堂做弥撒啊？

答：五月一号么就去佘山，十二月二十五日、八月十五日么到黎里的。黎里么有一个任务的（有一个任务就是看看弥撒）。

问：苏州杨家桥去吗？

答：以前去的，黎里还没开始的时候去杨家桥的。

问：杨家桥现在是黎里教区吗？

答：哎，归黎里教区的。

问：村里有几户人家信天主教？

答：几十户也有的。

问：除了去佘山、黎里教堂里，那么在家里有没有什么活动的？

答：没有的，就是凭自己的心得，每天早上念一下耶稣基督。

问：你有没有劝邻居加入天主教？

答：不劝的，随便人家。信教么信教，信佛么信佛。

问：你二十六岁开始信天主教，为什么这个时候开始信呢？

答：我妹妹去世，弟弟去世，那个时候有个阴阳先生，他会通报老爷的。

问：怎么会认识阴阳先生的？

答：在芦墟就有的，渔业大队姓沈，他是信佛的，拜佛的。那个时候阴阳先生给小孩子看毛病，一直看不好。

问：为什么去信天主教了呢？

答：因为我父亲现在只剩我一个儿子了，听说信教的好，于是就去信了。平湖信教扒螺蛳的，有六十多只船了，西塘、芦墟、嘉善都去平湖信天主教的，平湖的天主教堂很热闹。信天主教后就蛮太平了，耶稣会保佑你的，蛮好的。

问：你去哪一个教堂？

答：去黎里，船没有，会去平湖，平湖的船多。那时候不识字，耶稣的道理都是有识字的人领导的，他会教教你信耶稣，什么道理都会教你们的。

问：你去的是黎里？还是平湖？

答：平湖的，现在在黎里。

问：平湖的教堂也有医院和医生吗？信徒生病的话会帮他们看病吗？

答：有的，平湖也有，嘉兴也有，嘉兴有许多人。本来我的头一直很晕，阴阳先生一直看不好病，于是去平湖那里看病，但没有看好，平湖的医生介绍我到嘉兴嬷嬷堂去看病，结果就一个礼拜看好了。

问：医院是教堂开的吗？

答：都是杭州、嘉兴或者平湖的修道院里的妇女会看毛病的。小毛病可以看好

的，大毛病就看不好了，大毛病要去
嘉兴看。

问：有外国人吗？

答：那个时候是中国人，嬷嬷也是中国人，
是南京的。

问：嘉兴的医院和教堂有关系吗？

答：嘉兴的在堂里的呀，医院在里面的，不
在外面的。

问：你太太从几岁开始信教的？

答：我老太婆〔信教〕年数多了，她生出
来就信教了，她们家四代人都信教的。

问：你们六个孩子都信教吗？

答：对，都信天主教的。

问：你的媳妇和女婿都信天主教吗？

答：信的，都信的。

问：你信教后，清明节、七月半你会去上
坟吗？

答：不上坟的，没有的，取消了的。

问：你父母的坟墓在哪里？

答：我的父母的坟墓都葬在芦墟，在汽车
站西面附近，现在造房子后坟就没有
了，骨灰都没有了。

问：你父母也是信天主教的吗？

答：我弟妹去世后，父母也开始信天主教
了。

问：你的弟弟妹妹的坟墓还在吗？

答：也没了，造房子都没了。

问：你会去扫墓吗？

答：不会的。天主教不上坟的。

问：你们村子里，除了你们一家，还有其
他人信教吗？

答：芦墟有扒螺蛳的人信教的，一起去平

湖。

问：你知道李三宝这个人吗？

答：李三宝啊，捉鱼的，他拜佛的，我不
清楚。李三宝的弟媳妇做佛娘的。

问：你耶稣在家里拜？还是船上也拜？

答：家里面有耶稣像的，船上也有的（此
时褚阿弟示意他挂在脖子上教堂给的
耶稣像）。

问：黎里和莘塔扒螺蛳的人信天主教的多
吗？

答：莘塔扒螺蛳信教的人有很多。

问：黎里多吗？

答：黎里扒螺蛳的不多的，捉鱼捉虾的比
较多，芦墟多了，芦墟扒螺蛳有十多
只。

问：这些人都信教吗？

答：芦墟扒螺蛳信教的多的。

问：文革的时候继续拜耶稣吗？还会去教
堂的吗？

答：文革的时候领导人不给我们去拜耶稣
的。

问：在家里呢？

答：家里的时候也以拜拜的，其他人家信
教的都会偷偷的到我家来一起拜的，
到外面的话，白天就不行了。

问：你刚开始信教的时候，在平湖教堂拜
耶稣的时候，教堂里有多少人呢？

答：有四百个人头了，农村的有，扒螺蛳
的人，捉鱼的人也有，三四百人了。

问：二十六岁之前拜佛吗？拜佛的话去哪
个庙拜佛？

答：金泽、苏州上方山都去过的，塔里面

有两个老爷的。

问：莲泗荡会去吗？

答：莲泗荡也去的。

问：你是一个人去烧香还是和其他人去的？

答：和父母一起带去的。

问：你从二十六岁开始信耶稣，不拜佛了，那么你觉得拜佛有不好的地方吗？

答：我弟弟妹妹去世后，我父母就剩我一个了，就去平湖信教了。

问：你觉得耶稣比佛好在哪里？

答：拜佛要烧香，要花钱的，要买烧香的东西，蜡烛什么的，去莲泗荡还要买那种大的纸去烧呢。

解放前后的渔民生活

问：解放时候什么成分？

答：解放时候么贫下中农。

问：有没有地的？

答：没有的，没有房子的。

问：解放后有没有分到地？

答：没有地的，一直在船上。

问：有几只船？

答：一只船，要住八个人。

问：捉螺蛳有没有工具的？

答：一个么竹排，你们过来看一下……（他捕螺蛳嘛，有大的小的，他用这个塞子塞一下，大的卖给别人，小的给鱼吃，青鱼都爱吃的）。

问：你什么时候到岸上来住？

答：大儿子过世后五年住到岸上来的。

问：你捉螺蛳有没有什么范围的？

答：那时候没什么范围的。

问：基本上都在这个地方吗？

答：哎，那时候不像现在，河滩上都有螺蛳的呀，随便都好捉的呀。上半天捉，下半天要拿去卖的。

问：渔改对你们有没有什么影响？

答：渔改么，那时候就是交点钞票，到养鱼塘里用的。

问：有没有捕捞证？

答：捕捞证他们发过的，现在弄丢了。

问：没有捕捞证，是不是就不能捉螺蛳了？

答：螺蛳可以捉的，捉鱼么不可以的。

问：渔改对你们生活有影响吗？

答：渔改么就是开开会，鱼塘里……没什么名堂的。

问：渔改的时候你还住在船上吗？

答：船上的。

问：你到什么时候开始不捉螺蛳了？

答：六十四岁，十六年不捉了。六十四岁的时候生了一场大病，胃出血，到吴江医院里住了三个多礼拜院，大队里付了点医药费。

问：解放前是不是到处去捉螺蛳的？

答：解放前么也是在莘塔附近，到元荡、三白荡，不离开莘塔，天天在莘塔卖出去。

问：解放前捉螺蛳要不要出荡钱的？

答：要的，鱼行里的人包的鱼塘，要交荡费钱的。

问：交给谁的？

答：荡钱么水产老板，鱼行老板，包鱼塘

的老板，那么要开一张票，交多少钱。

问：就是荡主了？

答：是的。

问：到哪里去交钱？

答：到鱼行里，开张票，有会计的，交点钱。芦墟双隆如果不开票去捉螺蛳，不得了。

问：一年四季都捉螺蛳吗？

答：一年四季都捉的。

问：要交多少钱？

答：二十个铜板或者二毛钱。

问：文化大革命的时候去拜天主教吗？

答：去的，没有任务，堂里不好去的，佘山堂里去去，做生意到上海就去去，有任务么好去的（文革的时候他们是派代表的，到佘山或者徐家汇）。

问：双隆的老板当时是不是渔霸？

答：渔霸，他有的鱼塘蛮多的。

扒螺蛳

问：你什么时候开始扒螺蛳的？

答：将近二十岁的时候扒螺蛳，七十一岁的时候还在扒螺蛳，已经有十四年不扒了。

问：解放前就已经开始扒螺蛳了吗？

答：对，解放前，二十岁的时候就开始扒螺蛳了。日本人还在……的时候我还在扒螺蛳，到了七十一岁就不扒了，一直住在船上，有一只三吨的船。夫妻两个人和小孩都在船上……有一个人也是下庙庙的，然后我把女儿就给他了，送到农村里去。

问：扒螺蛳的时候有没有固定的地点？

答：过去的时候，扒螺蛳出去要出钱的，出荡费的。现在讲起来么是五块到十块。那个时候一块也好，五块也好。

问：荡费付给谁呢？

答：付给村里面的人呀。

问：这个钱归谁的？

答：老板的呀，包荡的老板。

问：这个情况是解放前吗？

答：也要付荡费给村里的。

问：解放前这个荡费是怎么付的？

答：要到水产鱼行里面去，要去开票的，出五块到十块钱，给个票去鱼塘里才能捉，没有发票是不能捉的，否则要罚款的。

问：你去的鱼行在哪里？

答：莘塔北面南面各有一家，芦墟有一家，北库，芦墟北面还有一家，周庄也有，同里也有。去周庄也要去开票的，去同里捉螺蛳也要去鱼行开票，不出钱是不能做生意的。

问：你去过北库的鱼行吗？

答：北库也去过的，开票开不起，别的地方开票五块十块，这里最起码要五十块三十块，螺蛳不去抓的。北库不给你做，鱼行的老板不给你做，他养鱼的，给鱼吃大的，这种鱼食呀，螺蛳都是给鱼吃的呀，鲤鱼也要吃，鳊鱼也要吃，都是给鱼吃的。

问：解放前你用什么捕捞工具扒螺蛳？

答：一个竹爿，一个网，把它撑开来，一张网，两个竹头，一起扎，扎牢。放进河里，再用竹爿拉进来，就像用簸箕一样拉进来。

问：解放前你扒螺蛳的荡都要付钱的吗？有没有不用付钱的荡？

答：解放前都是要出钱的，整个农村里要出钱，不出钱就不给你扒，通通都要出钱的。解放后不出钱的都很多，现在都很多，归组织后都不出钱了。

问：没有免费的水面可以让你扒螺蛳吗？

答：不给你做的，他们会把你的捕捞工具扎起来，不给你做的。解放后好了，不是鱼塘里的也可以去捉的，到鱼塘里要出钱的，不出钱不给你捉的。

问：解放之前所有的水面都要出钱的吗？

答：解放前，对，捉几粒螺蛳也要出钱的，白荡里也要出钱的，白荡是归鱼行的。村里的人捉螺蛳也好，捉鱼也好，都要钱的。

问：只有很大的水面才有螺蛳？是不是小的水面不太多？村庄与村庄之间有小河道，这种小河道里是不太有的吧？

答：大的河浜里有，小的河浜里也有。

问：小河浜里去扒螺蛳也要出钱吗？

答：小河浜里船是不能进去的。

问：小河里要出钱吗？

答：小河浜里不要出钱，解放前不出的。

问：你的船是和其他人的船一起去扒螺蛳还是分来的？

答：河浜大一点的话一道出去也是可以的，小的就自己出去。

问：一起出去的话和谁一起出去？

答：跟弟兄几个一道出去做做，有妹妹的

话也会和妹妹去。

问：和别人家去吗？

答：别人的话很少。莘塔最多只有四只船，多了话，卖不掉啊。芦墟多一点，总归有六只、七只，卖得掉。卖不掉的话，船就少。平望也有船，黎里也有船。平望的多一点，有十只左右。

问：解放前，扒螺蛳的人和捕鱼的人有交往吗？

答：联系就是等我们螺蛳捉好后，他们要把捉鱼的线放出去。呵呵，有点关系的。下午三、四点钟之后他们就放线捉鱼了，捉得晚〔渔民〕就不能放线了。

问：扒螺蛳的和抓鱼的会一起出发吗？

答：一起去倒是可以的，装好，夜里一起回来也有的，在镇上和扒螺蛳的一起停在那儿，起码七点钟开出去，可以扒螺蛳。七点之前，五点六点，他们要把线拿出来，把鱼送到鱼行里去卖鱼，天亮五点六点的时候是不能捉螺蛳的，起码到七点钟可以捉螺蛳。鱼捉完可以再去扒螺蛳了。

问：这是老规矩吗？

答：一直是老规矩的。

问：你认为你自己是渔民吗？

答：是渔民。自己一直是扒螺蛳捉鱼的，到了二十几岁，冬天的时候捉捉鱼，捉的鱼卖到鱼行里，自己也吃一点。偶尔捉鱼的，三十天都不到的。

问：为什么春天、夏天、秋天不抓鱼呢？

答：天热的时候，抓鱼抓不到的。夏天鱼

游得快，抓不着。冬天鱼在河泥、河
草里面，这个鱼不动的，容易捉到。

问：冬天怎么抓鱼呢？

答：用一个网，四、五个块铁，两个船摇，
再拖上来。

12　张小弟

采访日期　：①2005年8月9日，②2011年8月18日
采访地点　：吴江市莘塔镇渔业村
采访人　　：太田、佐藤
翻译人　　：徐芳、陈天勤
讲述人　　：张小弟（六十四岁）
讲述人简历：出生于芦墟荣字村，半农半渔，成分为贫农。曾任村委会副主任。
讲述人家庭：妻子叶龙妹，六十六岁，渔民。育有四个儿女。

个人与家庭概况

问：老伯伯您叫什么名字？
答：张小弟。
问：今年几岁？
答：六十四。
问：1942年几月份？
答：二月份，农历。
问：现在做什么的？
答：退休了。
问：你是本地人么？
答：哎，本地人，出生在芦墟荣字。
问：你父亲是从哪里来的？
答：也是荣字村人。
问：你爷爷也是荣字村人吗？
答：也是。
问：什么时候迁到这里的？
答：58年。
问：你爸爸和爷爷都是捉鱼的吗？
答：都是捉鱼的。
问：你妈妈呢？
答：捉鱼的。
问：你父亲叫什么？
答：张海福。
问：属什么的？
答：不晓得，我爸爸过世的时候我才八岁。
问：母亲叫什么？
答：叶阿围。
问：你有几个子女？
答：两个儿子，两个女儿。
问：你老婆叫什么名字？
答：叫叶龙妹。
问：她是哪里人？
答：也是荣字的。

问：今年几岁？

答：六十六岁，也是捉鱼的。

问：你儿女呢？

答：儿子，一个在吴江教育局，一个在本地工厂工作。女儿么，一个是教师，还有一个么在工厂。

问：你有没有读过书？

答：没有。

问：解放以后做什么工作？

答：就是捉鱼。

问：有没有做过干部？

答：养殖场里待过，做过村委会副主任。

问：什么时候做村委会副主任的？

答：68年，一直当到86年。

问：86年以后呢？

答：捕鱼。

问：你当村副主任的时候是不是脱产的？

答：脱产的，专职的。

问：解放以后是什么成分？

答：贫农，当时是在荣字定的。

问：当时在荣字有地吗？

答：有的，我父亲那时候有地的。

问：解放以前就有地吗？

答：有的。

问：你父亲不是渔民咯？

答：种田的（他出身不是渔民，现在是渔民了。在解放前，又是渔民又是农民，从荣字搬过来是亦渔亦农的。农忙的时候种田，空闲的时候捕鱼）。

问：就是半农半渔的？

答：哎，对。

问：当时有多少地？

答：四亩。

问：这是自己的田吗？

答：自田。

问：有没有租田？

答：这里面有一部分就是租田，一部分是自田。

问：你什么时候开始捉鱼不种田了？

答：到我这一代就没种过田。

问：你几岁开始捉鱼的？

答：十六岁（荣字那边不是半渔半农嘛，他有时候捕鱼，如果说捕鱼停下来，就在乡上开小轮船。以前没有公路的，领导要下乡都是轮船）。

问：轮船是帆船还是运货船？

问：轮船么就是领导要下乡用的，就像现在的轿车。我是公社里面的领导（他也在养殖场的孵坊里面当职工，住在养殖场的宿舍）。

问：在孵坊里面工作是什么时候的事？

答：60年的时候。

问：60年开始到什么时候？

答：待了三年。

问：开轮船是什么时候？

答：62年，开了三年。

问：64年以后呢？

答：捉鱼，捉到68年，68年渔改上岸了。

问：68年以前一直住在船上吗？

答：是的，一直住在船上。

问：解放前种田的时候，住在哪里？

答：住在陆上的。

问：那时候有房子吗？

答：有的。

12 张小弟

问：有几间？

答：两间，在荣字。

问：什么时候开始住在船上的？

答：64年（他60年到62年是住在养殖场的宿舍，62年在乡里开轮船的时候也是住在这个宿舍的，一直到64年住到船上的）。

问：住在养殖场前住哪里？

答：住在船上的。

问：什么时候开始有船的？

答：小时候就有船（他家在荣字，有船，有房，60年以前是住在船上的）。

问：你在荣字的时候种田吗？

答：种田的，有田就要种的。

问：住到船上了怎么种田呢？

答：那时候已经不种田了。

问：爸爸本来也是荣字村人吗？

答：是的，荣字村的，捉鱼出身的。

问：你父亲大概什么时候从荣字村搬到渔业村来的？

答：58年，那时候有人民公社，大跃进的。

问：你和你爸爸都是渔民吗？

答：都是捉鱼的，以前农村还有一些地。渔民现在讲起来也算农民。

问：1958年为什么从芦墟荣字村搬到这里来？

答：那个时候有个养鱼场的，都迁到这里来了。

问：是自己过来的还是政策命令你们搬过来的？

答：一道过来的，跟荣字村的人一道过来的。

问：有政策吗？

答：有政策的，一起过来的，不是自己一个人过来的。

问：一起过来的一共有几户人家？

答：很多，弄不清楚了。

问：大概有几户？

答：大概有三四百户。

问：这些人家都是荣字村的？还是有其他地方过来的渔民？

答：外面村子也有的。

问：外面村子的是哪些村？

答：有吴家村的。

问：还有呢？

答：就荣字村。

问：（对张小弟妻子问）妳也是荣字村的吗？

答：对，都是荣字村的。

问：你们有几个孩子？

答：四个，二男二女。

问：老大叫啥？

答：张英，是大女儿，嫁到莘塔西面，有个莘西村。现在四十九岁了，在厂里上班的。

问：她的丈夫也是渔民吗？

答：大女婿不是渔民，是农民。那个时候是农民，现在不是了，出来了。现在大概算居民吧，他现在在派出所工作。

问：老二呢？

答：老二是教书的，中学，初中的，叫张树英，是女儿，四十六岁。

问：她嫁到哪里？

答：在莘塔荣金村。

问：小女婿也是荣金村的人吗？

答：也是的，那个时候是教师，现在不是教师，现在在东塔开发区工作，现在好像在发改委，听他讲起的，我也弄不清楚。

问：大儿子呢？

答：张菊荣，四十四岁，在教书。

问：在哪里教书？

答：大儿子在小学，现在在汾湖小学。媳妇也是教书的，媳妇在吴江实验小学。

问：大媳妇是渔民还是农民？

答：农民，出身也是农民的，媳妇、女婿都是农民，叫张全荣。

问：几岁？

答：四十二岁，在厂里工作。

问：媳妇呢？

答：媳妇开店做小生意，也是农民。

问：你母亲属什么？

答：属老鼠，活着的话要一百多岁了。

问：还记得你爷爷的名字吗？

答：不记得了。因为我爸爸在我八岁的时候就过世了，所以爷爷更不知道了。

问：1950年成立了渔民协，你参加了吗？

答：84年才参加。

问：你几岁开始工作的？

答：十三岁。

问：养鱼场的时候，你是在孵房里孵小鸡小鸭，那时几岁？

答：是十六岁。

问：十三岁之前呢？

答：跟着妈妈一起捉鱼。

问：58年之前荣字村是半农半渔的吗？又捉鱼又种田？

答：对的。

问：那时候有房子吗，有土地吗？

答：有的，土地么是有，土改的，土地改革。

问：在荣字村的时候就已经有房子了吗？

答：有的，两间。

问：有几亩土地？

答：两亩稍微多一点。

问：土地是种什么的？

答：种稻的，冬天么种小麦。

问：这两亩土地是土改的时候分给你们的？还是你们自己本来就有的？

答：自己的，分来的土地都给国家了。

问：这两亩土地还给国家了？

答：渔改的时候是农民管农民，渔民管渔民，这两亩土地就给国家了，房子都给国家了。

问：孵小鸡小鸭的工作做多久？

答：做了八年。

问：1966年吗？

答：嗯。

问：以后做什么呢？

答：捉捉鱼，捉三年鱼。

问：捉了三年的鱼后就渔改了？

答：是啊，渔改后就在大队里了。

问：渔改的时候，船和捉鱼的工具都集体化了吗？

答：都交给集体了。

问：这个船交给集体有多少钱？

答：没有钱的，都归公了。

问：渔改的时候，有几条船？有什么工

具?

答：只有一条船，工具有钩子，小工具不是大工具。

问：一条小的木头船吗？

答：木头船。

问：你当捕捞大队村委会副主任时，工作内容是什么？

答：管养鱼的。

问：管养鱼塘吗？

答：对，养鱼塘。

问：遇到过什么困难吗？

答：那个时候困难太多了。

问：有啥困难？

答：台风，有时候鱼会逃走，困难多了。那个时候样样都有困难，经济困难，工作也困难。

问：在生产上有什么困难？

答：那个时候毛竹紧张。

问：为什么毛竹会紧张？

答：这个时候没有分配，很少的，自己到山上〔砍毛竹〕。

问：到哪个山去砍毛竹？

答：在湖州菱湖青山。

问：湖州的毛竹很有名的吗？

答：青山都出毛竹的，过去一点就是德清，都是出毛竹的。

问：毛竹是自己去砍的吗？青山的毛竹有人管的么？

答：有人管的，要买的。是买的，不是自己砍的。

解放前后的渔民生活

问：1960年以前住在船上，是自己的船吗？

答：自己的船，现在还在？

问：大的小的？

答：小的木船，等下可以去看一下。

问：有没有自己的捉鱼工具？

答：有的，丝网、虾网、麦钓（丝网就是眼网，鱼进去以后就钻不出来了）。

问：解放前你父亲打渔有没有固定的范围？

答：没有固定范围的。

问：经常到哪里去捕鱼？

答：浙江嘉善。

问：解放后你自己捕鱼有没有固定范围？

答：也没有的，公社的时候么就在公社范围内。

问：解放前打渔要不要付钱？

答：有的地方付，有的地方不付，有的地方交出荡钱。

问：交什么钱？

答：荡钱。

问：大概多少钱？

答：现在讲起来大概两三块钱。

问：铜钱吗？

答：国民党的旧币，总归两三个洋钱。

问：解放前有没有听说过渔霸？

答：有的呀，出荡钱就是交给渔霸的。

问：有名的渔霸有没有？

答：朱林宝。

问：朱林宝是北库的吗？

答：北厍的。

问：解放以后有没有捕捞证？

答：有的。

问：芦墟本地有没有渔霸？

答：没有（朱林宝虽然是北厍的，但她拥有的水面很广）。

问：解放前，捉到的鱼怎么处理？

答：卖给鱼行。

问：其他地方去不去卖？

答：不卖的。

问：卖给哪个鱼行？

答：到哪里就卖到哪里。

问：芦墟有名的鱼行有吗？

答：有的。

问：叫什么名字？

答：记不起来。

问：芦墟镇上的双龙鱼行，有没有听过？

答：哎，双龙，叫双龙。

问：你做副主任的时候主要做些什么工作？

答：管电镀厂、窑厂、菜地和养殖。

问：捕捞卡是不是渔改以后才有的？

答：哎。

问：申请捕捞卡要什么手续吗？

答：大队里面统一办的。

问：办理捕捞卡要不要钱？

答：一百二十块钱。有这个卡，吴江范围内都可以捕鱼，被渔政抓到了，拿出这个卡就可以了。

问："跨界作业"是什么意思？

答：跨界作业就是说，在我们吴江范围内可以捕鱼，如果到了别的地方，就要重新办理这个手续。如果到浙江嘉善捕鱼，到渔政站要办手续，如果被嘉善渔政抓到了拿出这个卡，就可以了。就像我们最早的介绍信一样的。

问：卡的有效期是多长？

答：一年，每年要去转一下，五年么要换证了。

问：（采访人指着捕捞卡）这个"七十五"是什么意思？

答：转这个卡要七十五元，每年的费用。

问：有没有限定捕鱼的季节？

答：五月左右可以补了，这个根据吴江每个镇的规定来的，像莘塔，五月一号前是不能捕鱼的。

问：什么时候到五月一号是不能捕鱼的？

答：清明（这个是很复杂的，每个镇的规定不一定的。像他们这里，用麦钓是可以的，但是如果用网就不可以了。为什么这段时间不能捕鱼呢，是因为鲤鱼这段时间产卵嘛，考虑到繁殖。清明前后刚好是鱼汛）。

问：有没有规定哪些鱼可以抓？哪些不可以？

答：鲤鱼、鳊鱼、青鱼、草鱼是不可以捕的，过了这段时间就可以补了。

问：如果捕了那些不能捕的鱼，有没有什么惩罚的？

答：要罚款的呀，然后要放生。

问：现在每年有多少收入？

答：基本上是八千。

问：你当村委副主任的收入有多少？

答：当时的收入低呀，是分红的，五六百

块。

问：干部的收入有多少？这五六百块是你的收入还是老百姓的收入？

答：我的收入啊。

问：老百姓的收入呢？

答：老百姓么三五百块。

问：养殖场在哪里？

答：陆家桥，渔业大队的。

问：渔业大队的陆家桥也是你们渔业村的？

答：也是的。

信仰

问：你们平时去烧香么？

答：我们不去的。

问：这个村里去烧香的人多吗？

答：有的，去的人多了。

问：去哪里？

答：莲泗荡、庄家圩、上方山、金泽。

问：有没有组织的？

答：有组织的（他们每家每户约好一起去的）。

问：有没有什么社的？

答：没有的。

问：你们这有没有年纪大的人，八十岁以上的？

答：八十岁以上的都死光了，只有七十多岁的。

问：七十五岁以上的呢？

答：男的七十五岁以上也基本上都没有了，女的八十岁以上的还有。

问：渔业村里面有没有信天主教的？

答：有的。

问：都到哪里的教堂？

答：黎里，有些到苏州，还有佘山。

问：信天主教的人多么？

答：比信老爷的人少。扒螺蛳，抓虾的人都是信天主教的。

问：拜天主教的人，去不去莲泗荡的？

答：不去的。

13 李根大

采访日期 ：①2005年8月10日，②2005年8月11日
采访地点 ：七都镇捕捞村李根大家中
采访人 ：太田、佐藤
翻译人 ：徐芳、杨申亮
讲述人 ：李根大（六十四岁）
讲述人简历：出生于大庙港，渔民。
讲述人家庭：妻子李阿毛，七都人，六十二岁，渔民。有一个儿子。

个人与家庭概况

问：老先生叫什么名字呀？
答：木子李，李根大。
问：今年多少岁了？
答：超过六十三岁半了。
问：你是这里出生的？
答：小时候本来出生的人家在大庙港，河东面的大梅港姚富庙那里。
问：几岁过来的？
答：大概是我过来讨饭的时候的事了。
问：是几岁的时候？
答：大概要六、七岁的时候了。那个时候我父亲很苦的，拉货拉出去卖，拉到外头。
问：你的爸妈是在大庙港那里的吗？
答：他们都死了，他们也是这里的。父亲就是这里的。
问：你以前不是从外面搬来的嘛？
答：是的，是跟父母一起过来的。
问：以前就住在大庙港？
答：是的，后来到了上海，后来讨饭就讨到了这里，之后就在这里了。
问：你有几个孩子？
答：有一个小孩，是儿子，叫李金根，现在三十六岁。
问：在什么地方工作？
答：现在在太湖养蟹。
问：你太太叫什么名字？
答：叫李阿毛，今年六十二岁。
问：太太是哪里人？
答：这里的，也是这里人。
问：就是七都人咯？
答：是的。

问：是农民还是渔民呢？

答：渔民。

问：你有几个小孩？

答：小孩一个。李金根，三十六岁，儿子。

问：在哪里工作？

答：在太湖里养蟹。

问：你爸爸妈妈叫什么名字？

答：爸爸叫李巧生，妈妈叫李桂英。过世二十年左右了。

问：他们是渔民吗？

答：是渔民。

问：你读过书吗？

答：不念的，我从来没念过书。

问：你现在做什么呢？

答：现在啊？现在在太湖里捕捕鱼，一直都在捕鱼，别的都不做的，只有捕鱼。

问：你养过鱼吗？

答：不养的，一直靠河里〔的鱼〕生活。

问：退休了吗？

答：没有退休，不能退休的。

问：当过干部吗？

答：不任的（即没当过），我们那么苦的怎么做干部呢。

问：你认得李祥弟吗？

答：认得的，他是我太太的亲戚，是我老婆的亲戚。

问：李祥弟跟你老婆是什么样的亲戚？

答：祥弟叫我老婆叫姐姐，他（李祥弟）的父亲叫李兆礼，我老婆的父亲叫李阿英，他们两个是堂姐弟。

解放前后的渔民生活

问：解放后你是什么成分？

答：贫农。

问：是贫农还是贫渔民？

答：贫渔民。以前是捕鱼做生活的（他原来的一口水田就叫他的父亲劳动）。

问：你渔民的成分是怎么决定下来的？

答：一直都是靠集体的，这个时候已经是集体下来的了。

问：这里有没有富渔民、中渔民这种讲法？

答：富渔民、中渔民么，我们是属于中渔民的。

问：你属于中渔民，不属于贫渔民？

答：这两个都可以算的。实际上呢……

问：是怎么分的呢？

答：这两个是差不多的。

问：富渔民是怎么算的呢？

答：苦点的渔民和好点的渔民么，再苦的渔民也不会苦到什么样子了。

问：是不是富裕一点的渔民家里的房子就会大一点，苦一点的渔民，就住贫房、草棚。就是根据这个来区分的是吧？

答：对对对，不值钱就苦下来了。

问：就是说靠船的大小、捕鱼的多少或者吃得好点来区分吗？

答：对的，我的爸妈很早就去世了，待在其他人家那里生活，后来两个人就去找对象了。

问：好点的渔民和苦点的渔民的区别，你说一下。

答：那个时候好的渔民和差点的渔民的区别嘛，好点的渔民家里有船的，太湖里本来是捕鱼的，撑的那个小船和大船。还有就是那个时候生活的好坏，如果船小就收不到鱼。

问：捕鱼的工具有好坏吗？

答：有好坏的。工具很差的，工具差所以鱼就捉不到了，卖鱼得的工钱去买工具。

问：你用些什么工具呢？

答：钩子，〔用来〕捉捉河虾，在太湖里捉捉虾。

问：捉河虾是吧？虾笼咯？

答：对的，虾笼。

问：捕鱼的工具还有些什么？

答：捕鱼的工具呢就是三路花松头，花松头买回来扎好，价钱高，拆回来（这是在说虾笼的做法。捕鱼的工具就是钩子，还有捉虾的虾笼。他刚才说的是虾笼是怎么做的）。

问：有没有丝网？

答：有丝网的。就这两样。

问：你有自己的船吗？这个船是自己的吗？

答：是的是的。

问：解放以前这个船是自己的么？

答：解放以前就是自己的了。

问：解放以后还是自己的是吧？

答：也是自己的。

问：同一条船吗？

答：那个船也是的。

问：你的船是木船吗？

答：木船，小的。

问：解放前有自己的田吗？

答：没有的。

问：解放前有自己的房子吗？

答：没有，现在也没有房子。

问：现在也住在船上吗？

答：嗯，船上。现在的人，现在的形势啊，根本就不行。现在湖里养蟹的有几百万人，一年时间。

问：你有捕捞卡吗？

答：捕捞卡有的。

问：这个捕捞卡是谁都可以申请的吗？

答：不是的，太湖渔管会（渔业管理委员会）决定的。我的捕捞卡也是渔管会发下来的。

问：农民可以申请吗？

答：农民不能申请，只有渔民才可以申请。

问：渔管会在哪里？

答：渔管会么在江东吧。渔管会就在镇上，就在太湖口，船过去就一点点路。

问：渔管会是七都镇的吗？

答：是七都镇的。

问：捕捞证可以给我们看一下吗？

答：捕捞证在大队里。大队里那个喂养呢都要凭这个捕捞证来喂养的，现在在大队里，在村里面。这个不能少的，如果没了的话就不能捕鱼了。

问：办这张卡要多少钱？

答：四百八十元。

问：办卡的价钱都一样吗？

答：办这张卡不一样的，它按工钱的，好比大船它有大机器的，有四部机器，一

部要一百二十元，四部就要四百八十
了。

问：什么机器啊？

答：柴油机，还有小机器是六十元，船上
的机器（它是以船上的那个挂机为单
位来计算的，来收取的）。

问：一个挂机收一百二十元吗？

答：嗯，一个机器一百二十元，我的那个
是老船，出六十元，是小船，他们的
是大船。我的那个机器是小机器，小
机器它也要收六十元（他是以挂机为
单位收取费用，每部一百二十元，就
不是统一的。二百元的也有。他的挂
机是六匹以下的）。

问：除了一个挂机费，还要另外再交什么
钱吗？

答：挂机一个，换捕捞证也要钱的，同意
捕捞的捕捞证，换新的，上面下来换，
换是要出票子。那个时候换是要收
的，这个票子是要从我这里收。

问：什么票子啊？

答：机器啊，上面有捕捞卡的，机器都有
的，三年到四年要换一个了。一换就
一起换了，换么六十元就正好六十元。

问：你捕捞证之前拿的是什么证啊？

答：捕捞证之前也是捕捞证呀，一样一样。
捕捞证它要换的呀，一张捕捞证用到
你几十岁的，它是五年六年必须要换
的，换证一定要换的。

问：换这张捕捞证要多少钱呢？

答：四百八十元。换一张捕捞证所有的钱
都在内了，全部加上去（他这个四

百八是按挂机有几部算上的钱和换捕
鱼证的钱，一共四百八十元）。

问：你父亲捕鱼时有固定的范围吗？

答：固定的，那就是在这里，在七都，别
的地方不能去的。早上出去，下午回
来，不能漏的。

问：太湖上都能捕吗？

答：都能捕的。〔但是〕养荡（内湖）里是
不能去的（内湖是不能去的，只能在
太湖。内湖是内湖的，太湖是太湖的。
内湖是内湖渔政管的，太湖是太湖渔
政管的）。

问：你父亲在七都捕鱼时，有没有捕鱼
证？

答：那个时候没有的。那个时候出来没有
的（那个捕捞证是大队集体的）。是集
体的，是集体捕捞证。大队集体叫县
（大队集体有捕捞证）。

问：解放以前，你父亲捕鱼吗？

答：捕鱼的。

问：在什么地方捕？

答：也是在这里，在太湖。

问：其他地方可以捕吗？

答：可以的（解放以前都可以捕的）。

问：内湖可以捕吗？

答：解放以前可以捕的。

问：解放以前捕鱼要出钱吗？

答：不要的。

问：你父亲捕来的鱼卖给谁？

答：自己卖给农民。后来归大集体，它有
公司证了，就上公司了，不能卖了，卖
了要罚款的。那个时候，解放以后，卖

鱼要靠自己卖了。解放以来都归集体
了，集体有公司的，水产公司，苏州
公司。这里的村子都要卖到苏州去
（解放后，就不能自己卖，算集体的，
捕来的渔是集体的）。

问：苏州公司啊？

答：嗯，苏州公司。那个鱼捕起来啊都要
上交，上交到苏州，全部要到苏州（解
放后，捕来的鱼是集体的，都算苏州
的）。都算苏州的，那个时候有公司的。

问：解放前捕来的鱼卖不卖给鱼行？

答：没有卖给鱼行的，没有鱼行（解放前
没有鱼行的）。捕得到，卖不掉，就自
己吃掉。

问：捕捞大队是什么时候成立的？

答：我那个时候总归二十岁左右。我十二
岁就到上支苇，二十岁的时候就要归
集体了。我二十二岁结婚的，这个时
候已经有公司了。

问：渔改是什么时候记得吗？

答：渔改什么时候我已经记不起了。解放
了没有我也不晓得了。

问：现在买东西是到哪里去买？

答：当然是七都镇咯。

问：现在卖鱼，鱼捕过来都是归自己的？

答：现在卖鱼有贩子称的，当贩的当掉。

问：小贩是到这里来吗？

答：到这里来当的。

问：鱼贩子咯？

答：嗯，鱼贩子（鱼贩子到这里来收购的，
专门有贩运的人来收购）。

问：他们船就在这里啊？

答：嗯，就在这里。

问：渔业村跟捕捞村有什么区别？

答：这没什么区别的，都差不多，就他们
建房是一间间的。

问：他们捉鱼吗？

答：他们不捕鱼的，渔业村不捕鱼的。

问：他们养鱼吗？

答：不养的（渔业村不捕鱼，也不养鱼的）。

问：捕捞的渔业村是不是合并过的？

答：是的，合并过的，并过来的，已经并
了两年了（现在捕捞大队就是属于渔
业村，已经并了两年了）。

问：现在渔业村就是捕捞队？

答：捕捞村合并过来的。

问：以前有渔业村吗？

答：渔业村没有的，以前就太湖呀（以前
没有渔业村，就在2003年的时候把它
并成了渔业村）。

问：渔业村以前是不是叫捕捞大队？

答：嗯，就是捕捞大队。

问：当时七都镇有多少个捕捞村啊？

答：七都有两个捕捞村。一个渔业，管渔
业的捕捞村，他们这个捕捞村是属于
太湖的。

问：另外一个捕捞村呢？

答：是内港的。

问：那边的捕捞村能在太湖捕鱼吗？

答：不可以捕鱼的。有两个是可以的，捕
捞村最好的，这个捕捞村在太湖的，是
太湖的捕捞村。内港那个捕捞村也能
够（一个管农民，一个管太湖。他们
只能到太湖里去捕鱼，不能去内港里

捕鱼。因为像那边的捕捞村可以在内港那些河荡里捕鱼，但是他们（李根大的捕捞村村民）不能去）。

问：你们跟那边的捕捞村来不来往？

答：没有来往的。

问：你们这里原来是属于太湖渔管会，他们那里的捕捞村是属于镇上的？

答：嗯。

问：合并以后捕捞村归哪里管？

答：归镇上管。

问：现在不归渔管会管了？

答：管也要管的，管管水田啊，养螃蟹（他们现在是双重领导，太湖渔管会管他们捕鱼这个方面，行政是由镇上管的）。那里的渔业村就是归镇上管的（捕捞村是双重领导的，行政上是镇上管理，捕捉业由太湖渔管会）。

信仰

问：你们烧香去吗？

答：烧香啊？烧香去的。

问：到哪里去烧香？

答：汪江泾，西面么就是张家坝。

问：张家坝是在哪里的？

答：张家坝就是在西面的，浙江的石从。

问：莲泗荡也去的吗？

答：涟水荡？就是涟水荡呀（在汪江泾的涟水荡，还有石从的太君庙）。

问：涟水荡那里一年要去几次？

答：涟水荡一次。

问：几月份？

答：到春三月了，到开年了。

问：清明前面咯？

答：对，在清明节前面（涟水荡他们一年去一次，在清明期间）。

问：太君庙呢？

答：太君庙，年初八，就是正月初八，其他时候都不去的。

问：上夫山也不去？

答：对的，上夫山也不去的。

问：汪江泾和石从是怎么去的？

答：这个是摇去的，小船摇去的。

问：是组织的吗？

答：不是组织的。

问：不是组织的，都是自己去的？

答：都是自己去的，到了日子就自己摇过去，到了年初八，摇船摇过去烧香。

问：你是功益长兴社的吧？

答：嗯，是功益长兴社的。

问：烧香是跟着功益长兴社去的吗？

答：也不去的呀（他们都是各家自己去的）。

问：功益长兴团不去烧香的？

答：不去的。

问：到石从庙只是去烧香吗？

答：只是去烧香。

问：出会不出的？

答：不出的。我小的时候出会出过的。

问：捕捞大队会不会去出会？

答：没有，我这里没有的。

问：李祥弟呢？

答：李祥弟他们一起的，不出会的（正月初八或者清明前后到太君庙和涟水荡的话，李祥弟都是跟他们一块儿去的）。

问：有多少人一起去的？

答：一起去的十几个，自己家里人。

问：都是亲戚？

答：一家的。

问：涟水荡也是不出会的？

答：也不出会的。

问：你涟水荡不去，石从庙也不去，在家里拜菩萨吗？

答：不拜的，这里不拜。

问：有没有听过禹王庙？

答：禹王庙我不认得，听也没有听到过，不清楚的。我只去涟水荡和太君荡。

问：捕捞大队有多少户渔民啊？

答：本来九十几户，现在一百户。

问：以前的渔民都是从大庙港那边过来的吗？

答：不是，我是庙港，年纪轻的时候，父亲很苦，讨饭讨过来……

问：其他的渔民呢？

答：其他的渔民都是这里的，都在这里的。

问：其他的渔民都是本地的？

答：都是本地的（就他家从外面过来，基本上还是以本地为主的）。

问：有没有从苏北来的？

答：没有，苏北来的没有。苏北么，现在找对象有苏北到这里来。

问：捕捞大队的有没有信天主教的？

答：没有的，我没有听到过信天主教的。

问：都是信佛教的？

答：都是佛教的，没有〔信天主教的〕。

问：你跟李祥弟他们是一起的？

答：一起的。

问：李祥弟几岁呀？

答：他总归四十几岁，五十还要多，五十五岁（李祥弟现在五十五岁左右，李祥弟有什么活动他很清楚的。因为他们是亲戚关系）。要么不到外面去，烧香都一起的（他说他们要么不烧香，要烧香李祥弟肯定跟他是一起的）。他提出都要一起去的，这两趟也是一起去的。

14 李三宝

采访日期 ：2005年8月9日
采访地点 ：莘塔渔业村张小弟家中
采访人   ：太田、佐藤
翻译人   ：徐芳
讲述人   ：李三宝（八十六岁）
讲述人简历：出生于芦墟，渔民，成分为贫农。
讲述人家庭：丈夫李文荣（已逝），芦墟人。有两个女儿。

个人简历

问：阿婆您叫什么名字？
答：李三宝。
问：多大岁数啊？
答：八十六。
问：什么时候出生的？
答：我十二月里生的，农历十二月十六。
问：是不是本地人？
答：本地人。
问：你爸爸呢？
答：也是芦墟荣字的。
问：你有几个小孩？
答：小孩啊，儿子一个，很早就过世了。两个女儿。
问：你男人叫什么名字？
答：男人叫李文荣，已经不在了。

问：你男人比你大还是小？
答：比我小三岁，七十六岁去世的（活着的话八十三岁）。
问：他也是芦墟荣字人？
答：哎，是的。
问：你读过书吗？
答：没有。
问：你老头子读过吗？
答：没有，也不读书的。

解放前后的渔民生活

问：你们是渔民？
答：是的，捉鱼的。
问：除了捉鱼以外，做过其他工作吗？
答：一直以来都是捉鱼的。
问：解放前有没有田的？
答：没有田的。

问：房子有没有?

答：有的，一点点。

问：一直住在船上的?

答：一直住船上。

问：什么时候住到岸上的?

答：58年。

问：你住到岸上的时候，文化大革命开始了?

答：文化大革命过后才上岸，后来么一直住在岸上了。

问：你58年上岸，岸上有没有房子?

答：房子没有的，68年渔改才有的。

问：什么时候到这里的?

答：68年成立渔业村，就划过来了（68年渔改要求陆上定居，她从芦墟荣字过来的，由政府统一安排）。

问：68年以前都住在船上的吗?

答：船上的，一直在外面捉鱼的呀（68年以前她一直是在船上的，虽然在荣字有房屋）。

问：你68年到这里的时候，房子是政府发给你们的?

答：哎。

问：你解放后是什么成分?

答：贫农。

问：是农民还是渔民?

答：渔民，叫贫渔民（虽然她在荣字有房子的，很小的，一年到头在外面捕鱼，只有到春节才上岸住几天。土改时期没有取消半渔半农，叫非农）。

问：你有自己的船吗?

答：有的，一只木头小船。

问：捕鱼有没有什么工具?

答：麦钓。

问：解放以前都到哪里去捕鱼的?

答：嘉善、苏州，还有么杨庙。到嘉善的日子多点。

问：捉鱼要不要出钱的?

答：不出钱的。

问：捉的鱼怎么卖?

答：一部分卖给鱼行，一部分自己卖。

问：哪里的鱼行?

答：嘉善的西塘（西塘过去么就是嘉善了）。

问：芦墟有没有?

答：芦墟不大去的。

问：解放以后，你出去捕鱼，捕捞证有没有?

答：捕捞证有的。

问：解放以前，捕鱼时女的做什么工作?

答：一样的，跟男人一样的。

问：生小孩的时候，是在船上生? 还是住到岸上的?

答：船上生的。

问：有没有接生婆?

答：有的。

问：接生婆是岸上来的?

答：岸上的。

问：接生婆是农民吗?

答：农民。

问：接生婆是从哪个村里叫来的?

答：一个么在下甸庙，一个在新方，还一个在嘉善。

问：如果在下甸庙要生了，就在下甸庙找。如果在嘉善要生了，就在嘉善找，是这样么？

答：哎哎。

问：然后到村里头去打听了，叫过来接生？

答：是这样的，就是不固定的（她在船上生小孩，叫农村里的接生婆来接生。她的三个小孩，一个是在下旬庙叫的，一个在嘉善，一个在浙江的新方。由于她是捕鱼的，在各个地方，接生婆也不认识。如果要生了，就在当地找一个接生婆。生一个小孩接生婆要收取一点费用）。

问：接生要多少钱？

答：一个大洋。

问：你们结婚的时候有没有什么仪式的？

答：大人做主的，没有办酒席。小孩子结婚么都要办酒席了。

问：解放前你们的坟墓都做在哪里的？

答：葬了自己田里边的。

问：渔民也是有田的？

答：葬人的田有的，种田的田么没有的。

问：坟地是公共的，还是各归各的？

答：各归各的。

问：解放前渔民跟农民有没有交往的？

答：不交往的。

问：解放前买东西到哪些镇上去买的？

答：芦墟、嘉善。

问：县城里还是镇上？

答：县城里。

问：抓到的鱼都卖到哪些地方？

答：捉到哪里就卖到哪里。

问：解放前你们缺钱的时候怎么办？去借钱？

答：不借钱的，也没地方可以借。

问：解放后你男人有没有参加过渔民协会？

答：渔民协会我不晓得的呀（这个渔业村，一直到57年，才全部归到嘉善那边。芦墟的渔业村，以荣字为主的，有的到嘉善，有的到其他地方，他们就加入其他地方的。他们参加渔民协会在浙江西塘的）。

问：解放前，渔民里有没有什么活动的？

答：就是捉鱼的，没有什么活动。

问：解放前去不去烧香的？

答：烧香不烧的。

问：菩萨去拜么？

答：也不拜的。

问：你信天主教的？

答：不信的，信么信佛的（但是因为家里条件差，就不去烧香的）。

问：在自己家里供菩萨吗？

答：也不供的。

问：邻居有没有人家去烧香的？

答：没有的。

问：现在去烧香吗？

答：不去的。

问：一直都不去的？

答：一直都不去。

问：你两个女儿在做什么工作？

答：女儿嫁到农村里了。

15 王礼庭

采访日期 ：2011年8月15日
采访地点 ：苏州太湖乡渔港村
采访人　 ：太田、佐藤、长沼
翻译人　 ：陈天勤
讲述人　 ：王礼庭（七十二岁）
讲述人简历：出生于太湖乡渔港村，渔民，
　　　　　　曾任书记。
讲述人家庭：妻子喻瑞珍，胥口镇人，
　　　　　　六十七岁，农民。
补充人简历：蒋胜元，渔民，曾任副书记。

个人与家庭概况、殡葬习俗

问：您叫什么名字？
答：王礼庭。
问：今年多大岁数？
答：七十二，是虚岁，属龙的。
问：是本地人吗？
答：我是本地人，在太湖。
问：以前有三个大队的，你是哪一个大队的？。
答：湖丰。
问：生日是？
答：1940年，农历三月初三。
蒋：我们中国有一个怪现象，凡是1964年以前出生的都是农历，1964年以后都报的是阳历。
问：你爸爸妈妈世世代代都在这儿捕鱼吗？
答：都在这里。
问：爸爸名字叫什么？
答：我爸爸死掉了，叫王阿小，属猴的。
问：什么时候过世的？
答：1960年过世，当时五十三岁，虚岁哦，我们讲的都是虚岁。
问：为什么这么年轻就过世了？
蒋：他出事故，他到桅杆上去干事，我小时候也干过，到桅杆上去干活，干活不小心摔死了。我们渔民以前不值钱的，太湖里死掉很多的。
问：桅杆多少高？
答：桅杆大概十六、七米。
蒋：高空作业，没有保险的。
问：妈妈叫什么？
答：陆千金，属马。前年去世，九十一岁。

蒋：前年过世，九十一岁。如果他父亲在世的话现在一百零一岁。

问：妈妈也是太湖渔民出身吗？

答：是的。

问：妈妈也是湖丰大队的？

蒋：当时不叫湖丰，后来解放以后叫湖中，解放以前没有大队的。

问：有兄弟姐妹吗？

答：有，有四个，弟兄三个，两个妹妹。我老大。

蒋：长子。

问：老二是弟弟还是妹妹？

答：老二是弟弟，叫王礼荣。老三是弟弟，叫王龙福。老四妹妹，叫王美郎。最小的是妹妹，叫王美多。

问：兄弟姐妹都多大年纪了？

答：老二属鸡，今年六十七。

蒋：主要属相都知道，年龄可能一般不知道。

问：老三呢？

答：老三王龙福，过世了，属龙，今年六十岁。生肺癌死的。

问：妹妹呢？

答：老四，心脏病，死掉了。属鸡的。

蒋：农村〔的人常见病〕就是类风湿、关节炎引起的心脏病。

问：小妹呢？

答：小妹属羊的，今年五十七岁。

蒋：虚年龄哦。

问：老二住在哪里？

答：也在这个村里。

蒋：这个村现在有二百七十条运输船，他

弟弟其中有两条运输船，就是水上运输。

答：他有两个儿子，有两条。

问：是我们昨天吃饭的地方吗？

答：不是，运输在华东地区到处跑的，给人家企业里面装石头、装建筑材料。

问：这些船停在哪儿？

答：没有固定的。

蒋：没有固定的地方。譬如讲从浙江要运到上海，浙江装的东西就一直干到上海，然后卸掉再回浙江，这样的。它有一条航线，基本上……他要过年回来几天，七月半的时候回来几天，平时基本上不在这里。

问：老二的儿子是做运输的，他本身呢？

蒋：他原来是捕鱼的，改革开放以后太湖资源不足了，他就去搞运输了，现在他〔的年龄〕也慢慢的大了，由儿子搞运输，他帮儿子搞运输，他两个儿子有两条船。

问：他本身搞过运输的吗？

蒋：他没有，八几年的时候搞。

问：就是改革开放后吗？

答：86年的时候。

问：他已经退休了吗？

蒋：没有什么退休的，就帮儿子，身体行，就帮儿子干干活。

问：他在家里吗？

答：跟儿子在船上。

蒋：他（王礼庭）七十二岁，虽然书记不干了，但是他还在干一些零星的活，在村里面搞搞卫生什么的，拿一点报酬。

问：现在搞运输的渔民多不多？

蒋：现在估计在村里面四分之一。

答：四分之一差不多，二百七十条船。

问：继续捕鱼的有多少？

蒋：捕鱼的现在二分之一，稍微多一点吧，一百多个。

问：一半吗？

蒋：一半多一点，三分之二稍微不到一点。

答：五分之三差不多。

问：这里的渔船有多少条？

蒋：大概有七百多。因为这个渔船大大小小算起来一千条都不止，它一户人家有几条了，一条大的渔船停在这里，会有两条小的〔在旁边〕，搞不清楚的，我们一般算那条大的。

问：大船有七百多条吗？

蒋：对，七百多，有的捕鱼不用，有的搞旅游的就有船，就像我们昨天去吃饭的那种船，就是搞旅游的。

问：老三呢？

答：不捕鱼。

问：现在不捕鱼吗？

答：从来不捕鱼。

蒋：他在苏州厂里面的，在苏州有个叫刺绣总厂的，工作的。

问：他从来没有捕过鱼吗？

答：没有捕过，他没有船的呀。

蒋：我讲一下他的原因啊，为什么他老三〔不捕鱼〕？照理〔他是有船的〕，他父亲是渔民，他渔民有四个弟兄，原来有一条大船，有一条大船呢这个人太多了，那么他父亲就没有遗传。他

父亲呢我昨天就跟你们说了，在平台山啊找帮工嘛，他父亲就是这类的帮工，那么帮工一般女的，包括他小的时候就不在船上了，那么他租了一个房子在陆地上，由他的母亲带他们念书什么的，就租了一套房子，就租在当时的胥口，现在的塘村。他父亲就去做帮工，后来他们念了一些书。年龄大了，他念好书后，他又去帮工。他的弟弟也去帮工，他第二个弟弟呢，老三呢，就不去了，自己去找工作，就到苏州厂里面去了。他的妹妹也不捕鱼了，嫁了农民，不捕鱼了。

问：是老三吗？

蒋：老三。老四、老五都不捕鱼，有的嫁到苏州去了。

问：都不捕鱼了是吗？

蒋：是啊。都嫁给农民了。后来他（王礼庭）不捕鱼，他有才，所以当书记了。当时他当书记很出名的，也很厉害的，出身是渔民。到他父亲那一代，他自己没有船，也比较穷，自己造了船，做帮工去了。

问：王书记你本身没有住在船上吗？一直在陆上住的吗？

答：十六岁到十九岁一直在捕鱼的。

蒋：那不是还讲的船上有船学，就是船上的私塾吗？他现在到洋学堂，现在的学堂里念书。他也是在船上念书的，他念了一年的书。

答：我到十九岁去参军了，当了六年，在无锡荣巷上。

问：我们再回到他们的兄弟姐妹问题。老三龙福还健在的时候，他还在工厂里面打工是吧？

答：对对。

问：然后老四是妹妹，她嫁给农民是吧？

答：对对，在塘村的。

问：塘村是靠湖的地方吗？

答：靠湖的。

蒋：不靠湖的话，他爸爸回家时要远了，交通不便，一定要在湖边。

问：塘村都是种田的？

答：当时都种，现在不种了。

蒋：现在不种了，都开工厂了。

问：老四嫁的这个农民还种田吗？

答：现在还在种田。

蒋：还是农民，田不种了，但还种其他东西。我们讲的种田是种粮食。反正就是务农。

问：小妹妹嫁到哪？

答：嫁给苏州了。

蒋：嫁给苏州城里了，城里人了。我们现在这里也算苏州了，呵呵。嫁给苏州城里了。

问：还在苏州城里吗？

答：现在在苏州城里。

问：这个苏州人是干什么的？

答：苏州人是搞设计的。

蒋：建筑设计，搞建筑设计的。

问：老二的老婆是哪里人啊？

答：也是渔民，湖中人，叫张宝娣。

问：老三的老婆呢？

答：叫陈志金。

蒋：陈志金不是湖中的，是苏州的。

问：是苏州城里的吗？

答：城里的。

蒋：因为他在刺绣总厂找的对象，不是渔民，渔民没有姓陈的。

问：你太太叫什么？

答：叫喻瑞珍。也不是渔民，种田的。

问：哪里人？

答：胥口人。

蒋：胥口镇蒋墩人。这是当时的〔叫法〕。你就写度假区蒋墩，原来是吴县胥口镇蒋墩村人，因为这个地方名称变了。当时没有船，靠父亲做帮工，要养家糊口，〔王礼庭〕长大以后，马上当兵。之后文化大革命了，文革之后当书记。当时农民学大寨，干活啊，晚上开会白天要劳动。后来改革开放，好一点了，他就年纪大了，退休了。所以收入什么的，很艰苦的。一生比较还是辛苦的。

问：太太属什么的？

答：属鸡的，六十七岁。

问：怎么认识的？

答：通过人家介绍的，介绍人是塘村人。

问：太太的娘家离塘村不远吗？

答：不远，三里路，大概九百公尺。

蒋：差不多二公里。

问：和介绍人是什么关系？

答：是我妹妹的婆婆。

问：渔民跟渔民结婚多不多？

答：都是渔民结婚。

蒋：95% 以上都是渔民跟渔民结婚。为什么呢？因为陆地上的人看不起渔船上的人，而渔船上的人也不愿意去陆地上。因为他们没有基础，〔陆上的人〕捕鱼是不行的，所以绝大部分在船上通婚。她是特殊情况，从小跟妈妈住在塘村的。

问：你爸爸在塘村那边有房子吗？

答：没有的，租的。

问：你在陆上出生的？还是在船上出生的？

答：船上出生的。

蒋：因为当时他还没有出生的时候，他父亲的弟兄四个人有两条船，后来分家了。分家以后他就没船了，他多出来了。父亲他们当时，弟兄四个人，各有两条船，后来他父亲的哥哥的孩子大了，就两个人没有船了。他两个哥哥把船拿走了。拿走了以后，他们拿一点钱出来，他就叫分家了。

问：他（王礼庭）爸爸在塘村租房子了吧？

蒋：为什么租房子了呢？我跟你讲，他们原来弟兄四个人有两条船，随着小孩子长大，前面两个，他两个老伯伯占有了两条船。他老伯伯的小孩子一块，他还有一个老伯伯呢……他父亲是最小，还有一个老伯伯就被他们分家分出来了。你们自己去想办法，他们两个老伯伯就给一点钱给小的，你们自食其力吧，他们就没船了，他们只能自己去租房子。后来他爸爸是帮工，他大了以后也只能做帮工，他本身也是渔民嘛，其他也不会干，土地也没

有。这样子他们就没有船。劳动力实际上就剩余了，剩余以后两条船就不够了，就出来帮工了。他（王礼庭）的经历是很丰富的。他在文化大革命的时候收到过挫折。当时很红，为什么呢，文化大革命的时候讲究家庭出身。有船的人，船主和地主是一样的。没有船的人属于工人，是无产阶级。发展党员啊，提拔干部啊，都要无产阶级，他就是文化大革命中间很"红"的。后面斗争非常激烈，又被打倒、游街，受了苦，后来再出来当书记，这个过程非常复杂。

问：当时在塘村租房子的渔民多不多？在陆上租房子很不容易吗？

答：做工人基本上都租房子的。

蒋：沿太湖边上，光福这里都有。后来很多解放以后，很多在东山，西山的也有，这个太湖的东岸，零零星星的都有一点。为什么会造成这种现象呢？他父亲租到这个房子，是那个地方有认识的人，一般你也找不到。因为解放前，房子一直很紧张。东山为什么能租到呢？因为当时东山大户人家多，包括明朝的宰相王鏊，王鏊的房子你去到那里就知道了，他上北京的房子，因为他是宰相，但是他已经明朝过后了，他的家属〔后代〕已经在美国了，这个房子不住了，正好归国有了，归国有以后呢，我们的渔民就租到那里去。一般的农户家里不大的，不是大户人家，不是地主人家，他没法租

给……因为以前本来自己〔的房子〕
都很小，所以东山租户就多了。

答：东山富人多。

蒋：当时他父亲的时候，在塘村一共两户，
一共两户人家。两户工人都住在塘村。

问：两户工人都是渔民？

答：都是渔民，都住在塘村。

蒋：当时住在塘村渔民的共有两户。

问：另外一户渔民叫什么？

答：金根宝，已经过世了。

问：他的后代还在这里吗？

蒋：他的后代原来做工人，后来在太湖里
淹死了。他的儿子金留虎在水里淹死
了。

问：王先生，你的父亲在几岁的时候租房
子的？

答：我很小的时候，解放……总归我很小
的时候。

问：解放前还是解放后？

答：解放过后五几年的时候。

问：想问一下你父亲几个兄弟的情况。

答：我爸爸最小了。

问：爸爸家的老大叫什么？

答：老大叫王怡坤，好像属马的，〔比我爸
爸〕大个十几岁，我弄不清楚。

蒋：王怡坤很出名的，当时。王怡坤做先
生的，就是什么呢，就是像昨天他的
孙子一样，就是祭祀。当时这个也有
一个名称，现在讲起来就是属于神职
人员，也就是"神汉"，也叫"巫师"，
但是我们这个名称都不叫的，叫"童
子"。他就是阴阳皆通的人，一般老百

姓都觉得有神秘感。所以很出名的。
文革的时候就是四乱分子。

问：第二个叫什么？

答：第二个叫王怡玉。第三个叫王阿龙，
他没有读书，属龙的。

问：哪个哥哥自己有船？

蒋：王怡坤和王怡玉两个人每人一条。他
撑这条船弄不像了，就给他哥哥了。

问：弄不像是什么意思？

蒋：可能他是劳动力不够啊。

答：他不会做。

蒋：捕鱼啊他没有本领，〔船〕就给他哥哥
了，王怡坤就两条船，经济补偿给了
他。

问：老二王怡玉属什么？

答：不晓得，反正比老大小三四岁。

问：王怡坤一直是有船的，那他租过房子
吗？

答：没有租过，他有两条大船嘛。

问：老二没船了？

答：老二死掉了。

问：什么时候死掉的？

答：死得蛮早的。我也不知道怎么死的，
总归是生病死的。

问：老二活着的时候，是不是和老大王怡
坤住在一条船上的？

蒋：就是开始的时候分给了王怡玉有一条
船，他撑不下去了，停了，停了以后
就把这条船给了王怡坤了。但是王怡
玉的老太婆还是待在这条船上，但是
这个船用呢被王怡坤用了。后来王怡
玉就死掉了，这条船也就撑不下去了。

讲个小故事，王怡玉的老太婆啊，因为这条船给你拿去了，这老太婆一哭啊，这王怡玉就会生病。一哭他就生病，于是王怡玉他要找他(王怡坤)算账，我的船给你拿去了。这是迷信，你这个钱给我太少了。后来王怡坤想想不对，他出了担米啊，去打了一条小船，一二十吨的小船，打了一条给了王怡玉的后代。重新造了一条新的小船。王怡坤他花了一百担米的代价，用米来计算，打了一条小船后，就是他(王怡玉)的后代他的儿子王宝根在撑这条小船。也没什么意思。他(王怡坤)本身是"神汉"。

问：你爸爸最小的哥哥有船吗？

答：没有船，跟我爸爸一样。

问：去帮工吗？

答：对的。

问：老三一家住在哪儿？

答：住在船上，当时就住在船上了。老二和老四住在一条船上，老三和老大住在一条船上。两弟兄是分开的，四个弟兄两条船。

问：老三做帮工之后，情形和你爸爸一样吗？

蒋：开始的时候是老大和老三一条船，老二跟老四一条船。老二这条船撑不成，老四也就没了这条船。

问：老三一直跟老大生活？

答：对对。

蒋：这条船也给老大了，老二和老太婆也跟着这条船了。虽然这条船是归他了，

但是人还在船上，虽然老头子已经死掉了，老太婆还在船上。但是你不是这条船的主人，你干什么活也只是吃吃饭什么的，没有多少给你钱的。

答：没有钱的。

蒋：对啊，只有稍微的零用钱，只是吃点饭，所以性质跟工人一样的。

问：老婆都是渔民吗？

答：都是渔民。

问：你爷爷叫什么？

答：我的爷爷叫……叫什么名字，现在叫不出了，现在都忘记了。以前知道，现在不知道了，很久没回忆了。

问：你出生时爷爷还在吗？

答：我都没看见过，我的"好婆"看见过的。

问：好婆？

蒋：好婆就是祖母。

问：祖母叫什么名字？

答：祖母叫什么名字我不知道，姓蒋的。

问：祖母跟老大一起生活的？

答：对，一起生活的。

问：你的太爷爷或者祖先是哪里人？

答：也是太湖的。

蒋：他(王礼庭)知道的〔祖先〕一直是太湖渔民。以前肯定不是太湖的，所以我问他烧香到哪里的，就是苏州府的。

答：苏州府，现在常州府。

蒋：不一样。我们的祖先来的地方不一样。

问：他（王礼庭）的祖先来自苏州府？

蒋：本来在苏州，他烧香到苏州府。我们

是常州府。

问：王先生，你的太爷爷是在太湖还是在苏州的？

答：在太湖的，一直在船上的。

问：你爸爸的坟墓在哪里？

答：在塘村。

问：妈妈呢？

答：妈妈一起的。

问：现在坟墓还在那里？

答：坟墓一直在塘村的。

问：公墓吗？

答：塘村专门有块地是作为公墓的。

问：公墓是什么时候来修建的？

答：这个是自然的。很早就有了，解放后就有这个坟了。

问：这里的渔民有坟墓在塘村那边的多不多？

答：不多，只有我们两家。还有一家是姓金的。

问：爷爷的坟墓在哪里？

答：在冲山那边。

蒋：这个冲山是老百姓的地，不是公墓。这个山地是老百姓的山地，出一点钱就葬在那里。平时也在船上，也不会去，就请他们一块照顾一下。坟墓的主人就是坟地的主人，一般他们很友好的，因为渔民自己没有地，没法葬。

问：冲山那边渔民坟墓多吗？

答：多，很多。

问：渔民坟墓最多的地方就是冲山吗？

答：对，冲山。

蒋：渔民〔的坟墓〕有两个地方，这个白浮山啊，白浮山是最多，白浮山葬不下了，后来慢慢转移到冲山了。当时我们那个地方开了一个公墓，专门为渔民安葬。

问：在哪儿？

蒋：这个地方就在我们上一次吃饭的地方，那桥那里。这个坟很大，大概有五百多个坟吧，叫竹林公墓。专门为渔民过世的人解决安葬问题。现在满了，就逐渐葬到冲山那里，但冲山那里，国家又不允许，所以有这个矛盾。

问：竹林公墓是哪一年建的？

答：是94年建的。94年葬到差不多十二、三年时间，葬到前面几年就没法葬了。因为现在不批啊。

问：冲山坟墓是土葬的还是火葬的多？

蒋：现在没有土葬了，69年还是70年。

问：火葬是几几年开始的？

蒋：70年开始。大概70年开始就没有土葬了。土葬的概念就是不火化就葬下去了，就是棺材。你说现在的火葬也是土葬，就是骨灰盒了。

问：以前土葬是怎样的？

蒋：就是棺材，放在棺材里面。然后挖个土坑葬进去，然后再造一个坟。棺材里还要放石灰，这个跟古代的差不多吧。但是像现在有名气的墓里面有宝贝什么的，我们会放小东西，像古代的钱币啊。

问：清明节的时候去扫墓？

答：一般都是清明扫墓，清明前三到四天上坟。船上大部分过七月半。现在船上的人都过清明节的。

问：清明节前后放假吗？

蒋：这是国家规定的，清明节是一天，但是凑一个双休日。

问：现在已经放假了吗？

蒋：他们农民无所谓的，他想放假几天就几天。

问：去塘村上坟吗？冲山去吗？

答：冲山现在不太去。

蒋：我讲过的，祖先啊只祭拜到三代，三代祖先。但是他的爷爷应该也属于三代，照理也要去的，可能不方便。刚过世的时候要去的多一点，现在慢慢地像这个，有的年份不一定年年去的。他老婆婆的坟由老婆婆的子女上，他也不去。老婆婆照理也算是祖先，但上坟是由老婆婆的儿子上的。他是上他的父亲，偶尔上上他祖父的。

问：冲山还找得到爷爷的坟墓吗？

答：找不到了，没有墓碑了。

问：冲山那边爷爷的坟墓还有没有人拜呢？比如说伯父的后代啊，有没有其他人家拜呢？

答：没有。

蒋：这个我补充一下，这个呢，他祖父的坟在冲山，他父母的坟在塘村，两个地方。上坟是这样的，平时的上坟他各管各。他有的时候跟他弟弟一块去，如果说他的世俗里面有一个小孩子结婚了，那么已结婚过后，不管清明不清明，结过婚以后马上要上坟。这个上坟是个大家庭，先到他祖父那里去

上坟，这批人要到他老伯伯、第二个老伯伯、第三个老伯伯到他父亲那儿，都要转过来都要上坟，这叫"花坟"。就是有小孩子结婚了，这个呢又不一样了。平时可能他堂弟堂兄有时要到祖父那儿去上上坟。

问：你结婚时也要上坟的？

蒋：他（王礼庭）结婚肯定要去祖父那儿上坟的。他儿子结婚也要去的。

问：你哪年结婚的？

答：我64年。

问：那时你爸爸已经过世了？

答：我爸爸过世了。

问：你结婚时先去冲山然后去塘村拜祖先？去两个地方？

答：对对。

问：回去塘村吗？

蒋：塘村肯定要去的，他父亲的坟肯定要去的。

16　蒋胜元

采访日期　：①2011年8月13日，②2011年8月14日
采访地点　：苏州市木渎镇
采访人　　：太田、长沼、佐藤
翻译人　　：陈天勤
讲述人　　：蒋胜元
　　　　　　（1955年4月24日出生，五十七岁）
讲述人简历：祖祖辈辈都是太湖渔民，曾任团委副
　　　　　　书记、团委书记、团委副书记、党委
　　　　　　宣传委员、党委副书记、主任科员、
　　　　　　镇人大主席等职。
讲述人家庭：太太蒋雪珍，太湖渔民，五十八岁。
　　　　　　育有两个儿女。

个人生平、工作履历、太湖渔民生活与信仰

问：您多大年纪？
答：虚岁57岁。属羊的。我们南方都讲虚岁的。
问：生日是？
答：生日是1955年4月24日，阳历。农历是55年闰三月初三。我个人的简历，我所知道的祖祖辈辈都是太湖里打渔的。我是小时候打渔，一直跟大人十二岁到船上，也没有念书。打渔打到十二岁。
问：出生地在哪里？
答：出生地就在船上呀，在连家船呀。没有出生地，就在渔船上。

问：是出生在爸爸妈妈的船上的意思吗？
答：对。
问：那时候船平时停在哪里呢？
答：不固定的。我出生的时候好像在无锡马山那个地方，也在太湖里面。无锡马山就是灵山大佛那个地方，这个山原来也是太湖里面的一个孤岛，比较大的一个岛。
问：老婆叫什么名字？
答：老婆叫蒋雪珍。
问：是哪里人呢？
答：渔民，太湖渔民。她捕鱼时间比我长，当时农业学大寨以后，为了男女同工同酬，女人以前是杂工，她当了渔船上的挡橹。就是一个主要劳动力了。结婚以后就在围湖造田上务农了。加

工银鱼的水产加工场也去过。

问：跟你是同一年吗？

答：比我大一岁，属马的。

问：你和你的太太什么时候结婚？

答：80年的春节结婚。

问：你跟你老婆怎么认识的？

答：这个事情讲起来又比较复杂了。这个
老婆是我的母亲介绍的，有一点传奇
故事了。因为我母亲嫁给蒋浩荣了，
我的老婆就是蒋浩荣以前的女儿。因
为我的丈人以前的老婆死了再找我的
母亲，他以前有一个女儿，那么我的
母亲就做了她的母亲了。我的母亲改
嫁了蒋浩荣了，蒋浩荣以前有一个女
儿，他前妻有个女儿。我的母亲就做
了她的后妈，当时还不知道这个事，
等到后来我母亲再把她介绍给我。因
为我们这个年代自由恋爱还不多。

问：你跟你老婆的结婚典礼在哪里举行
呢？

答：我已经没有船了，我结婚的时候没有
船了。我老婆还在船上，我已经在陆
上了，当时我们结婚也是很简单的。
她在船上就出嫁。

问：你们结婚有什么仪式举行？

答：当时文化大革命过后不久，80年嘛，改
革开放还没有正式开始。当时都是很
简单的，像祭祖啊都是不允许的。再
加上我当时是团委的副书记，现在讲
起来已经是镇里的干部了，不允许搞
这种东西。就是请一些人喝点喜酒。

问：你有几个孩子呢？

答：我两个孩子，大的是女儿，女儿是80
年11月14号出生的。

问：名字叫什么？

答：叫蒋叶兰。儿子是87年出生的，3月22
号，叫蒋昱旻。

问：他们做什么工作呢？

答：老婆不干活了。女儿在光福镇政府经
营管理办公室当会计。

问：儿子呢？

答：儿子在苏州度假区农业发展局。

问：都是在政府里工作的吗？

答：性质不是公务员性质，他是工人编制，
聘用干部。

问：女儿结婚了没有？

答：结婚了。

问：儿子没结婚？

答：没结婚。儿子刚刚毕业才两年。

问：女儿嫁给谁呢？

答：女儿嫁给一个同学，她扬州大学的同
学。

问：做什么的？

答：工作呀，什么物流公司，也是会计专
业的。儿子苏州大学教育学专业。

问：你父亲的名字叫什么？

答：叫蒋炳福。我出生大概一周岁的时候
父亲就去世了，我主要跟我的祖父、祖
母长大。我祖父的名字叫蒋高荣。

问：祖父属什么？

答：属猴。祖父是八十一岁去世的。

问：大概哪一年的事情？

答：72、73年去世的。

问：祖父也是太湖的渔民吗？

答：渔民，祖祖辈辈都是。我祖父呢，我上次可能说过的，原来有一条大船，大概载重量有六十吨，大概在1941年的时候被贵国（日本）的军队烧掉的，我的曾祖父也被烧死在船里了。后来我的祖父又造了一条小的十吨左右的小木船，在太湖里边捕鱼为生。

问：六十吨的船是什么样的船？

答：五桅的，五桅船，也叫北洋船。可能就是当时候渤海那边过来的。北洋实际上就是渤海。我们在太湖里边的冲山，上一次去的地方，造了一座庙叫作祖师堂，也叫玄天庙。因为当时过去不方便，不像现在高铁啦，要去祭拜祖先不方便，所以在附近造了一座庙，叫玄天庙。玄就是黑颜色的玄，为什么叫玄天庙呢？就是黑颜色的天空，我们认为北方的天空是黑色的天空，纪念我们祖先是北方来的。

问：玄天庙就是祖师堂吗？

答：对，玄天庙就是祖师堂。就是北洋船上的渔民祭拜祖先的庙，说明我们是北方来的，跟韩国什么比较接近。因为在渤海，我们去捕鱼有的时候要到高丽国去，所以留到我们这一代还吃高丽肉，当时我们的生活习惯还是跟你们一样的，就是吃饭坐在地上，低的台子，跟韩国什么一样的，榻榻米啦。在船上一方面高了一不行，在一方面可能跟韩国也有关系。再讲到我们本人，十二岁之前一直跟祖父、祖母生活，也干一些…因为是小船嘛，当时我还是童年，但我还能干一些有关捕鱼的事情。

问：问一下祖母的事情。

答：祖母叫丁玲娣。她是太湖边上宜兴人。属猴的，同年的，七十九岁的时候去世。

问：比祖父早两年过世吗？

答：两年，两年。他们过世都是因为中风，脑溢血。

问：她本来是渔民吗？

答：不是，嫁给祖父是渔民了。

问：本来是种田的吗？

答：是种田的。

问：祖父祖母怎么认识的？

答：不知道了。这个船有时候也要靠岸的，会买些米啊什么的，我的祖父在船上，在念过书的，船上的私塾，这念书又是一套。当时大船60吨，专门请先生请老师啊到船上，譬如讲十个孩子十条船，一年中每一条船叫"供学"，每一条船负责这十个孩子的一个月的生活，包括整个念书，全部由这条船来负责。听说我祖父念书的先生是宜兴人。具体的我不清楚了，是不是有关系的我不是很清楚，也没听说过。我听说〔先生〕姓冯。我的曾祖父，就是烧死在这条船里的曾祖父叫蒋智贤，再上面就不知道了，我就知道我的曾祖父，包括我的曾祖母叫什么我也不知道了。

问：你的母亲叫什么名字？

答：我的母亲叫蒋云妹。但是我母亲〔在

我〕小时候不跟我生活在一块的，当我父亲过世不到一年，就改嫁了。

问：后来没有见过你母亲吗？

答：见过见过，也在船上，也是渔民。

问：嫁给太湖渔民吗？

答：对，太湖渔民。

问：嫁的人叫什么名字呢？

答：也姓蒋，叫蒋浩荣。这个"荣"和我祖父的"荣"是有字辈的关系。下来就是"贤"字辈，再下来就是"炳"，再下来就是我的"元"，蒋胜元。它是这样的，上一代〔字辈放〕在中间，下一代就在最后，这个字辈啊。"元"字辈下来就不用了，应该是有的叫"叙"（字辈由上到下为：智→荣→炳→元→叙）。

问：母亲是哪里人？

答：也是太湖里的渔民。

问：还健在吗？

答：前年过世，属蛇的。好像是九十岁左右过世的，2008年的9月18号。为什么我会记住呢，因为相差五天，我外孙9月23号出生的。我母亲过世的时候我正好不在，我到湖南张家界去了，外孙出生时我正好晚上十二点钟赶到，所以记住了。

问：你父母亲就生你一个孩子吗？

答：对，我是独子，所以我想当兵的，却不被允许。独子不行，不能当兵。当时我当兵的年龄，我的祖父祖母已经都过世了，我就一个人了无牵无挂了，一个人最好。但因为是独子就不能去

当了，我正好是十八、十九岁吧。

问：你的父亲有几个兄弟姐妹？

答：我的父亲当时有弟兄两个。有一个弟弟，但是弟弟当时十七岁就过世了。具体哪一年我不知道，我父亲是属猪的，他有一个小名叫阿猪，这都是听我祖父祖母讲的。

问：就是说蒋先生一岁的时候爸爸过世了，以后在祖父祖母的船上，和他们一起生活。那时候在船上一起生活的，还有其他人吗？

答：我出生的时候已经是一条小船了，十吨的。当时我祖父祖母作为主要的劳动力外，还请一个帮工。当时我们的船还是属于私有制的，所以私人的，请了一个帮工，加上我到七、八岁时也一块儿干干活，一共四个人，三个劳动力。

问：帮工叫什么名字？

答：帮工叫…可能这里面有换的。开始的叫蒋宝根，后来换了一个叫蒋雪生。

问：你们有亲戚关系吗？

答：没有亲戚关系。

问：帮工是哪里人？

答：都是太湖里的渔民。

问：请帮工的时候是私有的，后来变成集体的吗？

答：就到我十二岁，66年开始。

问：所以你讲的都是十二岁之前的事吗？

答：对。到1967年的时候我们国家开始农业学大寨，农业学大寨就是要把船归集体，我们也是像投资一样，交给集

体,集体统一分配劳动力来搞生产,当时我祖父祖母年龄大了,已经超过劳动力的年龄了,我的船就给了集体。当时渔民要实现陆上定居了,原来都是没有地方,就是在太湖里的,后来就有组织了,在太湖里的几个孤岛就是上一次我们去的地方,把围湖造田,因为渔民没有土地,围湖造田。把太湖里边筑了一座大坝,把里边的水弄干,弄干以后在里边造了田,造了几间房子。当时集体给我们家大概有三十几个平方,给了一间房子,于是我和祖父祖母就住进房子里去了,当时67年十二岁。围湖造田以后集体建房子,分配给我一间三十五个平方。

问:三个人三十五平方的房间?

答:对。

问:你十二岁之前跟你的祖父祖母住在一起,他们每天打渔吗?

答:对,后来太湖里有两季,除了这两季,天天都在太湖里打渔。当时打渔没有机器,都是靠风的,如果一点风都没有就不好打渔了。每年的春季有三个月,二月十五号左右到四月中下旬是停捕,就是休渔。四月中下旬开始捕银鱼,捕了大概一个多月到六月十五号停捕。六月十五号到八月初,这都是讲阳历哦,都是停捕期。八月初一直到明年的刚才讲的二月十五号就一直捕了。现在捕鱼的时间更短,从八月十五号到明年二月十五号主要捕梅鲚鱼,还有白虾。其他鱼还有很多很

多,都要捕的。这两种为主,具体地讲,太多了。长江里大的叫刀鱼,看上去一模一样的,小的叫梅鲚鱼。到了冬天太湖里也有一些刀鱼。我们细分品种还是有差别的。梅鲚鱼长不大的,和刀鱼看上去一模一样的,但刀鱼它能长大,能长这么大。

问:味道呢?哪一个好吃?

答:味道基本上差不多的,现在长江刀鱼和太湖刀鱼分不出哪里好哪里不好了,跟螃蟹一样的,阳澄湖和太湖都一样的。

问:大的叫什么?

答:大的叫刀鱼,像一把刀嘛。实际上品种不一样的。

问:二月十五号到四月中下旬休渔,意思是保护太湖里的资源,这个通知是谁发的呢?还是解放前就已经有这个事呢?

答:没,这个是1964年因为太湖和浙江也有关系的,虽然行政版图上到这边已经结束了,但和浙江渔民也有关系的,浙江渔民也在太湖里面捕鱼。像吴江、宜兴、无锡也有。江苏省就成立了一个太湖渔业管理委员会。浙江的也归它管,它把浙江的一个湖州市的譬如讲现在的一个副市长也参与这个渔业管理委员会的。所以整个太湖都由它管,后来根据太湖里的情况发通知今年什么时候停捕,什么时候开捕。就是它管的。以前呢,到了春节我们讲起来叫淡季,捕不到鱼,所以渔民自

然地在这个季节里整修工具啊、修船啊，要停一下，但停的时间没有那么长，小鱼小虾总是有一点。后来为了保护太湖的资源成了太湖委员会后，它统一规定什么时候可以捕，什么时候要停捕。

问：是哪一年以后呢？

答：64年。

问：64年渔业委员会成立，成立以后……

答：对，成立以后就开始这样每年由它来做出规定什么时候可以捕，什么时候不可以捕。以前没有的，解放前没有的，64年之前没有的。

问：现在还有这个管理委员会吗？

答：有啊。

问：64年以后这个委员会规定什么时候可以捕，什么时候不可以捕，这是保护太湖资源的意思吗？除了休渔外，还有什么保护资源的政策吗？

答：也有的，譬如讲…这个事慢慢来的。到现在为止，太湖渔业管理委员会要向渔民收取太湖资源费，收了资源费以后它每年要向太湖里面放鱼苗的，人工放养育苗，因为它自身的繁殖不够了。

问：是不是用这笔资源费来放鱼苗？

答：嗯，对，放鱼苗。

问：这是什么时候的情况？

答：放是70年代开始。

问：一般放鱼苗大概是在几月份的时候呢？

答：一般在四月份。

问：鱼苗有什么品种？

答：梅鲚是不放的、银鱼不放的、白虾不放的。这种都是野生的。放的是四大家鱼（青、草、鲢、鳙）、鳊鱼、鲫鱼、鲤鱼、草鱼、鲢鱼、鳙鱼。70年代还放大量的螃蟹，因为螃蟹是长江唯一有的。解放前太湖里的螃蟹比较多的，后来长江里造了闸（即水坝）加上特别是苏州污染严重，这种小的螃蟹游不进来。像河豚也是洄游的，到了长江才能长大，在太湖里它长不大，它不成熟是没毒的。当时像我小时候放的品种并不是太湖里经济价值最高的品种，最大的还是银鱼、梅鲚和白虾，这叫太湖三宝。就是渔民赖以生存的当家的品种。现在又出现了"太湖三白"就是在餐桌上吃得比较好的东西，量也比较多。就是银鱼、白虾、白鱼。白鱼在太湖里是一种凶猛鱼，比较好吃。原来渔业管理委员会要保护资源要尽量把白鱼消灭，所以每年最后尽量把这类鱼捕掉，因为它是吃其他银鱼、梅鲚、白虾的鱼，吃小鱼小虾的鱼。但是也消灭不了它，它也比较好吃，太湖白鱼现在30-40块一斤。所以渔民称它为三宝主要是经济价值比较高。梅鲚是小鱼不是太好吃。捕鱼的工具要不要讲？

问：等一下，我们慢慢来。我想问一下十二岁之前你跟祖父祖母三个人去打渔，打渔的时候是三个人一块儿去还是跟其他渔民组织起来一起去打渔？

答：这个是要牵涉到捕捞的工具的。因为太湖里面捕鱼啊，像我们这种船是两条船作为一对。（此时蒋先生给我们作示意图）这一条船，这是船头它有风帆的，我们这个船是三个风帆。这个网是这样的，这条船往这个方向来拖，这条船叫右船；这条船叫左船，我们当时在右船上。因为这个船是不能变的，这个篷和帆左右是不一样的。生活的地方有一个篷，船老大就在这个地方，这是右船。

问：这个黑点是什么？

答：船老大。还有一条船正好跟它是相反的，这个是左船。这里还有一个网，网的后面有一个兜，鱼全部集中到兜里边去了。用一个小舢板，人在船上的，小舢板摇过去摇到里边，手工摇过去的，摇到网里边，把这个网拉起来，把这个鱼拿出来，再运到这个船上去。梅鲚运到船上以后，用网一片一片撑开以后，洗干净把它晒干，因为古代没有冰箱不好保存。白虾先把它煮一下，放点盐煮一下，煮一下后再把它晒干，这样它就能保存了。这个网（指蒋先生作图之网）是捕银鱼的。两条船的距离大概在二百米。

问：一条船有多大？

答：这种船大概长度在十米，十米可能不到一点。

问：几吨的船？

答：我讲的是三十吨以内吧。其他船距离还要宽呢，五道帆和七道帆的，我小时候是三道帆的，小船十吨的。

问：一般左船和右船的大小是一样的吗？

答：基本是一样的。

问：如果右船很大的话左船也是很大的？

答：一样大的。它是要成对的。

问：这个叫什么？（指着蒋先生画的图）

答：舢板。

问：梅鲚鱼是怎么晒干的？

答：煮熟后放一点盐再晒干。当时没法保存（只能这么做），现在就不一样了，现在都是活的。捕捞工具不一样了。活的直接送饭店什么的，现在的人要求高了。你们刚才问我的就是两条船我们一块作业，平时两条船我们是在一块的。捕到的银鱼怎么办呢？银鱼拿上来后也是洗干净的，这个你就不要写了。用一点明矾，用明矾的水把银鱼泡在这个水里泡十五分钟再晒干。当然明矾不是很浓的。这样晒出来的东西不容易变质。这种活我小时候都要干。你再详细一点就是这条船就是我祖父的船（图的右船），这条船就是当时的主人家陆法根的船（图的左船）。

问：陆法根是谁？

答：陆法根是我们两家人家找起来做成两条船捕鱼嘛，一条船不能补嘛。

问：是你爷爷的朋友吗？

答：也无所谓是朋友，这是渔民，因为一对一对都要组成对的。这个只是一种工具，还有几种工具，大概就是这样。还有几种是不一样的。鱼捕起来平均分配，两家人家。

问：平均分配吗？

答：当然不是分鱼的，是分钱。你把鱼卖掉后是分钱的。

问：鱼是卖给谁的？

答：鱼呢，是跟我们当时国家的政策有关系。解放以后，当时我们国家实行一种叫"统购统销"的政策。你自己就不能卖，当时我们国家的商品还是很紧张的。商品都由国家统一收购，收购以后统一分配。这样的是有专门的…我只管在太湖里捕，把它晒干称好。过一两天、两三天专门有一条收购的船到我船上来收起来。

问：收购的船是什么部门的呢？供销社吗？

答：当时我这种大队呢〔属于〕捕捞大队，他们这个叫运输大队。运输大队的船把它运输到我们当时的供销社，当时还不叫供销社，当时叫收购中心，水产收购中心。他就交给国家，国家统一调度，有的到安徽去，有的到香港去了。像银鱼干就到香港去了。这种方式就叫作统购统销，听说过吗？

问：听说过，农民也是这样的。

答：农民中的粮，除了自己吃一点之外，也都要交给国家，不能自己去卖的。上市场就是资本主义嘛，不能去卖的，这是时代的问题。

问：捕到的鱼统卖给水产中心吗？那小的鱼也是吗？

答：不管大小都要上交的。

问：自己吃的鱼呢？

答：自己吃一部分可以的，自己就是捕上来后新鲜的吃掉了呀，不吃的就晒干了，自己吃的少量。

问：是一部分新鲜的留给自己吃吗？

答：留给自己的捕上来吃掉了，比如今天中午要吃了，就拿上来一点吃，多下来的就给集体。你讲的是我小时候，因为这是还是私人的时候，农业学大寨的时候又有点不一样了。这是我小时候，66年之前。

问：这是十二岁之前，是吗？

答：嗯。因为后来这个政策有点变了。吃可以，就不能卖。（指66年之前）当时卖了就要闯祸了，叫"瞒菜私卖"。包括你说不是去卖，我用一点鱼到路上去交换一点水果也不行。因为水果也是要交给国家，不能交易的。就是这样，捕鱼为生。卖一点钱生活，生活在船上。

问：捕到的鱼当中，价格比较贵的鱼是什么？

答：就是银鱼、白虾。梅鲚稍微便宜一点。因为其他鱼捕的很少，就自己来吃吃，很少有的卖掉。

问：比如说"太湖三宝"，这个"三宝"都卖给收购中心，那渔民吃不到三宝了吗？

答：吃得到的。因为捕起来先自己吃掉，多下来再卖掉。刚才你问的银鱼、白虾是价格比较高，但是梅鲚量大，收入还是主要靠梅鲚。

问：为什么我要这样问呢，因为我以前看过一个资料，里面写渔民吃不到这种"三宝"鱼，因为这个鱼很贵，所以渔民都把鱼卖给大城市。

答：一旦晒干后成商品卖掉了，你是吃不到，买不到的，只有捕起来的时候才吃得到。

问：捕鱼是几点开始几点结束的？

答：这个二十四小时都捕，很辛苦的，捕鱼很辛苦的。

问：每天早上出发吗？

答：不是。晚上也要捕，只要有风。除非没风或者风太大了，船不行了，就停下来。

问：不管早晚有风就去捕？

答：对对对。你讲二十四小时捕鱼，意思是睡觉不睡了，吃饭不吃了。〔情况〕是这样的：这个网放在湖里边，这样拖。这个小舢板上去拿，要看鱼。鱼多的时候，半个小时去拿一次，鱼少的时候，两个小时拿一次。两个小时拿的时候，船上只留一个人，这个人叫"看风"。捕鱼的时候由"看风"负责。船老大及其他人在休息，晚上啊在休息。两个小时到了，"看风"就叫他们去拿鱼了。但是"看风"是不能休息的，"看风"什么时候休息呢，这个风啊，太湖是一个有限的地方，根据风，〔如果〕风刮到太湖边上去了，那你就没法捕了。这个起网后，船就上风行，行的时候就是船老大负责了，其他人可以休息了，轮流的。如果风

到了这边来了，船往这边走了，又下网了，是这样的。捕了一个晚上后，白天就是行船了。行船后它是风帆，不是机器，有缺陷的。之字形的，风在这边吹，我要到那边去船要像爬山一样，到了那边再下网再过来。去拿〔鱼〕，这个叫摇橹的人，挡橹。他负责舢板的。

问：挡橹是什么？

答：一种职位呀，船老大、看风、挡橹，这是三个主要的职位。我小时候就是杂工，这种位置上不去的，因为年龄还太小。

问：水产收购中心在哪里？

答：在东山，具体的在陆巷，因为渔民自己没有地方，就是租人家的。但是渔民的生活也是满艰苦的，也就是解决个温饱。

问：1964年成立江苏省太湖渔业管理委员会，之前，有没有渔民到大城市里面做户口登记、捕捞登记？

答：不是这样情况的。捕捞登记当时用不着登记的。随便捕的。渔业管理委员会成立之前用不着登记的。后来成立以后就要发许可证，捕捞许可证。原来没有这个机构的时候渔民无所谓的，也没有固定的地方。捕捞也随便捕，后来要发捕捞许可证，这是64年以后。当时的许可证又和现在不一样，当时的许可证不像现在严密。当时的许可证像汽车一样，发一个牌子给你，在船上一订，承认你是太湖里的捕鱼船，

用不着年年去弄的。现在是要签证的，像驾驶证一样，今年要捕就把本子拿上去像验车一样，盖个章，今年允许了。明年要捕又要去敲章，每年交钱。

问：牌子订在船头还是船尾？

答：在这个地方（蒋先生作示意图），像汽车牌子差不多，就在篷的前边。现在你问我儿子这些东西，他们根本不知道。我这样讲他们也听不懂。

问：你儿子没有捕过鱼吗？

答：没有。

问：都在陆上？

答：对对。67年开始都不捕鱼了。我爱人也是渔民原来。

问：十二岁之前，你们去打渔的时候先拜什么？

答：拜神啊？要的。

问：拜什么神呢？

答：这个只能讲到66年之前。66年之后就不允许了，破四旧了，文化大革命开始。66年之前拜神呢，我们每一次开捕，当然改革开放后又恢复了。每一次开捕，不是一年两次开捕吗？开捕前的两三天吧，首先要到太湖中间的一个小岛上，正好在中间，叫平台山。山上的面是渔民建的，这个山上是没有人没有居民的。首先，一个是大禹。

问：先是祭拜大禹？

答：是在一个过程中间的。解放前和解放后又不一样。解放前很复杂，他要全猪全羊，要牺牲〔来祭拜〕的。需

要庙祝就像司仪一样来主持，不像我们现在到庙里随便烧一个香就结束了。它是有仪式的。我先讲一下，这个庙里面有些什么神。一个是大禹，还有一个是水路。

问：这是水路神吗？

答：对，水路神。你加一个"神"字都对的。还有就是我们叫"大老爷"。

问：刘王是吗？

答：大老爷，渔民都崇拜大老爷。他就是在吴江的莲泗荡嘛。但是我们渔民到那个地方不太方便，有的时候也要去的，单独去拜访大老爷。但是在这个平台山上把他移过来，为了烧香方便嘛，我不可能开捕之前哪里都去烧嘛。

问：你们把莲泗荡的老爷移过来吗？

答：对对，就是刘王嘛。不是把老爷移过来，我们这里也供着老爷。像释迦牟尼一样就是这个意思。莲泗荡有老爷，我们这里也有老爷。其他的呢，就是观音啊、弥勒啊，其他佛教的也有一些，还有烧什么呢，还要到西山的元山。叫"五老爷"。为什么叫五老爷，这个讲起来又是一个系统，上方山你们知道吗？就是在苏州边上的，上方山太母，太母当时不会生儿子，就向观世音求了子，后来年纪很大了，一生就生了五个，但是他是观世音那里求来的，所以每一个老爷都是很有道恩的。大老爷、二老爷不去讲了，渔民不去烧的，因为五老爷在元山原来是管太湖里的水产的。他也有分管的。

你要开捕,你得不到五老爷的开恩,你捕不到鱼的,你一定要去拜访他。

问:这五老爷是老五的意思吗?是不是上方山上老母的五个孩子中的第五个孩子?

答:是的。

问:你也去过上方山吗?

答:去过,小时候跟母亲祖父都要去的。

问:现在呢?

答:现在还有的,现在的渔民还是要去烧。

问:平台山也要去吗?

答:也要去。那么再一个地方,也要去的。在西山的衙里,这是一个小地名,西山讲的大一点。衙里烧谁呢?烧的是娘娘。

问:什么娘娘?

答:就是娘娘。实际上就是天妃,她是福建的。为什么要烧她呢,因为我们太湖里的渔民有一部分的船在舟山那边捕鱼的,天妃是什么样的人呢,你们可能知道,她的父亲是福建莆田的巡抚,她是默娘,默娘就是哑巴的意思。小时候生出来就是哑巴,这都是传说啊。她有一种法术,救苦救难。她有这样一个本意。虽然她长得还不大,但是到海面上,狂风巨浪的时候,她就披了一件红色衣服,拿了一盏红灯,她会飞的。飞到海面上后,这个海面就会风平浪静。她看到船在海上有难了,她就飞出去,就去救海上捕鱼的渔民。这些渔民过来以后也很崇拜的,就在西山的衙里造了天妃庙。在文化

大革命之前,我们总是要到那个地方去烧香的,也就是为了安全的问题。五老爷是为了捕鱼丰收,烧她的香就是为了心理寄托,为了安全,防止翻船啊这种事情。

问:大老爷是做什么事情呢?

答:大老爷是为了风调雨顺。可能你们不知道他的故事。大老爷是当时明朝的一个将军,他带了兵就是驱赶蝗虫,驱赶蝗虫他有功,因为驱赶蝗虫后能保证粮食有收成。为了感谢他,所以崇拜他。后来他劳累过度就死在莲泗荡里边。死了以后,水里面有好多船,船民把他捞起来,因为渔民对水既是敬畏又是害怕的。所以要祭拜他。大禹跟水有关系的,他是治水的,有功之人,为了水不泛滥,能够安宁,所以崇拜大禹。在平台山,这要讲不是我小时候的,我小时候就是烧一个香,拜一拜就结束了。解放前,烧香最快要一个晚上,是有司仪的。为什么这样呢?他是要把全太湖边上的神都要请来。首先要请神,一共一百六十几个神全部请到平台山,要放了东西,要唱神歌。那多了。大禹有大禹的神歌,孟姜有孟姜的神歌。

问:是赞神歌吗?

答:是赞神歌。要把沿太湖的一百六十多个神全部请来。

问:由庙祝来请吗?

答:是的,庙祝,形象一点说就是司仪。请来后就是唱赞神歌,就是歌颂神的丰

功伟绩，要用唱的方式。吴江那边可能就叫赞神歌。我们就叫唱神歌，一样的。下来还要敬神，敬神以后还要悦神，要喜悦，要唱戏。悦神以后再送神。

问：在哪里啊？

答：在平台山。

问：这是开捕的时候吗？

答：开捕前两天。解放前，春天渔民没有捕了，那么就集中在这个山上。集中在山上还有其他事干，要几天了。除了祭神以外，像小孩子念书、招工、两条船有矛盾了，要另外找一条船等这个过程，就在这个时候，这是比较大型的渔民活动。

问：还有别的活动吗？

答：有啊，这种细的东西多着呢。我要出去烧香了，我这条船现在停在渔村这个地方，要出去了，出去之前还要一个小活动，在自己的船上，要祭"船头土地"。

问：是在开船之前吗？

答：对，是在自己的船头上，祭船头的土地。为什么是他呢？土地你们都知道的，土地公公嘛。土地就是管一个区域性的东西。在苏州市有城隍庙，我简单地讲，城隍现在讲好像是苏州市人民政府的土地资源管理局，担当了这个责任。土地就是我们这个镇，有一个土地管理所，他管辖的范围很小但是他是直接管这个地方的，所以也要祭拜他。我反正是要一个立足的地

方，立足的地方就是由土地来管的，开船的时候就是要祭拜这个土地。

问：你们渔民叫这个船头什么？是土地公还是船头公？有没有特定的名称？

答：就叫船头土地。我们在陆地上祭土地，我们在船上就叫船头土地。因为船也是在土地上嘛，所以叫船头土地。具体再细一点我就不太清楚了，渔民习惯上就叫船头土地。现在我们讲，七月半了，祭祖先了，祭祖先之前首先要祭土地。不能忘记他的。所以我讲的这些是我们大船渔民的信仰、习惯。因为太湖里的船来自各地的，有信仰天主教的，信仰天主教的这种都不干的。我们有一部分船是长江里边的，中国的天主就是从长江开始的，从上海往上游慢慢地发展过去，这里的渔民主要在水上发展嘛，有一部分人原来在长江里边，到了太湖后，他的信仰就没有变，就信仰了天主教。到现在为止我们太湖里面有接近二百人信仰天主教。信仰天主教的人就不信仰这个了。因为我们的信仰里既有佛教也有道教。观音什么的都是佛教的大禹啊、五老爷啊总的可以划归为道教，实际上是地方神。

问：那个时候信仰天主教的有多少人？

答：那个时候少了，现在多了。

问：刚才（指上午的采访）提到每天两次开捕前，在平台上太湖的渔民聚在一起祭祀，那么除了祭祀活动外，最主要的活动是什么？

答：祭祀刚才已经讲到了，开捕总是要去的。一般在春天比较大的祭祀活动，规模比较大。这个船啊，太湖里面就是绝大部分的渔船都要集中的，到春天的这次活动，这是一个大型的祭祀活动。没有特殊情况都要去的，这次祭祀活动除了我讲的请神啊这些之外，还有一些生产生活上的一些事，也要在这次祭祀活动中完成。因为平时船与船之间在捕捞的时候碰不到头的，见不到面，需要解决集中来解决的一些事情，就要在这次祭祀活动中〔完成〕。

问：这是67年之前是吧？

答：对，67年之前。到67年学大寨后用不着了，都是集体成产大队来统一安排了。那么，大一点的需要在这次祭祀活动中完成的一个就是落实"对伴"。我要讲一下，这个生产工具有一种冬季的捕捞生产（工具是用来）捕大鱼。捕大鱼时速度要快，四条船作为一组。刚才我不是画了两条吗？还有一种生产工具啊，〔原来的两条船〕拖力还不够，还要两条船。帮助它拖，这网在这个地方，再加两条船变成四条船成为一组。四家人要在这个当中来商量、落实的。也就是要合得来，不要老是要闹矛盾、闹意见，这样不行的，对生产不利的。那么去年我这四条船认为两条倒可以的，还有两条不太舒服，你对我不舒服我对你也不舒服，那么你得离开去找别外的船。四条就是这

样的。另外两条固定的，其他季节不是在冬季，其他我两条固定的，去年我跟你搭配的一条左船、一条右船，我感觉我们两家都不太合适，那么我要跟他搭配了，这样两条船要产生一个领导人，这个被叫作"作主人"。你记一下：有的生产工具需要四条船成为一组，冬季捕大鱼。其他季节捕捞，两条船为一组，寻找合适的"对伴"，需要在这个祭祀的时间内完成。有的船家由于自己劳动力不够，需要寻找帮工，也需要在这个时间内完成。

问：这个组里面的领导叫什么？

答：帮工定下来后，不管四条船还是两条船，都要推举一个"作主人"当指挥员。

问：是选出来的吗？

答：推举，大家推举出来的。比如，你们三个人认为我的捕捞能力比较强，在指挥过程中一致推举我，那么我就当做主人了。也就是生产当中的一个指挥员，这个一般由船主人来当的，帮工是不会当的。他什么时候起网就什么时候起网。第二比较大的事情是"合会"。合会的意思现在可能弄不太清楚，这个也是以前专用的名字，合会现在像类似护助吧。譬如讲我们现在是五户人家，那么每年可能我们都要办一些事情，比如我的船今年要大修了，可能今年一下子拿不出那么多钱，那么我们五个人合拢在一起，都是有事情的人，在这几年中都是有事

情的。我今年要修船，你们每人要拿一万块钱出来，凑给我四万，我自己再出两万或三万，那么我这个船就可以修好了。那么明年如果你要出嫁了，或者还有更大的事情，他们还要排到后面，明年就是排到你，他们又是〔分别〕给一万你，同时我一万也给你了，你这样又办了件大事。那么他在下一年又有大事了，要修建大型的工具，或者其他什么事情，那么后年我们又是每人一万，都给他，你也要同时给他。就是这样依次轮流，譬如最后一年第五年，第一年的钱到了第五年就全部还清了。这样我们的事情就办完了。这个方式叫合会。

问：这五户人家有什么关系？

答：没有什么关系，可能亲戚也有，一般的朋友也有。因为他知道我后年要办事的，那么我必要参加到后年就一下子拿不出那么多钱。就是轮流筹集资金。

问：一般有几户人家？

答：大概有十来户。

问：就十年的时间来解决吗？

答：就是人家办大事筹集资金的一种方式吧。现在也有这种方式，像办企业，几个老板扩大，今年我们几个人凑给你。

问：也就是有点类似互助，大约有十来户人家，若有一户人家需要花一大笔资金做事，要通过其他几户人家一起筹集资金来解决问题。也就是谁缺钱做事，那么其他户人家要给钱，轮流筹

集。一般一年轮一次。

答：还有一种"合会"的方法，我在吴江的农村也听过，但是他们比较强调的是找母亲家的亲戚。如果没有这种血缘关系的话，他们会选好朋友。

问：因为有一个靠不住的话，轮到他他拿不出钱……

答：对对，这种情况会有的。

问：一般找怎么样的人呢？

答：也就是朋友比较说得来的，互相之间比较信任的人。如果我的钱给了你，你没有去建，这种人我是不会跟你合会的。合会对象是比较信任的朋友。

问：刚才还提到母亲家的什么？

答：这个就不是合会了。这是借款。亲戚之间如果够了就不合会了，我的舅舅、姐姐、老伯伯这些钱给我我已经解决我的资金问题了，就用不着合会了。假如这样还不够，我就要去合会了。

问：合会之间借钱，需要凭证吗？

答：字都不识的，不写的，而且他们又不会打官司什么的。凭证没有，都是信得过的。凭证就不一样了，假如这个渔民非常有钱的，我跟你借，但是要利息，这个是实在没有办法〔的情况下〕，亲戚没有了，合会也合会不到了，还少两万块钱，跟渔民当中最有钱的人，跟他商量，他同意了，但是讲好每年利率10%，借款时期是什么时期，回款时期是到几月几号，这是立据为凭，画押。这种是要的，合会都是信得过的朋友。有钱的人也有点像地主

啊什么的，也有的渔民到陆地上去借，到我们光福镇上有钱的人家去借，这种都要立凭的，要利息的。亲戚朋友那儿，办的比较好，稍微给一点利息，给一点东西，这种是不一定的，没有约定的。有钱人家约定的一定要10%。古代人的话叫"立半头"这个又要讲一段了。

问：是高利贷吧？

答：对，"立半头"就是15%的年利率，这就高了。这种人就是靠放高利贷过日子。有钱人越来越有钱。跟现在一样嘛，要投资。放高利贷的人他不怕你的，你到时候不还啊，他要扣船扣人的，这个都要来的。

问：合会差不多了，现在就是供学了。

答：实际上就是办学，我们叫"供学"。因为渔民船比较大，解放前或者我小时候有的人家生活一般还可以，真正穷的人家小孩子也不念书了，供不起。根据我的经济条件，小孩子应该让他念书，那么就到平台山上去找念书的人。这是有规律的，在这个山上有一个地方，古代啊小孩子要念书准备找人，那块石头边上是找帮工的，这个地方找对伴的，这个地方是要合会的，这些人的契约不同，那么我在这棵树下我在吹牛、乘凉，或者在跟你们两个人在聊，他们知道了，他们的小孩子是准备要上学的，那么你们三个人一感觉我们三个人小孩子也正好是上学这个年龄，那么你们一块儿过来了。

在后，有十个、二十个，一般么十几个人吧，不会太多的。因为这个船上有一个舱，我们讲"大舱"。大舱里边正好两个舱，大舱后面有个叫"隔舱"，两个舱差不多可以容纳十到十五个人，那么基本上我们十几个人满了，我们小孩子都要念书，那么我们就谈下来，准备今年念书。念书是这样的，它每年也要放两个假期，却不像现在那样长，最多二十天，夏天稍微长一点，一个月；过年的时候二十天。那么这些小孩子，我说我是头家，你们这些下来哪一家来供呢，你们来抓阄。因为我好像这里的领头人，我来供头家。意思是什么呢？开学做好…譬如讲，今年的三月十五号开学，这十几户人家到哪里碰头，把这几个小孩子都送到我这条船上来，由我来负责这些小孩子的生活、念书、请老师。每年要给老师多少钱，以前是这样的，老师的吃住是由每一户人家的供学来提供的，那么老师要一些工资，譬如讲一个月两块大洋，另外负责每个月上一次岸、理一个发、洗一次澡，这些钱就由你这个船，船家来出。那么这些小孩子第一次就是…譬如讲啊，三月十五号在太湖中的哪个区域当家的船抛锚，抛好以后，用小舢板把小孩子送过来，一户一户都送到船上，我这条船上。老师由我负责去请，他们的睡觉什么的自己带一个简单的…两样东西，一个是被子，第二个是我们叫

"鼠桶"，什么东西呢，就是一个箱子一样的东西吧，住就住在地板上，船板上。不用凳子的，这个箱子就这么高（蒋先生比划中），就在上面念书写字。我满了一个月，你抓阄抓到第二个月，那么又讲好…因为当时没有手机的，又联系不到船上，那么就时间讲好的。到第二个月的几月几号，在哪里，我把这几个小孩子交给你，由你来负责。那么，一个学期满了，结束，下个学期第一个家是哪里，这样轮流，一年下来轮流到了，那么一年就结束。我如果我的孩子来念书不念了，下来就是你们这些人再这样连续下去。一般渔民中最长的念三年书，最多了。那么这是古代叫"私塾"。就请一个老师，不像现在这样念书，一个班级从一年级开始念书，不一样的，它是一个个教的。你念《三字经》，我念《千字文》，你念《百家姓》，他念《春秋》，他念《中庸》，不一样的，一个个这样教的。具体怎么上学法，这个呢…就供学在平台山这个任务，就是这样一个任务。我重新说一下吧，前面跟你们将的是过程。渔民生活好一点的渔民，但儿子，女儿轮不到的，不念书的。但儿子达到入学的年龄，就在这次庙会期间凑满十到十五户人家，组成一个渔家私塾学堂，古代不叫学校的。供学的办法：就是十人家或者十五就是这个意思…孩子家长轮流做东家，这些孩子集中到一条船上，合请一个先生，一块念书。每个家长负责一个月的学生生活、念书及先生的供养，就是工资、生活。

问：你说你的祖父请先生过来到他的船……

答：我的祖父啊？我的祖父就是这样念书的呀，所以他识字。

问：你说祖父在船上叫学生过来念书，跟你的祖母同乡的人是吗？这个情况也叫供学吗？

答：对，我祖父我父亲就是这样念书的。下面还有这些孩子的家长的供是以抓阄的。以抓阄的方式来确定轮流的次序。基本的供学就是在平台山上解决这个事情，具体怎么念法，这个不在这个山上这个活动中确定。念书最长的渔民就像现在研究生毕业了，三年。像我祖父就念一年。这个供学的方式大概延续到1958年。58年过后呢，我们在东山造了一所渔民子弟小学以后，就上渔民子弟小学了。但是上渔民子弟小学的人还不是太多，入学率不是太高，因为有些小孩子小的要独立生活什么的，有困难。家长父母亲都在船上嘛，你只能独立生活了，念大学了技校了。对于农民的私塾要稍微延续一些，农民的私塾解放后就基本没有了，就建小学校了，当时叫洋学堂。

问：58年之后创办的叫什么小学？

答：太湖渔民子弟小学。充其量，只能念到小学毕业。要念初中，就要到其他地方去了。小学就在东山。

问：东山的哪边？

答：东山的石桥头。当时在一个祠堂里边。这个也是有点后话了，这个内容和前面的祭祀活动不是有联系。反正唱戏什么的都属于这个庙会活动。

问：去年我们拜访的时候，听到过撞船时候的争议。

答：也有的时候在山上，有的撞船要及时处理，等不到这个时候。撞船以后的处理呢，以前没有什么仲裁机构、法院什么的。一个是事故比较大而且有争议的这种事故，如果像小的像现在汽车碰一碰，我们内部两个人处理一下就结束了。大的要交警部门来处理，再复杂的要法院来处理。那么以前是不可能有这种机构，在太湖里更不可能有。那么第一个方式叫"吃讲茶"。什么意思呢，就是我们两家是发生事故的当事人，我们约定，我们两家讲不清了，是你撞我的，你说是我撞你的。由于什么风向什么原因，造成了这个事故讲不清了，那我们约定到太湖边上的哪一个地方。双方约定陆地上的一个镇上的茶馆里面，请德高望重的老渔民，很会讲的，有威信的老渔民，来判断事故的责任及赔偿额度。为什么叫"讲茶"呢？因为在茶馆里面除了我们请的当事人或者德高望重的一些人之外，还有一些其他的茶客。茶客会站在公正的立场上说话。有的也不认识的，往往德高望重的人他可能偏向你，由于什么什么原因，有的

时候判出来〔当事人〕不服，那么吃讲茶呢就是一个公开的场合，有公众的人物，总的来讲出于公道，〔使得〕这个事情大家能够信服。还有一个就是我去年讲到的…这是时间比较紧张的、需要及时处理的事件。那么还有一种就是…因为吃讲茶要影响生产的，要停下来要请人。还有一种就是大家弄好以后自己修修，继续生产，那么就等到庙会的时候，因为〔在〕庙会〔上〕，各种各样的人都来了，那么也请德高望重的人来判处这个事件。因为那个时候德高望重的老渔民也在山上，请他们就方便了，否则你是德高望重的我们两家亲戚，你也要生产，要影响生产什么的就比较麻烦了。不是很急的我们自己修一下，再到庙会上去判一下，哦，你应该给我二十块钱，那么就处理掉了。

问：你说的是较大的事故，那么事情较小的如何处理？

答：小的么就双方协商一下处理。比如小的〔事件〕赔款二块钱，好了，我去修修；或者大家都有责任，那么大家自己去修，这个要看情况了。大的而且有争议的，比如我明显撞你的，那么你说二百块钱让我去修，那就二百块钱。就是大家认可的就不需要这种仪式了。这种事情我也是听来的，绝大部分听来的。"讲茶"我小时候还见到过，但是已经是很少很偶然的了。茶馆不像现在的茶馆，以前就是一个

是新闻传播的地方，今天发生什么事大家进行评论，好像〔和〕现在网上博客一样的，以前就在茶馆里面。

问：现在茶馆是打麻将的地方吗？

答：现在的茶馆也不是打麻将…现在不一样了，茶馆的概念不一样了，现在是消遣的地方。

问：我们回到祭祀活动的问题吧。拜神除了在船头以外，其他地方也拜吗？

答：有的。

问：在哪儿？

答：反正只要是这一类的祭祀活动之前，都要拜船头土地的。船上的祭祀活动呢主要是这几个：一个是春节，我们叫过年。祭祀活动呢，就叫过年。我们时间是春节啦。那么过年怎么过法么，以前又是很复杂的。以前又要请神什么的，又是一个晚上。简单地讲，反正就是点蜡烛啊、点香啊、放点菜啊。首先一个，要祭当地的一个地方神。

问：什么地方神？

答：神啊，你在什么地方过年就祭当地的地方神。

问：土地神吗？

答：不是土地神。我举个例子给你讲啊，现在我们这些渔民啊，最多集中在光福那个地方，渔业村。那么现在这个地方有名气的地方神叫"王干爷"。过年的时候，先是土地，它在地上祭的。譬如在楼房，就在门的角落这个地方，放一点菜，菜不多的，就是一个猪肉，

一条鱼，放一点豆腐干，黑木耳什么的几个东西，三个小酒盅，加两个蜡烛一个香，时间也不长。就是磕一下头嘛，倒一点酒，那么这就是土地，就是第一人；第二人就是拜"王干爷"，王干爹，因为你要了解这个东西…那么祭这个王干爹就在台上了。

问：在哪边祭？

答：家里的台上，这个台子呢，要把它转一个方向，转90°。

问：朝哪个放向？会有一个特别的方向吗？

答：比如讲这是一个大厅，厅堂，（蒋先生示意中）刚才不是〔船的〕当中有一个大帆嘛，这个是船尾，这个是船头，这个地方有个大帆有个桅杆，就在这个位置上对着这个桅杆。

问：就是这个台子要对着它？

答：对，就是要对着它。

问：是大帆的对面的意思吗？

答：这个是一条船，在桅杆的后面，好像老爷靠在桅杆上，我向着这边，人朝前，好像神靠在桅杆上。神脸朝船后，人脸朝船前。一般来讲，没有台子就放在这个平板上。

问：门口是在船尾门口吗？

答：我讲的是陆上，像我现在家里。船上就是在船头上，船头土地嘛。现在陆上定居后过年在家里了，那么跟农民差不多了。陆上就不要讲了，就讲船上的吧。祭好以后还要祭"家堂"。"家堂"懂不懂？叫"家堂菩萨"。因为每

一条船上都有个家堂的，这个家堂一般农村里都有的。家堂祭下来祭自己的祖先，三代祖先。

问：家堂菩萨是什么菩萨？

答：家堂菩萨就是供在家里的，以前就是船上它要搞一个叫伏笼的东西，不大的，这么一个东西，用木头做的，叫伏笼，有点像房子，有点像箱子。现在一般人家都没有了，就拿一块布，把家堂菩萨画在布上，一卷，卷好了以后放在……

问：在哪拜？

答：在船上这个地方固定的，家堂菩萨都固定的。那么这样四套议程，过年就结束了。那么，到七月半也是这个过程，一样的，跟过年是一样的。但是这个四套内容是不一样的。请王干爷还要十六个茶杯，要喝茶什么的，菜也有一点变化，酒盅也有一点变化，酒盅是每一户人家是不一样的。我的祖先是三十位就三十个酒盅，今年又过世一位了，就三十一个酒盅。只有三代，因为古代啊三代以外就不是我的祖先了。

问：为什么呢？

答：第四代太远了，不像孔子的子孙七十二代什么的。

问：三代祖先也包括爷爷吗？

答：爷爷包括的。我上面反正三代，我爸爸过世了。因为爸爸没过世呢，是这个年是爸爸过的。像我儿子他没有名义过年，因为我还在是我过的年，我

上面的三代就是我的父亲、我的爷爷和我的曾祖父。比如我过世了，我儿子过年至于过不过是另外一回事。等我儿子过年就到我祖父一代，这样三代。好像三代以外不是属于祖先了，是这样的习惯。所以到我儿子那一代，这个酒盅就有变化了，因为这个人数不一样了。那么这个也是大概呀，我说个笑话啊，我的一个婶婶，我的一个长辈，堂房的婶婶。她发现了…也是有点搞什么迷信的，她说在抗日战争的时候，就是我的曾祖父的这一辈下面有一个小孩子跟我祖父是同辈的，这个人跟当时国民党当兵去了，就拉壮丁拉去了。拉去以后从来没有回来过，我们又不知道的，那么后来祭祖的时候拜年的时候要放一个种子，否则他现在不太平。就通知我们这个种子要过年的时候祭祖的时候要放上去，就是来确定的。我讲的这是祭祖。王干爷呢他是十六个杯子是确定的，〔除了〕王干爷〔其他〕什么人就不知道了。

问：王干爷有十六个杯子吗？

答：对，用茶的。茶杯十六个，十二个酒盅也是固定的。这个具体的不要管他，我也搞不清楚的，再下一代我儿子根本搞不清楚。七月半也是一样的，其他的祭祖、拜家堂什么的要拜的就是儿子要结婚了，结婚之前又要这样搞，规模还要比过年大一点。也就是跟上平台山一样了。沿湖各地的神都邀请，

叫"赕佛"。简单地讲，也就是刚才说的请神、赞神、敬神、悦神、送神这些过程。就是儿子、女儿，女儿出嫁之前也要搞，儿子结婚之前也要搞。没有这种事就不搞了。常年地就是过年、七月半。

问：当时你们船上有没有祖先的牌位？

答：没有的。

问：拜祖先的时候怎么拜呢？

答：拜祖先的时候不用什么东西，现在简化了，不用什么东西，以前要买纸的，画像的，叫"麻纸"，折成一条一条的，上面是尖的。

问：是红色的？

答：红色的、花色的，红的、黄的这样印出来。有的买的，就挂在这个大箱子上，用一根线就挂在这根线上。这个排位哪里去了呢？以前是有的了，刚过世的时候都是有牌位的，以前农村排位要放到祠堂里边，我们渔民的牌位怎么处理的呢？人过世以后要"做七"，"一七"、"二七"、"三七"、"四七"、"五七"。照理是"七七"啦，但是我们这里只到"五七"。"五七"就是做一个仪式，这个仪式有比较复杂。反正这个人是乘鹤西归了。我们叫乘鹤西归，就是这个人上天了。"五七"做一个晚上，因为人死掉以后好像是要送到天上去，在这个时候把他所有的东西全部烧掉了。

问：牌位也烧掉了？

答：牌位也烧掉了。就给他了的意思，没有了，结束了，这是我们渔民的习惯。为什么渔民只有"五七"呢，因为当时去捕捞啊，没有那么多时间，要出去了就简化了，到"五七"就全部结束。

问：人死后埋葬的方式是土葬吗？

答：土葬，当时都是土葬。我们这里火葬要到68年。我祖父祖母都是火葬。

问：你爷爷奶奶的坟墓在哪里？

答：爷爷奶奶的坟墓就在这个渔村的山头上，入土为安嘛。这个山叫白浮山，白浮山南侧。

问：现在那边还有坟墓吗？

答：有坟墓。

问：清明节的时候要拜吗？

答：要的。清明节上坟又是一个祭祀活动。我们这儿清明节上坟简的，有的又跟过年、七月半一样的。清明节上坟就是扫墓呀，我们就带点菜、带点香火。清明节我们这里一般在清明前一点，不到清明正节，而且前一天也不能上坟的，清明节前一天，叫"浪荡日"。

问：清明节的前一天是不是因为天气不太好，不能捕鱼？

答：不是，不是这个意思。不关你捕鱼不捕鱼。我们这里的传说啊，你是研究这方面的所以我讲一讲。清明节这一天本是很繁忙的日子，清明节的前一天，这里的土地公公要到天上的玉皇大帝那儿去报到，就是去汇报工作了。土地公公不在，那么我们的祖先就放假了。去玩了，出差去了。那天你去上坟他吃不到，他不在呀。他要到正清明才回来。那么我们为什么在正清明又不去了呢？好像对祖先的尊重还不够，要等到最后一天才去祭他，你要提前一点。所以过年啊，七月半啊，我们七月半在农历的六月十七、八吧就过掉了。清明节也是这样，肯定在清明节的前几天，像我们上班的总在清明节的前几天的星期天、星期六才去。我们女儿不去的，我女儿出嫁以后不去上坟的，嫁出去的女儿泼出去的水。儿子呢，如果他在念书没办法，星期天尽量抽空一块儿跟我去，意思就是教育他不忘祖先。一般我跟我老太婆早晨带一点菜，菜一般是鱼、肉、鸡还有三个素菜，我们平时讲是三荤三素。鱼要是整条的，鲤鱼，肉要肋条肉，这个肋条肉也不是切开的而是整条的。三个素呢几样东西一定是要有的：豆腐干、黄豆芽（如意菜）、青菜（万年青）。以前上坟就这三荤三素，现在经济发展了伙食也要改善了，各个人家也会不一样，加一些肉圆，反正好一点的菜也要加一点。当然坟上地方不是太大，多了也放不下。一般是八到十个菜。加青圆子、还有饭、酒。坟里有几个祖先就放几个酒盅。香、蜡烛，还有锡箔做的元宝，还有一个就是纸钱，红绿黄白的叫作"飘钱纸"插在坟上的。这就是清明扫墓，我们叫"上坟"。半天时间左右。坟边

有什么茅草就插一些青圆子在上面，不拿回来的。

问：白浮山也有其他人家的坟墓吗？

答：上面有四、五百人可能不止吧，都变坟山了，因为渔民没有地方葬，都葬在这个山上。

问：都是渔民的吗？

答：都是渔民的。现在葬不下了，到公墓上又满了。

问：现在还有渔民在清明节的时候去那边吗？

答：多，家家都要去。你看这个坟上了没有就看这个标签纸，这个纸插上去了就说明上过坟了。我管的时候清明去上坟的人不得了，要防火很紧张，不知道要多少人上坟了。

问：你做什么呢？

答：我当时当副书记的时候管党务，共产党的事务，发展党员啊、党员教育啊。我后来就当人大主席了，人大主席的时候就分管农业，这个农业就包括山林防火什么的都属于农业的。这个热闹了，清明节的时候到我们白浮山这个前两个星期不会没有人的在山上。其他地方多了，我们光福这个公墓也很多，因为山多了以后外来的坟啊。我们一共人口只有四万多一点，我们有五万个坟，也形成了一个文化了，扫墓文化。因为渔民是渔民的风格，有的比如说上海龚学平（现任上海市人大常委会主任）的母亲的坟葬在我们镇政府的后面。这种文化风格都不一

样的。

问：我们回到蒋先生十二岁之前的情况。你有没有念过书？

答：念过三年半书。在渔船上是到十二岁，后来农业学大寨了，到了1967年，我们农业学大寨呢…我当时还不满十六岁，不是劳动力，我祖父祖母已经超过六十岁，也不是劳动力，只能上岸，这个船就给别人去用了。上岸以后呢就在白浮山上新造的渔民改造的房子，我就分到一个三十五平方米的房子。

问：地点在哪儿？

答：白浮山，当时还不叫白浮山，解放前叫白浮山文革期间叫"红湖山"。我就定居在红湖山上，当时白色都不好的都要红啊。〔因为〕上学年龄早过了，但是山上还没有小学，正在建，但是解放前在这个山上广东人搞了一个孤儿院有大概十来间房子在改造。68年的9月1号开始念书。念了两个星期的一年级，由于我祖父识一点字，我在童年的时候跟祖父认了一点字，当时在文革中间，早晨一直要念报纸，学习的，早读啊。由于当时教我的老师水平也不高，在念书的时候碰到不识的字要问我的。有的字我还识的，所以念了两个星期的一年级以后，老师说你念三年级吧。那么两到三星期后我就念三年级了，坐还是坐在那里，就是换本书嘛。因为年纪大了十四岁了，我就念了一年三年级。这一年呢我就念完了一个三年级。第二年念四年级，

就是69年的9月1号到70年的9月1号之前，实际上是七月几号放假，这个一年我是四年级。当时我16岁，成为劳动力了，家里很穷，祖父祖母没有劳动力没有收入，我当时学费都交不起，很穷啊，我决定就不念了。因为当时十六岁了可以劳动了，我当时念书还属于比较好的，老师这时劝我你还是念吧，小学不要念了。因为十六岁了，坐在小学不像样子。（老师说）你去念初中吧，后来四年级念完了，当时以为一共只有五年级，不像现在有六年级的，小学就是五年。到十六岁的时候我就去念初中，又念了一年初中正好碰到春季招生，原来秋季招生就是九月一号入学啊，碰到春季开始招一年级，一年级升两年级也是春季，照理一年级我初一念完以后第二年应该念初二了，不该年初二因为当时念书很马虎的不像你们现在那么紧张。所以再过半年再升初二，所以我就再念了初一，就是一年半初一。一年半初一念完以后呢，我就不念了，没有毕业。照理再念一年就初中毕业了，但是家里实在没钱了。念一年初中当时是免交学费但是后来我年纪大了，就不念了，考试劳动。71年开始我当时已经在渔民中属于有文化的人了，念了三年半的书了。因为他们在要毕业的人呢还没毕业还没出来，没有到这个社会上，正好碰到当时围湖造田啊，结束了。70年开始围，围到71年围好

了。当然，这个围湖造田我在放暑假放寒假的时候也参与的，半干半读嘛。后来呢要种田了，当时买了一辆柴油机灌水，要识字的人、有文化的人管这个东西。当时我属于有文化的，所以我就去开柴油机，就是抽水管理员。

问：抽水管理员在捕捞大队里面吗？

答：渔业村里面，当时的渔业大队。干了一年，第二年我去负责一个生产队，半个生产队。当时为了提高生产积极性，把一个生产队的劳动力划分为两个，为了劳动竞争。围湖造田的土地，一部分人捕鱼，一部分人造田。一个生产队在陆上的一半人一半地当时归我管。当时我是生产作业组组长，就是72年了。在这个时候我干了一年，这个时候东山的渔民子弟小学搬到这边来了。把这边的渔民子弟都搬到白浮山来了，要把渔民的学生扩大了。搬过来以后，大批的渔民子弟都要上学，当时上学的人不多，在船上的绝大部分都没有上学。为了使这些人能够上学，当时缺少老师了，选来选去还是我，那么我就去当老师了，去了三年。反正这个是民办教师，也是占工分的，大队里面拿工分的。你去教书，这是一种分工。于是我又当了三年半的民办教师，到了1976年正好毛泽东逝世的时候，当时渔民当中还有很多文盲，要扫盲。镇里成立扫盲办公室，我就调到这个扫盲办公室里去工作了。

问：是光福镇吗？

答：是太湖镇，太湖公社。主要负责全公社的扫盲工作。到78年就当了镇的团委副书记；82年当团委书记；下来就是工作简历了，到87年当太湖公社党委宣传委员；到91年当党委副书记；到2001年到光福镇当党委副书记；2006年开始，光福镇人大主席；2010年就退二线，我们叫主任科员。

问：这个是光福镇主任科员吗？

答：对。就是虚职了，不是领导职务，是非领导职务。就是给你这样一个职位，给你工资奖金，不要上班了。

问：你团委书记的时候是共青团吧？

答：对。

问：你87年开始当宣传委员后，主要是管哪个方面的？

答：宣传工作，党的宣传工作。

问：管农业吗？

答：不管，这个还是党务工作。就是党的宣传、组织、纪律。直接兼纪委书记的。

问：你当干部的时候跟渔业有关系吗？

答：没有关系。当人大主席的时候除了人大工作之外，我分管一个农业生产。那个时候渔业也管的，渔业属于农业。

问：昨天你介绍你70年代以后的工作，那78年以后你当镇党委副书记，那个镇叫什么？

答：当时叫吴县，就是苏州市的吴县太湖公社，团委副书记。

问：你当副书记的时候，有没有做过和其他团委副书记不一样的内容？

答：工作内容我主要当时有个团委书记，他负责农村工作的，所以共青团的工作就是我管。共青团的工作具体来说一个也是要学习，因为年轻人嘛。第二个要组织他们搞一些特别的活动。

问：特别的活动有些什么？

答：不叫特别的活动，叫突击活动。突击活动共青团有这项任务的。

问：突击什么？

答：你问我什么突击活动呢？譬如讲，发洪水了，大坝冲掉了，那么要组织共青团员来抢修，不管你白天晚上；山上要进行一些绿化、种树，那么组织共青团去做，都是义务的，不给报酬的。

问：还有没有其他工作？

答：其他多着了，类似突发性的这种事，带领共青团员搞这些活动。还有譬如讲，文艺宣传，我那个二胡就是那时候搞的，有一个宣传队，搞一些文艺宣传。主要干这些活动，其他镇里中心活动也都要配合做的。

问：用什么样的方法来宣传呢？

答：我刚才讲的是文艺宣传，我们当时施行计划生育，要对年轻人进行宣传。那么我们自己写一个像剧本一样的，有的时候排一个什么戏啊，歌舞啊，告诉大家要进行计划生育，这个内容当时很多很多的。搞些文艺宣传，那么排练好了以后到了各个村去演出。其实是一种感化，叫你们去实行计划生育。跟我写回忆录啦？是不是给我写

回忆录啦？

问：82年您当书记了吧？

答：对，团委书记。

问：工作内容比以前多吗？

答：工作内容差不多，但比以前要加一些中心工作。譬如讲，我当时就要蹲一个点，蹲点就蹲在渔村里面。当时镇里安排我一个工作，你这个渔村里面的工作你一定要一块协助村里去做工作。那么包括捕捞生产啊什么的都要协助去工作。包括渔民的水产品上交上来收购上来，我要下湖去做这些工作。蹲点，协助当时的大队，大队的行政工作。大队就是现在的村，但是现在的村比当时的大队大。因为这是三个村并起来的一个村，当时一个叫湖中、一个叫湖胜、一个叫湖丰，三个大队组成了现在的叫渔港村。

问：是哪一年？

答：这个是04年吧。当时么我就在那个比较大的湖中村，蹲点就蹲在湖中村。

问：这个是最大的吗？

答：对，当时有二千五百人吧。

问：这么多？

答：现在要四千多了。

问：整个渔港吗？

答：嗯。

问：那这个村很大？

答：还不算答，都并在一起了，我们还有七千多人的村。

问：湖中大队在这附近吗？

答：我们这里湖中、湖胜、湖丰啊，它是

这个山就是原来这个三个大队的。那么我们这个农户呢，路上定居的时候造房子啊，也乱的，分不清哪一块是湖中哪一块是湖丰，可能你是湖中的，你的房子的隔壁我是湖胜的。本来就是这些渔民本来就是一个系统一家的。这个婚姻关系什么的比较接近的。所以这三个大队组成一个村呢它本来就是一个系统的，所以这个风俗习惯、宗教信仰基本上是一样的。我讲这个信仰天主教的渔民就不是这个村。这个村没有的。

问：本来为什么有三个大队呢？

答：有三个大队是因为历史沿革的问题。因为当时这个大队划分就比较小，不像现在全国各地划分的村都是大的，都是并起来的。包括镇也是并起来的。原来我们太湖公社也是一个镇实际上，光福是光福公社，现在太湖跟光福并起来变成光福镇。原来的划分这个单位比较小，这个和当时农业学大寨有关系。因为大队是一个基本的核算单位，我这个湖胜大队的收入，收入跟大家来分配跟这个湖中大队是不一样的，但是湖胜大队的收入大家是一样的。这个跟当时的体制有关系。刚才三个人〔指〕中间两个就是湖胜的，我原来也就是湖胜的。另一个姓王的是湖中的，现在一块了。

问：您也是湖胜的是吗？当时当湖中的书记是吗？

答：我啊？不是。蹲点在湖中，蹲点就是

公社，我是属于公社的人了派到这里大队来，协助他们村里一块工作。协助工作不是共青团工作，主要是行政工作。

问：当时你任团委副书记和书记的时候，比较难做难处理的事情是什么？

答：难处理的事情啊？我要想想了。好像特别困难的事情，当时不多的。当时的共青团员是一呼百应的。

问：是不是共青团的人数很少？

答：不是很少。因为当时有当时的情况。现在不要说是共青团员了，就算是共产党员号召大家都有困难了。当时都是因为这个时期还是共青团员一般都是满十六岁了，是劳动力了。我叫你来参加我的活动啊，你在生产队里面还是给你记工分的。也就是有工资，我说今天要去干什么，或者今天下午通知你去烈士墓去扫墓，那么通知你来你还是生产队里不去劳动啊，但是跟我去扫墓啊还是有工资的。举个例子，当时还叫报酬啊，当时是有报酬的。所以我今天请两百个人来，他们还很愿意来，搞些活动，现在要组织一些人呢，就很困难了。当时老百姓开会大家都参加，没有人不参加的。跟你去乡里，校长说今天有什么活动反正学生们跟着一块儿去参加。但是社会上就不是这样了，你通知开会我可以去可以不去。当时共青团工作有什么困难一般没什么困难。真要党委有什么号召需要搞什么活动，我们马上组织人，开展这个活动把任务完成，所以我没有碰到什么特别大的苦难。比较顺利。那么到后来当宣传委员有一点的困难。

问：1982年湖中湖胜湖丰三个大队成立渔港村，那1967年上岸的时候，三个大队是一样的地方上岸吗？

答：对，都一样的。因为围湖造田都是一块湖。

问：那时候怎么上岸的呢？一段一段上岸的吗？盖房子是一段一段上岸的吗？

答：对对对。这个当时根据条件。

问：什么时候开始上岸的呢？

答：像我属于早的，属于67年，有的么到八几年的也有。陆陆续续上岸的，不是一下子全部造好。

问：最后上岸是哪一年呢？

答：最后好像集体没有上完，就是结束，没有完成这个任务。也就是说到后还有没有房子的人家，到现在可能还有个别的没有房子。但是到了改革开放后就集体不造房子了，要上岸就自己造房子，有的人家一下子自己没有这个能力，那么也就没有房子了，但是很少。陆陆续续地一直都到改革开放后一直到90年代，反正陆陆续续定居。那么最近这边又造了很多房子吗？就是当时还没有房子的现在还在上岸。这是一个比较长期的任务，因为当时土地有限。

问：上岸的时候，有不愿意住在陆上的人吗？

答：有的，你问呢这个……不奇怪。渔民啊像这种老渔民跟你们日本的生活方式是一样的。它这个凳子啊不习惯的。还有这个老渔民吃饭在台子上，现在有家了嘛过不了三分钟他这个鞋就脱掉。就是要这样坐的，当时有这样一部分的，像我当时我的祖母啊，要叫她上岸了，船摇给人家了，她就哭了。虽然她是农村出来的，但是很年轻就嫁到船上去了，船没有了，要住到房子里去了，不适应了就哭了。那么有的，为什么你看这种船你看么不用，但是看像有人的，就是这些老人他们长期生活在船上，不愿意到房子里去，儿子有房子叫他们去住他们不愿意，要住在船上。他感觉各方面都方便，像我感觉这船上电都没有、电风扇没有，这个生活很不方便，冲水马桶什么都没有。但是他就习惯了，就喜欢这样，他也没有凳子什么的，在船上就是这样子的，他习惯了。所以你问这种问题呢，当时是有这种情况的。特别是像我是第一批上岸的人，不适应的人很多。好像走到另一种生活状态中间了，好像自己不习惯，有点害怕。是存在这个问题，那么现在慢慢地……特别是随着时间的变化，我们都称老人了，我们这一代慢慢地适应了，那么我们的下一代更适应了。年纪轻的没有房子对他来说生活是不方便的，但是对于年纪大的，现在你到破船上去老人还是蛮多的，一方面他舍不得这条船，要看住。不像房子可以锁起来。它锁不掉，他要看守着。第二个，还是关键，就是自己习惯在船上生活。他宁可在船上烧一点饭。像我刚上岸的时候这个凳子也是不习惯，这个脚一直要这样的(蒋先生比划中)。但是现在几十年过去了，现在就这样了。但是像我儿子就不行，我就可以了，这是船上的习惯。

问：政府帮他们盖的房子吗？

答：不是政府，是大队。大队当时集体有积累，有公共积累造房子。然后分配给渔民。

问：如果渔民不太习惯陆上生活又回到船上，大队政府会跟渔民罚款吗？

答：没有罚款，当时没有罚款，当时只能做工作。因为农业学大寨的时候你这个人差不多六十岁了，丧失劳动力了，动员你住到那个房子里。因为这个船不能给你再转。这是有个过程发的，慢慢地。逐步地在适应。特别不适应的一代人慢慢地也过世了。那么年纪轻的慢慢地就习惯了。罚款没有的，当时没有罚款。市场经济之后才有罚款，以前没有罚款的。当时只有教育，你开汽车了违章了，不罚款的。告诉你你以后不能这样。严重一点违法的，要么拘留的拘留，判刑的判刑。没有罚款的。

问：湖中、湖胜、湖丰是怎么组成的？哪一年成立的？

答：这个我给你的资料里有。这叫历史沿革。它变得比较多了，有的时候叫旗，有的时候叫乡，有的时候叫大队。这个呢，解放过后……

问：都有吗？

答：都有。你看看这个历史沿革，这个讲起来比较复杂。可能年份要查资料了，可能我记不得了。当时我还小，58年我才几岁。58年么就成立了人民公社。当时还……因为解放以后我们国家不是还实行了三大改造嘛，改造了以后当时是合作化的道路，当时都是私有制嘛，合作化后有初级社、互助组、高级社。然后条件比较成熟了以后就组成了人民公社。这有一个过程的。

问：渔港村的干部是什么级别的？

答：刚刚成立的时候渔港村大概有十二、三个人吧。

问：官阶最高的是书记吗？

答：那个是党支部书记。

问：你记得他的姓名吗？是刚才的王先生(指王礼庭)吗？

答：不是，他还早了。他原来是湖中村的书记。湖中村的书记一段时间也调到湖胜村当书记。刚成立的时候，早晨都还在这个书记跟我喝了一会儿茶，也姓蒋。

问：87年呢？

答：87年就当了太湖公社的党委宣传委员。

问：主要的工作内容是什么？

答：主要的工作内容就是么宣传嘛，就是教育人的。要把这些党员啊，要把教育好，当然我自己反思啊，没有把这个任务完成好。当然也不是我一个地方的问题。干什么，首先带对共产主义信仰要坚定，共产党员嘛，这个要我宣传。那么信仰要坚定就是坚定马克思主义。反正这个呢也就是说共产党员的理想要坚定，就是坚定马克思主义，坚定马克思主义什么，就是坚定马克思主义的辩证唯物论和历史唯物论，还有一个就是唯物辩证法。这叫马克思主义的立场。那么，讲到唯物论刚才唱的那些东西（指赞神歌）就不是了，这是唯心论的东西。这是首要的任务，对党员要进行教育。还有一个教育呢，就是人生观、世界观、道德观要进行教育，你人活得怎样才算有意义，个人是不一样的。有的人认为挣钱多、生活好、老婆讨得多就是有意义的。对共产党员来说这是不对的，这是人生观的问题。要对社会做出贡献，人生观就是人活着怎样才算有意义，也就是说，一为了共产主义的事业做出贡献；第二，为社会向前进步，你要做出贡献。当然还有很多。还有一个是世界观，世界观就是对整个世界来看，那么也就是我讲的马克思主义，世界是物质的还是精神的。那么马克思认为世界是由物质组成的，精神是由物质的反映。人在脑子里面的反映，叫精神叫意识。这是世界观，我是简单地讲，这个上学念书可能要念一个学期。道德观，那么当时我们宣传的道德观主要还是毫不

利己，专门利人。共产党员要有这样一种道德观。当然后来就是我们中华民族的共同理想，就是讲得简单一点，一个中心，两个基本点。以经济建设为中心，坚持改革开放。这些都是应有的道德观。那么这也是重要的一个内容要进行教育。第三个要宣传的呢要教育的呢也就是共产党员在自己的岗位上如何发挥自己的先锋模范作用。这也是需要教育的。其他有的时候比较空的。这个是实实在在的，譬如讲我当宣传委员你在这个岗位上如何为我们的党、为我们的国家、为我们的人民作出应有的贡献。第四个要教育的呢就是不以权谋私。这个呢，重点呢对领导干部。你手中有权了，不能以权谋私。要为人民的利益服务，要为人民大众服务，不以权谋私。也就是不能腐败吧，讲得简单一点。

问：第四个内容重点在干部上？

答：不以权谋私。因为一般的党员也没有什么权，重点教育的是干部，比如村级干部，反正是有权的。这个事情我叫你干，亲戚朋友叫你干，一般老百姓就不干，这个就是不对的。那么还有有利的干，不利的不干，对自己有利的就干了，对别人不利的就不干了，就是这个意思。其他的反正也不要说了，反正重点主要这些。所以有好多知识呢小陈啊你感觉我还是有一点点知识，是吧，那么好多知识可能我在那个时期之内，当宣传委员时期之内，

有的时候像演讲一样，我要跟共产党员去演讲，跟基层的干部我要去讲。今天我要讲的主题，譬如讲，三个观，人生观、价值观、道德观。你要讲你首先自己要了解一下。那么要学。那么包括对一些马克思主义的基本理论，譬如讲唯物辩证法，马克思怎么说的。简单一点讲，你接触到的事物的发展这个认识事物的过程是怎么认识的。事物的变化是怎么变化的。它有量变到质变。什么叫量变？量变以后为什么会发生质变？这些都是基本的原理，那么要学习。那个时候我的年纪跟你们差不多大吧。我好像87年33岁吧。33岁，那个时候开始自己接触一些东西，要学，那么所以包括历史啊、党的历史啊，近代史啊，从鸦片战争过后，特别是党的历史我是比较熟悉的。大家党员上党课，给党员上历史基本上也不用看什么稿子。我们讲党的历史不是把年代讲得很清楚，而是总结它的规律。在历史上，碰到很关键的时期，共产党员能够走出困境最后取得胜利去总结一下，它归根结底它的成功的经验在哪里，用到我们来借鉴。有的譬如讲，有次什么会议上毛主席讲的什么话到今天都有用。譬如讲，胡锦涛就讲了"两个务必"吗，到今天还是很管用，很重要。都是那个时候自己学一点，自己看书，也没什么老师。所以我看书应该是比较勤奋的，什么书都要看一点，你说精也不精的，

深也不深的，稍微懂一点。有的时候自己再思考一下。这种现象就慢慢地出现了。包括你开一个会党员不一定来参加的，他不参加了。那么这样对党的先进性，对党的先进模范作用带来了损坏，当然不是我一个地方。这是一种大的趋势。江泽民在这种情况下提出了"三个代表"。

问：回到刚才说到一半的87年到91年。

答：87年到91年做党委副书记。

问：对，工作上有没有遇到什么困难？

答：有的，因为这个时期呢〔党员的思想〕不像我做团委书记那个时候的单纯。人的思想开始多元化，因为改革开放以后，党员的思想也比较活跃。就是从正面来讲是活跃，反面来讲就是党员组织的话不一定听了，特别是一切向钱看的思想严重了。因为80年代改革开放，87年思想开始渐渐成熟了，和当时的路线方针都有关系。

问：具体发生了什么事情？

答：这种大的就不要讲了，就讲小的例子吧。譬如讲党员出现了赌博的现象，对我来讲是失职，党员不能赌博的，但是个别出现了，慢慢地也增多了这是我的一种苦恼。要么是开除、处理、警告，这不是办法呀。但是很难实现我当时工作的目标。我举一个例子，譬如讲，政令不畅通，党委讲的话下面执行不力。这种现象都慢慢地出现了。包括你要开一个会，党员不一定来参加了，他不参加了。这样对党的先进

性，对党的这个先锋模范作用都带来的损坏。当然这不是我一个地方，这是一个大的趋势。江泽民在这种情况下所以提出了"三个代表"。所以当时我也是碰到的比较大的困难。另外一个困难是主要讲到我的一个工作。当时我还兼任一个太湖公社外贸公司的一个经理。后来是被允许的，但这个公司不是要我去赚钱，而是响应当时政府的要求发展外向型经济。外向型经济有两个方面吧，一个就是要我们的产品要出口，我们太湖公社当时唯一的出口产品就是银鱼，出口到日本东京地区。

问：银鱼是唯一的？

答：当时没有什么东西可以出口啊，不像现在外贸的东西多了。当时我们整个苏州出口的东西很少，出口银鱼。当时县里面给我的指标很大，完不成任务，这就是困难，完不成，当时领导就说你这经理怎么当啊，怎么完不成指标啊？你完不成任务当时的压力是很大的，也不是我一个人〔压力〕大，其他镇里的公社都大。另外一个任务，要办合资项目。现在不稀奇了，现在在苏州日本人投资的很多，现在是土地没有了，你要我反而没这个条件。当时是招客人，所以我当时也接触了一些日本的朋友，还有其他各国的朋友。包括到欧洲去都是为了这个任务。要求合资项目，说起来当时的要求也不高。当时就是要有一个项目，就是

外商投资项目。我到处要去找啊，但是有的时候也完不成。合资项目不是一般的项目，要有外国人投资的。当然我们当时香港还没有回归了，香港、澳门、台湾的投资的，都算合资项目。当时开始就都叫中外合资，后来想想台湾的叫中外合资呢〔不适合〕，所以现在叫台资企业。当时主要还是东南亚。当时找来找去我找了一个香港人，办成了一个合资项目那还好。那么当时几年任务一直完成得不好，压力很大，睡觉也睡不好。当时你一个年轻，好胜；第二个，这是我的责任，没有完成很内疚。那你也说困难，这个时期是最大的。

问：你刚说第一个困难是出现了赌博现象吗？

答：对，这是我举的一个例子。赌博，在这个时间中党员慢慢出现了赌博啊，出现了向钱看啊，党的观念淡薄啊，都是我的任务呀，我没有教育好啊。但是我也是很纠结的，一下子要扭转这个局面。到现在还没解决好，这是大趋势所决定。

问：出口到日本东京的银鱼是干的吧？

答：不是干的，是新鲜的、加工好以后包装成一公斤一块。这样包装得像砖，比砖还宽这样的一块一块的，冻起来的，冷冻的。那么日本东京地区的就是我们刚才吃的这个银鱼，还有这个大的，都到香港。那么香港当时我们也算出口。现在讲起来不叫出口不出

口无所谓，当时因为还没有回归嘛。大的，日本呢大的不要的，要小的。香港要大的，大的呢他们不叫银鱼，叫"财鱼"。当时他们经济意识比我们强，讨个好口彩。大银鱼就是我们出口到香港。

问：我在广东没有看过银鱼。

答：那边很少。

问：香港人爱吃财鱼吗？

答：对对对，其实吃起来是差不多的。但是他们感觉财鱼、财鱼、就是有财，就是财富。在这个过程中，我好像前面当团委书记的时候还喜欢摄影，拍了一个照片，在中国的大棚摄影中还得过奖。

问：现在还有吗？

答：没有了。搬家搬掉了。当宣传委员的时候，我写过一篇散文叫《秋捕》秋天捕鱼吧。在我们当时《吴县报》上登了以后，我们江苏省对这个副刊评比的时候，我得了一个三等奖。就是我们《吴县报》送的作品中唯一一个得奖的。

问：你什么时候在外贸公司当经理的？

答：我大概是88年-90年。

问：公司一成立就当经理吗？

答：一成立就当经理。哦，不对是87年。87年成立的，所以当时一成立，我们吴县就组织了改革开放的前沿到深圳去，我可能还是镇里第一个人去。深圳不是开放的地方嘛，一个特区嘛。

问：深圳哪一年变成特区的？

答：深圳84年吧。我当时去房子还很少，就是有几栋大楼，还是老的房子。火车站那个地方还有点热闹。当时好像那边还有田的，现在轻轨都在那里边了。

问：我第一次去也是91年的时候啊。

答：我87年呀，87年大的建筑也不多的，好像只有一幢上面有摩天轮转的什么东西。

问：这个外贸公司什么时候倒闭的？

答：不是倒闭，后来呢我们国家规定政府机关不允许办公司，全部都一样了，当时那个公司也是行政公司。不是专门做生意赚钱什么的，主要是一个搞现在讲起来是招商引资，第二的是搞出口工作。大概是到95、96后来不是我当了，大概是95年吧。到95年就结束，没有了。

问：这个公司以前在哪里？

答：就在我们公社里，太湖公社里。

问：没有独立的建筑吗？

答：没有没有。公社里面一间房子挂一块牌子就是了。有三四个人。三四个人都是兼职的，不是专职的。

问：银鱼现在也出口吗？

答：现在不行了。

问：为什么？

答：现在我不清楚，听说一个可能〔日本人〕不太喜欢，第二个好像是太湖的水质不是太好，可能有什么超标的东西。日本的食品要求很高，都有标准的，比如大肠杆菌一超标可能就不行了。少量的可能还有，有的可能是民间的出去的。

问：现在我们日本的蔬菜很多是从中国进口的，而且国内的食品安全也有些问题。

答：现在的蔬菜都不敢点，这种青菜什么的搞不清楚，你打农药这个农药你弄不清楚的。

问：你自己吃的菜是自己种的？

答：不是。自己没有土地呀。是今天我点了丝瓜皮去了稍微好一点。至于打不打农药我也搞不清楚，毛豆呢一般不需要打农药。两个野菜实际上是野草呀，这种也没有农药的。

问：再问一下91年以后的情况好吗？

答：就是副书记，我是专职的副书记，主要负责党务工作。当时我还在太湖，这个十年中我主要干什么呢，这个当中我还兼任宣传委员。跟宣传委员比，再多了两项工作。一项就是组织工作，党务就是宣传组织工作，还有一个就是纪律检查工作。宣传工作就不要讲了，就是教育人，培养人。组织工作呢一个是把党员这支队伍弄好，在册登记，档案资料这些工作要做好，再有是人事安排。譬如讲根据这个情况，这个大队这个书记要不要换，要添一个人去考察哪一个人比较合适、这个大队里的副书记哪一个人来当。包括三年一届，这些都是组织工作，反正党员干部都是组织干部在管的。中央就是李源潮，这都是组织上的事，就

是组织工作。还有一个就是纪律检查工作，有一个人举报来信了，某某人贪污、受贿，以权谋私这种事情发现了就要去查。查清楚了就该处分。根据党的纪律检查的条例，你这样一个错误这叫违纪，还没有违法，你违纪了就给你处分。分为警告、严重警告、留党察看，严重的就是开除党籍。嫖娼的话肯定是开除党籍。这是红线，中纪委明确规定的，只要查明嫖娼，那么肯定是开除党籍。这个要取证，跟查案件一样，要取证也要经得起历史的检验，不能有冤假错案。我是举个例子，违纪的有很多很多，你渎职、失职都算的。你干的事情没干好，最后出事情了，案件工作要干好，你没有干好好死人的。这个跟譬如讲在上海铁路局出了事情，铁道部马上把上海的局长书记分管的，副局长都免职了，现在是免职后面会调查清楚。什么责任就有什么处罚。我是党内的，注意违法的要移交司法部门，要判刑的。

问：违纪是党内处理吗？

答：内部处理。

问：违法的话就交给司法部门处理吗？

答：对。因为我不好判刑的，不好枪毙的呀，有的要枪毙的。党内处理就是违纪，违纪就是违反了党的纪律，就是我前面讲的几种处理。你这个选举权和被选举权都没有了。开除党籍就不是党员了，是最严重的。刚才我就举了一个例子，你进红灯区就要开除党

籍。这个期间主要做这些工作。其他还要也是这样，蹲点一个村，实际上就是跟村里联系，跟村里协助一下。一块儿干协调工作，主要是行政工作。比如群众要上访了，我要去做这个工作，这个地方纠纷了，我要去处理，蹲点，协助村做好行政工作。

问：蹲点有具体的村吗？

答：有的。

问：什么村呢？

答：当时蹲点这个几年中有的换的。

问：这里蹲过吗？

答：蹲过，蹲过。主要是渔业村，因为我渔民出身。你说这个期间的困难，也随便说说吧，我是1991年2月任副书记的。到1991年的6月份发洪水了，百年一遇的洪水了。那么，当时我们镇里面有三个副书记，一个书记三个副书记，发洪水后很危险，这个水要进来了，现在〔堤坝〕坚固了，当时还没有那么坚固。当时党委就分给我负责后面的一千多亩的围堤。三个人每人一千多亩一块，你要坚守像大禹一样，一定要坚守住，困难很大。有一次晚上这个雷阵雨风很大，吹进来，马上组织人抢救。还好风没有直接吹下去，否则抢救也没用了。白天么就是加固，用编织袋加土，也在这个当时的湖中村里住了二十天，我家也就是91年的5月份搬到前面我说的我的家在那个地方。湖中村就在那个山头上，就是我老家那个地方。估计最多一公里吧，

我二十天没回家，白天整天都在那个地方，白天是要劳动的，手提的，筑大坝；晚上巡逻，房子哪里有漏洞要出来。那么老天爷还是帮忙，水位涨到了4米86，太湖超过55年最高水位，哦，54年最高水位，达到了湖中水位4.86米，这是最高的水位。就是刚才我们停车的地方啊，都是水啊。这个堤坝当时的标准只有4.5米，如果一旦水进去，那不得了，一层楼全部淹掉。当时很紧张的，如果一旦水进去要死人的。如果水进去，人往哪里转移？有的人往船里转移，水涨船高反正不要紧，有的往山上转移，有的往联系人，上海的疗养院在这里，有一部分要转到这个地方去，那么晚上就不好回家了，最后老天爷还是帮忙，4.86米没再上去，再上去就不得了了，守了二十天，最后还是取得了胜利。这是当时是我人生历程中属于比较困难艰苦的。当时我结束以后，吴县组织了一次抗洪救灾的演讲我也去了，在吴县循环演讲。在我们县里面，到一个镇一个镇里去的。其他就是大同小异做作这些工作。

问：2001年你当光福镇副书记时的工作和91年到01年的差不多吗？

答：我这个里面还有一段，是01年的8月2号并的。当时因为太湖突然合并了，老百姓可能有点不适应。在我们太湖镇成立了一个人办事处，跟老百姓在工作上比较密切的部门留下来了，包

括公安、司法、计划生育、建房啊，跟老百姓比较密切的，都留着。我当了那儿的办事处的主任。实际上镇是没有了，像通讯员你有什么事我跟你到光福去办，因为老百姓有的自己没有车，来了要十公里路了，他有点不习惯，原来在边上，现在要跑过去。当时如果你要造房子你不一定要去光福办，我有几份给他拿过去。我就是当时的办事处主任，当的时间不长，到了02年的1月份，就是过渡时期过了，老百姓习惯了，就撤掉了。因为我办事处主任的时候还是副书记，但是党务工作没有管。那么到了光福去了以后，当了副书记后还是管党务工作，这个党务工作跟前面是一样的，只是范围大了一点。

问：就是两个镇合并的时候，你除了当办事处的主任还兼任副书记的意思吗？

答：对。就是党内是副书记，行政就是办事处主任。

问：然后到了06年当了光福镇的人大主席？

答：06年的2月16号。

问：是过年以后吗？

答：刚过年嘛。我不知道，要查一下，反正是阳历的2月16号。这是要选举的，不是任命的，这个人大主席要选举的。因为党委副书记什么的是上面任命的。人大主席主要管人民代表的工作，也就是人民当家做主啊，说得简单一点也就是监督政府。因为我们每年年初

要开一次镇的人民代表大会，在这次大会上要把一年的政府工作确定下来，要通过，你执行得怎么样由人大来监督。除了确定的大的工作之外，人民代表要提一些问题，哪里的路哪里的桥要修，水利工程要建设，哪个学校要造食堂啊，这个事情啊，卫生院太小了要搬，然后跟党委一起再确定，但是不做要跟人民代表解说，为什么不做，是经济的原因还是政策的问题。确定下来哪些是要做的，这一年就由人大来监督他有没有去完成好。总的来说，人大是监督政府的。所以我们吴邦国的人大就是监督温家宝的。一年里三月份召开的人民代表大会定下来的大事，这一年你干得怎么样。主要是做这些工作，因为乡村一级没有立法权。像吴邦国就有一个立法权，市一级就有立法权。在这个期间，重点的工作就是分管光福镇的农业农村工作。农业跟农村实际上是"三农"工作。

问：包括渔业吗？

答：包括渔业。具体很多很多的，农业是第一产业，有种植业、养殖业、捕捞业都是我管的，还有山林防火，还有发展苗木经济。如何来发展、规划如何来确定，这些都是我的范围内。

问：苗木经济是怎么一回事？

答：苗木经济呢……

问：是什么时候开始的？是这个时候开始的吗？

答：不是。可以说是改革开放以后。

问：这跟绿化有关系吗？

答：有关系。

问：谈一下苗木经济的大概的情况。就是在乡下种树吗？

答：这个事情呢，也讲起来比较复杂。因为光福镇山比较多，那么原来呢我们农业学大寨的时候，花果，为什么叫花果呢？"花"呢就是桂花，这个村呢，因为田比较少，山上主要种植桂花。还有"果"就是杨梅、枇杷、橘子，都要种一点的。各种各样的果品。

问：这是农业学大寨的时候吗？

答：对，留下来的。改革开放以后呢，这个花啊慢慢地不值钱了，因为桂花是一种香料，做年糕、糕点的时候会用，这个呢后来就不太用了。那么老百姓经济要发展，但是种树是有基础的，就种树苗，像香樟树啊，各种各样的树苗都种。正好改革开放以后，上海大发展，大发展以后经济发展了，它这个绿化要跟上去，那么正好有这个市场。那么老百姓把原来的良田全部种小树了。有两年三四年就卖出去了，卖给需要绿化的地方。那么后来呢，我们就形成了一个系统，你要种我整个帮你种好，不是卖给你苗。你这片地方包括设计、种好、管理后来高速公路发展，高速公路很宽的，当时高速公路要50米1米这个市场，那么光福的苗木发展很快。

问：苗木主要是什么树？

答：很多啊，很多很多，各种各样的树。

问：最多的呢？

答：代表性的树就是香樟树。还有桂花树、像有花的树，紫薇、海棠树。

问：以前的良田怎么处理？

答：都种树了，因为毛主席的时候，农业学大寨的时候不允许的，要以粮为纲嘛，不允许种树的。现在是菜都不种了，草坪。这个时代变化了。

问：这个方面你来管是吧？

答：对对，06年以后我来管。我管什么东西呢？当然这个东西都是老百姓自发的，我管主要是管引导，当时我提了几个观点。因为到06年的时候我们国家对这个土地控制得比较严的，不是办个厂房展个土地一圈，其他地方都弄绿化，后来严格了，你要多少就批多少。里边的容积率都有规定的，绿化的面积就小了。当时高速公路像我们沪宁高速公路边上要50米，都是绿化，后来国家不允许了，这么多良田被你浪费了，种一点树这又不好吃，没用的，当然绿化带环境是好的，但是作为国家来讲考虑到国际名声，后来呢控制就比较紧了。再加上我们当时种了大量的香樟树，这个市场慢慢地消失了，本来就在缩小，再加上这个品种啊……因为当时种得很好，但是后来发现香樟树种在路边树叶落下来很脏，慢慢地人家认为这个树种不是太好。但是我们这里还有很多的香樟树没有卖出去，因为香樟树但是越大越值钱，小的时候种得很密的。今年帮别人拔掉一点卖掉，还留着大的，让大长大卖掉，卖掉以后还有留着，后来慢慢地不行了。到我那个时候，像海棠啊、广玉兰啊这种比较热销的，需要的这个品种啊，需要调整。我就负责引导，当时我就建立了一个苗木协会。

问：我们来的时候好像有看到。

答：对对，那个房子是我手下一个人的秘书长，我兼了个会长。

问：是什么时候？

答：06年。建了一个苗木协会起什么作用呢？主要把……因为这个里面产生了经济了，你种你的树卖给我，我去找到这个市场这个工地，我去种上去然后管理，我们当时慢慢培养了大概有一千个经纪人。大的小的，大的也有很多。我们把这些人组织起来，去引导老百姓帮现在市场上不需要的树慢慢处理掉，换成新的品种。因为有的老百姓很盲目，这么好的树砍掉要舍不得的。当时换成适销对路的树。当时我还看到一个现象，到06年过后，经济越来越发展了，住别墅的人越来越多了。当时我看到一种现象就是刚才讲的，大众发展的企业也差不多了，像浦东也差不多了。像他们的苗木都是我们这里的，它建得差不多了，不像以前这么大的发展。城市像苏州工业园区、苏州新区也建得差不多了，各个乡镇也建得差不多了，各条道路也

建得差不多了，各个企业里面的绿化也都到位了。这个市场就缩小了。当时我看到一种现象，这个经济发展以后，住别墅的人家在增加了，住别墅的人家多少都要有一点绿化。因为绿化代表文化，大树代表历史，绿化代表文化。那么我看到这种庭院，家庭的绿化在悄然兴起。那么如何来走向家庭，这个市场，我当时提出了一个文化战略。当然，还有其他还有三大战略。我当时提出了文化战略。

问：不是绿化战略吗？

答：是绿化方面的文化。什么意思呢？譬如讲古人讲过一句话叫"宁可食无肉，不可居无竹。"什么意思呢，就是宁可吃啊省一点，但是在庭院里面不好没有竹子啊。这个文化不是我想出来的文化，这是传统文化，是古人讲出来的。就是住的地方一定要有竹子，宁可没有肉吃，但竹子不能没有。再举两个例子吧，譬如讲"前榉后朴"。就是榉木的榉，朴树的朴。是什么意思呢？庭院里为什么要种这个树呢，因为古人认为门前要种上榉树，后门要种上朴树。它的意思就是一种寄托，是一个大户人家。我这个人家前面的主人要成为举人，中国古代的举人啊是一种文人啊。举人现在讲起来就是省里考试考了第一名的就是举人。它是用这个字的音〔来表示〕。前面有举人，后面肯定有仆人的。也就是现在讲起来用钟点工用保姆的人家是不是

大户人家。这是很向往的，种树是一种寄托。古人就是借这个音叫"前榉后朴"。"榉"就是"举人"，"朴"就是"仆人"。还有就是"东桃西柳"、"金玉满堂"都是好话，那么种一棵"金玉满堂"在里面，"金玉满堂"就是一棵树的品种。这样宣传以后，因为有的人住别墅以后绿化乱得很，他也不知道怎么种，你就要去宣传，我认为这就是文化战略。因为我讲了下次你种树了可能会想，喔唷，竹子要种一点。宁可没有肉吃也要种点竹子。还有一个呢就是我提出要走精品战略。精品呢就是大路货的东西要慢慢要淘汰。为什么讲战略呢，因为要引导农民慢慢转变观念。那么精品我看到譬如讲去年我们上海搞了一个世博会，世博会时间很紧张也需要绿化的，不可能一棵小苗种上去以后等它长大以后再开世博会，没有这个时间的。但是必须适应这个市场你必须走这条路。因为我们这个树，即使是大树你移过去到上海，首先你一定要把树梢剪掉的，否则要死掉。那怎么办呢，为了适应这个市场，那么我就要搞容器，讲得简单一点就是盆栽吧，大盆。我知道上海要搞世博会了，我用一个大盆先把树种好，你一要我直接就可以运到上海，马上放到土里面去，这个土是光福的土。一放进去这个树就成型了，不要动。小的同样如此，我们叫"容器苗"，种在容器里边不要搬，

一搬呢三年不会长的。像北京奥运会什么都用这种苗的，还有街道上不可能挖一个洞的，我就做一个漂亮的木箱子里边种一棵桂花树，种到你上海的南京路上，很漂亮，要适应这种市场，当时我就提出了这个精品战略。那么到现在为止，慢慢地在实现这个目标，总的为了农民的增收致富，你要问我譬如农业怎么来抓，我是这样来抓的，不断灌输这样的观念。

问：你们渔港村村民的户口是农业户口吗？

答：是的。

问：以前没有渔民户口吗？

答：以前很早的时候，我小时候，它是叫居民户口。

问：跟镇上的居民是一样的吗？

答：一样的，因为我们渔民是吃商品粮的，不种田的，居民户口才吃商品粮。因为我们小时候物质紧张，居民户口粮票有、购粮证也有，另外还有发这个豆腐票、邮票，这些票都有的，真正的农民是没有的。大概到了农业学大寨的时候，毛主席讲了一句话叫"渔民捕吃商品粮"。你要自食其力地想办法，所以有了这个话可以围湖造田。围湖造田本来是不对的，你把太湖的水面缩小了破坏了环境，那么毛主席当时提出了要以粮为纲，围了这片田当时是造房子养鱼，当时是种田的。但是也不能完全解决渔民的口粮问题，但是解决了一部分。从那个时候开始，

就是70年居民户口就变成了农业户口。

问：到现在？

答：对，到现在。现在居民不一样了，不
叫居民户口。现在叫"非农户口"，这
个不一样了。

问：住在村里的村民大部分是农业户口
吗？没有非农业的？

答：有的，原来这个镇上，比如供销社、镇
上的一些部门，派出所、工商所，当
时譬如讲我们还是农业户口的他们还
是居民户口。现在户口这部分人还是
居民户口，但是这些户口已经起不到
什么作用了。这只不过是一种身份，
像身份证一样。要什么呢，譬如讲现
在你在这里造房子一定要有农村户口。
你居民户口，你譬如讲这个地方我已
经迁到其他地方去了，你变成居民户
口了，你就不能造房子了。起到这个
作用。那么还有一个可能居民户口有
的可能不能生两胎，农村户口独生子
女可以生两胎，稍微有点区别吧。基
本上没有什么大的区别。

17　陆正耀

采访日期　：2006年8月26日
采访地点　：苏州市吴中区光福镇陆正耀家中
采访人　　：太田、佐藤
翻译人　　：徐芳
讲述人　　：陆正耀（七十四岁）
讲述人简历：本地（光福镇）人，渔民。曾任村长、大队长、互助组组长、文革主任、大队书记等职。

个人生平

问：老爷爷多大年纪了？
答：七十四。属鸡。
问：几月几号过生日？
答：十一月份。
问：具体不晓得？
答：不晓得。
问：本地人？
答：本地人。
问：渔民？
答：嗯。
问：从哪一年到哪一年做这里大队书记的？
答：原来村长啊做过，书记啊做过，互助组组长啊做过。
问：什么时候做村长的？
答：这个时间忘记掉了，主要是互助组组长。
问：互助组组长是什么时候做的？
答：开始么，解放了，58年，哦，56年，58年都大跃进了，大跃进做大队长。
问：叫什么大队？
答：湖风大队。
问：大跃进时做大队长。以后呢，做什么？
答：文化大革命开始，做文革主任。
问：也是这个大队吗？
答：哎，一直在这个大队。73年做书记，86年调到这个大队做书记。
问：哪个大队？
答：湖风。
问：这里是哪里？
答：这里是湖中村。现在三个村并成一个

村，叫渔港村。

问：哪三个村？

答：湖中村、湖胜村、湖丰村。湖中村最大。

问：哪一年并起来的？

答：2001年。

问：哪一年不做书记了？

答：92年大概。

问：86年你做什么？

答：86年调到湖中村，做了三年又回到湖丰村。

问：三个大队的位置是怎样的？

答：湖中为中心，南是湖胜，西是湖丰。

问：东面有没有村子？

答：没有村子，北面也没有的，现在么在开发了。

问：湖丰大队上面属于什么公社？

答：太湖。

问：你读过书吗？

答：六个月，是在船上读的。十个人一只船，后来太湖土匪多，就不读了。

问：什么时候读的书？

答：十三岁。

问：读的老书还是新书？

答：《大学》、《论语》、《百家姓》、《千字文》。

问：解放后什么成分？

答：渔民，没有成分的。

问：解放前住在船上吗？

答：哎，在船上。

问：陆上没有房子吗？

答：没有的。

问：什么时候渔改？文革之前吗？

答：文革以后，刚刚开始。

问：解放前住在船上，船有没有固定停的地方？

答：没有的，到哪里就停哪里。停的地方么，保长要收钱的，暂停费。

问：解放前你经常活动的范围是？

答：大太湖里，东南西北分散作业，不像现在，当时是个人的，随意活动。

问：解放前拜菩萨吗？

答：拜的。

问：拜什么菩萨？

答：最大的菩萨太湖大老爷、二老爷、三老爷。南面黑虎老大王、黑虎二大王、黑虎三大王。东面是五老爷、王老爷。这些是最大的，其他零零碎碎多了。

问：南面是哪里？

答：南家桥。

问：东面是哪里？

答：元山。

问：大老爷、二老爷、三老爷在哪里？

答：平台山，太湖中心一个小岛，这个菩萨现在还有。

问：现在还有吗？

答：有，现在还建设了，香火很旺。

18　赵良芳

采访日期　　：2010年12月23日

采访地点　　：赵良芳家中

采访人　　　：太田、佐藤、长沼

翻译人　　　：钱丰

讲述人　　　：赵良芳（1926年8月15日出生，八十四岁）

讲述人简历：出生于江秋村，渔民。

讲述人家庭：妻子赵阿秀，青浦松古人，八十四岁，渔民。育有七个子女。

个人与家庭概况

问：您多大岁数了？

答：八十五岁，属老虎。

问：生日是什么时候？

答：1926年8月15日。

问：在哪里出生的？

答：出生在江秋的，在江秋的捕鱼船上的。

问：读过书吗？

答：一点都没有读过，字一个都不认识。

问：你爸妈都是捕鱼的是吗？

答：嗯，都是捕鱼的。

问：都是在这里捕鱼的吗？

答：嗯，捕鱼的。

问：去不去另外的地方捕鱼呢？

答：嗯，捕鱼的嘛，到处地方都去的。

问：你爸爸叫什么名字？

答：赵雨春。伯伯叫赵有春，大的叔叔叫赵雪春，小的叔叔叫赵节春。有两个叔叔，一个伯伯，一共弟兄四个，还

有一个姑姑。

问：姑姑叫什么名字？

答：姑姑叫赵旦娟。

问：你爸爸的兄弟姐妹里哪个最大？

答：最大的那个是伯伯，第二个是姑姑。

问：你爸爸过世时，你大叔叔几岁了？

答：应该是四十岁左右。

问：你爸爸的兄弟姐妹都是捕鱼的？

答：那个时候都是捕鱼的。

问：你爸爸的姐姐是嫁给了渔民吗？

答：嗯，是的。

问：他也在江秋捕鱼吗？

答：哎，就在江秋这边。

问：你妈妈叫什么？

答：不知道啊。

问：有没听你叔叔们说起过你妈妈的事啊？

答：姓朱，五里塘出生的。

问：家里以前是捕鱼的吗？

答：嗯，也是捕鱼的，专门捕鱼的。

问：五里塘是在哪里？

答：五里塘在松江的北面。

问：五里塘旁边有没有稍微大点的地方？

答：不知道了。以前旁边有个天主教堂。

问：教堂还在不在那边？

答：不知道。

问：你小的时候，那边有个天主教堂的是吧？

答：哎，是的。

问：你爸爸是不是就在江秋这儿捕鱼的？

答：是的。

问：他去五里塘那边捕鱼吗？

答：他不去五里塘那边捕鱼的，就在江秋这边。妈妈是从五里塘娶过来的。

问：你去过五里塘吗？

答：小的时候去过的，大了之后就没有去过那边了。小的时候到过五里塘舅舅那边，后来妈妈去世了之后就没去过那边。

问：和妈妈那边的亲戚联不联系的？

答：那个时候是联我妈妈的，妈妈去世之后就不来往了。

问：你爸爸信天主教的？

答：信的。

问：你爸爸的兄弟姐妹也都信天主教的？

答：嗯，也信的。

问：你妈妈呢？

答：嗯，都信的。

问：你爸爸的姐姐他们一家信天主教的？

答：也是信天主教的。两个都信天主教才能够结婚的。

问：你爷爷奶奶信天主教的？

答：嗯，也信的。

问：你妈妈有几个兄弟姐妹？

答：不知道，我只见过舅妈。

问：她也信天主教的是吧？

答：哎，是的。

问：你舅妈去世的时候几岁？

答：她岁数大了，〔去世时〕大概八十岁的样子。

问：你舅妈住在五里塘是吧？

答：哎，住在五里塘。

问：你小时候住过五里塘吗？

答：在舅妈家的船上住过几年，舅妈的船是停在五里塘的。

问：你一直待在江秋这里是吗？

答：嗯，一直在这里。

问：在江秋的时候一直住在船上的是吧？

答：哎，是的。小时候住的是我大的叔叔的船。

问：你大的叔叔有几只船？

答：一只大的船，一只小的船，还有曾祖传下来的三间土屋，房子在踵武。

问：踵武在哪里啊？

答：嗯，在青蒲那边。

问：曾祖传下来的房子你住过吗？

答：住过的，跟大的叔叔一起住的那里。

问：小的叔叔住不住那里？

答：小的叔叔不住在那里，住在船上的。

问：你伯伯住不住的？

答：伯伯不住的。伯伯传给大的叔叔了，他卖给了大的叔叔。

问：你曾祖传下来的房子本来是给你伯伯跟姑姑的是吧？

答：伯伯、叔叔、姑姑都有份的。

问：你伯伯的房子的份卖给了你大的叔叔是吧？

答：哎，是的。

问：你曾祖传下来的房子你爸爸也有份的是吧？

答：哎，是的。

问：你爸爸的那份给了谁了？

答：爸爸的那点房子也被叔叔住去了。

问：你曾祖传下来给你爸爸的那点房子也归你叔叔了？

答：嗯，是的。

问：房子是草房吗？

答：用稻草盖的草房，有三间。

问：你伯伯一间，你爸爸一间，你大的叔叔一间，小的叔叔没分到是吧？

答：小的叔叔没有住。爸爸没有之后，他也不住了，给大的叔叔住了。

问：然后你大的叔叔把你伯伯的房间买下来了是吧？

答：哎，买下来的。

问：你曾祖的坟在哪里？

答：放在江秋那里。

问：你曾祖去世之后，坟是摆在江秋的是吧？

答：哎，在江秋。

问：在天主教的公墓吗？

答：不是公墓，放在大大那边，是我爸爸的爸爸。跟信天主教人的墓放在一起的。

问：是跟信天主教的人的墓摆在一起的吗？

答：嗯，一个一个墓分开的。

问：你去过你爷爷的墓吗？

答：当然晓得的，爸爸的坟墓就摆在爷爷的旁边的。

问：去不去扫墓？

答：以前去的，现在开掉了，找不到了。

问：找不到了？

答：嗯，是的。开掉之后搬到江秋别的地方去了。

问：你爸爸的坟摆现在放在哪里？

答：现在已经摆在北面的天主堂里面，放骨灰盒的房子里了。

问：你大的叔叔家里有两只船，一只大的，一只小的，这只大船是做什么用的？

答：大船是住人的。现在卖掉了。

问：小船做什么用？

答：小船摇来摇去，去捕鱼的。

问：你大的叔叔家有几个人住在这大船上？

答：连我七、八个人。

问：你有没有兄弟姐妹？

答：我爸妈生了三个，我最小，我有一个哥哥，一个姐姐，最大的是姐姐。

问：你们兄弟都是和大的叔叔一起住的？

答：嗯，一起住的。爸爸去世之后都是大的叔叔照顾的。

问：大的姐姐叫什么名字？

答：叫阿二，赵阿二，和我要差不多二十岁了。

问：你姐姐要比你大二十岁啊？

答：我估计二十岁还要多。我姐姐是第二个，我是第七个，其他的在中间都死掉了。

问：你姐姐是嫁给渔民吗？

答：嗯，也是嫁给渔民的。

问：也是信天主教的吗？

答：嗯，信天主的。

问：她老公是哪里人？

答：北边张蒲。

问：什么时候嫁过去的？

答：这个年数多了，有几十年了。

问：你大的哥哥叫什么？

答：叫赵金芳，比我大十几岁。

问：他老婆也是捕鱼的吗？

答：嗯，也是捕鱼的。

问：信天主教的吗？

答：嗯，信天主的。

问：你小时候住的船有你、你的姐姐、哥哥三个人跟你大的叔叔、阿婶，还有叔叔的小孩，是吗？

答：嗯。他儿子、女儿都有的，有两个儿子一个女儿，一个儿子死掉了。

问：你大的叔叔家有几个儿子？

答：他有三四个儿子。

问：你老婆叫什么名字？

答：叫赵阿秀。是大队里名字弄错了，她本来姓林，叫林翠娥。

问：大队怎么会弄错？

答：大队会计弄错了，又不去改正，然后叫着叫着就叫到老了。

问：你平时叫你老婆什么？

答：叫阿秀。

问：这里住的人都知道她叫赵阿秀了，林翠娥这个名字不大用了是吧？

答：嗯，不大用的。

问：你老婆是这里人啊？

答：青浦松古，离江秋很远，也是捕鱼的。

问：你老婆今年几岁？

答：跟我同年的，月份比我小一点。

问：你们怎么认识的？

答：是人家介绍的，青浦的人介绍的。

问：青浦的人介绍的，也是捕鱼的人是吧？

答：是的。

问：你们是几岁结的婚？

答：二十岁结的婚（1946年结婚）。

问：你们结婚之后是住在这里吗？

答：结婚之后住在江秋。

问：你们结婚之后，这个船又住人又捕鱼是吧？

答：嗯，是的。这个船不大，又捕鱼又住人。

问：你有几个小孩？

答：现在有七个。五个女的，两个男的，一共生了十个，中间死了三个。

问：老大是男的还是女的？

答：是女的，叫赵大妹，今年六十一岁。第二个叫赵小妹，今年五十九岁，差两岁。

问：老三叫什么名字啊？

答：老三叫美娟，今年五十七岁，也是差两年，老四也是女的，叫美琴，五十五岁，几个女的都差两岁。

问：两个男的是最小的两个啊？

答：哎，是的，中间生过两个男的都死了。

问：第一个生的男的是夹在哪两个中间

的?

问：大妹之前生过一个，是个女的。

问：第二个死掉的小孩是生在哪几个人中间的？

答：第一个是女的，已经死了，第二个是大妹，第三个是小妹，第四个美琴，美琴后面两个弟弟，都死了。

问：老六叫什么名字？

答：叫石缘，是男的，现在还在。石缘后面是美芳，五十一岁，也是差两岁。美芳后面也是个弟弟，叫勇飞，最小的。

问：这几个小孩都捕鱼吗？

答：都不捕鱼了。

问：大妹、小妹、美娟，美琴、石缘、美芳、勇飞都是做什么的？

答：大妹嫁到农村去了，是种田的。

问：嫁到这里的农村啊？

答：在江秋，嫁到江秋大队去了。

问：是江秋本地的农民是吧？

答：哎，是的。

问：小妹呢？

答：小妹嫁到同一个渔业队里的。

问：老公是捕鱼的是吧？

答：哎，是捕鱼的，老公早就去世了，以前是在渔业公司做的，叫朱三堂。

问：小妹的老公信不信天主的？

答：信天主的。

问：大妹的农民老公信不信天主的？

答：不信。她老公也已经死了。

问：美娟呢？

答：美娟养到八岁的时候因为家里贫困，送到农村里去了，给了农村里的一户

人家，也是种田的，是五保户。

问：五保户人家信不信天主的？

答：那户人家不信天主的，但是美娟她自己是信天主的。

问：是江秋大队的是吧？

答：哎，也是江秋大队的。

问：小妹现在住在哪里啊？

答：小妹住在同一个大队的，住在附近的。

问：美琴嫁到哪里去了？

答：也是一个大队的，捕鱼的，也是住在这里。

问：他们的房子是大队的吗？

答：他们是自己买的房子。

问：你儿子石缘娶的老婆是哪里的？

答：也是一个大队的，捕鱼的。

问：家里也是信天主的是吧？

答：老婆家里不信天主的，儿子信天主的。

问：他老婆不信天主的是吧？

答：以前不信的，嫁过来之后现在也信天主了。

问：石缘现在干什么的？

答：在厂里工作的，一个小工厂。

问：美芳的老公是这里的吗？

答：第一个是在这里的，后来离掉之后嫁到农村去了。

问：第一个嫁的老公是这里的是吧？

答：哎，是的。第一个是捕鱼的，后来结婚结了一个农村的。

问：第一个老公是同一个大队的吗？

答：哎，是的。

问：美芳第一个老公信不信天主的？

答：信天主的。

问：后来嫁的那个老公是这里农村里的吗？

答：嗯，这里农村的。他家是信耶稣的，第二个老公是信耶稣的。

问：他们住在哪里？

答：在北面，北干山那边。

问：她的老公是干山大队的？

答：哎，是的。

问：勇飞娶的老婆是这里的吗？

答：是农村里娶的，广富林的。

问：嫁过来的时候不信教的吗？

答：哎，不信的。

问：后来也信了？

答：后来也不信，勇飞信的。

问：你的几个孩子都是信天主的吗？

答：哎，都信的。我自己也信天主的。

问：勇飞现在是做什么的？

答：他现在是在开车子的。

问：你的七个小孩有没有读过书？

答：读的，读的不多，读到五年级，那个时候家庭困难，读不起。大妹、小妹都没有读书。美娟是八岁给了五保户之后五保户给她去读书。美琴读了，读到五年级。

问：在什么地方读书的啊？

答：在陈坊桥。

问：是不是渔民学校啊？

答：不是。是陈坊桥镇上的学校，跟镇上的人一起读的。

问：石缘也读书的是吧，他读到几年级啊？

答：他读到初中，也是在陈坊桥。

问：陈坊桥镇上的小学吗？

答：哎，是的。

问：初中哪里读的？

答：也是陈坊桥镇上的学校。

问：石缘读的初中的校名叫什么？

答：不知道啊。

问：美芳也读书的吧，她读到几年级？

答：读到五年级，也是在这里读书的。勇飞也是陈坊桥读书的，他读到五年级，他四年级读了三年。

问：你的孩子们读书那时候，有没有渔民学校？

答：是农村的学校。

问：你们生产队里办过学校吗？

答：生产队里没有办过学校。

问：他们读的是农村的学校是吧？

答：嗯，农村的学校。

问：附近有渔民学校吗？

答：也有的。

问：就是你几个小孩去农村学校读书，班里也有渔民的孩子在读的是吧？

答：嗯，有的。

问：有没有听过专门给渔民子弟读书的学校？

答：那没有的。

问：附近都没有的是吧？

答：嗯，没有的。

买船

问：你现在住的这船是怎么来的？

答：买的。

问：你爸爸去世的时候没有留给你船啊？

答：哎，自己买的。

问：船是新的还是旧的?

答：旧的。

问：买船的钱是哪里来的?

答：钱问别人借的，问姑姑借的，〔就是〕爸爸的姐姐。

问：借了多少钱啊?

答：十几二十块钱。

问：是银元还是钞票?

答：钞票。

问：你那个船有多少大?

答：两吨的，有两千斤的东西可以装的。

问：问你姑姑借的钱，用了多久才还清?

答：自己捕鱼赚的钱还她。

问：多久还清啊?

答：记不得了。有钱的时候就还，没钱的时候就不还。

问：你们两个人结婚的时候是在船上结婚的还是在房子里结婚的?

答：在曾祖留下来的草房里结的婚。

问：结婚之后就住在船上了吧?

答：哎，是的。

陆上定居

问：你们什么时候从船上搬到陆上居住的?

答：渔民陆上定居那段时间。

问：美琴读书的时候你们是不是已经在陆上定居了?

答：哎，差不多了。

问：美琴是几岁读的书啊?

答：大概是七、八岁的时候。

问：那时候你们是在船上还是已经在陆上住了?

答：那个时候还在船上。

问：石缘读书的时候，你们在船上还是已经在陆上定居了?

答：那时候已经住在这里了。

问：这个房子什么时候造的?

答：这个房子还是60年代末的时候造的。

鱼行

问：解放之前你是不是在这个地方捕鱼的?

答：就在江秋捕鱼，其他的地方都不去的。

问：捕鱼用什么捕捞工具?

答：用丝网、弹钓捕鱼，有的时候用黄鳝笼去地里抓黄鳝。

问：用不用鸬鹚捕鱼的?

答：那不用的。就丝网、麦钓跟抓黄鳝。

问：你们扒不扒螺蛳的?

答：不怎么扒螺蛳的，不会扒。

问：解放之前是不是专门有一批人在扒螺蛳的?

答：哎，有的。

问：扒螺蛳的那批人捕不捕鱼的?

答：也捕鱼的。

问：主要是捕鱼的还是扒螺蛳的?

答：主要是去捕鱼的，会扒螺蛳技术的人就扒螺蛳。

问：解放之前你们都是什么时候去捕鱼的?

答：天天捕鱼的。

问：每天什么时候去捕鱼的?

答：下午四点去放弹钓，晚上十二点的时候去收，然后早上六点再去市场上卖。

问：你刚刚结婚的时候，捕到的鱼都是卖给谁的？

答：鱼行。

问：在哪里的鱼行？

答：陈坊桥的鱼行。有的时候鱼卖到陈坊桥，有的时候卖到青浦。

问：陈坊桥鱼行老板叫什么名字？

答：姓姚。

问：青浦那边的老板叫什么名字？

答：不记得了。

问：青浦那边的鱼行是县里的鱼行么？

答：县里的鱼行。

问：你的鱼是卖给陈坊桥鱼行的多还是青浦的鱼行多？

答：陈坊桥的多。

问：鱼行是怎么收鱼的？

答：把捕上来的鱼拿到鱼行，然后老板称斤收鱼。

问：就是你捕上来的鱼拿到鱼行，鱼行老板称一下重量，然后买下，他再转手卖掉是吧？

答：是的。

问：老板用自己的称称斤的是吧？

答：嗯。

问：鱼行是卖出之后才给你钱？还是马上就付你钱？

答：是转手卖掉之后才给钱的。

问：如果鱼卖不出去就不给你钱吗？

答：嗯，是的。

问：你捕来的鱼是全部卖给鱼行还是也卖给别人？

答：农民买鱼情况不是很稳定，如果农民要的话就卖给他，其他的都卖到鱼行的。

问：有鱼贩子问你买鱼的吗？

答：没有鱼贩子的。

问：解放之前在江秋这边捕鱼要不要收钱的？

答：捕鱼的时候是不收钱的，但是在陈坊桥卖鱼的时候那些黑皮警察会敲诈走一些。

问：鱼捕上来之后要不要收钱的？

答：不收钱的。

问：你在江秋捕鱼的地方有没有主人的？

答：有些地方是没有主人的，是可以捕的，有些地方是有主人的，不能去捕。

问：陈坊桥鱼行老板有没有自己的山的？

答：有的时候他自己去捕鱼，有得捕就捕，没有鱼捕就在鱼行收鱼，没有自己的山的。

19　周金弟

采访日期　：2010年3月27日
采访地点　：陈坊桥渔业村周金弟家中
采访人　　：太田、佐藤、长沼
翻译人　　：徐芳
讲述人　　：周金弟（八十岁）
讲述人简历：出生于本地，渔民。当过生产队长、松江宗教代表等。得过血吸虫病。
讲述人家庭：妻子张爱秀，八十五岁，渔民。

个人与家庭概况

问：您是周金弟，对吧?
答：对的。
问：多大年纪?
答：实足年龄有八十岁了，身份证上把我写小了，小三岁了。
问：你信天主教吗?
答：信。
问：生肖知道吗?
答：不知道。
问：你是渔民吗?
答：渔民，抓鱼的。
问：是不是本地人?
答：以前是江苏太仓人。
问：什么时候迁到这里的?
答：我爸爸那个时候就在这里了。

问：你父亲叫什么名字?
答：周生贤。
问：你跟你父亲差几岁?
答：我记不清了。
问：你爸爸几岁去世的?
答：文革前死的，七十一岁死的。人民公社的时候还没有死，他这里住了好几年。
问：是渔民吗?
答：嗯，他是渔民。
问：是天主教的吗?
答：嗯，是天主教的。
问：你的母亲叫什么名字?
答：应金宝，也是渔民，也信天主教的。
问：几岁去世的?
答：八十六岁。
问：她跟你父亲相差几岁?

答：差两岁，妈妈大两岁。

问：哪里人？

答：嘉定南翔。

问：你爷爷也是太仓人吗？

答：江苏常熟。

问：常熟哪个地方？

答：这个我不大知道，船摇来摇去，抓鱼的，好像是叫"滋荡镇"。

问：是你爸爸还是爷爷的时候迁到这里的？

答：爸爸的时候。

问：你在这里出生的？

答：哎，在这里生的。

问：你爷爷没迁来这里？

答：没有。

问：你爷爷的坟墓在哪里？

答：在佘山上啊。

问：是他去世你们去拿过来葬的？

答：哎。

问：你爷爷和父亲都是信天主教的？

答：哎，都是天主教。

问：常熟有天主教堂吗？

答：有，教堂也有。

问：你去过吗？

答：去过，两三年去一次。

问：现在还去吗？

答：现在年纪大，跑不动了，不去了。

问：坐车回去还是走回去？

答：车子去的。在青浦，可以坐车到太仓。太仓、常熟都有天主教的，抓鱼呢常熟也去去，教堂在太仓张泾。

问：你爷爷的骨灰是什么时候拿到这里来的？

答：大概有二十年了。

问：他去世时是葬在常熟，二十年前骨灰才迁到这里的？

答：哎，先是埋在坟墓里，后来坟墓被拆了，就迁过来这里了。

问：爷爷去世时，你大概几岁？

答：我小啊，大概才一岁。奶奶去世，我知道了，我十岁。

问：奶奶跟爷爷的骨灰是一起拿过来的？

答：哎，一起的，所有的骨灰都拿来了。

问：还有其他的亲戚的骨灰一起拿来的？

答：有的，有我大伯，还有我的大儿子的骨灰，都一起拿来的。

问：你大儿子去世了？

答：哎，很小，才一岁。

问：开始是葬在常熟那里，后来迁过来的？

答：哎，全部一起迁过来的。

问：你儿子在哪里生的？

答：在这里。

问：在这里去世的？

答：是的。

问：然后葬到你爷爷那边去吗？

答：哎，我们有一块坟地的，后来坟地都被拆了，就要迁过来。

问：你们是有一块祖坟的咯？

答：哎，我们买了一块地做坟地的。

问：坟地在常熟还是太仓？

答：太仓。

问：你老婆叫什么名字？

答：张爱秀。

郵便はがき

料金受取人払郵便

麹町局承認

4343

差出有効期間
平成31年7月
31日まで
（切手不要）

1028790

202

東京都千代田区
飯田橋二―五―四

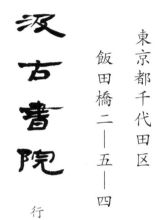

汲古書院 行

通信欄

購 入 者 カ ー ド

このたびは本書をお買い求め下さりありがとうございました。
今後の出版の資料と、刊行ご案内のためおそれ入りますが、下
記ご記入の上、折り返しお送り下さるようお願いいたします。

書　名
ご芳名
ご住所 ＴＥＬ　　　　　　　　　　　　　〒
ご勤務先
ご購入方法　①　直接　②　　　　　　　　書店経由
本書についてのご意見をお寄せ下さい
今後どんなものをご希望ですか

问：今年几岁了？

答：八十五岁，年纪比我大一点。

问：她一直都是渔民？

答：也是渔民。

问：信天主教的？

答：信的。

问：本地人吗？

答：出生是昆山，昆山北面的一个村子，离昆山二十四里路。

问：她父母都是捕鱼的吗？

答：都捕鱼的。

问：爷爷奶奶、爸爸妈妈都信天主教的？

答：哎，世世代代都信天主教。

问：你有兄弟姐妹吗？

答：姐姐多，妹妹只有两个。

问：没有兄弟？

答：没有，只有我一个。

问：你是第几个？

答：我是第四个。四个姐姐，两个妹妹，连我共七个人。

问：你跟你老婆怎么认识的？

答：我的妻子已经去世二十五年了，这是我后妻子。

问：你第一个妻子是哪里人？

答：青浦上横乡水产村，也是捕鱼的，也是天主教的。二十岁结婚的，一道抓鱼认识的，教堂也是同一个的。

问：从小就是一个圈子里的人？

答：哎，从小就认识的。

问：二十岁结婚的时候，是父母定的亲？

答：哎，父母定亲的。

问：有没有介绍人的？

答：有的。已经去世了，是我妻子的姐姐介绍的。

问：你妻子比你小几岁？

答：一样大的。

问：她去世后坟墓在哪里？

答：在泗泾东面的教堂，"车队泾"那边。

问：车队泾是不是泗泾的一个地方？

答：哎，泗泾东面有只教堂的地方，叫车队泾。

问：你大姐叫什么名字？

答：周美英。

问：她比你大几岁？

答：我有四个姐姐，我第五个了，如果两年一个么，也比我大十岁了。

问：她还在吗？

答：去世了。

问：嫁到哪里去了？

答：青浦上横乡水产村，嫁给渔民，也信天主教。

问：第二个姐姐叫什么名字？

答：巧英，今年要八十八岁了，已经去世了。

问：她嫁到哪里？

答：嫁到太仓张泾去了，嫁给渔民，也是天主教。

问：张泾那里有渔业村吗？

答：没有渔业村的，但是那里有个教堂，很大的教堂，大家都会去那个教堂的。

问：第三个姐姐叫什么？

答：雪英，嫁到上横乡，今年八十六岁，是渔民，也是天主教的。孩子都不捉鱼了。

问：现在还在吗？

答：还在世的。

问：第四个姐姐呢？

答：在常熟，叫小妹，今年八十四岁，嫁到常熟白泖乡。

问：嫁给渔民吗？

答：哎，渔民，也信天主教。

问：还在吗？

答：去世了。

问：第一个妹妹叫什么？

答：周金妹，今年七十八。

问：嫁到哪里？

答：太仓沙溪镇。她种田的，嫁给农民的。

问：信天主教的？

答：天主教。

问：还在吗？

答：在。

问：最小的妹妹呢？

答：现在住在这里，叫周七妹，第七个，今年七十四岁。

问：她老公是哪里人？

答：老公是嘉定的，从嘉定迁过来的。

问：你妹妹是先嫁到嘉定，再迁到这里吗？

答：对，是这样的。

问：也是渔民？

答：渔民。

问：天主教的？

答：天主教。

问：还在世吗？

答：在世。

问：为什么从嘉定迁过来？

答：捕鱼么，捕鱼捕到这里来的。

问：他们是什么时候从嘉定迁到这里的？

答：他爸爸的时候就迁过来了。

问：你妹妹跟他老公在哪里结婚的？

答：结婚是在这里的。

问：你妹妹的老公叫什么名字？

答：许成弟。

问：现在住哪里？

答：这里的乡下，他有只船的，现在还住在船上，这里也有他的房子的。

问：他的船在哪里？

答：这个我不知道啊，船到处开的。

问：捕鱼吗？

答：不捕鱼了。

问：船为什么开来开去？

答：在河里面捞钱的，用一个竹竿，一头绑一个磁铁，在水里吸钱。

问：他一般船开到哪里去的？

答：松江、青浦都去的。

问：也信天主教？

答：对。

问：你有没有读过书？

答：没有。

问：你的姐妹有没有读过书？

答：都没有读过。

问：你有几个孩子？

答：五个。

问：是跟第一个妻子生的？

答：对，全是她生的。

问：有几个儿子？

答：只有一个。

问：就是小时候就没有的儿子？

答：哎。现在的儿子是别人的，小时候领
养过来的。

问：第二个小孩几岁？

答：最大的女儿两年前去世了。叫周良娟，
今年五十七岁。

问：她嫁到哪里？

答：陈坊桥街道里。

问：不是渔民了？

答：不是。

问：信天主教？

答：天主教。

问：她老公叫什么？

答：张子良，今年六十岁了。

问：以前是农民了？

答：农民。

问：他信天主教的？

答：他不信的。

问：第二个女儿呢？

答：周美芳，今年五十五岁。

问：嫁到哪里？

答：就是外面红绿灯那里，也是陈坊桥街
道的。

问：她也不是渔民了？

答：本身是渔民，但是不捉鱼的。

问：老公叫什么？

答：赵百明，五十五岁，渔民，信天主教
的。

问：三女儿叫什么？

答：周美娟，今年四十九岁，属牛的。

问：嫁到哪里？

答：江秋新村里面。

问：信教吗？

答：天主教。

问：他老公叫什么？

答：于开林，今年四十九岁。

问：是农民吗？

答：不是，是居民。

问：他信教的？

答：他信教的。

问：最小的女儿叫什么？

答：周林娟，属兔子的，四十七岁。

问：嫁到哪里？

答：也是江秋村。信教的。

问：老公叫什么？

答：朱奇勇，今年大概五十岁，渔民，天
主教。

问：还有一个领养的孩子叫什么？

答：周成顺，今年五十八岁了。

问：信天主教？

答：信。

问：做什么工作？

答：在张浦抓鱼的，现在还捕鱼的。

问：你的小孩都读过书吗？

答：美娟和林娟读到初中，毕业就不读了。

问：另外几个读过书吗？

答：另外不读。

问：小学在哪里读的？

答：就是陈坊桥小学读的。

问：小学读几年？

答：这个不清楚。

问：初中在哪里读？

答：也是陈坊桥中学读的。

问：几岁去读书的？

答：美娟是七岁去读，林娟是八岁去的。

问：初中毕业大概几岁？

答：十六岁吧，正好可以劳动。

问：领养来的儿子有没有读书？

答：没有。

问：第一个小孩出生时，你在陆上有没有房子？

答：没有。我孙子结婚的时候，在岸上买了房子了。

问：你结婚的时候是在船上吗？

答：哎，只有船，没有房子。

问：你父母有几条船？

答：只有一条大船，三吨的。大船去捕鱼，没有小船的。

问：结婚那时候也是住在这条大船的？

答：是的。

问：跟父母住在一起的？

答：一起的，要四个人一起去捕鱼。

问：你结婚的时候，两个妹妹还没嫁出去吧？

答：没有。

问：她们也一起住在船上？

答：不，她们另外有一只小船的，住在那只小船上。

问：小船去捕鱼吗？

答：摸螺丝。

问：你分家了？

答：我没分家，一直没分家。嫁出去的么不管了，我有五个小孩，那么我父母呢他们两个老人家就住到小船上去了。分家没有分啊，没有东西分啊，钱也没有，房子也没有，大家分开住什么就算了。

问：你两个妹妹嫁出去以后，你父母就住到小船上了？

答：哎，我爸爸妈妈住到小船上，带着我一个小孩，另外两个就跟我们住的。等到了这里，就有房子了，我最小的两个小孩是在这里生的。

问：你孙子结婚时买了房子，那是几年前啊？

答：十年了，我孙子今年都三十六岁了。

问：你孙子结婚前，你儿子是住在哪里的？

答：也住这边的公房啊，我儿子在这里也有公房的。

问：你儿子现在住哪里？

答：还是住公房，在后面，在养鱼场。

问：后面还有一个公房，跟这个一样吗？

答：不，大一点。

问：那边的公房，住的全是渔民吗？

答：对，都是渔民。

问：你几岁的时候搬到这里来的？

答：不是搬，我的船就停在这里的，房子造好了，就住到房子里来，不能说搬。

问：你是哪一年住到这个房子里的？

答：这个房子呢60年开始造，68年完工，分房，然后住进来的。五个人都分在西面，四个人分在东面的。

问：你最小的女儿是在船上生的？

答：在船上生的，还没住进来。

问：她上小学时已经住在这个房子了？

答：是的。生的时候在泗泾的医院生的。

问：你第一个儿子是在医院生的？

答：不是医院，是接生婆生的。

19 周金弟

问：你哪几个小孩是在医院生的？

答：美娟和林娟是在泗泾医院生的。还有几个不是医院生的。

问：接生婆是渔民吗？

答：哎，渔民。

问：是不是要生了，就把接生婆叫来？

答：哎，她会摇个船过来的。

问：大儿子出生时，船停在哪里？

答：在上横乡方家窑。

问：接生婆是谁？

答：就是我丈母娘。

问：你丈母娘就是接生婆啊，她也给别人接生啊？

答：对。那我女人要生了，就叫她过来。

问：要付钱吗？

答：不用。

问：她给别人接生，别人要付钱吗？

答：她不收钱的。

问：生小孩的人家会不会送她东西呢？

答：不知道，我没看见过。

问：第二个女儿也是你丈母娘接生的？

答：不是的，第二个小孩是在七保乡下喊的接生婆，不记得是谁，给了多少钱我也不记得了。

问：第二个女儿是在哪里生的？

答：在方家窑啊。

问：方家窑是不是渔业村？

答：是的，八号桥渔业村。

问：在徐泾那里吗？

答：徐泾西面，上横乡。徐泾东面就是闵行了。

天主教节日

问：一月份有没有特别的活动？比如说去教堂什么的？

答：一直是做弥撒，经常要去的。

问：不是说一月份特别要常去的？

答：不特别的。但是五月份多一点，圣母月。

问：五月份圣母月时，你们有什么重要的活动吗？

答：重要活动么，迎圣母，抬圣母。

问：抬圣母吗？

答：从佘山上到下面抬一圈，下面抬到上面去，到上面教堂。

问：迎圣母是哪一天？固定的吗？

答：有的，有固定的，五月一号、二十四号两天。

问：为什么是五月一号和二十四号呢？

答：这是圣母月的本月份，圣母月。圣母道都要迎圣母的，上面有主教，宗教的领导来，抬圣母，主教不来就不抬。

问：宗教的领导来的话，就这两天会抬圣母？

答：对的，领导不来就不抬了。

问：不抬的话，你们有别的活动吗？

答：别的活动就是做弥撒，就是这两天的话，宗教组织的领导会下来，然后组织抬圣母这个活动，如果领导不来的话就取消这个活动，然后只是做弥撒的。

问：宗教的领导会不会选在别的日子来？

答：来肯定来的。它一个一个教区分开的，

苏州有主教的,上海有上海教区的,总的领导是梵蒂冈领导的。

问：总的领导来吗？

答：不来的。梵蒂冈不来的，就是中国也不来的。

问：来的领导是上海教区的领导？

答：上海教区的领导。

问：他们就一定是一号和二十四号来是吧？别的日子不会来的？

答：不会来的，他上海开车子过来，人住在上海。上面领导来了，下面会发通知的，一般就是五月一号、二十四号这两天。

问：领导怎么选的？

答：一个教区也是选举的，能力有大小的，能力大的可以做主教。

问：你们佘山教堂就是五月一号和二十四号抬圣母，别的教堂呢？

答：别的教堂由别的教堂管理的，苏州教区由苏州教区管理，上海教区由上海教区管理，南京由南京教区管理。佘山是圣母院，也算是中国最大的教堂，有名的。山西省、安徽省、杭州教区、温州都有来〔佘山教堂〕的。

问：这两天教徒都到这个教堂来的？

答：来要一个月的。〔教徒〕来自全国各地。

问：圣母月的时候，主要活动就集中在佘山教堂是吧？

答：对。

问：南京圣母月的时候，你们会去吗？

答：我不大去的，难得去的。

问：这边也有人去的是吧？

答：也可以去的，都可以的，教会是统一的，全世界统一的。教会是基督教、佛教、道教统一一个宗教活动，统一领导的。下面分宗教局里，像中央宗教局分天主教、基督教、佛教还有道教，总的宗教局是一样的。佛教也是属于教会的，也是属于圣教的，道教也属于圣教的，基督教也属于圣教的，天主教也是属于圣教的。

问：从二月份到四月份没有特别的活动吗？

答：特别活动不多的，每个星期日总归都有活动的。

问：二月到四月就是星期天去做弥撒的？

答：嗯，对的。

问：六月份有没有特别的活动？

答：六月是圣心月。

问：一般会做什么？

答：也就是做弥撒，另外不做别的。

问：就是星期天去做弥撒吗？

答：六月份每天都可以的，每天都可以去做弥撒的。

问：七月份没有的是吧？

答：一年到头都有的，只是来往人少了，不多的。

问：七月份也是每天都去做弥撒吗？

答：嗯，也可以去的。

问：就是平时每天都可以去的是吧？

答：嗯，都可以去的。我身体不好，好的话也还要去的。

问：五月和六月的时候人多一点？

答：嗯，对的。

问：七月的时候人就不多了？

答：不多了。

问：八月呢？

答：一样的，一年到头都这样的。

问：七、八、九、十月都一样的是吧？

答：嗯，一样的。

问：十二月份有个圣诞节吧？

答：圣诞节，重要的。下个星期也重要的，下个星期四号。

问：四月四号？

答：嗯。四大节之一，教会的四个大的节日，四月四号是开扎节。

问：这个活动的意义是什么？

答：这个活动啊，是耶稣被钉死后，活起来了，就是复活节。

问：四大节日是哪四个？

答：一个是复活节，一个是耶稣圣诞节。

问：还有两个呢？

答：一个是降临节，五月。

问：几号？

答：五月几号不知道。

问：降临节是什么意思？

答：耶稣复活了，要领导降临了，降临节，充实人的思想。

问：还有一个节呢？

答：还有一个是圣母升天节，八月十五号。

问：这四个节日做的活动都一样吗？

答：弥撒都一样的。

问：有没有不一样的活动呢？

答：不一样的活动没有的，就是它做喜宴的排场大小不一样。

问：哪个排场最大？

答：四个节一样的，还有几个节小一点。

问：就是这四个节排场大一点，人多是吧？

答：嗯，人多。

问：有没有东西吃呢？

答：没有。

问：不发东西给你们吃的？

答：嗯，去年圣诞节发一点发鸡蛋糕，点心。

问：发面包么？

答：嗯，面包有一点。

问：有没有圣母月的书啊？

答：圣母月的书本来有的，现在没有了。一般从松江到上海去开会。

问：因为你评上先进个人，就要去开会了？

答：我是宗教代表，当了二十七年代表，教会代表。上海市评了十八年先进代表。

问：佘山教会代表吗？

答：我们松江的，松江有个宗教组织的。

问：这个渔业村的代表吗？

答：嗯，渔业村，做辅导工作。

问：你是从哪一年开始做代表的？

答：改革开放第一批上去的，邓小平刚上台的时候。开刀了以后就不去了，身体不好，年龄么也到了，七十多岁八十岁了，新的代表上去了。以前毛主席的时候宗教不好活动的。

问：改革开放以前没有这样的代表？

答：没有的。

问：有没有人偷偷搞活动的？

答：没有，我没有的，有的人有的。

问：在家里拜有没有问题？

答：家里拜没有问题。

问：集体活动就有问题的是吧？

答：改革开放前，集体活动是不允许的，要抓的，偷偷摸摸是不行的。

问：改革开放以前，有神像吗？

答：没有，都不可以拜的。

问：在心里拜？

答：嗯，在心里拜，对的。

问：改革开放以前也去教堂吗？

答：教堂都打掉了，都敲掉、拆掉了。

问：教堂有没有解放军来过？

答：来过的，文化大革命的时候来过。〔教会〕都敲掉了，站岗站好，不让人进去的。

问：教堂是哪一年被拆掉的？

答：就是文化大革命，红卫兵的时候拆掉了。

问：有没有渔民当红卫兵的？

答：有的，农村也有，渔民也有。

问：你当过红卫兵吗？

答：我没有，一般是初中生、高中生当红卫兵。

问：黎里教堂有一个叫戴玉红的，你认识吗？

答：年轻的，她是北京修道院过来的，我认识的。苏州教区95%的人认识的，上海教区50%，杭州教区30%，宁波教区70%认识。

问：圣诞节发东西给你们吃，有没有红酒？

答：没有的。

问：只有面包？

答：嗯，面包有的，红酒没有的。

问：认识戴学峰吗？

答：戴学峰，他是北京修道的，还有一个姓杨的，杨导熊，也是北京修道的，他家里也是抓鱼的。他的父母是入籍的，他管苏州教区的。苏州教区的主教叫徐永根。

问：你爸爸妈妈的坟是在佘山上吗？

答：嗯，在佘山上的。

问：去不去上坟的？

答：去的，马上要去了，一年一次。

问：清明的时候去吗？

答：嗯，清明的时候去的，快要去了，等孩子空的时候一起去。

问：是下个星期天吧？

答：下个星期天，过一点也不要紧，我们过清明节不是要清明节那天，是那一段日子都可以的，一般都在之前的。

问：其他人也是在清明时去上坟吗？

答：嗯，一般清明节的时候去上坟的。我不扫坟，就是看一看，晒晒圣水。

问：圣水哪里来的？

答：神父用自来水做诵过的，念过经的。

问：你们去问他要的吗？

答：要的，那个瓶子去要点来，不要钱的。神父对自来水念过经的，他们问神父要，神父就会给他们的。

问：上坟的时候做不做弥撒的？

答：不做的。

问：就是撒圣水？

答：嗯，撒撒圣水。弥撒只在教堂里做的，

外面不做的。

问：除了清明节，别的时候去不去上坟的？

答：自己想去的话可以去的，一般的话，一年去一趟，你要去两趟的话，你自己去好了。

问：清明时节去的人比较多是吧？

答：嗯，清明节去的比较多。

陆上定居前后渔民的生活

问：你父亲什么时候迁到这里的？

答：刚刚办初级社的时候迁到农村去，成立人民公社的时候到这里来。农村里我们渔民不可以住了，要划掉了，到这里来。就是先有初级社的时候，迁到高家大队的农村里，然后等成立高级社的时候迁到这里。

问：不让农民住在农村，所以你们就住到船上了是吧，然后迁到哪里了？

答：迁到这里来了。陈坊桥公社安排的渔民村，我们就来了。

问：刚迁到这里的时候你几岁了？

答：二十六岁，大概。

问：迁到高家大队时，是自己迁过来的还是大队安排的？

答：自己迁的。

问：自己从老家迁过来的是吧？

答：嗯，自己迁的，本来在方家窑的上横、青浦与松江交界处。他这个时候不肯放到农村里，硬迁迁出来的。

问：就是你们先从老家迁到上横哪里是吧？

答：先从老家迁到上横的方家窑那里，这地方是青浦与松江的交界，然后上横再到这里来。

问：是政府要你们从方家窑迁到高家大队的是吧？

答：是自己要迁的，不是政府要我们迁的。

问：为什么自己想迁过来？

答：那个时候抓鱼抓不到，生活困难，粮食少。居民粮食少，农村粮食多，所以迁到这里来，迁到农村来。

问：迁到高家大队的有几户人家？

答：六户人家，都是亲戚。一个我妹妹，一个我妻子的姐夫、姐姐，还有我妹妹的公婆，妹妹的丈夫的姐夫一起迁过来。还有一户在上面，我姐夫的弟弟。

问：你老家不是在常熟吗？

答：老家常熟的，那时候没有户口的，是解放之前好几年，跑来跑去都可以的。

问：迁到方家窑的时候你几岁？

答：二十四岁。

问：迁到高家大队时你几岁？

答：二十一岁，生产队队长。

问：住上横时你几岁？

答：到上横是从小在那里的。小的时候徐泾住过，方家窑也住过，跑来跑去的，不固定的。

问：当队长之后就固定在上横了是吧？

答：上横生产队队长。

问：高家大队有渔业队吗？

答：没有，高家大队是农村。

问：当时还是捕鱼的？

答：嗯，捕鱼，月底的时候就到大队里去领粮食。

问：你们迁到高家大队，你父亲呢？

答：一起迁过来的。

问：解放前是没有户口？

答：没有的。

问：你们住在方家窑的时候，有没有户口？

答：有的。

问：你户口就在方家窑的？

答：嗯。

问：迁到高家大队之后，你的户口有没有一起迁过来？

答：有，迁来的，一起过来的。

问：你要迁就可以迁的？

答：嗯。

问：政府允许你迁的？

答：允许的，居民到农村是可以的，农村到居民是不可以的。

问：你的户口是渔业户口？

答：渔业户口。

问：渔业居民是吧？

答：嗯，渔业居民。

问：你迁到方家窑之前有没有户口的？

答：没有，第一次户口就是在方家窑的。

问：方家窑的户口是怎么登记的，有人到你们家去登记吗？

答：没有。

问：你户口本是怎么拿到的？

答：户口本子到乡政府自己去拿，到公社自己去拿。

问：到公社去拿就可以了？

答：嗯，出示介绍信去拿。

问：介绍信是谁给的，是哪里出的？

答：第一次户口是水产社出示名字，何年何月，几口人，每一户人家发的。

问：就是水产大队的人来家里登记名字是吧？

答：水产大队到家来登记家里有几个人的名字，然后报到大队里面去，大队里面再统一发下来。

问：来登记名字的人是谁？

答：水产大队的会计或者队长。都认识的，你的身份逃不了的，你坏啊好啊都知道的。

问：来登记户口的时候，你家是在船上吗？

答：嗯，是船的。一个大队，几户人，几户房子，然后水产大队给钱造房子。

问：68年时房子都造好了是吧？

答：嗯，所以小的那几个女儿，读书有得读的，大的几个就因为没有房子，船摇来摇去，书就没得读。

问：你刚迁到这里时，政府有没有计划要在这里造一个渔业村？

答：有的。有人组织就到这个地方来，没有组织不可以来的。

问：有很多渔民都住在这里的是吧？

答：嗯，农村里抓鱼的一起出来。

问：上面就把你们集中在这里了是吧？

答：嗯，由公社通知的，现在是乡政府。一个乡一个乡通知农村，是抓鱼的统统出来。

问：高家大队是农村，渔民种不种田？

答：没有，就是抓鱼。

问：我们在吴江采访的时候，有些渔民说他们要到农村种田，你们不种是吧？

答：我们不种的。像苏州教区，有的渔民村也有土地的，种田的。

问：也是有种田的？

答：嗯，但我们没有的。

问：政府分田给你们的话，你们愿意种吗？

答：种不来的，不会种的。

问：报户口的时候，有人登记名字，然后报到警察局去的是吧？

答：村里面有社长报上去的。

问：报到哪个警察局？

答：不知道，这边是青浦，户口是青浦县发的，应该是青浦县里的警察局。

问：你自己没有去过？

答：嗯，没有去过。

问：你在上横生产队的时候当过生产队长，迁到这边以后，有没有当过干部？

答：没有。

问：为什么在上横的时候做生产队长？

答：十多条船要管好，生产要上去，抓鱼的出去，要生产队管。

问：渔民选你做队长的？

答：渔民选的。

问：几岁时做队长的？

答：二十一岁。做了两年，迁到高家大队，不做了，到现在为止。

问：你做队长年纪还很轻啊，为什么不选年纪大的而选你呢？

答：年纪大的没有啊，少，很少。

问：年纪大的很少，大部分都是和你年纪差不多的？

答：嗯。

问：像你父母那种年纪的很少是不是？

答：嗯。

问：为什么渔民会选你做队长啊？是不是你人缘比较好啊？

答：嗯，人家服气一点。

问：高家大队有几户农民？

答：六户。

问：就只有你们六户啊？

答：嗯，没有其他的。

问：有几个生产队呢？

答：我们没有生产队的，是属于大队管的。

问：你们捕到鱼后要拿到大队的吧？

答：不拿到，我们自己卖掉，买粮食用钞票去买的，向大队买，不用记工分的。

问：迁到这里之后，是不是要开始记工分了？

答：记的，自己也不好卖了，集体所有，要上交的。

问：迁到这里以后，出去捕鱼，捕到最多的什么鱼？

答：鲫鱼、草鱼。鲫鱼最多。螺蛳也有的，海蜇也有的。

问：这和之前捕的鱼都一样的是吧？

答：小一点，鲫鱼、草鱼，虾也有的。

问：螃蟹有没有的？

答：螃蟹没有的。

问：集体劳动、上交集体以前，捉的也是这几种鱼？

答：嗯，也是这几种，都一样的。

问：捕鱼用什么工具？

答：用网，纱网，棉纱的纱网做的。

问：纱网也可以捕虾的是吧？

答：嗯。

问：有没有用笼子去捕鱼的？

答：没有的。

问：螺蛳怎么捕的？

答：用竹筒劈开，放在水里，螺蛳就会吸在竹上面。

问：你们收不收河蚌的？

答：蚌壳没有的。

问：迁到这里以后有没有渔业大队的队长？

答：有的。

问：队长是谁？

答：当然是渔民，也是抓鱼的。

问：他现在还在不在？

答：都不在了。

问：书记呢？

答：书记啊，农村也有的，街上也有的。

问：你们渔业大队有没有的？

答：渔业大队有的，副大队长也有的。

问：书记有没有的？

答：书记也有的。

问：还在不在？

答：有一个不在了，不在的多了。〔有个叫〕陈方桥，住在哪里我不知道了。

问：他跟你年纪差不多么？

答：比我小一点。

问：这渔业村有几个生产队？

答：三四个队。

问：有那么多？

答：小队，生产队。大队只有一个。

问：刚迁到这里的时候，渔业村有几户人家？

答：大概有六、七十户人家。

问：你属于哪个生产队？

答：不属于哪个生产队，我们叫捞螺蛳队，两个养殖队，一个鲫鱼队。

问：养殖队都养什么鱼？

答：草鱼、鲤鱼、鲫鱼、白鱼、鳊鱼。

问：有没有虾？

答：虾有的，小虾。蟹子没有。

问：渔业大队是直接归陈坊桥公社管的是吧？

答：嗯，公社管的，公社副业系统。

问：陈坊桥公社里面只有一个渔业大队吗？

答：对的，一个。

问：这个渔业村里面，姓什么最多？

答：姓周最多，姓邵也多的，姓朱。

问：姓周的都是你的亲戚吗？

答：不是亲戚，都没有关系的，这里我没有亲戚，外来的。

问：以前有个大队长叫周桂华，你认识？

答：周桂华有的，不是亲戚，他去世了，他是江秋村的。

问：你家里有没有族谱？

答：族谱没有的。

水上保长

问：解放以前，有没有水上保长这种人的？

答：保长，我没有做过。

问：有听说过吗？

答：听说过，都逝世了。

问：渔民里面有保长的是吧？

答：渔民保长有的。

问：水上保长是哪里的？

答：嗯，上横那边的，蛮凶的。

问：就是他划了一块水面，你们不能随便去捕鱼的那种？

答：嗯，对的，要渔业证，不好捕鱼的。

问：这是解放以前？

答：嗯，解放以前，解放以后只有大队。

问：保长把水面围起来，不让你去捕是吗？

答：这样的，像在青浦县呢，整个县都是可以抓鱼的。一个保长呢，划几个地方，我们捕鱼要向保长买会员证，要出钱。假如你想要买下这块水面，你就去买票，买票了以后，这个水面就归你一个人捕鱼了，别的人就不能在这里面捕鱼了。

问：票跟谁买啊？

答：县渔会理事长，去问他买一个票，然后可以得到一块水面，别人就不能来这捕鱼，别的人如果捕鱼的话要交钱的。

问：保长管什么事情的？

答：管会员卡有没有，卡没有要罚款的(就是他在这块水面里面管理，有一个渔民进来了在这个水面里面捕鱼了，就要问他有没有这个证，如果没有这个证的话，就要问他罚款了，就做这个事情)。

问：保长是向渔会理事长交钱买个证是吧？

答：对的。

问：你们是向保长买证是吗？

答：对的。

问：一块水面要多少钱？

答：买一年的，大概几百元（是他们渔民交给保长的钱，交给保长是几百块，但是保长给县里多少钱他就不知道了）。

问：捕鱼的话能赚多少钱？

答：最好的时候二三十元一天。

问：水上保长来给你们这些渔民登记的吗？

答：登记的。一家一家登记的。你今天不买票他知道的。你登记了买了他摘掉了，不买他不摘掉的。

问：水上保长到渔民那里登记户口以后，他给牌子让渔民订在船上吗？

答：有的，像自行车上的车牌一样。

鱼行

问：你们住在方家窑的时候，船是不是一直停在一个地方的？

答：对，停在一个地方的。

问：停哪里？是不是靠近镇上的？

答：有收鱼的鱼行。

问：所有方家窑的渔民都把鱼卖给这鱼行吗？

答：别的地方也有去卖的，这里也有，到哪里卖不管的，卖鱼不管的。

问：鱼行的名字？

答：两个鱼行，一个叫顺泰，顺泰鱼行，老
　　板叫叫蒋耀文，当乡长了，跑到台湾
　　去了，不知道。还有一个同太，同
　　太鱼行，老板姚贵生。

血吸虫病

问：你几岁生血吸虫的？

答：生虫病啊，大概二十六、七岁，治疗
　　过一次。过了五年，复发了，再去治
　　疗。

问：你怎么发现自己生血吸虫病的，有人
　　来收大便吗？

答：对的。

问：收的是赤脚医生吗？

答：不是赤脚医生。

问：是血防站的医生吗？

答：哎，都是血防站的医生的，乡下医生
　　没来收过。

问：是大队派下来的？

答：第一次验大便是大队派下来的，然后
　　到卫家角徐泾东面的血防站去治疗。
　　那时候户口也不到这里，人民公社以
　　前是在那边治疗。人民公社以后，就
　　在这边佘山血防站治疗。第二次很严
　　重，打针都没有用了，要用风凉油，就
　　是从风凉树上的叶子摘下来煎药，叫
　　"风凉油"，可以吃的，吃五百 CC 一天，
　　喝了一个月。

问：第二次检查出来，没有去开刀？

答：没有开，但是已经知道肝有病了。

问：当时你知道生病的原因吗？

答：不知道。

问：现在你知道原因了？

答：有点知道了。我们这些人离不开水，
　　水里有血吸虫，但是为什么会到肚子
　　里到肝里就不知道了。

问：你第一个妻子有没有生过血吸虫病？

答：她没有治疗过，没有发现过。

问：她生什么病去世的？

答：肝癌。

问：跟血吸虫病没关系吗？

答：不知道啊。看的时候已经是肝癌了，
　　有没有关系不知道啊。

问：你第二次复发的时候，有什么症状
　　啊？

答：干活没力气啊。

问：肚子痛不痛的？

答：有一点点痛的。

问：肚子大出来吗？

答：没有。

问：有没有吐血？

答：没有的。

问：看到过别人大肚子吗？

答：有的，有人死了的，有好几个。

问：死在家里还是在血防站看到的？

答：家里的，都是晚期了，查出来的时候
　　已经来不及了。

问：你姐妹里面有没有生血吸虫病的？

答：没有，只有我一个人。

问：得血吸虫病的渔民，男的多还是女的
　　多？

答：男的多，女的少一点。男的经常要下
　　水的。

问：有没有见过查螺灭螺？

答：有的。我没有参加，一般是农民。

问：是不是一般用药粉的?

答：哎，药粉，叫"乌绿粉"，鱼都死了，甲鱼的都死了。都是农民弄的，撒到河里去的。

问：药粉是直接撒到水里吗?

答：有些是撒到水里的，有些在岸上挖个沟，埋到土里。

问：撒到了水里，你们渔民还能捕鱼吗?

答：不能啊，鱼都没有了。

问：你们渔民生气吗?

答：生气也没有用啊，没办法啊，又不能阻止他们。

问：渔民已经成立渔业大队了吗?

答：已经有了。

问：查螺灭螺时书记有没有开会说明为什么要灭螺?

答：有，跟我们讲国家灭螺是为了我们的身体健康，"死人还是死鱼?"，跟我们讲灭螺很重要。

20　周雪娟

采访日期　：2010年3月27日
采访地点　：周雪娟家中
采访人　　：太田、佐藤、长沼
翻译人　　：徐芳
讲述人　　：周雪娟
讲述人简历：陈坊桥人，渔民。得过血吸虫病。
讲述人家庭：丈夫周阿林，七十四岁，渔民。有三个儿女。

个人与家庭概况

问：您是信天主教的吗？
答：哎，天主教的，一直都是信天主教的。
问：几岁的时候洗圣水？
答：小孩的时候就洗了啊，一岁不到就洗了啊。
问：爸爸叫什么名字？
答：不在了，过世了呀，叫周昌荣，人家叫他"阿荣"。如果还活着，大概九十岁了。
问：属哪个生肖的？
答：不知道，信教的不讲生肖的。
问：爸爸也是渔民？
答：哎，也是的。
问：妈妈叫什么名字？
答：叫项取林，也过世了。如果活着，今年大概九十岁了。
问：几岁去世的？
答：八十岁。
问：去世多少年了？
答：不记得了，大概十年了。
问：你出生时，妈妈几岁？
答：二十二岁。
问：妈妈也是渔民？
答：是的。本地人，也是教徒。
问：爷爷的名字还记得吗？
答：老早死了，名字也姓周，人家叫他"周阿大"。都是本地人。
问：有没有听说过从外地迁过来？
答：没，都是从小生在这里。
问：也是天主教徒？
答：哎，都信教的。
问：奶奶的名字记得吗？

答：不记得，奶奶老早死掉了。她也是天主教徒，渔民，本地人。

问：外公外婆的情况记得吗？

答：哦哟，老早都死了，都是本地人，名字都不记得。也是渔民，天主教徒。

问：你有几个兄弟姐妹？

答：六个，连我一起六个。

问：最大的是谁？

答：就是我。

问：你下面第一个是？

答：是弟弟，叫周德明。

问：今年几岁？

答：总有六十岁了，比我小三岁，生日不晓得。

问：第三个呢？

答：周光明，是弟弟。

问：比你小几岁？

答：反正是差三岁一个。

问：这两个都是渔民？

答：是的。

问：是不是天主教徒？

答：是的。

问：老四呢？

答：周广德，也是渔民，天主教徒。

问：老五呢？

答：光娟，也五十多岁了，出嫁到江秋农村了，也是渔民。

问：她现在还信天主教吗？

答：现在不信了。

问：信什么教了？

答：外教了。

问：还有一个是弟弟还是妹妹？

答：弟弟，叫周光弟。

问：有几岁了？

答：反正差三岁一个。也是渔民，信天主教的。

问：你有没有读过书？

答：没有。

问：天主教堂那里有书读的，你有没有去？

答：读经，去的。

问：你兄弟姐妹有读过书的吗？

答：妹妹有读过三年书，小学毕业。最小的弟弟也读过两年书，别的都没读过书。

问：你妹妹几岁去上学的？

答：当时有七、八岁的样子。

问：几月份去读的记得吗？

答：不记得。

问：是读小学？

答：是，小学也在凤凰山。

问：小学的名字就叫凤凰山小学？

答：哎。

问：那时候上学要钱吗？

答：要的，一年五块钱的样子。

问：你丈夫叫什么名字？

答：叫周阿林，今年七十四了，跟我差三岁。

问：生肖知道吗？

答：属牛的，本地人，也是天主教徒。

问：你有几个小孩？

答：我啊，三个。

问：最大的叫什么？

答：周菊芳，女儿。她属老虎的，今年四

十九。

问：她现在是渔民吗？

答：现在不抓鱼了。

问：嫁到哪里了？

答：街道居民。

问：现在做什么？

答：从小是捉鱼了，现在什么也不做，就呆家里面，不做事的，是家庭妇女。

问：她丈夫做什么的？

答：松江方塔医院社工，临时工。

问：女婿叫什么名字？

答：林明根，六十岁不到了。

问：比你女儿大几岁？

答：七岁。

问：他以前是渔民吗？

答：不是，是街道居民。

问：信什么教？

答：外教的。

问：你女儿也信外教了？

答：哎，都是外教了。

问：第二个小孩叫什么？

答：叫周玉红，今年四十七岁，嫁到泗泾街道，也是居民，现在好像是做清洁工。

问：小时候是渔民？

答：哎。

问：现在信教的？

答：说么信天主教的，但是教堂里都不去的。

问：信外教？

答：也不信。

问：女婿叫什么？

答：朱小宝。

问：今年几岁了？

答：他们两个同龄的。

问：是居民吗？

答：哎，也是街道居民，现在是机修工，在洞泾麻皮厂，信外教的。

问：第三个小孩呢？

答：小儿子不干活的，叫周雪红，属猴子的。

问：以前是渔民？

答：是的。

问：跟你第二个女儿差几岁？

答：三岁。

问：信天主教的？

答：嗯。

问：你媳妇叫什么？

答：媳妇离婚了。

解放前后的渔民生活

问：你小时候，你们家河岸上有没有房子的？

答：有房子的，三间草房。

问：房子造在哪里的？

答：造在凤凰山，农村里面的。

问：抓鱼的时候住船上？

答：哎。不抓鱼的时候住房子里。

问：你爸爸有几条船？

答：两只，木船。

问：一样大的？

答：一只大，一只小。

问：大船能装几吨？

答：三吨。

问：小的船能装几吨？

答：半吨。

问：捕鱼的时候是住在大船上吗？

答：不捕鱼的话，待在大船上，要去捕鱼了，就划那只小船出去。

问：你家的大船，有没有"娘船"、"家船"的说法？

答：没有的，就叫大船。

问：大船上面可以住几个人？

答：三到五个人。

问：你兄弟姐妹跟爸爸妈妈都一起住船上吗？

答：哎。

问：那不是有八个人吗？

答：小孩子长大点就住到爷爷那里去，要是一直都住在船上，鱼都不用抓了。

问：当时你爷爷住船上还是岸上呢？

答：岸上的草棚里，住在棚子里的。

问：爷爷有没有船的？

答：小船有的，没有大船，船坏掉了。

问：爷爷的船坏了，所以住到岸上去了？

答：哎。

问：爷爷那个棚子造在哪里？

答：在凤凰山的乡下。

问：有没有地的？

答：没有的，就是在河岸边搭个棚子。

问：就是河边上的土地吗？

答：哎。

问：你爸爸打渔的时候用什么捕鱼工具？

答：用丝网、麦钓。

问：还有别的工具吗？

答：没了。

问：用不用簖的？

答：不大用的。我们家有一个，三百只笼子串起来的，抓黄鳝、鳗鱼的，在农田水道里面的。

问：丝网用来抓什么鱼？

答：抓鲫鱼，麦钓也抓鲫鱼。

问：也就是鲫鱼最多了？

答：哎。

问：还有别的鱼吗？

答：很多，说不清。

问：卖得价钱最好的是什么鱼？

答：鲫鱼。

问：有没有草鱼？

答：草鱼没有的。

问：鲫鱼一斤能卖多少钱？

答：以前只能卖几毛钱。

问：一年当中什么时候捕到鲫鱼最多？

答：八九月份最多。

问：那时候去哪里捕鱼？

答：河江里面。

问：最远到哪里？

答：能到多远就到多远。

问：是不是早上出去晚上回来？

答：晚上出去，早上回来。

问：为什么白天不去晚上去？

答：白天不能抓的。麦钓只能晚上用，白天只能撒丝网。

问：你们捕到的鱼是自己就地卖还是卖给鱼行的？

答：要上交的，有任务的。

问：解放前呢？

答：解放前自己卖。

问：卖到哪里呢？

答：走到哪里卖到哪里。

问：是卖给农民吗？

答：哎。

问：不到镇上摆摊？

答：摊不摆的。

问：只是零卖给农民的？

答：哎，零卖的。

问：解放前你们去捕鱼，有没有地方是不让捕的？

答：没有的，随便哪里都可以去。

问：有没有人把水面围起来，不让你们进去捕鱼的？

答：没有的。

问：你们出去到一块水面上捕鱼，有没有人来问你们收费？

答：没有的。就是有土匪抢鱼，跑到船上来看有没有鱼，看到有就抢走了。

问：你爸爸一个人单独出去捕鱼还是跟亲戚一起出的？

答：一只船出去的，两只船不好捉鱼的，不跟别人一起的。

问：解放前有没有渔民组织？

答：没组织的。

问：解放后有没有渔民协会的？

答：解放前随便自己抓鱼，想到哪里到哪里。解放后呢，成立了大队、小队，生产队长，要上交产量，就是这样子。

问：解放后到成立公社之前，有没有把渔民组织起来？

答：没有的。

问：你几岁参加集体劳动的？

答：开鱼塘么，总归在58年之前，大概十七岁。

问：几岁以上的人要参加集体劳动的？

答：当时十六岁以上都要参加。

问：是不是公社成立就参加集体劳动？

答：哎。

问：你几岁住到这里的？

答：58年之后，有陆上定居之后，住到这里的。

问：住到这里之前，是不是住船上的？

答：船上的。

问：土改的时候，你爸爸评了什么成分？

答：贫下中农。

问：土改时渔民也有分到土地吗？

答：没有分到地的。

问：解放后你爸爸也继续捕鱼吗？

答：捕鱼的。

问：你几岁结的婚？

答：十八岁，那时候婚姻法允许十八岁就结婚了。

问：你跟你老公有没有人介绍的？

答：有，介绍认识的。

问：介绍人是谁？

答：介绍人死掉了。

问：也是渔民？

答：渔民。

问：也是凤凰山那里人吗？

答：是的，男的。

问：介绍人是跟你父母讲，由你父母定亲的吗？

答：哎。

问：结婚前你有没有见过你老公？

答：见过面的，碰到了，不讲话的。

问：介绍人是不是经常给人做介绍的？

答：不是，是父母的朋友。

问：你兄弟姐妹也跟你一样，差不多时间结婚么？

答：嗯，差不多。

问：结婚的时候是住在船上吗？

答：哎。

问：那时候买了新船？

答：不是新的，是旧的。

问：跟公婆住在一条船上的？

答：是的。

问：你结婚后，什么时候分家的？

答：分家啊，跟婆婆一起住了三年后分家。

问：有没有买新船？

答：没有。

问：住到哪里去了？

答：问人家买了只旧的小船，我跟老公两个人住小船，抓抓鱼。买新船哪里来的钱，没钱啊。

问：你分家的时候已经生孩子了？

答：不生。

问：分家后，过了多少年生小孩？

答：我是二十二岁生小孩的。

问：拜堂的时候，在陆地上还是船上？

答：船上。

血吸虫病

问：你生过血吸虫病吗？

答：是的。

问：查出血吸虫病的时候，你生过小孩了吗？

答：小孩有了。

问：小孩几岁了？

答：总归有七八岁了，最大的。

问：血吸虫病是怎么发现的？

答：验大便啊。

问：验大便之前，你有没有感觉不舒服？

答：已经感觉不舒服的，大队里面说要验大便，就去验了。

问：验大便是大队派人下来收集的？

答：是的。验出来有血吸虫，就去打针。

问：到哪里打针？

答：佘山血防站。

问：知道自己有血吸虫病的时候害怕吗？

答：有点怕的，怕看不好。穷人没钱看病啊，怕看不好。

问：在血防站打针吗？

答：吃药。

问：没有开过刀？

答：刀不曾开过。

问：有没有打针呢？

答：就是吃药，一粒粒药片。

问：大队里有没有做一些宣传告诉你们为什么会生血吸虫病的？

答：大队里面验出来你有血吸虫病，就通知你，什么时候去打血吸虫病，这样子。

问：有没有人告诉你们为什么会生血吸虫病的？

答：没人跟我讲啊，我不知道为什么，就是叫我去打血吸虫，工分照样算的。

问：你在血防站待了几天？

答：半个月。

问：药是每天都要吃吗？

答：每天都吃，吃了半个月，之后就回来了。

问：没再去？

答：没有。

问：你老公也生过血吸虫病吗？

答：也生过，已经去世了。

问：他比你严重？

答：嗯。

问：开过刀吗？

答：开过。

问：你丈夫在血防站住了几天？

答：他当时吃麻油的，不是吃药的。

问：他有没有在血防站住院？

答：有的，也总归半个多月。回家后复发，又去血防站开刀，之后又感染到肝里面，已经去世了。

问：你检查出有血吸虫病时，还住船上吗？

答：住船上的。

问：那时候家里还有别人生血吸虫病吗？

答：有的，爸爸也因为血吸虫病死的。

问：你兄弟姐妹里面有没有人生这个病？

答：没有。

问：你有没有参加过查螺灭螺运动？

答：没有。

问：查血吸虫病的时候有妇女主任的吧？

答：有的。

问：你还记得当时的妇女主任是谁吗？

答：不知道是谁了。

问：妇女主任负责什么工作的？

答：跟妇女有关的工作咯。

问：她参加血吸虫病的检查吗？

答：不参加的。

问：赤脚医生会参加血吸虫病的检查吗？

答：参加的。

问：你还记得是谁吗？

答：不记得了。

问：你去佘山血防站治疗的时候，别的病人多不多？

答：很多。

问：每天都有新的病人进去吗？

答：你打好了我去，我打好了他去。

问：是大队安排的？

答：哎。

问：你在治疗的时候，同时有多少人？

答：总有一百多人，整个大队的人啊。

问：病人里面农民多还是渔民多？

答：农民多，大部分是农村的人。

21 沈云辉

采访日期　：2010年3月27日

采访地点　：陈坊桥沈云辉家中

采访人　　：太田、佐藤、长沼

翻译人　　：钱丰

讲述人　　：沈云辉（1936年7月10日出生，七十五岁，属鼠）

讲述人简历：出生于广富林，毕业于松江师范学校。先后任职于佘山王盲小学、船民子弟学校校长、松江农校总务科长、松江三中等教职。

讲述人家庭：妻子董菊英，广富林人，七十五岁，种田。

个人与家庭概况

问：我们先问一下您的个人情况。

答：我呢是这样子的，1956年，松江师范学校。

问：你是松江本地人吗？

答：嗯。陈坊桥那边有个佘山，有个叫广富林的，我就是广富林的。我出生就是在这个地方的。

问：爸爸妈妈是哪里的？

答：爸爸妈妈也是当地的。我爸爸叫沈希明，是做医生的，中医。

问：是世代做中医的？

答：不，就我爸爸一个人，上一代没有做，是我奶奶送他去学中医。

问：妈妈是哪里人呢，叫什么名字？

答：金六妹，当地广富林的，妈妈是家庭妇女。我们已经住了好几代了。

问：你奶奶送你爸爸去学中医，家庭是农民家庭吗？

答：我们有八个兄弟姐妹，家庭不怎么好，我奶奶二十八的时候我爷爷就死了，我奶奶养了三个孩子。我爸爸是老大，一个叔叔，还有一个小叔叔，三个人，靠我奶奶一个人养的，所以家庭不那么好的。

问：你爸爸是三兄弟，爸爸是老大？

答：嗯，爸爸八十岁的时候没有了，到现在应该有一百零一岁了。我妈妈呢九十九岁没有了，到现在的话是一百零一岁。

问：你有几个兄弟姐妹？你刚才说你们家有八个子女？

答：嗯，八个子女，我是老四。上面两个姐姐，还有就是六个兄弟。老大跟老二是姐姐，老三开始到第八个都是男的，所以我们家庭不是那么好，就是靠母亲一个人养这么多人。刚解放的时候，读书基本上不要钱的，像我哥哥姐姐他们读到二三年级就不读了，他们都是后来参加工作了，边工作边念书的，就是这样子的。我哥哥呢，十六岁就参军了，到部队里去。

问：大姐姐叫什么名字？

答：叫沈韵浩，大姐已经没有了，过世了，过世的时候七十三岁，现在八十一岁了。

问：她是做什么的？

答：她是教师，我们家里教师有四个人。

问：在哪里教书？

答：青浦。她刚开始的时候在农村的，后来我姐夫调到城市里，她也到城市里去了。青浦这个是小学，青浦中心小学。我姐夫也是教师，是广富林人，他们从小一块儿长大的。

问：姐夫叫什么名字？

答：顾菊仁，他现在还在，大概已经八十岁了。

问：后来他们两人去了青浦小学了？

答：嗯，我们广富林五八年以前是属于青浦县的，五八年以后就归到松江了。

问：他们是58年以前调到青浦小学去教书的？

答：我姐夫扬州大学毕业以后就到青浦工作了。

问：姐夫什么时候大学毕业的？

答：他大概是56年、57年的样子。毕业之后就到青浦中学教书，他后来是当校长，当支部书记很多年。姐姐是调到青浦小学里面，姐夫他是教中学。

问：二姐呢？

答：我二姐在北京，叫沈凤珠，现在大概差不多也八十岁了吧，二姐是工人。

问：二姐夫是干什么的？

答：二姐夫原来是北京建筑工程局当工会主席的，后来么就是领导，他也是大学毕业的。他也是广富林的，叫钱志勤，现在大概八十一。

问：你二姐读了两三年书就不读了是吧？

答：二姐是工人，读到小学二年级，因为我家里也比较困难，所以大姐也是读到二年级三年级以后，到农村里当民办小学老师，后来要她去培训，又去读三年师范的，因为我姐夫当了领导嘛，她呢又去培训去了。

问：你大姐也读了两三年的书是吧？

答：嗯，后来又去师范培训了三年。

问：她是先做老师之后去培训还是先培训之后再去做老师？

答：先做农村教师，后来再去培训的，因为她文化太低了，做教师不好做的，就再去培训，脱产培训三年。在哪里做的脱产培训？学校我现在叫不出。

问：大哥叫什么名字？

答：沈云贤，现在七十八岁了。大哥是解放军，他是七八年回的。

问：什么时候参的军？

答：他十六岁就去了，50年，到78年退伍回来。复员回来在公安部门工作。

问：你弟弟老五呢？

答：我老四，老五叫沈云光，七十二岁。他是教师，他是江苏师范大学毕业的。

58年毕业的，不，60年毕业的。原来工作一直在江苏的，后来改革开放以后，84年，当地需要大量人才，我们就写信去叫他回来，他就回来了，大概85年吧，回到松江来了。

问：回松江之后，在哪里教书？

答：松江下面的一个松江职业技术学校，他当校长。

问：老六呢？

答：叫沈家飞，现在大概是六十六吧。他是搞商业的，原来也是参军的，72年就回来了。回来转业了，转业了之后到松江供销社里面工作，他是搞商业的。

问：老七呢？

答：老七呢，叫沈国强。现在是六十二了，哦，六十三。他是学徒，原来是供销社里面，进去是学徒，三年之后就是职工。到退休一直在供销社工作的。

问：最小的弟弟叫什么名字？

答：叫沈龙，因为他出生的时候是属龙的，名字就叫沈龙。

问：多大了？

答：他大概是五十七、五十八吧。他原来也参军的，大概75年、76年回来的，回来了以后到松江的农具厂，上海市直属单位，叫上海农具厂，在里面工作，但是到86年，或者88年，这个厂就倒闭了，他下岗了，下岗了以后他自己搞了一个小厂，做老板了。

问：厂有多少工人？

答：哦，有十多个人，小厂。

问：你老婆叫什么名字？

答：她姓董，叫董菊英，广富林人，也七十五岁了，是搞农业的，农村种田的。原来家里是种田的。她没有读过书，她文盲。

求学与任职

问：你几年上小学的？

答：我读书是这样子的，七岁读书的，一到三年级是在广富林小学里面读书的，四年级到六年级我就到松江来了。白龙潭小学，现在叫岳阳小学了。

问：小学毕业之后呢？

答：小学毕业以后，松江一中，读了三年，到52年毕业，三年初中。后来就考师范了，家里比较困难，师范钱不要的，还有饭呢。

问：考到哪个师范学校？

答：就是松江师范，到五六年毕业。我53年读，留了一年，就是大了一岁，56年毕业，参加工作。

问：毕业之后在哪里教书？

答：在佘山，当时毕业出来时是民办教师，因为当时国家困难，在佘山农村小学里面。我出来的时候，在王盲小学里面教书。这是个农村小学，两个老师，教四个年级。我和另外一个老师一块教四个年级。一、二年级一个班级，三、四年级一个班级，从早上上课开始到放学。我教的是一、二年级。

问：教的时候，班上有多少人？

答：我班上是十九个学生，还有一个老师

大概是二十二个。

问：另外一个老师叫什么名字？

答：他现在早就死了，我去的时候他已经四五十岁了。他是公办教师，口音好像是苏北的。

问：他是和你一起去教书的呢，还是你过去他已经在那教书了？

答：我那个时候也是国家分下去的，我去的时候他已经在那教书了。

问：你在佘山王盲小学教了多少年书？

答：教了两年，后来就调到船民子弟学校去了，我58年的下半年到船民子弟学校去了。

问：在船民子弟学校教了多少年书？

答：我教了好多年了，到84年。这个学校原来是小学，后来还有初中。84年的时候船民子弟学校被松江教育局接收了，就是84年的时候船民子弟学校没有了。

问：学校被接收以后，您到哪里工作？

答：我就是在这个学校里。

问：这个学校不是被教育局接收了吗？

答：嗯，我也过去了，也到教育局去了，后来就调到松江农校，松江农校过了一年呢，跟松江建筑学校合并了，这个名字呢就叫松江建筑学校，就是农校并到松江建筑学校里面了，农校就没有了。87年我就调到松江三中，我在建筑学校和农校一共待了大概两三年时间，87年到松江三中，到1996年十二月我退休。

问：退休的时候是什么教师了？

答：我不是教师，我是总务主任。农校和建筑学校里面是总务科长。不上课的。

问：你什么时候开始不上课的？

答：我不上课有好几年了，在船民子弟学校里面我当校长也当了好几年，所以那个时候上课就比较少了。

问：什么时候做的校长？

答：我60年开始当教导主任，到66年文化大革命，校长、教导主任都靠边了，大概三年时间左右，又恢复职务，后来船民子弟学校校长调走了，然后我当了两年。

问：几年开始正式当的？

答：校长大概是75年、76年，当了两年，就是做校长的时候也在兼着教导主任。67年文革结束的时候，教导主任还是当的，教育局派来了一个校长。就是校长不做的时候也还在做教导主任，教导主任从60年做到84年。到84年，学校就被接收去了。

问：84年后去了松江农校，做什么的？

答：总务科长。在农校跟建筑学校都是做总务科长，然后调到三中之后，一进去就是做总务主任，做了八、九年总务主任。84年以后就基本不上课了。

船民子弟学校

问：您58年下半年到船民子弟学校去了吧？

答：嗯。

问：这个学校已经成立了是吧？

答：嗯，成立了，这个学校是56年成立的。

我进去的时候这个学校就有了。

问：学校是归谁管的？

答：业务呢是由永丰小学管理的。老师的学历啊，还有什么活动啊，由永丰小学负责的。经费呢全部由航运公司出的。

问：永丰小学是个什么小学？

答：永丰小学是国家办的，公办学校，是永丰当地的中心小学，它经费是由航运公司出的。

问：航运公司归什么局管的？

答：航运公司归交通局管的。

问：您原来是教什么的？

答：我原来教过数学，小学里面高年级的，五六年级的，地理啊，历史啊。我主要是教数学。

问：58年，就是您进去的时候，那个学校只有小学部是吧？还是有小学和初中的？

答：初中是在文化大革命的时候出来的，大概是68年，或者是69年吧。

问：之前就一直只有小学是吧？

答：嗯，大概到74、75的时候不办了，因为学生少了，国家也不允许了，要抓质量。

问：您原来有没有教过初中啊？

答：初中我教政治。这个时候我已经当教导主任了，上的课已经不多了，我带一个班或者两个班的政治，一个星期大概四节课，我还要开会，比较忙。

问：您进到船民子弟学校的时候，大概有那个班？

答：我进去的时候大概是60年，是七个班。我60年到船民子弟学校去的。进去的时候七个班，是小学，老师大概八九个人。

问：是复式班呢还是？

答：那个时候一年级学生的人比较多，五六年级的人比较少，所以五六年级还有复式的，但是一年级二年级都是单排的。当时五六年级时复式班，这个时候学生是二十多个人。

问：五六年级两个年级加起来一个班只有二十多人？

答：嗯，对的。最多的时候，包括初中班的时候，一下子增加到十六个班。

问：就是说航运子弟学校最多的时候有十六个班级？

答：嗯，大概是在69年或者70年到75年之间，这五、六年时间，最高的有十六个班级。老师大概有二十七、八个，这个时候教育局也派来一些公办的老师，大概有六、七个公办老师。校长也是教育局派来的，所以我前面也讲了，开始当教导主任。

问：有多少个初中班？

答：有十六个班级的时候，这个时候初中班大概有六到七个，一般来讲是初一两个班，初二两个班，初三两个班。每个年级两个班。

问：初中老师有多少？

答：这个倒分不清，因为当时初中老师上小学的也有，小学老师上初中的也有。老师上课都是学校统一安排的。

问：有十六个班的时候，小学大概每个班有多少人呢？

答：这个时候呢，小学班都是单班的，没有复式了。有三十多个，有四十多个，五十多个也有。

问：哪个年级比较多？

答：三、四年级最多，大概四十多个一个班级，一二年级也可以的，五六年级比较少，大概三十个左右，一个年级。初中呢，初一初二比较多，大概一个班级三四十个。初三呢少一点，三十多个一个班级。

问：在船民子弟学校读书的人，父母都是撑船的是吧？

答：都是船民。

问：他们一般会读到几年级啊？？

答：他们初中毕业。因为文化大革命中有插队落户的，对不对？但是船民呢，它有一个政策的，船民呢是不插队的。本来呢他们初中要到公办学校去读的，但是公办学校里的初中要插队的，他到船民子弟学校来，他插队不用插的，国家有优惠政策的，他们初中毕业以后呢，航运公司里面可以安排工作的。航运子弟学校毕业的那些初中生，去招工的时候有优先的，就是职工照顾。

问：去公办学校读书的话，他们就要去插队？

答：对。他们是因为不想去插队，就在自己系统学校里面读书。

问：船民子弟学校办初中之前，那些小学毕业的人都是到哪里去上初中的？

答：要考公办学校的，大概60年的时候，我们有一届学生考得最好，60年一共有二十一个学生毕业。考去松江二中的，松江二中是重点学校，这个时候初中它是招的，有九个。松江一中考取的有七个，这样就有十六个了，还有五个人就到三中、六中一般的学校，没考上的有一个，一共二十一个。

问：一中跟二中是重点学校？

答：嗯。后来文化大革命，质量就不行了。就是小学升初中要有个统一考试的。

问：就像高考？

答：嗯，跟现在招生一样的。这个是文化大革命前的。

问：66年文革到68年之间有没有小升初考试的？

答：有的。68年这个时候考试就不行了，没有了，文化大革命的第三年。

问：68年是考试停掉了还是参加的人不多？

答：不是不多，乱掉了，差不多就停掉了。

答：嗯。文革以前每一届小学毕业的人都会去参加小升初考试，66年文化大革命刚开始的时候还算稳定的，到了68年以后就乱了。

问：您刚才讲船民不用插队是吧？有没有船民还是去读了公办学校的，68年以后？

答：也有人考去的。王志渝考去二中，也插队去了，67年考去的，然后到了68年、69年，开始插队去了。虽然是船民，但是他们还是去插队了。就是说去公办学校读书就一定要插队了。

问：船民子弟学校里有没有家长不是船民的？

答：不是船民的很少很少的，到我们学校来念书不是船民的很少的，因为哪一个家里愿意把孩子送个这个里面来，对不对？因为船民的孩子比较散漫，怕带坏，跟城镇的孩子合不来的。所以我们学校里一般的都是船民，城镇上的人没有到我们学校来读书的。

问：就是说读你们这个学校就不用插队？

答：不是讲了嘛，船民子弟初中毕业以后，没有插队了，经过劳动局批了以后，优先在船民子弟中招工。

问：有没有城镇的人为了不让自己孩子插队就到你们学校来读书的？

答：当初办这个学校就是这个道理。当初社会上有一种风气，农村里边，初中不出大殿，小学上面戴个帽子就是初中，城民也是一样的，小学上面戴个帽子就是初中，但是这样呢，师资力量啊，或者培养的精力啊，这种东西都跟不上去。

问：有没有城镇上的人？

答：没有的，城镇上不插队也不行，因为他户口在街道里面的，送到我们学校里来念书也没用，因为这个户口在街道里面，街道里面知道的。但是船民呢，这个户口是水上户口，他不是街道户口。他这个户口性质不同，属于水上户口，有一个水上派出所，水上的户口都由水上派出所管理。

问：文革前后，都没有城镇上的人来你们这里读书是吧？

答：没有。

问：水上户口什么时候取消掉的？现在有没有了吗？

答：现在不知道了，航运公司没有了。

问：您进学校的时候，读书的人都是航运公司职工的子女？

答：嗯，都是航运公司的。刚刚开始办这个船民子弟学校的时候，叫松江县航运高级社，后来叫松江航运公司。

问：什么时候变的啊？

答：这个记不清了，我进去的时候还是叫航运高级社，航运公司大概要六几年了。航运社办的学校就是针对船民的，当时呢一个是农民，一个是居民，第三个个就是船民，这个学校办的时候针对就是这些船民的，他们在水上流的。

问：只有船民才可以进这个学校？

答：嗯，这个学校要寄宿的，要吃住在学校，他的爸爸妈妈要摇船要流动的。

问：一个学校要备有教室、食堂、宿舍、床铺？

答：嗯，教师上课，还要管理生活的，洗衣服的阿姨、烧饭的师傅。老师有二十七八个，总的加起来有五六十个人，包括教师有五六十个职工。

问：当时松江航运公司有没有航运公司职工宿舍的？

答：没有宿舍的，他们在船上，他们都住在船上的。船上职工宿舍呢有的，松江县政府58年的时候造了几幢房子，水上新村，但是很少的，现在讲来就是做做样子的。

问：松江县政府造了几个水上新村？

答：大概有三幢还是四幢。一些干部跟先进工作者就分配进去，其他那些船民都是在船上住的，它是流动的。

问：后来水上新村有没有扩建？

答：没有扩建。后来到粉碎四人帮以后，改革开放以后，都在造房子，航运公司也造了几幢房子，但是户数实在太多了，根本就解决不了问题，因为资金不是国家的，要自己公司拿出来的。

问：就是航运子弟学校存在的那段时间里面，他们那些家长都是住在船上的？

答：嗯，所以我们这些老师，既是老师，又是爸爸妈妈，我们晚上还要值班。所以我们的老师比公办的老师还要辛苦，上课基本上是差不多，公办老师上十六节，那我们老师一般也上十六节，但是我们的老师还要从生活上去管理他们。

问：业务量上是跟镇上那些公办老师差不多？

答：嗯，对的。但是生活上面要去关心他们，小孩子还要打架，吃饭等。

问：船民子弟学校位在哪儿？

答：嗯，原来是在晨山，现在没有了，拆光了。

问：56年就建在晨山了？

答：57年，大概58年搬到晨山去的，56年办的时候不是在晨山，在仓桥那边，这

个地方也拆光了。61年就搬到松江来了。

问：松江镇上哪里？

答：秀野桥的西边，永丰街道的。

问：最早的时候是在镇的边上造了一个船运子弟学校吗？

答：船民子弟学校原来只有几间房子，一个呢是为了船民靠船方便一点，在河边。原来解放前是个米厂，有几间房子，最早那个仓桥是米厂改建的，然后58年的时候搬到晨山那里，晨山呢也是在河边上。都是靠河建的，船民来看他们孩子很方便。

问：最后一个校址还在吗？

答：嗯，校址还在，但是名字换掉了。换成叫劳动技术中心。再向西到永丰幼儿园，这个地方呢原来船民子弟学校睡觉、吃饭的地方，现在叫永丰幼儿园。

问：最早的时候是归永丰小学托管的是吧？

答：嗯，现在就在永丰幼儿园旁边。

问：托管了大概多久？

答：托管了好几年了，60年到文化大革命结束，将近十六年。不托管了么到84年教育局接收了就不托管了。56年成立之后到84年都是由永丰小学托管的。

问：文革的时候办了初中部也是由永丰小学托管的？

答：嗯，这个时候管也管，但是这个时候乱了。

问：托管就是业务？

答：就是业务上面管一下。比如说，一、三、五下午三点半到五点是业务学习，一年级的老师一个组，二年级的老师一个组，三年级的老师一个组，一个星期有三次业务学习。

问：业务学习的内容是什么？

答：下午三点半到五点学习。星期六下午两点到四点政治学习，这个雷打不动的。星期天休息一天。

问：派的老师是永丰小学骨干老师还是什么？

答：他们也有一年级老师，我们一年级老师也参加进去，他们有二年级老师，我们二年级老师参加进去，他们三年级老师，我们三年级老师参加进去，分成一个小组一个小组。我们不去他们也要学习的，所有老师都要参加的，老师都是公办的。

问：谁来上那个业务课？

答：不是上业务课，就是讨论，哪一个老师比较好的就介绍一下，相互学习。文化大革命前，这个业务学习也好，政治学习也好，雷打不动的。不像现在，现在是不学习了。

问：政治学习，是怎么学习的？

答：政治学习这个时候有国际方面的形势，譬如说，松江组织部事务长做报告，下面就要讨论了，报纸上面国际或者国内重大事情，那么进行讨论了。65年开始呢学雷锋。

问：业务学习讨论是在船民子弟学校进行的呢还是在永丰小学进行的呢？

答：一般是我们去的。〔因为〕他们人多，我们人少。

22　陈连舟

采访日期　：①2005年9月2日，②2011年8月12日，
　　　　　　③2011年8月16日
采访地点　：吴江市芦墟镇夜猫圩五号区
采访人　　：太田、佐藤、长沼
翻译人　　：陈天勤
讲述人　　：陈连舟（1930年出生）
讲述人简历：出生于吴江市荣字村，半农半渔，
　　　　　　曾入私塾念书。
讲述人家庭：妻子吴阿银，荣字村人，半农半渔。
　　　　　　育有四个儿女。

个人与家庭概况

问：村子的名字叫什么？
答：夜猫圩五号区。
问：陈先生您多大年纪呢？
答：八十二岁。
问：生日是？
答：1931年12月4号。
问：是农历的吗？
答：这个农历的。
问：你在荣字村出生吗？
答：对对。
问：爸爸叫什么名字？
答：爸爸叫陈泉山。
问：如果他还活着的话，今年多大了？
答：他活着的话……属龙的呀。
问：你爸爸几岁过世的？

答：七十四，过世的时候七十四岁。
问：你爸爸哪年过世的？
答：77年大概。
问：爸爸也是荣字村人吗？
答：是的。
问：听说荣字村是半农半渔的村？
答：是的。
问：你爸爸呢？
答：是，也是这样的。我们也是抓捉鱼，我
　　小的时候有点田了。
问：我2005年来的时候，你说你爸爸以捕
　　鱼为主，是一边捕鱼一边种田？
答：那个时候种田已经不种了，以前的时
　　候〔田〕少得不得了了，主要是捉鱼
　　的。
问：解放前是半农半渔？
答：对，解放前。

问：爸爸有自己的船吗？

答：有的，小船，木头船，不大不大，只有一吨。

问：现在船还在吗？

答：在的，这个船是1946年的时候打的。

问：用了五十年了？

答：六十年了。

问：捕鱼时几个人一起去？

答：全家去的。家里没有人啊，这个时候，读书读不起，没有人〔在家里〕小孩不能读。这个时候小孩大约二十多岁，就是几个字，一般大部分都不识字。家里没有人，都出去了。要么七八十岁的老人，动不了待在家里。

问：全家都出去捕鱼是指住在船上的意思吗？

答：待在船上，都待在船上，春节回家。

问：除了春节还有什么时候会回家？

答：有时候是七月半，有时候是冬至，就休息几天。春节时间稍微长一些。

问：家里有几只船？

答：一家人家〔儿子〕结婚之后，就给他一条船。老归老，小归小。只要讨个媳妇进来都会弄一条船的。几个儿子就有几条船。

问：你爸爸有一只自己的小船，他有没有自己的土地或房子呢？

答：有的。自己的房子也有的，田也有。

问：解放前吗？

答：解放前。

问：房子在荣字村吗？

答：是的。

问：房子大概多大？

答：一百多个平方。

问：房子有几间？

答：那个时候是两间一厢房。两间还有个大的厢房，就是客厅。还有隔壁一户人家，两家人家是通的。老式房子就是有一间大的，用现在的话就是说客厅，客厅是两户人家通用的。我们那时候叫厢房。

问：隔壁住的是亲戚？

答：自己认识，比较熟悉的人。

问：你和隔壁人家是什么关系？

答：隔壁人家现在讲起来要叫他叔叔了，现在他们都过世了。

问：是亲戚关系吗？

答：亲戚讲起来是叔侄，一个屋子里摆出来的。比如说我姓陈，你们也姓陈。这样一代一代传下来。

问：是同姓吗？

答：是的，现在第四代了，我是第三代，儿子就是第四代。

问：你爸爸有多少地？

答：初解放的时候有六分田，六分田自己的，不是租的。再之前就不知道了。

问：除了自田外，还有租田吗？

答：没的。那个时候田不去租的，我们的村子你去看看，一栋房子后面都是弟兄，几个船停得不得了，几百条船。

问：六分田种水稻还是蔬菜？

答：种的水稻。

问：是爸爸自己种的吗？

答：自己种的。

问：一年中基本都去捕鱼，谁管理田呢？

答：管理田就是回家，这些田是托别人管的。有时候回来自己弄，比如说有个老奶奶待在家里，或者种一种，要种了，自己回来插秧，不是当真的。

问：你母亲叫什么？

答：叫钱三毛。

问：也是荣字村人吗？

答：是的，也是捉鱼的咯。我们捉鱼啊，都是一家一户的。

问：几岁的时候过世的？

答：她是七十四岁。

问：母亲的娘家也是以捕鱼为主的吗？

答：娘家田多一点，也抓捉鱼。

问：属什么的？

答：属马的。

问：比爸爸小吗？

答：小两岁。

问：你爸爸妈妈世世代代都是荣字村的人吗？

答：都是抓抓鱼种种田的，一个村口上的，大部分都是这样子的，真正农民也是有的。

问：你爷爷也都是出生在荣字村？没有从其他地方过来的？

答：对，没有其他地方过来的。

问：爸爸和妈妈是怎么认识的呢？

答：那个时候讲起来是包办婚姻，没有办法的。跟人家是"调亲"的，调换亲。就是你嫁到我们，我们妹妹嫁到你们，这是两家人家调换。那个时候生活困难，这不是自由婚姻，都是父母做主

的。

问：调换亲是孩子还小的时候彼此调换吗？

答：也有小时候换的，在孩子小的时候双方父母说好就算数了，到年龄就结婚了。

问：你妈妈是小时候换的？还是长大之后才换的？

答：我妈妈那时候看起来已经不是小孩子了，蛮大了。

问：调换时有没有礼金？

答：是嘴上说说的，没有礼金的，那时候生活困难。

问：送不送礼呢？

答：也没有，这家人家困难到不得了的。说起来，我们妈妈的娘家，她妈妈去世了，她爸爸有点疯子，我们妈妈的哥哥也是疯子，两个人都是精神病，苦啊。

问：孩子结婚时，船是由男方准备的。你父母结婚时，没礼金船怎么办？

答：船是我们陈家出的，男家出的。

问：女婿怎么办？

答：是一个女儿过去，一个女儿过来。我们过去，他们家要进来，她过来是我们家承担。调换亲是换女儿的，女的换，不是男的换。

问：爸爸妈妈有几个孩子？

答：三个小孩。一个是我，还有两个姑娘，妹妹。都是差四岁。

问：两个妹妹叫什么名字？

答：一个叫美珍，老大，一个叫美珠，老

三。

问：两个妹妹嫁到哪里呢？

答：两个妹妹嫁到一个村子上的，都是荣字村。一个现在不在荣字村。一个解放后，渔民组织起来，他们到别的地方去了，不在荣字村了，到浙江嘉善去了。

问：哪一个妹妹？

答：大的那个。我们的村上户口四面八方都有的，莘塔也有，西塘也有。都是那个时候捉鱼家底，没有田，都到外面去组织。

问：大女儿嫁到嘉善的哪里？

答：干窑。

问：是先嫁到荣字村，解放后再到干窑的？

答：嗯，都是一个村子上的，就是一直捉鱼就到外面去了，定居在那里的。如果现在要找人的话，年纪大的人找得到，年纪小的话荣字村是找不到的，户口都迁到外边去了。老人么晓得的咯，谁家的女儿。

问：为什么找不到？

答：到荣字村去找人是找不到的，到大队里去找也找不到，户口老早就迁出去了，不在这个荣字村的。

问：她们的老公也是渔民吗？

答：前面的时候都是这样的，也是农民啊，半农半渔。村子上都是这样的，以前生活困难啊。我小时候有些人家还是有田的。

问：解放后大妹妹一家都搬出去了吗？

答：都到浙江去了。

问：为什么去浙江呢？

答：捉鱼方便。就像居民户口到别的地方去，是工作需要。那边捉鱼方便，我们捉鱼都要出去捉的，不是住在家里的。

问：是组织起来的吗？

答：是水产队组织起来的，是有个组织的。

问：小妹妹的老公也是半农半渔吗？

答：小妹妹也是的。

问：小妹妹现在住在附近吗？

答：就在附近。

问：你有没有读过书？

答：小时候读是读过书的。

问：你老婆叫什么？

答：叫吴阿银。

问：今年几岁？

答：八十岁。

问：能看看她的身份证吗？

答：好的（1932年11月20日生，陈连舟是1930年出生）。

问：她也是荣字村的人吧？

答：是的。

问：也是打渔的？

答：种田也种的，有空抓抓鱼。农忙的时候她在家里种田，闲了就去捉鱼。我就不一样了，我以捉鱼为主，种田为副。她是种田为主，捉鱼为副（他们就是半农半渔的。吴阿银娘家以种田为主，捕鱼为副）。

问：妳（吴阿银）家里也是半农半渔吗？

吴阿银答：也是捉鱼种田的，田多的，有

十亩田（此时陈先生出示他们夫妻二人的身份证，根据身份证显示的地址是约在2004年，由汾湖湾三个大队合并而来的，分别为荣字、东临和秀子）。

问：这三个村都是半农半渔的吗？

答：不是的，也有不捉鱼的，有种田为主的。讲起来也不是全部〔捕鱼〕的，讲起来是三分之一的人是以捕鱼为生的。

问：哪三个村？除了荣字村外，其他两个村是？

答：一个是东临，一个是秀子。

问：其他两个村是捉鱼的？

答：荣字村是捉鱼的，其他两个是种田的。

问：三个大队是哪一年合并起来的？

答：有好几年了。

问：大概你几岁的时候？

答：在04年之前了，年份倒忘记了。

问：其他大队也搬到这里来了吗？

答：搬过来了。

问：跟其他大队有没有来往？

答：这个总归有的，现在交往是有的。

问：以前呢？跟别的大队结婚什么的有吗？

答：有的有的，这个肯定有的。

问：现在云南、贵州、湖南（？）、湖北（？）（"湖"与"河"在吴语中发音相同，所以不确定陈先生指的是湖南、湖北？还是河南、河北）都有的，几十个都是外地的。四川、贵州、湖南、湖北，还有江苏边上的连云港等。

问：这些外地人是最近搬过来的吗？

答：搬来不止十年了，这些人大概有十四年了，不得了，小孩都有二十几岁了。

问：是改革开放之后搬来的？还是解放后搬来的？

答：是开放之后搬过来的。

问：（对吴阿银提问）妳家的田很多，这田是妳父母的吗？

吴阿银答：是的。

问：爸爸的名字叫什么？

吴阿银答：叫吴富龙。

问：父亲也是荣字村人吗？

吴阿银答：荣字村的农民户口。

问：他是以种田为主的吗？

吴阿银答：种田，田多一点。

问：是在家的附近捉鱼吗？不是出海吧？

吴阿银答：不是的，就在家附近捉捉鱼。

问：家里面有船吗？

吴阿银答：有的，一只大一点，一只小一点。一只大的是田里面收稻的，小的捉捉鱼。

问：用船割稻的？

吴阿银答：要过江的呀，过江要用船来载的呀。

问：为什么割稻要坐船呢？

吴阿银答：要过江的呀，稻要放在船上的，不是在田里弄的，割下的稻捆好，放到船上过江。

问：搬运用的吧？

吴阿银答：对对对。

问：妳爸爸有十亩土地，都是自田还是有一部分是租田？

吴阿银答：自田也有，租田也有。

问：是自田多还是租田多？

22 陈连舟

吴阿银答：租田多。租田要出钱，自田不
要出钱的。租田是要还租的，自田是
不要还租的，种来自己吃。

问：租的都是种水稻吗？

吴阿银答：种水稻。

问：其他还种吗？

吴阿银答：种油菜啊，小麦啊。

问：这十亩土地是怎么经营管理的？谁种
的，怎么管的？

吴阿银答：一道管的。

问：有几个人管？

吴阿银答：有两个哥哥、母亲、一个姐姐
管的。

问：有弟弟吗？

吴阿银答：没弟弟。

问：妳母亲呢？

吴阿银答：妈妈叫杨阿妹。

问：是哪里人呢？

吴阿银答：荣字村人。那时候穷啊，穷配
穷，富配富。

问：父亲属什么的？

吴阿银答：属老虎的。

问：妈妈属什么的？

吴阿银答：妈妈属羊的。

问：妳有几个兄弟姐妹？

吴阿银答：就一个姐姐，两个哥哥，姐姐
过世了。

问：妳的姐姐是老大吗？

吴阿银答：不是，第三个。我是第四个。

问：哥哥的老婆是哪里人？

吴阿银答：也是荣字村。

问：妳的姐姐嫁到哪里去了？

吴阿银答：就嫁到秀子去了。

问：是半农半渔吗？

吴阿银答：一个捉鱼，一个种田。大嫂种
田，二嫂捉鱼。

问：你（陈连舟）的太公住在哪里的？

答：也是荣字的。

问：住在荣字村有几代了？

答：我现在所知道的太公、爷爷、父亲、我
和儿子，五代人。

问：太公和爷爷的坟墓在哪里？

答：不知道了，连父亲的坟墓都没了，葬
在三一八国道那边，这条路阔建后把
坟墓弄掉了。

问：这条路是不是三一八国道？

答：改道了，改到西面有个海鲜城。

问：你父亲的墓原来在公路下面吗？

答：不是下面。原来的公路改掉了，变成
平地了，造厂了，再在旁边造一条新
的。你们往西海鲜城过去一点点，有
一条路叫雷绣路。

问：清明节时扫墓吗？

答：不扫墓的。

问：清明节做什么？

答：在家里过节，纪念纪念。

问：在家烧香、烧锡箔吗？

答：锡箔烧的呀，在家里都是老人烧香。

问：你爸爸妈妈的墓是一起的吗？

答：对，葬在一起的。

问：你儿子叫什么？

答：儿子叫陈国华。

问：三个女儿的名字分别叫什么？

答：大女儿陈才英，二女儿陈凤英，三女

儿陈四英。

问：儿子今年多大了？

答：儿子五十五岁，才英五十七。

问：女儿怎么会五十七呢？

答：女儿大呀，女儿最大，儿子是老二。

问：凤英呢？

答：凤英五十，还有一个（四英）四十七。

问：陈国华的老婆哪里人？

答：也是荣字村的。她不捉鱼的，种田出身，叫邹玉珠。

问：国华在干什么？

答：国华现在在苏北打工。

问：打什么工？

答：打工就是随便做什么，有工就打。

问：一年回来一趟？

答：一个月回来一次。

问：他为什么到苏北去？

答：因为老板是本地人，厂开在苏北。

问：老大嫁到哪里去了？

答：嫁给荣字村人，现在住在附近，跟女婿〔一起〕打工，在附近打工。

问：凤英呢？

答：宣卷（现在住在黎里）。

问：凤英的丈夫现在在开车吗？

答：他在学校开车接送小孩。

问：他也是荣字村人吗？

答：不是，他是黎里镇，就在三一八国道旁边。

问：四英嫁到哪里去了？

答：男方是做〔水〕泥工的，造房子。她也打工。

问：他是哪里人？

答：也是秀子村的。

问：四英本来做什么的？

答：也是厂里面打工，做电子的。

问：她住在附近吗？

答：就在附近，过一条小河浜。

问：你的媳妇（邹玉珠）做什么呢？

答：媳妇不打工，在家带孩子，她身体不太好。

私塾

问：你有没有读过书？

答：小时候念是念过的，但一年都不到。现在认识的字都是解放后学的。

问：书是几岁念的？

答：小的时候是十二、十三岁。

问：念的是私塾吗？

答：村办的，就村上的负责人叫来了，叫个老师来教一下。以前叫老先生，现在叫老师嘛。念书念的字都是方块字，一个字一张，一个字一张。今天读完后，明天如果背得出，就再学四个字，如果明天背不出就重读。

问：在私塾里读的书？

答：有一间房子，没有人住，就在那里读书了。不是学堂，是家庭房子，没有人住的。

问：就应该是私塾了。在谁的家呢？

答：这个人出去了，到外面打工去了，这房子很早就拆掉了，就在荣字村。

问：荣字村谁的房子当私塾？

答：这个房子〔的主人〕叫叶张生。

问：叶张生解放时成分是什么呢？

答：成分是贫农。

问：为什么私塾会选他的房子呢？

答：那个时候叶张生不在那儿，用现在的话说是打工去了。他的女人（妻子）就离开了，这个房子就空了。

问：他的老婆去做什么了？

答：那个时候也不叫离婚，就是走掉了，去到人家家里了，被人家卖了。卖在一个地方，后来才知道的。

问：私塾一共有多少学生？

答：那个时候没几个，十个有的。就一间房子，归有三十个平方，学生一共十几个。

问：学生里有渔民的子弟吗？

答：这个时候读书的渔民学生没有的，捉鱼的一个都没有的，要么就是种田人。渔民的小孩，没有照顾，家里没人的，对不对。

问：有一边捉鱼一边种田的学生吗？

答：没的，都没的，只有种田的人读书，种田的也有几个人读不起书。那个时候讲起来是生活条件稍微好一点点的读得起书，根本就是种田人也读不起书。真的啊，不是假的。

问：渔民孩子读不起书，为什么你去读书了呢？

答：……（他被寄在岸上的朋友家里，这个朋友家里也有几个孩子，所以就一起去上学了）。

问：学费怎么付的？

答：学费那时候〔负担〕蛮轻的，一个学生没多少钱。什么就是讲起来〔跟〕负责人相互讲讲，讲讲后就付给他了。

问：付给谁啊？

答：工资付给老师，就是付给先生。

问：学费贵吗？

答：不贵的，那个时候不贵的，〔否则〕也读不起书的。

问：教你们的老先生是村里的人？还是外面的人？

答：在隔壁大队里的，隔壁村的。

问：私塾的老先生叫什么名字？

答：叫凌顺福。

问：凌顺福住在哪里呢？

答：家里啊，就是住在来秀桥。近，很近的，〔从家到〕村子没多少路的。他在解放前到上海去了，之后就退休了。他有一个儿子。

问：凌顺福主要就是教书吗？

答：那个时候就是比较没有工作了，〔老先生〕有点文化了就做做〔老师〕。那个时候〔老先生〕自己有点田种种。荣字这个地方穷，老师也请不起，就请他来帮帮忙了。真正种田的人，〔同时〕认识几个字的人也是没几个的。一百个人中有十到二十个人〔读书〕，种田的人也读不起书，读书的人都是生活比较好，性格活泼的人去念念书。都已经苦到这个程度了。我们家不行的，土改又来了，分到地了，成立社了，小队里面技工啊，一个文化人都没的，小学毕业的人都没有，只有一个做女婿做过来的，都是隔壁大队里请来的。

问：知道凌顺福的背景吗？

答：背景不知道。那个时候也在家里种种田，在隔壁村，认识这个老先生就让他来教书。我们大部分都不识字的啊。他几个方块字都是用毛笔写的，一个字一张，一个字一张。一本《百家姓》有不得了的字，一本《千字文》。进去的时候，都是读方块字。先是《千字文》，《千字文》读完后是《百家姓》，后来是《三字经》，再后来是《神童》（查无此书，或许是《神农》）。《神童》是五个字，《三字经》是三个字。接下来是《大学》、《中庸》。以前读书政策两样的，有的教洋书，我们学的是方块头字，毛笔字，天地玄黄。

问：你对凌顺福先生的印象怎么样呢？

答：印象还好，那个时候读书〔他〕蛮凶的。

解放前后的渔民生活

问：十三岁你读完了书以后呢？

答：回到船上和父母一道捉鱼去了。

问：一直捉鱼到现在吗？

答：到六十六岁。

问：你有没有当过干部啊？

答：没有。

问：你家里有地吗？

答：我小时候只有几分自田，是自田，不是租田。

问：种点什么？

答：就种点水稻。

问：有没有自己的房子？

答：有的，在荣字。总共是三间，一间横屋，半个厢房。父亲弟兄三个共同拥有的，父亲只有一间多点房子可以分。

问：土改的时候成分是什么？

答：贫农。

问：当时捉鱼有没有固定的地点？

答：不多的，家里的鱼是不捉的，都要到外地去的，都会到浙江去的，浙江、上海。

问：最远去到哪里？

答：最远要到浙江梅溪，吴江上去还有一百多里路。

问：靠近什么地方？

答：靠近……湖州还要朝西面去一点，长兴过去，安吉那里，这个县是安吉县。梅溪也是挺大的。

问：离这里多远？开船过去要多久？

答：要好几天了，总归两三天，摇船去起码三天。

问：解放前，捉鱼要不要出钱？

答：一般是不出钱的，春天到北库捕鱼，到朱林宝那只荡里捕鱼就要出钱。

问：大概要出多少钱？

答：按捕到的鱼来说的，不是按米的（朱林宝以上交捕到的鱼为主）。

问：朱林宝的荡是？

答：她也要交粮的，不是白拿的，她也要交粮的。

问：朱林宝是不是荡主？

答：是的（我举个例子，就是说这个荡我从你这边承包，我给你多少钱，然后你们要捕鱼就交钱给我。这个就是官商结合的)。

问：荡有没有水面使用权的?

答：哎，对。

问：荡是谁的?

答：不是公家的，现在讲起来么是公家的，当时不是公家的，公家的么要交水粮。像嘉兴地区，一个叫夏家荡，很大的，是公家的，要上交水粮。还有个嘉善的六百亩荡，也是公家的，要上交水粮。

问：解放前，捉的鱼卖到哪里?

答：卖到鱼行。

问：卖到哪里的鱼行?

答：卖到哪里就哪里。

问：有名的鱼行还记得吗?

答：嘉兴，不记得了，余新么叫钱金记鱼行。

问：还有其他鱼行吗?

答：其他鱼行都叫不出来了。

问：捉鱼时几点出门? 几点回来?

答：这个行业还是蛮苦的，早上四点到五点出去，第二天早上三点到四点钟〔回来〕，那么捉回来的鱼再到镇上去卖，一般情况就是这样。

问：到梅溪的镇上去卖呢?

答：暂时住几天，前日三四点钟出去，到明天早上三四点回来。假使生意不好会换一个镇，不是一直在那儿的。生意不好，这个礼拜在这儿，下个礼拜去那儿。为什么要回来呢? 主要这些鱼要卖掉。我卖掉，还要工具呀，还要干活儿啊。梅溪卖不掉的话，会到

湖州去卖。湖州、吴兴。

问：从梅溪到湖州、吴兴有多远?

答：一百里路。

问：为什么要到那么远的地方去捕鱼呢?

答：这个讲起来是很长的。为什么要到这个地方去呢，就是渔民有个渔改。1968年的渔民改革，为什么要改革呢，渔民啊都是没有家的，到东到西。渔改呢要改成早上出去，晚上回来，立足于公社，渔民要有渔业村，渔民要有房子住，一户人家会得到一间房子。渔民是农村户口，农村户口是不好捉的。农村里不好去捉，那么没办法了。

问：不能去农村捉鱼吗?

答：对，慢慢地我们想出个办法来，也没有水产队去捉。

问：渔民不能在哪儿捉鱼?

答：比如说莘塔，莘塔归莘塔，芦墟管芦墟。

问：渔民不能在水产大队捉鱼吗?

答：不是正式渔民，那就是农民啦，就不可以捉的，然后就到外面去捉了。那个地方没有水产队，没有人管的。

问：以前在附近捕鱼吗?

答：有是有的。一个水产队，有好几个品种。有的是自己当地人，荣字人，荣字出生的。以前村子上要想成立一个渔农村，就是政府给个政策，就是农民就是渔民。然后农民要化自留田，算算这笔账，整个大队里这些农田，包括自留田都不够。镇上有好几艘船靠在（不确定是什么地方）成立一个水

产组。我们捉个棒皮鱼的诱饵，需要面粉来做的，鲫鱼的诱饵需要小麦来做，用两个竹签牵着，放在水里面。农民种出的小麦自己吃着还不够，大队里说就靠着渔民，也就是说你正式户口在芦墟水产队里，查一查都是农民户口，有好几个品种。一个水产队，总归五六个品种。

问：水产大队里渔民和农民各有多少？

答：渔民比起来也是不少的。

问：正式渔民有多少？

答：一百也不止，一百多条船。

问：渔民和农民的关系怎么样的？

答：就是经过渔改后，渔民和农民的关系搞好后，都是渔民了，农民没有了。吴江鱼最多，渔改的时候有二十六万渔民在捉鱼，江苏省要占了十三万了。

问：吴江有多少渔民？

答：记不得了。

问：当时大家迁到芦墟、莘塔的时候，你们为什么没有迁？

答：这个迁去啊不叫迁，这个是因为当时捉鱼是要有计划的。我的父亲为什么要住在这村里呢？本来就是这个村子的……（当时芦墟有三十几户渔民，从这边划出去一部分，划到芦墟，有一部分划到莘塔。由于他父亲要种田，所以没有出去）。

问：解放以后，捕不捕鱼呢？

答：58年，我们要种田就不能捕鱼了，后来政策允许就去捕鱼，不允许就不去（所以说荣字很特别，是半农半渔的）。

还有个浙江嘉善的杨家港（在天凝镇）也是半农半渔的。

问：解放以后这里有没有渔民协会？

答：这里没有的，浙江西塘有的。我们捕鱼主要在嘉善那边，组织关系在西塘渔民协会。

问：西塘的渔民协会什么时候成立的？

答：这个渔民协会是……（他记不起来了。他还有个证件，嘉善县西塘镇渔民协会，这个协会是50、51年）。

问：解放以后，不曾成立渔民协会，有没有组长的？

答：没有。

问：荣字村的渔民中，参加西塘渔民协会的人多吗？

答：很多。

问：大概有几户？

答：一百多户，现在有些已经住在嘉善了。有些迁出去就不回来了，丁栅、陶庄、西塘、官窑、汾云，没有回来。

问：参加渔民协会的时候有没有登记户口？

答：有的（56年12月8号迁出。当时的户口本）。

问：渔民协会有没有召开什么会议呀？

答：有的，派出所、供销社。你看供销社列席会议，讲生产资料，派出所么治安，都蛮正规的。

问：一般捕到的是什么鱼？

答：就是鲤鱼、棒皮鱼和鲫鱼，主要是捉这三种鱼。

问：有虾吗？

答：渔改的时候没有，现在有了，我也捉
　　过虾。

问：（陈连舟先生拿出捕鱼工具）这三种鱼
　　都是用这些工具捕的吗？

答：对，就是大小不一样。棒皮鱼是最最
　　小的，很小很小的。

问：这个工具叫什么？

答：叫鲤鱼钓，专门捉鲤鱼的。

问：这是用竹子做的吗？

答：这个是毛竹，是第一代的第一节，这
　　个很韧的。

问：是竹笋吗？

答：也不是竹笋，这个东西已经用了二十
　　多年了。

问：三种鱼中最贵的是哪一种？

答：最贵的是棒皮鱼，卖过十八块钱一斤。
　　以前去梅溪捉棒皮鱼你猜多少钱一
　　斤？才两角二分一斤。

问：是渔改的时候吗？

答：69年70年的时候。

问：捕棒皮鱼的季节是几月？

答：这个棒皮鱼是正月开始，一年到头都
　　要吃食的，一年都可以捉的，一年十
　　二个月都好捉的。鲫鱼一年一共三个
　　节气。

问：哪三个节气？

答：冬天九月十月是旺季。可以捕鱼的是
　　旺季，捕鱼最多。

问：农历吗？

答：农历。

问：鲤鱼呢？

答：鲤鱼也是有季节的。春天里啊，两月

到三月，总归头两个月。秋天也差不
多。然后冬天是九、十月。旺季是最
多的，其他季节有是有的，但少。

问：虾呢？

答：六、七月，这个也是旺季，还有就是
　　九、十月。

问：什么虾？

答：总归是河虾、草虾。

问：还有呢？

答：总归捉这两种呀。

问：有白虾吗？

答：白虾没的。

问：虾好卖吗？

问：以前虾便宜得很，虾是1992年开始，只
　　卖九块钱一斤，便宜得不得了。现在
　　一般点的都要二十、三十块了。

问：还有其他鱼类了？

答：其他的没有了，我们捉就只捉这三种
　　鱼。92年不捉了，就是在自己家门前
　　放几个笼子，不是当生意做的。

问：你已经不捕鱼了？

答：现在休息了。

问：什么时候开始不捕鱼的？

答：好几年了，现在已经十九年。捉虾捉
　　了三年，在家门口吃吃，不卖钱的。前
　　面几年，92年、93年、94年是卖的，捉
　　好以后到芦墟去卖掉。

问：94年以后呢？

答：94年以后就不捉了。捉到三一八国道
　　这个地方了，被三一八国道这里统统
　　弄掉了呀，造好后变成公路了。

问：之后就不捉鱼了？

答：就调地方〔捉鱼〕了。

问：回到前面的问题。68年渔改以前，在梅溪、芦墟捉的鱼卖到哪？

答：卖到市场上去。

问：是自己卖还是卖给收购站？

答：自己卖给市场去的。

问：卖给鱼行吗？

答：卖给鱼行更便宜，水产队里捉出来的鱼是卖给鱼行的。

问：你卖给谁呢？

答：我是卖给农民。不规定要卖给鱼行的，自产自销。水产队的户口，一定要卖给鱼行的。这个时候，我们两角几的时候，他们卖一角八。有时候卖三角，他们鱼行里卖两角二，这个有国家规定的。

问：卖给供销社吗？

答：有的卖给供销社，有的给水产公司。

问：市场是指农贸市场吗？

答：是农贸市场，跟现在的市场不一样，样样都有的，荔枝这种东西都有的。

问：捕鱼的时候夫妻两一起去的吗？

答：一起去的。

问：船上的劳动力就你们两个人吗？

答：对，小孩也做的。

问：你平时烧香吗？

答：要烧香的（纯粹是渔民的，是有组织去烧香的。他们半渔半农的没事就去烧香，有事就不去）。

问：解放前参加陆师庙的庙会吗？

答：参加过的。

问：现在菩萨庙会都会宣卷么，你去听吗？

答：不去听的，不喜欢，我对那些戏曲很熟悉，不想听。

问：当时陈凤英去学宣卷，你有没有反对？

答：反对也不好，但不是很赞成。她字啊不认识，但是记忆力好。

23　夏木根

采访日期　：2006年8月25日
采访地点　：莘塔渔业村
采访人　　：太田、佐藤、稻田
翻译人　　：徐芳
讲述人　　：夏木根（七十四岁）
讲述人简历：出生于荣字村，后迁居本地，渔民。
　　　　　　成分为贫下中农。
讲述人家庭：妻子张三宝（已逝），渔民。育有六个
　　　　　　儿女。

个人与家庭概况

问：老伯伯您叫什么名字？
答：夏木根。
问：今年几岁？
答：七十四。
问：生日记得吗？
答：这个要看户口本，哦，7月22。
问：属什么的？
答：属鸡的。
问：出生在哪里？
答：出生在荣字。
问：什么时候搬出来的？
答：搬出来总归60年的时候。
问：是搬到这里啊？
答：不是，搬到牛舌头湾。
问：什么时候到这里的？

答：到这里总归七几年的时候。
问：你老婆叫什么名字？
答：名字张三宝，现在活着么七十五岁，去世十一年了，六十四岁时过世。
问：她是哪里人？
答：这里的，一个村的，也是渔民。
问：你有几个子女？
答：一个儿子，五个女儿。儿子叫夏阿三。
问：女儿呢？
答：一个夏阿大，第二个叫夏阿四，还有个夏阿玉，还有个夏小妹，还有个夏金妹最小的。
问：儿子现在几岁？
答：四十九，在捉鱼捕虾。
问：大女儿在做什么？
答：在二号港，五十三岁。
问：嫁到哪里？

答：也是渔业大队的，扒蚬子船上。

问：夏阿四，几岁？

答：记不清爽。

问：嫁到哪里？

答：也是渔业大队，一道的。

问：他们做什么？

答：养鱼，在簖上。

问：夏阿玉呢？

答：嫁到莘塔官千。

问：官千是莘塔的一个村吗？

答：是的，农民。

问：夏小妹呢？

答：嫁到浙江丁栅，扒蚬子的。

问：也是渔业村？

答：哎，也是渔业。

问：夏金妹呢？

答：本村的，养鱼的。

问：你父亲叫什么？

答：夏宝奎。

问：跟你差几岁？

答：不清楚，总有二三十岁。

问：也是出生荣字的？

答：荣字的，也是捕鱼的。

问：娘叫什么？

答：张三宝。我老婆叫张三宝呀，我个娘也叫张三宝，九十三岁死的。

问：你的娘出生在哪里？

答：出生在荣字。

解放前后的渔民生活

问：解放前你的爹娘是住在荣字的船上吗？

答：船上的，捉鱼的，世代捉鱼的，太太都是捉鱼的。

问：解放前你父亲有什么捉鱼工具？

答：有麦钓、鳗鱼钓。

问：解放前你父母有没有自己的船？

答：有的，小船。

问：现在这个小船还在吗？

答：没有了。

问：解放前你父亲有没有自己的房子和土地？

答：有的。现在还在。

问：解放前的房子还在吗？

答：在的，是太太的时候造的，在荣字（荣字有他的老宅在，现在还在，是他的太公造的）。那边现在都在拆迁，但是老房子还没拆掉。

问：解放前你父亲有多少土地？

答：大概五分土地，田没有的。都在荣字。

问：这五分土地种什吗？

答：不种的，我父亲出去捉鱼的，原来村上有老太婆就在那块地上种长豆、黄瓜。

问：解放前吗？

答：哎。

问：老太婆是邻居呀？

答：哎。

问：解放前你父亲平时到哪去捕鱼？

答：浙江也去的，上海也去的。

问：浙江哪里？

答：嘉善那边。上海么枫泾、莲荡、松江。

问：捉鱼要不要出钱的？

答：不出的。

问：解放前你父亲捉到的鱼卖给谁？

答：卖给鱼行，要么自己卖，自己卖到镇上、农村里。

问：是不是捕到哪里就卖到哪里？

答：哎。

问：当时芦墟比较有名的鱼行有哪些个？

答：芦墟么，双龙鱼行。

问：还有呢？

答：还有不清爽。

问：枫泾有名的鱼行呢？

答：枫泾有好几家鱼行，记不起来。

问：莲荡的鱼行呢？

答：马富根鱼行。

问：松江呢？

答：松江记不起来。

问：北库有没有？

答：北库不去的。

解放前后的渔民组织

问：解放以后，你被评了什么身份？

答：贫下中农。

问：刚解放时渔民有没有组织的？

答：组织一直有的。

问：解放前也有组织？

答：旧社会也有组织的，圩甲。

问：还记得圩甲的人吗？

答：不晓得不晓得的，我当时还小，只知道一点点。圩甲我也是听人家讲，不曾看到过。

问：这个圩甲是村上管渔民的组织吗？

答：村上么保长。

问：保长也管渔民的？

答：哎，也管的，收壮丁费。

问：当时保长抓壮丁，渔民也去的？

答：也去的，不去么要出米的壮丁费，一个壮丁要几石米。

问：当时你们属于第几保的？

答：一个村上一个保长咯，有十三组。

问：是解放前？

答：哎，不曾解放。

问：第几保记得起来吗？

答：记不起来。

问：解放后，有什么渔民组织？

答：解放后是集体了，没有组织了。

问：有没有渔民协会或者渔民小组？

答：没有的，就是大队负责的。解放后没几年，就搞集体了。

问：大队下面分组的咯？

答：哎。

问：分几组的？

答：分几组我不记得了，好多年了，我们是第一组。

问：当时第一组全是渔民吗？

答：全部渔民。第一组的队长还在，叫盛阿木。

荡主

问：解放前有没有听说过荡主。

答：荡主么有的，北库朱林宝。

问：芦墟有吗？

答：有的，双龙，她（朱林宝）也有几个荡。

问：荡主是不是有水面的？

答：哎，去抓鱼么要出钱的。

问：去别的地方捉就不用出钱的吗？

答：哎（荡主把河荡买下，如果你要在荡主买的河荡里捕鱼，就要出荡钱）。

问：河荡的水面可以买卖的吗？

答：……（你们以后去采访朱林宝的后代，镇压这种话题不要问，人家是比较忌讳的，因为他的奶奶在镇压反革命的时候被毙了。朱林宝的冰厂有二十三亩土地，我都调查过了。还有，他的鱼行在江苏、浙江、上海都有很大的影响力。她的冰厂现在的位置就在北厍车站那边，华联超市）。

问：你念过书吗？

答：没有。

问：有没有当过干部？

答：没有。

问：当时荡主，像朱林宝的荡，可以买卖的吗？

答：荡跟县里面买的。北厍的朱林宝有七十二个半个荡。

问：买下来就是他的荡了吗？

答：是的（不是，是跟县里面租下来，每年交点钱给县里。如果要进去捕鱼，就要出钱给荡主）。在河荡里捉的鱼也要卖给荡主。

问：荡主是不是都有鱼行的？

答：都有的。

问：是不是每个荡都有荡主的？

问：浙江嘉善，上海枫泾、莲荡、松江这些地方有没有荡主的？

答：有也有的。

问：有的荡有荡主，有的荡没有荡主，是

这样吗？

答：哎，对。

问：有荡主的荡要跟县政府租。荡是由政府管的？

答：不是，是私人管的。

问：像朱林宝的荡，不是要到县政府去交钱的？

答：是的（上海那边荡主很少，就像淀山湖没有荡主的，这么大，澄湖啊像那些大的荡都没有荡主）。

问：没有荡主的荡，政府管吗？

答：政府不管的。

问：捉鱼不用出荡钱的河荡，政府不管的，对吗？

答：不管的。

陆师庙、老爷出会、会首

问：陆师庙知道吗？

答：陆师庙有的，又叫陆里庵，尤家港到荣字是六里，芦墟到荣字又是六里。

问：陆师庙里面放什么菩萨？

答：杨伯。

问：就一个杨伯吗？

答：有好多个老爷，但是记不起来了。

问：陆师庙有没有出会的？

答：有的。

问：什么时候出会？

答：年初二。

问：出会要抬老爷的？

答：要的，经过四个大队。

问：出会的时候有没有会首？

答：有的。

问：香头呢？

答：有的。

问：会首有谁呢？

答：夏金兴，当时参加莲泗荡的会首。

问：夏金兴是什么时候参加莲泗荡的会首的？

答：刚刚解放的时候。

问：陆师庙出会的时候有几个会首？

答：不清爽。

问：渔民也参加这个出会呀？

答：有时候参加，有时候不参加（部分参加，部分不参加，夏金兴也参加出会）。

问：是不是姓夏的都参加出会的？

答：不是，有几个参加，有几家不参加。

问：什么人家参加？

答：一般么身体不太好么，就愿意参加（身体不好的，就叫"愿信"，这种人是参加的）。

问：抬老爷的时候，农民跟渔民一道抬的？

答：参都参加了，当然一道了。

问：抬老爷也是一道的？

答：是的。

问：刘王也抬吗？

答：是的。

问：抬的老爷，一般是什么人在管理的？

答：没有小辈的人，就去看（管理）陆师庙。

问：荣字村的渔民中，姓什么的比较多？

答：姓夏的比较多。

问：还有呢？

答：张、陈。

问：姓夏的是不是都是一个村的？

答：是一个村的。

问：是不是亲戚关系？

答：当时有些是盛泽过来的，不是亲戚的。

问：除了这个陆师庙，荣字还有别的庙吗？

答：还有一只康字庙（康字圩的八老爷庙）。

问：还有呢？

答：刘王老爷么住在人家屋里的。

问：红庙、青庙有没有听说过？

答：娄里有青庙，红庙没有听过。

问：青庙里放什么菩萨？

答：不清楚。

半农半渔

问：当时在荣字，姓夏的渔民是不是都有房子的？

答：有一点房子（像现在这个房子可能就要住两户人家了。在荣字有房，但面积很小。夏根生他家也有房子，但只有一个平方）。

问：那解放以来，知道渔民有什么组织吗？

夏根生答：有渔民协会。

问：你参加过什么组织？

夏根生答：参加过西塘的渔民协会，还有嘉善的渔民组织。

问：你们荣字是属于半农半渔的，对吧？

答：哎，对。

问：半农半渔的意思是有部分农民居住，有部分渔民居住？还是忙的时候种田，闲的时候捉鱼？

答：我父亲的时候，荣字渔民有房有土地。
　　解放后，土改分到田。忙的时候种田，
　　闲的时候捕鱼。

问：姓夏的渔民，哪一家最有钱，房子最
　　大？

答：都差不多的，张家么有的。

问：张家的叫什么？

答：张永方。

问：是不是有比较大的房子？

答：有房子，有土地。

问：他也是渔民，对吧？

答：是的，还有个叫陈前三。

问：都是在解放前的吗？

答：是的。

问：他们都死了？

答：死了。

问：别的村子是农民种田不捕鱼，渔民捕
　　鱼不种田，只有荣字村的渔民会种田，
　　荣字村是半农半渔，为什么荣字村会
　　出现这样的情形呢？

答：以前老辈手里就有房子、土地、船传
　　下来的（都是太公手里传下来的，所
　　以我跟你说，他只有一个平方，你想
　　想这个一平方你叫他怎么住，可能到
　　爷爷辈里，人多了，父亲手里，人更
　　多了，到他手里只分到一平方了，所
　　以他住肯定住船上的）。

24　盛阿木

采访日期　：2006年8月30日
采访地点　：芦墟镇红旗大队盛阿木家中
采访人　　：太田、佐藤
翻译人　　：徐芳
讲述人　　：盛阿木
　　　　　　（1929年3月28日出生，七十八岁）
讲述人简历：出生于荣字村，渔民。成分为贫农，
　　　　　　当过渔民小组组长、水产大队小组长。
讲述人家庭：妻子蒋大宝，七十三岁，出生于荣字
　　　　　　河滩。育有五个儿女。

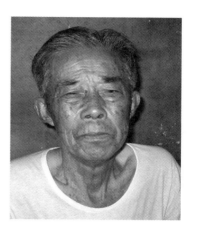

个人与家庭概况

问：老伯伯您叫什么名字？
答：盛阿木。
问：几岁？
答：七十八岁。
问：哪里出生的？
答：出生在荣字村。
问：什么时候出生的？
答：1929年3月28日。
问：你父亲是捕鱼的吗？
答：嗯，是的，捕鱼的。
问：你妻子叫什么名字？
答：叫蒋大宝。
问：她今年几岁啊？
答：七十三岁。
问：出生在哪里的？
答：出生在河滩，荣字河滩。
问：什么时候出生的？
答：1934年正月14日。
问：老一辈都是渔民吗？
答：嗯，都捕鱼的。
问：你有几个小孩？
答：有三个儿子两个女儿。
问：你的儿子叫什么名字？
答：大的叫盛阿大，又名盛天荣。
问：还有盛阿二、盛阿三吗？
答：嗯，是的。
问：还有两个女儿叫什么？
答：一个叫盛妹珍，还有一个叫盛妹英。
问：盛阿大今年有几岁？
答：五十二岁。
问：干什么工作的？
答：是门卫，看厂的。

问：盛阿二今年有几岁？

答：四十七岁，在电缆厂做外销。

问：盛阿三今年几岁？

答：四十四岁，他也是在电缆厂的。

问：盛妹珍呢？

答：她嫁出本村的，在电缆厂食堂工作，今年四十一岁。

问：盛妹英几岁？

答：三十九岁，也是嫁出本村，在工厂上班的。

问：你父亲叫什么？

答：叫盛保河，在我十四岁的时候就去世了。

问：也是出生在荣字村的吗？也是捕鱼的？

答：嗯，是的。

问：母亲叫什么？

答：叫邱阿妹，七十八岁去世的，出生于北市西小港。

问：母亲是农民是吧？

答：嗯，是的。

问：你有几个姐妹？

答：父母生了三儿三女。

问：三个男的叫什么叫什么名字？你叫盛阿木，还有两个叫什么？

答：一个叫盛天荣，还有一个叫盛阿三。

问：三个妹妹叫什么名字？

答：一个叫盛阿五，一个叫盛阿六，还有一个叫盛阿妹。

问：盛天荣几岁？

答：七十六岁，他十岁的时候送给了姑妈家当儿子，在长蒒。

问：盛阿三几岁了？

答：八十八岁，已经去世十年了。

问：盛阿三是哪里的？

答：在荣字的，是捕鱼的。

问：盛阿五呢？

答：她嫁到了北库许家港，务农的。

问：盛阿六呢？

答：她嫁到了北库西小港的舅舅家当媳妇，比我大四岁，八十二岁，也是务农的。

问：盛阿妹呢？

答：她嫁于莘塔渔业村，七十三岁，捕鱼的。

问：老大是当兵转业的是吧？

答：嗯，是的，当兵的。

问：在哪里当的兵？

答：在南京当铁道兵。

问：你有没有念过书？

答：没有念过书。

解放前后的渔民生活

问：解放前一直是在捕鱼吗？

答：嗯，解放前一直是捕鱼。

问：解放前你有没有房子？

答：嗯，有的，有一间房。

问：有没有土地的？

答：有的，有两亩多土地。那个时候自己都不种的，都是叫亲戚来种。

问：自己不种的是吧？

答：嗯，是的。

问：土地在哪里的？

答：田地在荣字南面。

问：在解放前你家里有几条船？

答：有两条小船，住在船上的。

问：那个时候有什么捕鱼工具？

答：有鳗鱼钩、麦钓钩。

问：不捕鱼时船停在哪？

答：渔船一直在外面捕鱼，春节才会回荣字村。

问：几月捕鱼？

答：正月初十到六月份在外面捕鱼。到六月份会回来，要把船拔到岸上，给船漆桐油。

问：之后待多少时间？

答：回来半个月就又要出去捕鱼，一直到春节前。

问：你都在什么地方捕鱼的？

答：在浙江嘉善、嘉兴、西塘。

问：还有呢？

答：上海枫泾。

问：去上海别的地方捕鱼吗？

答：还有松江。

问：在上海这些地方捕鱼要不要出荡钱？

答：不出荡钱的。

问：捕到的鱼都到哪里去卖的？

答：解放前在什么地方捕到鱼，就在什么地方卖。解放后捕到的鱼都要运回来上交。

问：有名气的鱼行还记不记得？

答：名字叫不出来了。

问：卖给鱼行的是吧？

答：嗯，是的。

问：去上海捕鱼是跟谁一起去的？还是自己去的？

答：有部分渔民是一起去的。

问：一帮一帮去的是吧？

答：嗯，是的。

问：一起去捕鱼的是亲戚啊？

答：一起去捕鱼的有亲戚也有村上的邻居。

问：捕鱼时是一家人都去吗？

答：一家人都去的，男的女的都去捕鱼，也带上小孩。

问：捕鱼时夫妻有没有分工？

答：没有分工的。

问：捕鱼时遇到生孩子怎么办？

答：外面各个地方都有接生婆的，养小孩都在外面。

问：都有接生婆的是吧？

答：嗯，是的。家里只有盛阿二是生在芦墟镇的，其他四个小孩都是在外面出生的。

问：给接生婆多少钱？

答：给十几斤米。

问：照现在的折价是给多少钱？

答：按照现在的折价要约三十元。

问：当时是给米还是给钱？

答：给钱的。

问：当时结婚是在乡里还是在哪里？

答：在乡政府组织集体结婚，在家里面办两桌酒席。

问：捕鱼的人要是在外面死了，丧事在哪里办？

答：丧事办理在荣字村上。

问：你父亲、爷爷、奶奶都是葬在哪里的？

答：都是葬在自己的土地里，但是自己已经从荣字村搬到红旗大队已经有约四十年了，墓具体在哪里，已经不清楚了。

问：你父亲、爷爷、奶奶是从别的地方搬过来的吗？

答：没有听说过从其它地方搬来，血地就在荣字村。

解放前后的渔民组织、信仰

问：解放前有没有渔民组织？

答：没有渔民组织的。

问：解放前有没有渔民保长的？

答：有渔民保长的。

问：负责管渔民的吗？

答：嗯，是的。

问：渔民保长叫什么名字？

答：叫杨其生，也是荣字村人。

问：这是解放前吗？

答：嗯。

问：杨其生家庭条件怎么样？

答：家庭情况跟自己差不多，是渔民。后来还有一个保长，姓钱，是既管渔民又管农民的。

答：解放后土改时的身份是什么？

问：土改时是贫农。

问：土改时有没有什么组织？叫什么名字？

答：叫渔民小组。

问：是不是参加西塘的渔民小组？

答：嗯，53年水上渔改参加西塘的渔民协会，同时53年回到荣字村。

问：西塘的渔民小组有几户人家？

答：有扒蚬子、板网、拖网这些都参加的。

问：参加西塘渔民协会后，渔民捕鱼要不要办什么手续？

答：参加渔民小组，在西塘捕鱼，要单位（西塘渔民协会）出证明。

问：有没有参加过互助组？

答：没有参加过。参加渔民协会，当过渔民小组组长。

问：在西塘是吗？

答：嗯，是的。

问：哪一年当渔民小组组长的？

答：在53年时期。

问：荣字村正式渔改到陆上定居是在什么时候？

答：67年渔改后在陆上定居。

问：围垦你参加了吗？

答：没有参加围垦。

问：西塘回来后没有再当组长？

答：参加水产大队（芦墟捕捞大队）搬到这边，当过水产大队的小组长。

问：解放前捕鱼出发前，到不到庙里去拜佛烧香求保佑的？

答：不去的。有人家信这个，但自己家不相信的。

问：解放前有没有去过莲泗荡、金泽杨爷庙吗？

答：没有去过。

问：庙有没有的？

答：有庙的。

问：是什么庙？

答：一个叫陆师庙（杨爷庙），一个叫康字圩庙（八老爷庙），还有青庙跟红庙。

问：陆师庙放几个菩萨？

答：有杨爷。

问：八老爷庙呢？

答：其他的不太清楚。

问：解放后陆师庙有庙会吗？

答：陆师庙有出会，要经过四个圩，抬老爷就是一个是杨爷，一个是刘皇老爷。

问：经过哪四个圩？

答：经过荣字圩、康字圩。大港上费家埭那两只圩不太清楚。

问：年初二出会吗？

答：出会时还小，不参加出会，但看到过。

问：出会的时候有香钱吗？

答：出会时有大会首，但几年一轮不清楚。

问：渔民是否当过会首？

答：渔民当过会首。

问：荣字村姓盛的渔民多吗？

答：姓盛的渔民不太多。

问：最多的姓是什么？

答：最多的是姓夏的。

问：夏金兴知不知道？

答：知道夏金兴的父亲，名字叫夏胜全，当过北库养殖场书记。

问：夏胜的家庭条件怎么样？

答：家庭条件都是差不多的。

25　邹正福

采访日期　：2005年9月2日
采访地点　：荣字村
采访人　　：太田、佐藤
翻译人　　：徐芳
讲述人　　：邹正福（八十四岁）
讲述人简历：出生于荣字村。上过私塾，之后学木工，成为船匠，曾在吴江国营船厂工作。成分为贫农。
讲述人家庭：妻子邹桂宝，荣字村人，八十六岁。育有七个儿女。

个人与家庭概况

问：老伯伯您叫什么名字？
答：邹正福。
问：今年几岁？
答：八十四岁。
问：什么时候出生的？
答：10月18。农历。
问：出生地是这里啊？
答：这里。
问：祖籍也是荣字的？
答：荣字的。
问：你父亲叫什么？
答：我的父亲叫邹锦昌，娘么邹门王氏。
问：你父亲做什么的？
答：做长工的，地上也做做，船上也做做。
问：船上捉鱼的？

答：捉鱼不捉的，种田么种二三亩田，种完做做长工。
问：娘是哪里人？
答：也是荣字的。
问：你父亲有没有捉过鱼？
答：没有，钓钓黄鳝。
问：娘做什么？
答：就在家里带带小孩。
问：你老婆叫什么？
答：叫邹桂宝，八十六岁，也是荣字村的。
问：你有几个子女？
答：子女多的，有七个。五个儿子，两个女儿。
问：你儿子都在做什么？
答：大儿子在厂里看门的，小儿子做上门女婿，做木匠的。第二个死了，还有两个厂里打工。

问：女儿在干什么？

答：大女儿也不做什么，六十多岁了，种田。小女儿在家里休息，有病。

问：你有没有读过书？

答：读了两年私塾，在乡下。

问：私塾以后呢？

答：读完私塾就去学木工，船匠。

问：私塾里学什么？

答：方块头字，百家姓啊、论语，就读了两年书。

问：私塾在哪里？

答：私塾就在本村，以前是请个先生来的呀，几个学生。

问：老师从哪里请来的？

答：隔壁朱家港东玲。

问：私塾学好了以后做什么？

答：就学木工，做到老。

问：几岁开始学木工？

答：十二岁。

问：是不是十岁的时候进私塾的？

答：哎。

问：解放后有没有做过干部？

答：没有。

问：成分是什么？

答：贫农。

问：土改的时候分到几亩地？

答：分到不少田，分到七亩左右。

问：解放前有没有自田？

答：没有。

问：解放后一直做船匠的？

答：是的。

问：分到七亩地以后，一边做木匠，一边务农吗？

答：是的。

问：你有没有捉过鱼？

答：没有。

问：这个村子里捉鱼的人多吧？

答：多的。

问：你做船匠，都做什么样的船？

答：河里头的大船小船都做的（捕鱼的船，运输的船都做的）。以前都是木头的船。这个村子以前捉鱼的，有二百多条捕鱼的船，村里组织办船厂。后来渔改了，划到芦墟、莘塔捕捞大队，船都走了，船厂也散掉了。

问：渔民分出去是什么时候？

答：58年，不是渔改的时候嘛。

问：船厂散了以后呢？

答：我后来到吴江国营船厂工作，做了八年。

问：什么时候去的？

答：56年就去了，这里55年办的初级社，如果村里有什么事情，就要回来的。这个吴江的国营船厂，是从铜罗的地主没收来办起来的，不是国家办的（他在国营船厂工作八年，也不是天天都在那里，这边有事他还要回来的）。

问：基本上就在荣字村吗？

答：基本上就在荣字村。

问：荣字的渔民迁到芦墟啊莘塔啊，对于你的工作有没有影响？

答：村里办的船厂散了嘛，渔民的船要修修补补就还要回来找我的。

信仰

问：解放前这个村上有多少户人家？

答：不清楚，因为捉鱼的人都到外面去了。

问：现在有几户？

答：现在有一千多人。

问：有几户呢？

答：两百六十多户。

问：解放前荣字村住在船上的人多还是住在岸上的人多？

答：船上人多。

问：解放前住在船上的人跟岸上的人交往吗？

答：不交往的。

问：住在岸上的人都是农民吗？

答：不是，船上人也是荣字的农民呀，半农半渔的。

问：有没有田的？

答：有一点点的。

问：解放前想做买卖要到哪里？

答：芦墟。

问：荣字有没有庙？

答：有的，叫陆师庙，放杨老爷。

问：现在这庙还在？

答：有的，在西面。

问：有没有人看的？

答：有的。

问：陆师庙里除了杨老爷，还有别的菩萨吗？

答：菩萨有的，原来这里有只土地庙的。

问：除了陆师庙还有别的庙吗？

答：康子圩上，叫康字庙。

问：康字庙里放什么老爷？

答：八老爷。

问：除了这两个庙，还有别的庙吗？

答：都是小庙，有三个，一个是红庙、一个是青庙、一个是关帝庙。

问：村里最主要的庙是哪一只？

答：最主要是陆师庙。

问：解放前这只陆师庙有没有庙会的？

答：有的。

问：一年几次？

答：农历九月九。

问：这天的庙会出会吗？

答：不出会的，这是杨爷的生日。正月初二么出会的。

问：出会的时候抬老爷吧？

答：抬的。

问：除了杨老爷，别的老爷抬吗？

答：刘王。

问：刘王老爷平时在哪里？

答：平时待在人家家里的，没有庙的。

问：每年轮流住的呀？

答：哎，每年轮流的。

问：刘王老爷是怎么个轮流的？

答：有个会首的，几户人家一个会首。

问：村里是不是按照几股几股这样子的？

答：十股。

问：这个股怎么决定的？

答：一个村上十个股，每股有好几户人家，到出会的时候，轮到这股，这股里面的几户人家都要来出资帮忙。

问：十年轮到一次吗？

答：是的。

问：当时这只陆师庙在出会时，钱谁出的？

答：以前老爷是有田的。

问：杨老爷有田？还是刘王有田？

答：刘王老爷住在人家家里的。有田的，叫刘王田。

问：杨爷有没有田？

答：没有的。

问：杨爷的费用怎么出？

答：有人包的（会首包的）。

问：抬老爷的人是怎么选出来的？

答：有专门的门徒的。

问：是村上的？

答：是的。

问：抬老爷有几个人？

答：八个人。

问：是不是四个一班，一半是刘老爷，一半是杨老爷？

答：哎，是的。

问：初二要出会，路线是怎么走的？

答：从荣字出发，然后到大港上就回来了。

问：早上几点出发？

答：总归七点到八点。

问：回来大概几点？

答：总归十点钟的样子。

问：为什么要抬到大港上？

答：以前说到大港上要招待老爷的。

问：抬到大港上，有没有跟其他老爷碰头的？

答：不碰的。

问：出会的时候渔民参加么？

答：本村的渔民么参加的（因为是半渔半农的，所以要参加）。

问：这里有没有纯粹的渔民，就是没有地的渔民？

答：没有的。都有一点田的。

问：有没有青苗会，就是"待青苗"？

答：待青苗有的。

问：几月份？

答：大概农历七月初一到十六。

问：待青苗有没有什么活动？

答：以前么有堂名，把老爷接过来。

问：接老爷是指刘老爷、杨老爷？

答：是的。

问：当时的堂名叫什么？

答：芦墟的茶馆里有挂牌的。

圩甲

问：有没有听说过保长、甲长？

答：保长、甲长是解放前，日本人来的时候。日本人来前，是圩甲，日本人来了以后，是保长、甲长。

问：有那些圩甲还记得吗？

答：一个村就一个圩甲，叫顾顺村、盛保家，我们这里么是邹炳生。

问：解放前，这里有几个圩甲？

答：一村一个呀，三个。

问：邹炳生是哪个自然村？

答：不是荣字村的，叫池湾村。顾顺生是娄里村。盛保家是荣字村。

问：这里是荣字村吗？

答：是的。

问：大队也叫荣字村吗？

答：是的（荣字村是一个行政村，下面有

三个自然村)。

问：抗战时的保长是谁?

答：盛保家是保长。

问：一个自然村就一个保长?

答：哎，过了几年，保长调了个叫钱长生，
　　到解放后就枪毙掉了。

问：圩甲都要做点什么事?

答：村里的事情都要管理好（圩甲这个人
　　要有能力，村上的事情都要管理好。
　　邻居之间如果打架或者其他什么，要
　　处理纠纷)。

问：保长、圩甲，当时是选出来的?

答：不是，任命的。

26　陈宝生

采访日期　：2006年8月24日
采访地点　：芦墟镇东侧邮电局东大众浴室旁
采访人　　：太田、佐藤、稻田
翻译人　　：徐芳
讲述人　　：陈宝生（八十七岁）
讲述人简历：出生于荣字村，半农半渔。入过私塾读书，成分为贫农。曾任土改队分田小组长、互助组、组长、初级社社长、高级社主任、人民公社大队副书记、支部书记、管电站站长。
讲述人家庭：妻子胡金宝（已逝），道士浜人，农民。育有四个儿女。

个人与家庭概况

问：你叫什么名字？
答：陈宝生。
问：今年几岁？
答：八十七。
问：生日还记得么？
答：22年10月25日，农历。
问：在哪里出生的？
答：乡下。
问：是荣字么？
答：是的。
问：你父亲叫什么名字？
答：沈凤祥。
问：几岁去世的？
答：我十四岁他就死了，他六十岁去世的。

问：你娘叫什么？
答：吴月姑，属兔，八十二岁过世的。
问：娘是哪里人？
答：大港上人，北厍的。
问：你爹是种田的么？
答：种田的。
问：十四岁你爹死了以后，你书也不读了，做什么去了？
答：种田。
问：一直务农到解放么？
答：还没解放，二十岁我就结婚了，到二十一岁就出去做长工了。
问：到哪里做长工？
答：五星村，是五星大队，叫蒋金老虎家里。
问：为什么刚结婚（二十一岁）就出去做

长工？

答：没有办法呀，家里么有弟妹，有妈，还有老婆。家里租田让他们来种，我么出去做长工，好补贴家用。

问：你爹娘有几个子女？

答：一个男兄弟，一个妹妹。一个男兄弟么肚子痛肚子痛，看不好就死了，就是烂肚肠呀，十九岁去世的。

问：你老婆叫什么名字？

答：胡金宝。

问：今年几岁了？

答：八十八岁，已经去世了。算村上么，是道士浜的。

问：不是北厍的？

答：哎（他妻子如果健在的话，已经八十八岁了，已经去世二十二年，道士浜人，现在属于汾湖湾村，就在北厍交界的地方）。

问：你兄弟叫什么名字？

答：陈宝金。

问：你妹妹叫什么名字？

答：记不起来了，去世很久了，哦，叫福宝。

问：你老婆在道士浜也是种田的么？

答：种田的。

问：有几亩田？

答：没多少的。

问：有几个小孩？

答：三个儿子，一个女儿。

问：你女儿大？还是儿子大？

答：女儿大，女儿叫陈爱珠。大儿子叫陈荣根。

问：中儿子呢？

答：陈金卯。小儿子叫陈荣华。

问：女儿嫁到哪里？

答：嫁到瑶字，属于芦墟的。

问：大儿子在哪里？

答：十九岁参军，到山东淄博去，在部队里是军医。

问：现在还在部队么？

答：现在不在了，在山东淄博医药公司。

问：跟他姐姐差几岁？

答：差三岁。

问：中儿子呢？

答：做生意。小儿子呢，是批发部。

问：你二十一岁出去做长工，后来做什么？

答：二十二岁后来一直到解放，做忙工，本村有的，隔壁也有的。

问：解放以后做什么？

答：就在家里，土改时候当土改队分田小组长。后来成立互助组，也是组长，几家人家一组，有中农、贫农都有的，不超过十六户，中农有牛的。

问：互助组以后呢？

答：初级社么我社长。

问：初级社以后呢？

答：高级社，我是主任。人民公社么大队副书记，过了两年么，大队分开来了，我就当书记了。支部书记么，我当了十六还是十七年。

问：支部书记以后呢，做什么？

答：调到管电站。

问：负责什么？

答：管电站站长，八年半。

问：然后就退休了么？

答：哎，退休了（人民公社的时候，这个大队里面有三个村，后来又分开了，他就做支部书记了）。

半农半渔

问：解放前，你爹有几亩田？

答：13.4亩。

问：是租田还是自田？

答：3.6亩是小租田，还租米。还有十亩也是租田，还租米（3.6亩小租田还租米是什么呢？你有3.6亩土地不要种了，那么我来帮你种，然后我还点租米给你，这个叫小租田。还有十亩是租田，他们自己去租的）。

问：租田在哪里？

答：都在荣字，还有1.4亩在康字圩（康字圩也是属于荣字的，《芦墟镇志》上有的）。

问：租田的地主是谁？

答：还租米有地主的，小租田就是人家劳动力没有了，就转给你种（3.6亩小租米圩田，就是说人家老夫妻两个，小辈没有了，他们种不熟了，然后他去种，他再还一点。其他十亩租田么就是还租米给地主）。

问：十亩租田的地主是谁？

答：其中一个是芦墟的，其他是谁我记不起来了。

问：芦墟的地主是谁？

答：叫柳公望（北库的，芦墟北库的。解放后就过世了。柳公望他是乡绅，芦墟地区很有名气的，他的儿子还健在。他的内弟就是柳义南，专门研究明史的，苏州地区。他们也是大户人家）其他的我记不起来了，有同里的。

问：荣字村是半农半渔的村吗？

答：哎，我们大队里有一百三十四只渔船，出去捉鱼的。

问：渔民种田么？

答：田不种的，有田也不种的，大部分渔民没有田的。有田的渔民不种的，给别人种，收小租田。

问：荣字村就是半农半渔的略？

答：哎，半渔半农个。我们组织互助么他们也有组织的，组织一个捕捞队，八只船或者十只船一个小组，选好了组长么出去捉鱼了。到月底了么回来，回来后么有三样事情。第一个组长来汇报，第二项么村委开会，第三项么渔民来领网啊，线啊，钓头啊，这些都准备好么，又好出去捉鱼了（荣字村的渔民，他们互助组的时候，我们十条或者八条船一起组成一个小组，一起出去捕鱼。到月底回来以后，有三天时间，第一天汇报，第二天开会，第三天渔民又要出去打渔了，到村里面把村里准备好的工具领走，就又可以出去打渔了）。

问：这是刚解放的时候么？

答：哎，刚解放。

问：出去捕鱼有多长时间？

答：一个月。

问：第一个向村委汇报，是小组长汇报么？

答：哎，小组长。

问：领取了捕鱼工具，还有别的么？

答：一个么线、钩子、竹钩、面粉、小麦。小麦么做麦钓。

问：在荣字村农民跟渔民有没有交往的？

答：分开的，不交流的（刚解放开会时，农民全部是农民开会，渔民就全部是渔民开会）。

私塾

问：你读过书么？

答：读过的，十四岁以前读过一年私塾，读的方块头字（他父亲去世后，就辍学了）。

问：你当时读的私塾在哪里？

答：就在荣字村。

问：有几个学生？

答：十四五六个。

问：先生叫什么名字？

答：都叫他"大块头"，名字叫不出来。

问：先生哪里人？

答：先生就是这里人，本村的。

问：小辈还在这里么？

答：在的。

问：私塾里有没有渔民的子弟？

答：没有的，一个都没有，以前读书啊，渔民都没有的。

问：学生都是一个村的么？

答：哎，一个娄里村，一个河滩村。

土改

问：土改时你的身份是？

答：贫农。

问：土改时荣字村有没有地主？

答：地主没有的（荣字村这个自然村没有地主）。富农有一户，叫盛宝家。

问：他有几亩土地？

答：大概四十亩。

问：是自田还是租田？

答：租田。

问：荣字村所属的大队里有没有地主呢？

答：有的，一个。

问：叫什么名字？

答：顾富春，娄里的。

问：他有几亩田？

答：大概四十亩，都是租田。他当过领长，大户人家要收租米，就要送限由，那么他就去发，大户人家么给他点钱。

问：他给大户人家送限由，收租米？

答：哎，租米收不起来么，他就去催租。

问：领长是做什么的？

答：发限由的，从大户人家把限由领出来，然后再一户一户发出去。

问：荣字大队有几个富农？

答：就一个富农。

问：荣字大队有几个自然村？

答：娄里、河滩、荣字、珍字、周叶家湾。

问：你会画图么？

答：不会。

问：我们来画，先以荣字为中心。

答：哎，荣字在中心。

问：荣字北面是什么？

答：珍字的。再北面么是周家湾、叶家湾，还有个小地方叫安东海。

问：荣字南面是什么？

答：娄里。

问：荣字的东面是？

答：就是荣字的，这里人家多。

问：西面呢？

答：西面没有村了，属于北库了。

问：河滩在哪里？

答：在娄里南面。

问：周家湾、叶家湾属于哪个圩？

答：珍字圩。

问：东面是荣字，属于哪个圩？

答：一只康字圩，一只荣字圩。

问：南面娄里、河滩属于哪个圩？

答：荣字圩。

问：西面与北库交界的是什么圩？

答：珍字圩。

问：北面呢？

答：珍字圩。那里还有一个有六七户人家的，叫安东海。

问：属于哪个圩？

答：中心圩。

问：娄里有几户人家？

答：娄里么一个生产队呀。

问：整个荣字大队有几户人家？

答：年数多了，一家分两家、四家了，我记不起来了。

分田小组组长

问：你在互助组里做分田小组组长，是大

队的，还是荣字村里的？

答：就是自己村里（荣字自然村）。

问：土改时你做分田小组长，分哪些村的田？

答：自己村上（荣字自然村）。

问：分田小组里有几个人？

答：大约五个人。

问：这五个人的名字呢？

答：记不得了，有几个都死了。

问：为什么选你当小组长？

答：积极分子嘛。

问：选出来的么？

答：哎。

问：分田小组的上级是谁？

答：土改工作队。

问：土改工作队主要工作是什么？

答：就是土地分好了，土改工作队就下来看一下，看看没问题么就落实了。

问：土改工作队除了分田小组，还有呢？

答：就是分田小组（在农村，土地就是一块一块，抽签的形式，土改工作队来看一下，如果这个工作可以了，他们就是批准了）。土改时候，每个人分到一亩三分地。

问：大人小孩都一样么？

答：一样的。弄好之后么，土地证就发下来了（这是他当分田小组组长的职责，抽签的形式，分好田以后就组织土改工作队来察看，看了没问题就通过。荣字村每个人分到一亩三分地，他再到镇上领取土地证，然后分发土地证，分给每户）。

问：当分田小组长时有没有遇到什么困难？

答：没有什么困难，地主啊、富农啊不敢说什么的呀。

问：娄里也有分田小组么？

答：有的。

问：每个村都有分田小组么？

答：是的。

问：安东海属于哪个分田小组？

答：就几户人家的，属于周家湾分田小组。

问：其他村的分田小组，每人分到的土地都一样么？

答：差不多，统一的。

问：有些村土地多了，有些村土地不够，这种情况土地怎么分？

答：田多么，分下来的也多呀（他这个1.3亩，每个村都差不多的，像娄里啊、河滩啊，都是1.3亩。他肯定是每个村有多少地，肯定事先核定过的，核定过有四千亩，我们正好是有一千人，每个人刚好是四亩土地）。

问：计算的土地范围有多大呢？是整个荣字大队为一个范围呢，还是整个芦墟呢？

答：……

问：当时荣字大队是每人1.3亩地，其他大队也是么？

答：其他大队要是地多么，分到的地也多了（应该是以整个荣字大队为单位的）。哎，以大队我基础的，中农么每个人多分点。

问：中农多分多少？

答：一到两分〔地〕。

互助组组长

问：你当互助组组长当了几年？

答：春组长，秋垮台（春天组织相互帮助，收麦子。秋天就垮台，就解散了）。

问：几岁当互助组组长的？

答：大约么52年到54年。我是54年9月份入党的，55年3月份转正的。

问：荣字自然村有几个互助组？

答：隔壁村算么？

问：不算。

答：不算的话有四个。

问：另外三个互助组组长名字记得么？

答：不记得，有几个都死了。

问：你所在的互助组里有几户人家？

答：我开始做互助组组长的时候，上面规定十二户到十五户组成。有牛、有水风车、有船，都要搭匀（在成立互助组之前，必须各户分配均匀，有牛、有水风车、有船，要均匀）。

问：四个互助组是不是要先统计有几头牛几个水风车这样的？

答：哎，是的，几个领导要碰碰头的呀，坐到一起，商量好再分配（他们四个互助组组长先碰头，就是先把村里面的情况摸一下，就是了解，然后四个组长碰头，再分配）。

问：每个农户都参加了互助组了么？

答：不是，这个是自愿参加的呀。

问：不参加的是单干么？

答：是的。

问：单干占多少？

答：百分之二三十，这个是自愿的呀。有牛的必须参加的（因为他们有这个大型工具，他们一定要动员的）。

问：渔民有没有互助组？

答：有，不叫互助组的，叫渔民组织。

问：荣字村有几个渔民组织？

答：八个，隔壁村人少的么，也来参加进来的（荣字大队下面的其他自然村，像娄里、河滩、周家湾、叶家湾，那边的渔民户数少，也参加荣字村的渔民小组）。

问：每个渔民小组有几户？

答：是按船的。

问：有几条船？

答：不超过十二条。

问：荣字大队的富农、地主参加互助组么？

答：不参加的。哦，富农参加的。

问：互助组春组织，秋垮台。像今年秋天解散了，隔年组织还是老几户人家么？

答：哎，总个不变的。

问：互助组里面是不是各家各姓不搭界的（没关系），还是要一个姓的？

答：没关系的。

问：当时有些人家不参加互助组，干农活的时候有没有影响的？

答：没有影响的，人家自己家里有水风车啊，干活的时候不受影响的。参加互助组的呢，因为分到土地以后，家里农具啊没有，就要参加互助组（家里有农具的，本来干这点农活就可以了，要是参加互助组，还要帮别人干这干那的，就是农民的一个思想问题。但有牛的农户必须要参加的，因为有大型的农具。就像现在农村拆迁，有钱人家到镇上买商品房了，不想跟着别人一起住到小的安置房）。

初级社到人民公社化

问：你参加的初级社叫什么初级社？

答：就叫荣字初级社。

问：什么时候参加的？

答：55年4月份的时候，当选初级社社长。

问：一直当到什么时候？

答：后面就是高级社，然后人民公社，一路当上去的（今年是初级社，明年是高级社，后年是人民公社）。

问：荣字村有几个初级社？

答：就一个。

问：荣字大队呢？

答：两个，一个是娄里，一个是荣字。

问：娄里的初级社包括几个自然村？

答：两个，娄里，还有河滩。

问：荣字呢？

答：荣字村还有周家湾、叶家湾。

问：初级社跟互助组有什么关系？

答：实际上也没什么关系，差不多的。

问：初级社和互助组有没有区别呢？

答：初级社么就要计工分，互助组呢种田没有农具，就参加互助组（互助组是解决分到土地但没有种田工具的农户的困难，初级社是打工分）。

问：老百姓是不是比较愿意参加初级社，
而不太愿意参加高级社的？

答：这个难讲的，愿意的人么觉得好，不
愿意的人么觉得不好（互助组跟初级
社，如果我参加了初级社，觉得吃亏
了，肯定说初级社不好互助组好；而
得到便宜了，肯定说初级社好）。

问：初级社的时候，渔民怎么样？

答：农民归农民，渔民归渔民，到高级社
就划出了。

问：初级社还没划出时，渔民干什么？

答：捉鱼，还是捉鱼呀。

问：当时有几个组？

答：还是八个（初级社时期，渔民还是有
八个组，一直到高级社才被划出去）。
不是高级社，是到人民公社才划出去。

问：农民成立初级社、高级社，渔民呢，有
没有参加组织？

答：并入一道的呀。

问：渔民干什么？

答：一道种田（渔民一直到成立人民公社
化从荣字村划出）。

问：还是由荣字村管理的？

答：哎，渔民在这里还是有一点田地的呀。
不曾划出时，开会么在一道的，分配
的时候么就分开了。

问：人民公社化，渔民划出去了，划到哪
里了？

答：先划到牛舌头湾，后来么划到公社里
了，芦墟了。主要领导是陆昆生。

问：陆昆生是什么队的主要领导？

答：捕捞队。

问：他还在么？

答：死了。还有么盛永林，一个么夏金兴，
三个都死了，呵呵。

问：初级社同高级社之间是不是隔了几
年？

答：连着的呀，58年人民公社。

问：初级社以后就高级社么？

答：哎。

问：高级社是什么时候开始的？

答：56年吧。

问：到什么时候？

答：58年，人民公社。

问：你们的高级社叫什么名称？

答：荣字高级社。

问：荣字村有几个高级社？

答：就一个。

问：娄里的有没有？

答：都并过来了，就一个。

问：你当高级社主任，主要做什么工作？

答：抓生产。

问：还有呢？

答：全部都要管（只要是高级社的事情，全
部都要管，上情下达啦）。

问：是不是也要打工分的？

答：要的，考工分的。

问：工分是由谁来打的？

答：主要是会计，各个小组的会计。

问：当时有几个小组？

答：八个。

问：你做高级社主任的时候是考工分的，
还是定工分的？

答：考工分的。

问：跟一般老百姓比，有没有不一样的？

答：自做要一千两百分，不做么就要扣的。第一年就扣了八十几分（他做荣字高级社主任的时候，上面有规定，就是说一年必须要做到一千两百，如果达不到，因为他要去开会或者其他什么事，要扣工分）。第一年我自己做了一千一百多分，缺了八十多分，跟镇上领导打招呼，后来就免了扣掉的分数。这个推行了一年，实行不了，开会实在多，第二年就不算自做工分了。

问：其他大队也一样么？

答：也一样的（芦墟政府统一的）。

问：当时的工分怎么计算的，这个一千两百工分怎么定的？

答：以每个小组最高分的平均值再打折扣。

问：最高分有几分？

答：最高分不高的，每个小组就一个，八个小组就又八个，这八个拼起来，算个平均分，再打折扣。

问：人民公社是由几个大队并起来的？

答：三个大队组合的。

问：就是三个高级社咯？

答：哎。

问：哪三个高级社？

答：一个东铃，一个银星，一个荣字。

问：这个大队叫什么？

答：东铃大队。

问：这是哪一年？

答：并起来是58年。

问：你之前说这个大队后来又分开的，并起来并了几年了？

答：两年，总归60年还是61年就分开了，又分成了三个大队，原来的东铃大队、银星大队、荣字大队（他就当选为了荣字大队的书记）。

问：你是哪一年去当管电站站长的？

答：五十六岁，10月份，调出去当工办主任，弄了一年。

问：工办主任是乡里的么？

答：公社的。

问：属于哪个公社？

答：芦墟公社（全称是"芦墟公社工业办公室主任"。农村的干部一般调出来不可能调到其他镇的，因为是定工干部，不是国家干部。79年到87年任管电站长）。

问：高级社是不是村里的人都要参加的？

答：都要参加的。

问：人民公社呢？

答：人民公社么也要参加的。

问：互助组时你已经入党了么？

答：还没有入党。

问：互助组的时候有些人家单干的，到初级社时是不是都要参加了？

答：初级社参加的人家少啊，没有几户人家的。

陆师庙

问：解放前荣字村有没有庙？

答：有庙的。

问：叫什么名字？

答：陆师庙。

问：是不是在荣字村里的？

答：在大河边的，现在拆掉了。

问：陆师庙的原址，是不是现在有一个很大的广告牌的地方？

答：哎。

问：拜什么菩萨？

答：杨老爷、小杨老爷、大杨老爷，观世音也有的。

问：大的杨老爷跟小的杨老爷之间有没有关系的？

答：旧社会有个会的，年初二要出会的，四个圩都要去抬一圈。

问：大老爷出去还是小老爷出去？

答：都要出去的。

问：大老爷跟小老爷什么关系呢？

答：大的杨老爷原来就有的，小的杨老爷是后来梳出来的（就是后来再弄一个小的杨老爷同大的杨老爷一起出来，就叫梳出来）。

问：小的杨老爷要不要出会的？

答：小的杨老爷、大的杨老爷都要出来的，很热闹的。

问：是怎么个走法？

答：四只圩呀。

问：先到哪个圩？

答：先么荣字圩。

问：然后呢？

答：接着么大富圩，接下来钢铁圩，最后么珍字圩（钢铁圩，就是北库镇上原来有一个大队，就是大港上面就叫钢铁圩。大富圩也是在那里的，就在汾湖滩那边）。

问：然后回到村子么？

答：哎，最后回到陆师庙。我在吴江开会的时候，回来发现这个庙被拆了。

问：庙被拆了是什么时候的事？

答：60年代。

问：正月初二出会，出会几天？

答：一天，四只圩。到钢铁圩，要停下来，有只小茶馆的，要抢轿的。

问：抢轿是什么？

答：……（就是一种娱乐活动）。

问：出会经过哪几个村子的？荣字圩上有哪几个村子？

答：有十个会首，八只台脚。八只台脚是做春台戏的（荣字村有十个会首，如果谁当上了最大的会首，他家在东面的话，就朝东经过几个村落。如果大会首在西面的话，就朝西面走。在东面的大会首要先把老爷接到家里）。

问：年初二要出会，是初一接到家里么？

答：哎，年初一下午。

问：出会朝东面走，经过哪几个村子？

答：东面么先荣字村，走过去么就是珍字圩。

问：珍字圩上有没有村子的？是不是到周家湾了？

答：有村子的，周家湾还不到。

问：叶家湾呢？

答：叶家湾的地有的。

问：珍字圩时有没有经过什么村子？

答：有的，就珍字村一个。

问：接下来呢？

答：到钢铁费家埭接渡。

问：下面呢？

问：到大港迫，歇下来。

问：就要抢轿了么？

答：哎，停下来，大港上村人拿出茶水待老爷。

问：然后呢？

答：然后出了钢铁朝西。

问：就是回来了？

答：哎，回转来了。到大港上柳家接渡。

问：下面是到大富圩么？

答：哎，大富圩，接着埭上，接着么荣字圩，到西港里接渡，接渡之后过来，就到陆师庙。

问：如果大会首不在东面，朝西走呢？

答：就从河滩出会。

问：从陆师庙出来么？

答：哎。

问：到河滩？

答：哎，到西港里接渡。

问：到哪里去？

答：到西汾湖滩，然后么到埭上，再到大港上，然后柳家接渡，到大富圩，在当大港上的白地，歇下来。

问：就要拿出茶水来了？

答：哎，就要抢轿了。

问：然后呢？

答：又要到费家埭接渡。

问：接渡后就要回转了？

答：哎，回到荣字村。

问：然后是陆师庙么？

答：哎，回到陆师庙。

问：到陆师庙拜杨老爷的乡脚远么？

答：远的，出会的时候浙江的人都有的。

问：浙江的，还有呢？

答：上海地区也有的，浙江的多（包括陆师庙四周的）。

问：娄里有没有庙？

答：以前有，现在没有的。现在么康子圩有一只八老爷庙。

问：这只庙，现在是在哪个村里的？

答：也是荣字村的。

问：还有别的庙么？

答：村上还有大老爷、二老爷。

问：是刘王老爷么？

答：哎，刘王老爷，都放在会首家里的。

问：娄里有没有庙呢？

答：娄里有一只青庙，现在没有了。

问：珍字村有没有庙的？

答：就一只小庙，名字记不起来。

问：周家湾有没有庙？

答：没有庙。

问：叶家湾有没有庙？

答：没有。

问：安东海有没有？

答：没有庙，有一只庵。

问：河滩有没有庙的？

答：就那只陆师庙呀。

问：娄里青庙里供什么菩萨？

答：观世音菩萨。

问：八老爷庙里面放什么？

答：就是八老爷。

问：是哪几个老爷呢？

答：记不起来了。

问：十个会首都是村上人么？

答：都是一个大队的。荣字、娄里、河滩，

都有的，抽签的。

问：周家湾、叶家湾、安东海有没有？

答：没有的。做大会首苦啊，一天到晚跑到四只圩上（做大会首吃不消的，要到四个圩上打锣，一天到晚肯定要跑几次）。

问：十个会首是怎么个分法？

答：以前十个会首，八只台脚，刘王老爷有田的。

问：十个会首是不是按照段来的？

答：是按照一个个村的。

问：会首是选出来的还是定的？

答：不是选的，是定的。选王的，姓王的有几家人家，就从里面选出一家（按照人的姓氏来定会首。如果抽到姓王的，就要从姓王的人家里选出一家来做会首。像村上姓王的只有一户，轮到做会首就压力很大）。

问：会首是按照姓氏来定的？

答：哎，有顾家会首，陈家会首，王家会首。

问：你们家有没有做过会首？

答：做过的。如果做大会首，家里的厢院门不能关的，有人要来烧香。

问：是不是由大会首来管理刘王老爷？

答：大杨老爷。

问：杨老爷有没有田？

答：没有的，只有刘王老爷有田的。

问：刘王老爷有几亩田？

答：几亩田记不得了，在河滩东。

问：娄里有没有红庙的？

答：红庙没有的。

问：陆师庙除了年初二有出会，其他还有什么时候出会的么？

答：农历九月初九烧香人很多。

问：是他的生日么？

答：哎，生日。这只陆师庙拆掉的时候，我正在吴江开会，回来知道庙被拆了，很伤心的。有两个看庙的人都哭了。

问：解放前，平时由什么人管这个陆师庙？

答：管理师由十个会首管的，他们托人来看庙。总的讲起来，以顾家为主，顾家么在陆师庙东面的这家人家。平时么托看庙的人管理的。

问：看庙的人么一直看到解放后庙被拆掉么？

答：哎，庙拆掉后。

问：陆师庙、青庙、刘王老爷出会时，农民和渔民都参加的？

答：渔民啊，出会的时候都参加的。青庙不出会的。

问：出会的时候，大小杨老爷都抬出来么？

答：是的。

问：金泽的杨老爷跟这里的杨老爷什么关系？

答：不知道。

问：莲泗荡的刘王老爷跟这里的刘王老爷有没有关系呢？

答：不知道。

问：你去过莲泗荡吗？

答：不曾去过（看他的简历，54年就入党了，做干部后么肯定不能参加这种活动的)。

问：你退休后，陆师庙有没有这种庙会组织过？

答：组织过，现在有几个老客户发起的，也有的。我现在住在芦墟了，不去了。现在人家家里面还有刘王老爷，烧香的人还多的，杨老爷也拜的。有个女的家里……

问：是不是叫潘美英？

答：哎，对的。潘美英准备去化缘，去梳一个杨老爷。

问：渔民有没有会首的？

答：渔民也有的，荣字村里也有一个渔民会首的。

问：叫什么名字的？

答：夏金兴的父亲。

问：渔民有没有做过大会首？

答：也有的。

问：当时姓夏的渔民多么？

答：多的。

问：有没有姓夏的渔民的后代？

答：有的。

问：渔民有没有厢屋的？

答：也有的。

问：农民跟渔民解放前是不交往的，出会就交往么？

答：不是，农民跟渔民出会是一道的，平常是不搭界的。

问：农民跟渔民结婚么？

答：有的。

问：岸上人嫁给船上人有的么？

答：有的，条件好的，有的。但是结婚是很少的，因为农民看不起渔民。现在不同了，农民跟渔民结婚很多。

27　吴忠明

采访日期　：2006年8月25日
采访地点　：芦墟镇蓝山咖啡
采访人　　：太田、佐藤
翻译人　　：徐芳
讲述人　　：吴忠明
　　　　　　（1968年12月3日出生，三十九岁）
讲述人简历：出生于荣字村，农民。本是瓦匠，后来变成"太保"。
讲述人家庭：父母为渔民。

个人与家庭概况

问：吴忠明先生，你今年几岁？
答：三十九岁，属猴的。
问：生日是？
答：1968年12月3日。
问：出生在哪里？
答：出生在荣字。
问：父亲叫什么名字？
答：我的父亲叫夏阿三。
问：也是荣字村人？
答：是的。
问：今年几岁？
答：今年六十三岁。
问：他怎么姓夏？
答：上门女婿。
问：你娘叫什么名字？

答：我的娘叫吴阿七，去世了。
问：也是荣字人吗？
答：是的。
问：他们是种田的？还是捉鱼的？
答：我的娘是捉鱼的。
问：你的父亲呢？
答：也是渔民。
问：到你就不是渔民了？
答：哎，我是农民了。
问：你父亲还在打渔吗？
答：不了，在厂里上班。
问：你娘活着的话有几岁了？
答：五十三岁去世的，已经三年了。
问：你父亲有没有改姓？
答：没有。
问：你爷爷奶奶的名字知道吗？
答：我出生的时候已经去世了，我不知道。

问：刚解放的时候，你的父亲是什么成分？

答：贫农。

问：土改的时候有没有分到地？

答：不知道（他才三十九岁，土改的事情他肯定不清楚。他爷爷奶奶都没有土地的）。

问：房子有没有？

答：房子有的。

问：你读书读到几年级？

答：念到初一。

问：初一以后做什么？

答：到厂里上班。

问：初一时候几岁？

答：十五、十六岁。

问：在哪里厂里上班？

答：在荣字电线厂。

问：做了几年？

答：三年。

问：工厂里出来后做什么？

答：学瓦泥工（瓦匠）。

问：瓦泥工做了几年？

答：做到三十四岁。

问：三十四岁到如今，就一直在做这个"太保"（土话叫佛教）？

答：哎，对。

问：在哪里念书？

答：在荣字学校念小学。

问：初中呢？

答：在东玲念初一。

成为太保

问：几岁开始信佛教的？

答：原来我不信的呀，是我做瓦工的时候。

问：那时几岁？

答：二十八岁，我自己包工地，我身体一直不好。在家里都蛮好的，但是一到工地上，眼睛就看不出，头也痛，一回到家里头，又好了。我本人呢不信的，但是我家里人信得不得了（他在二十八岁做瓦匠时，自己包工地，每次去做瓦匠从家里出发到工地的路上，眼睛看不出，头痛，但回家后就好了，而且在这段时间，干什么都不顺利。他本人不相信这种佛教，但他父亲很相信佛教）。

问：然后呢？

答：我父亲就去拜香头，说我们家太太、爷爷都在家里放香台，到我父亲这一辈，还有我这一辈就不放了。我父亲还去拜了十个香头，都这么说。我不理，身体就一直不好。这个事情，我老婆还跟我离婚了，小孩还只有三岁。

问：接下来呢？

答：我就到湖州白雀寺去求签。

问：白雀寺在哪里？

答：在湖州市北郊。

问：求签怎么说？

答：详签说前几代家里放香台，信佛教的，这样么我就相信了。在我三十四岁的4月19。

问：开始放香台了是吧？

答：哎。

问：三十四岁开始放香台了，然后怎么样？

答：家里面4月19号开始放香台，一个月过后，身体就好了。在这一年里，怕没有人来烧香，村里头的人么也要说一个小年轻搞这种东西，所以病好了就还是做瓦匠，做了一两个月，香客多起来了，我忙到走不开了，就只好待在家里。

问：待在家里一直到现在啊？

答：一直到现在。

问：你的香客都是哪里的？

答：附近都有的，浙江（他的香客就是江浙沪附近都有）。

问：浙江哪里？

答：浙江陶庄。

问：江苏呢？

答：芦墟附近，东玲、荣字本村、北库。

问：上海呢？

答：金山。刚开始，每个月初一、月半，烧香。

问：你有没有老香客？就是从刚开始到现在一直相信你的？

答：北库镇上绣花厂的，还有么东玲的。

问：名字叫得出吗？

答：叫不出。

问：你父亲去拜的香头，是不是佛娘那里？

答：是的。

问：都拜了什么佛娘？

答：我不晓得呀（他父亲瞒着他去拜香头，他本人又不相信的，所以问他香头的名字，他是不知道的）。

问：拜香头是什么意思？

答：拜香头就是拜佛娘啊，不是看那个香的头。

问：你会不会看香头？

答：香头也有说的，看的。

问：你是怎么学会看香头的？

答：经过半年经验积累，在梦中想这个事情，有了佛的灵感（就是托梦给他了）。

问：学看这个香头有没有拜过师？

答：没有。就是庄家圩庙里的香布，有一张黄的布，核对一下，就这样。

问：黄布？

答：一张黄布，每个香炉上有三根香（庄家圩有三个香炉，点这三根香，下面有黄布，然后跟庄家圩的香布核对。香布什么意思呢，就是每个香炉插三根香，如果香灰有长有短，香布上都有说明什么意思，而且香布上都写明了阴阳病。如果是阳病就是生病，如果是阴病就是鬼病）。

问：香客来你这里，你看病吗？

答：不看病的。他们来我这里来看病么，我叫他们先去医院看病，如果看不好，再到我这里拜拜菩萨，求求菩萨。

问：一般香客来看香灰，主要是为什么？

答：一般讲起来，看风水为主，建房子（看香灰这种事，他一般不做的，以看风水为主）。

问：看风水是怎么学的？

答：这个不用学，有书的。

问：就是别人家造房子，请你去看看风水吗？

答：哎，是的（看风水呢是我们农村的一种风俗，要建房子了，就请他去看看，是朝东南呢还是朝西南）。

问：佛经你平常看不看？

答：看的。

问：都看什么佛经？

答：大悲咒、观音经、弥陀经。

问：最早看的什么经？

答：心经，大悲咒。

问：荣字村有没有庙？

答：有的。

问：什么庙？

答：陆师庙，在分水墩上。

问：还有其他庙吗？

答：没有了，庙里的菩萨就是杨爷。

问：只有杨爷么，没有别的吗？

答：还有他的夫人。

问：几个夫人？

答：三个夫人。

问：庙里供了几个夫人？

答：三个。

问：陆师庙有没有什么活动的？

答：当初时候是有活动的，出会啊，我也不懂的，听老人讲的，主要是出会。但现在是没有了（以前的陆师庙就在现在的三一八国线上，以前是在一个河荡里面了，现在是把它冲平了，都盖房子了）。

问：现在陆师庙有人管理吗？

答：有的。

问：是什么人？

答：什么人不知道，是一个老太婆。现在都拆光了（现在杨爷放在人家家里的一个小屋里）。

问：你什么时候从荣字搬到这里的？

答：两个多月了。

问：你知道杨爷放在一间小屋里，是谁在管吗？

答：现在都分开了，是一个老太婆在管。

问：老太婆是不是叫潘美英？

答：哎，潘美英。

问：你爷爷参加过陆师庙的庙会吗？

答：参加过，他也是个香头呀。

问：你爷爷是陆师庙的香头吗？

答：不是，就是家里面放的香台的香头。

问：你有没有听说过你的外公那边参加过陆师庙庙会的？

答：没有。

问：你父亲有没有去过莲泗荡？

答：没有去过，就是去过庄家圩，还有芦墟镇上。

问：金泽的杨爷庙呢？

答：金泽的杨爷庙就是这只陆师庙呀，讲起来，杨爷就是在这只陆师庙出生的，后来么到金泽去了呀，金泽的杨爷跟陆师庙的是同一个呀。

问：你的香客中有没有渔民的？

答：渔民问香头的话，专门有"渔帮"上去问（渔帮也是渔民的一种民间组织）。

问：渔帮是不是渔业村都有的？

答：不是，渔帮就是捉鱼人一帮一帮的，像吴家的渔帮，有领导的，每代都有传

人的。如果要去烧香了，就组织大家
去（渔帮就是按姓氏组成了一个组织，
有领导，每代都有传人，而且要有一
定的威信。像明天会不会下雨啊，什
么的，都要问渔帮）。

问：荣字村渔民有没有渔帮？

答：没有了。

问：以前有吗？

答：以前有的，现在都搬到渔业村去了。
就是捉鱼人的规矩呀。

问：那是什么人？

答：我不知道，我也只是听老年人讲过。

问：你父亲信不信刘王？

答：只要是佛教，都信的。

问：跟父亲那边姓夏的亲戚有交流吗？

答：有的。

问：现在姓夏的亲戚都搬到哪里了？

答：老伯伯拆迁了就住到渔业村的亲戚家
里。

问：拆迁以前住在荣字吗？

答：是的。

问：哪个渔业村？

答：芦墟镇上，每个镇上都有渔业村，像
北库也有渔业村。

问：姓夏的不是在莘塔吗？

答：姓夏的在荣字人多，是大姓。荣字渔
业村的人搬到莘塔的也有，芦墟也有，
金泽么也有，丁栅也有（姓夏的在莘
塔多，但是姓夏的不是同宗的）。

28　沈小林

采访日期　：①2009年12月20日，
　　　　　　②2009年12月21日，
　　　　　　③2010年3月31日
采访地点　：同里浩浪村沈小林家中
采访人　　：太田、佐藤
翻译人　　：徐芳
讲述人　　：沈小林
　　　　　　（1955年8月8号出生，五十五岁）
讲述人简历：出生于同里浩浪村，本为农民，后为
　　　　　　农民。白茅枪社香头，唱赞神歌。育
　　　　　　有两个儿女。

个人与家庭概况

问：你叫朱小林对吧？
答：哎，是的是的。朱小林也可以，沈小林也可以。
问：今年几岁？
答：今年五十四岁。
问：生日是？
答：生日啊，1955年8月8号。
问：出生在哪个村子？
答：就是这个村子。
问：你一直以来都是渔民？
答：现在不是了，现在是农民。
问：以前是渔民吗？
答：以前就是养虾、养鱼。
问：从哪一年开始养虾养鱼呢？
答：现在是09年，大概已经过了十几年了。

问：小时候是做什么的？
答：小时候是种田的。
问：有没有读过书？
答：没有的。
问：后来有没有做过别的工作？
答：到政策开放以后，就捉捉鱼、养养鱼。没有政策开放以前，种田的只能种田，不能搞别样事的。
问：父亲的名字是什么？
答：父亲名字叫沈伟鹰。
问：他如果活着到现在有几岁了？
答：他活着的话要超过一百岁了。父亲生我的时候已经五十多岁了。
问：他属什么生肖？
答：兔子。
问：他是渔民还是农民？
答：渔民。

问：是哪个村子人？

答：同里渔业村的。娘是这个村子的。

问：母亲叫什么名字？

答：朱大妹。

问：如果活到现在几岁了？

答：活到现在九十五岁，属龙的。

问：是渔民还是农民？

答：最早的时候是渔民。

问：你父母亲年轻时候住在哪里？

答：住在船上的，都是渔民。

问：什么时候住到岸上的？

答：什么时候上岸啊，父亲是不曾上岸的，母亲是上岸的。父亲过世时候，母亲才上岸的。

问：父亲是哪一年去世的？

答：六几年吧，没得吃的时候，60年左右。

问：你母亲哪一年上岸，不住船上了？

答：我的娘啊，总有四十几年前了吧。母亲当时大概五十五岁。

问：你有几个兄弟姐妹？

答：我妈妈就生了我一个。我爸爸前面还讨过老婆，还养过好多好多。

问：他们跟你们一起住吗？

答：不不。我妈妈就我一个，别的就不去说他们了。

问：你几岁开始种田？

答：我跟我妈妈一起的时候是住在船上嘛，到我九岁的时候就住到岸上了嘛，做农民要种田了嘛。九岁上岸，住在岸上，就做农民了。

问：九岁的时候种田吗？

答：不种的，当时还小嘛，种田要十多岁才种，大概是十五岁种田了。

问：十五岁开始种田，种到几岁？

答：种到改革开放呀，改革开放了，就可以不种田了呀。

问：浩浪村以前叫什么大队？

答：就叫浩浪大队呀。

问：你属于第几生产队？

答：第二生产队。

问：改革开放以后可以捕鱼、养鱼了对吧？

答：嗯，对。

问：只捕鱼的？

答：捕鱼也捕，养鱼也养。

问：可以到哪里去捕鱼，是随便哪里都可以？

答：随便哪里都可以，你想到哪里去就到哪里去。

问：一般去哪里捕鱼？

答：一般就是屯村、同里。

问：最远到过哪里？

答：外面不去的，就在这个地方。

问：捕鱼的时候还属于第二生产队啊？

答：哎，是的。

问：你的祖先都是本地人吗？有没有听说是从远的地方迁过来的？

答：没有，我们都是吴江范围内的人。

问：你有几个小孩？

答：一个儿子一个女儿。大的是儿子，叫沈伟明。

问：今年几岁？

答：今年好像是三十一吧，做厨师的，炒菜的。

问：已经结婚了？

答：结婚了，小孩都有了。

问：媳妇叫什么名字？

答：叫张雪珍，大概三十岁，厂里上班。

问：他们不打渔吗？

答：不打渔，小孩哪里还肯打渔啊，怕死了。

问：你媳妇的爸妈打渔不？

答：不打渔的，都种田的。

问：女儿什么名字？

答：女儿沈彩红，二十三岁，现在在厂里，厂里要收人了，就由她负责。要开除一个工人，也是她。还没有结婚。

刘王

问：你们一般拜什么神？

答：一般观音，再么猛将。

问：你有没有去过莲泗荡？

答：莲泗荡去过啊，去了四十多年了，还没开放的时候我们就偷偷摸摸去了。

问：每年都去？

答：每年都去，一年两次，三月份、八月份。现在政策开放了，说出来不要紧。政策要是不开放，你搞迷信活动回去要挨批斗了，搞一块牌子挂在脖子上，说他是迷信头。

问：除了拜观音、猛将之外，还拜别的神吗？

答：拜别的么，到浙江就是石淙，还有张家坝、王沟荡。

问：王沟荡在哪里？

答：南浔过去。

问：拜的是什么老爷？

答：叫亲伯。浙江话就是老伯伯的意思。

问：亲伯是杨老爷吗？

答：不是，杨老爷叫杨伯，石淙是太君庙。

问：金泽去吗？

答：金泽去的，金泽是杨伯。

问：庄家圩呢？

答：庄家圩的庙，就在这附近，有刘王的，有观音的。

问：上方山呢？

答：上方山姆姆。还有琼龙，我们也去的。

问：琼龙在哪里？

答：上方山还要过去，太湖附近。

问：琼龙拜的是什么菩萨？

答：这个菩萨叫玉帝。

问：常熟的北雪泾你们去的吗？

答：去的。这个老爷叫城隍。

问：刘猛将对你们来说是很重要的神，对吗？

答：是的。猛将，用普通话说起来，我们江浙两省，说他是皇帝了。

问：刘猛将的传说听说过没？

答：刘猛将出生上海市松江县薄林村。

问：他有什么英雄事迹？

答：有，他是为民除害赶蝗虫，我们就是这样封他做官了。赶走蝗虫后，朱元璋封他做官的。

问：封他做官之后呢？

答：刘猛将活着的时候，朱元璋封他做官。松江城里的百姓，他们的青稻都被蝗虫吃掉了。于是朱元璋贴皇榜，如果谁能为民除蝗虫，就让他到京城做官。

如果是为官之人除蝗虫，就封他做最高官，如果是平民除蝗虫，就封他做三品官。刘猛将除了蝗虫之后，朱元璋要给他封官了，他呢始终不要做官。于是朱元璋又要赏他千金万银，他又不要。刘猛将不肯为官，皇帝也过意不去，就想阳官不要做，就等他去世后封他做阴官。等刘猛将去世后，朱元璋就为他在莲泗荡造了一座庙。这是故事的大概情况。这么世世代代传下来，大概有六百多年了，老百姓也越来越崇拜他。

问：刘猛将同渔民有什么关系？

答：从迷信讲起来，渔民为什么尊重刘猛将，照理说为民除害是为农民，为什么渔民也这么尊重呢，是这个意思吧？哎，解放之前，几百年前啊，有钱人家，大户人家，小孩子生病是到医生那里看病，要是没有钱的人，生病了怎么办？就去刘猛将那个庙里去烧香拜神，祈求病能好，就是这样慢慢慢慢被尊重起来的。

问：渔民也是为了看病才信刘猛将？

答：哎，如果说今天要去大湖里面捕鱼，要是来了台风啊，好几级的样子，船都要掀翻的，渔民就会拜菩萨，求不要把船吹翻，保平安的意思。

问：对渔民来说，莲泗荡的刘王是最重要的吗？

答：哎，是的。

问：为什么信众特别多呀？

答：因为有求必应啊。

问：这么灵，有什么例子？

答：打个比方哦，有个人，到人民医院去都看不好了，叫他回去办后事了。迷信的人，再到莲泗荡去拜菩萨，去看病，就好了。

问：（这时采访人在沈小林的家船上看到有神的画像）船里面的菩萨有没有名字的？

答：刘王、太母、亲伯、杨爷。

问：船上的房间算不算个庙？

答：船上啊，就是船里面的老爷，不算庙，算是个堂门的，堂门就是祠堂，里面不是有这个名字的吗？沈家堂门。

问：算不算祠堂？

答：不算祠堂的。其实我叫人家，我为小组长，就叫这个名称——堂门。

问：那个船是你们的吗？

答：船是我私人的。

问：什么时候买的？

答：有二十多年了，最早的时候我当它房子的。没有造房子的时候，在外面捕鱼，我当它房子的。

问：家船还是娘船？

答：家船。

问：是你爸爸买的？

答：不是，我自己买的。我爸爸早就去世了，我六岁那年就去世了。

问：船上房间里面的图画是谁画的？

答：图画专门有人画的。

问：专门有人画的，他们卖给你的是不是？

答：不是，专门请人画的。

问：画的是神像还是神徒？

答：神像。

问：画图画的是哪里人？

答：画图画的现在已经过世了，年纪啊蛮大了。去年过世的，生的是心脏病。最早的是吴县的，不是吴江的，苏州地方的。

问：有哪几个神？

答：猛将、太母、亲伯、杨爷，都是大人物呀。还有五个先锋。

问：最下的一排呢？

答：越上面越大，越下面越小了。

问：下面姓朱的和姓沈的是代表什么？

答：姓朱的是我妈妈那边的亲戚，姓沈的是我爷爷的爷爷。

问：最左边的好像叫朱大林？

答：朱大妹，妈妈。

问：姓沈的下面好像有五六个人。

答：有好几个。

问：都是祖先吗？

答：祖先啊，有个做公子的，去世好多年了。就是大老爷的儿子。

答：（沈小林边指着船上房间的照片介绍他的先祖。从左往右）跟我一辈的，做大老爷的儿子的，我上一辈的，做大老爷的媳妇。妈妈朱大妹、舅舅朱良法、外公朱玉高、大哥沈永富（同父异母，父亲的大老婆所生）、父亲沈惠英、爷爷沈叙春。

问：太公是爷爷的爸爸？

答：是的。

问：太公叫什么名字？

答：叫沈福祥。我只知道太公的时候白茅枪社就有了。

问：太公住在哪里？

答：已经住在船上。

问：渔民？

答：已经是渔民。

问：也是这个村里的人？

答：也是同里人，我是到乡下来的。我开始到乡下，我太公、爷爷、爸爸妈妈都是渔民。

问：太公的船停哪里？

答：同里。我们经常在同里镇上，不到外面去的。

问：太公有几个兄弟姐妹？

答：我只知道我爷爷有一个兄弟。

问：太公的船停在同里的哪里？

答：叫新安，有个茶馆（南园茶社）。

问：太公有几个小孩？

答：就生了我奶奶，我奶奶是招女婿的。

问：太公的时候白茅枪社成立了？

答：再上面的事我肯定不清楚了。太公的时候已经有了，直到现在。

问：太公去世后，你爷爷接手的？

答：是的，一代代传到现在。

问：你爷爷传给你爸爸，你爸爸传给你大哥，你大哥传给你？

答：是的。

答：我爸爸过世之后，六几年的时候破除迷信了已经。我大哥也不出面，等到我大哥过世了，改革开放了，有好几家人家到白茅枪社去了，到现在。

问：白茅枪社的头头有没有特别的名字？

答：没有。

香头

问：香头有没有听过？

答：就是好像我们这种就是。要是政策不开放，像我这种要开始斗了，哈哈！政策不开放，不敢讲的。

问：解放前香头主要做什么？

答：解放前，香头就是今天哪里有个庙会，或者莲泗荡、上方山，或者什么地方，带领香客到庙会去赶庙会，香头就是这样的职责。

问：他一个人去？

答：和香客一起。

问：组织一个社？

答：一个社，比如五十家人家的，每家人家去一个，去赶庙会。

问：要不要出钱的？

答：头头不收钱的，头头是属于义务的。

问：社里面的每户人家要不要出钱的？

答：到庙里去么买门票。

问：解放前也要买门票的？

答：解放前出钱，是因为庙里面的领导和头头收的。

问：庙里收的？

答：有几户人家，要收多少钱。收的钱是用来维修庙啊，给老爷做衣服啊，给老爷要的东西。

问：你负责把钱收起来给庙里的？

答：对。或者是庙里讲今年要两百块，叫你小林去收，有几家人家，每家划到多少钱，收给他们。现在有国家在，原

来都要老百姓来的，这个庙要整修整修，修了多少钱，庙里面的头头都会讲的，现在就要收个门票。

问：头头是选出来的？

答：不选的，传下的。不是今天你当，明天我当。大哥在传大哥，大哥去世了二哥，从大开始。要是我大哥在，我肯定不弄这个事的，不好弄的，不可以的，要大哥弄。大哥不在世了，你逃不掉，肯定要你干。

问：没有儿子呢？

答：招了女婿了，女婿干。

问：女孩子不成吗？

答：女孩子么，你要有能力，可以干。

问：女香头认不认识？

答：不清楚，只知道太湖有一个，吴县有一个，叫什么不清楚。我个人不喜欢跟别人去接触。

问：香头除了信仰方面上，有没有别的工作？

答：别的没有什么的。

问：收香火钱吗？

答：一般情况下没有到人家家拿钱。这个香头实际上是用迷信教育人的方法，教人做好事的方法，跟用毛泽东思想教育人性质一样的，劝人为善。赚钱的是唱个神歌，神歌实质上也是劝人为善，多做好事，不要做坏事。唱观音观音除掉地痞流氓、黑心人，就是劝人为善。改革开放，不管人家给你一百块也好，一块也好，不给也好，不好赚人钱。要钱的人也有的，但这种

人极少。

问：解放前太公家里有没有老爷的？

答：有的。

问：社里的人会不会来拜？

答：自己的香客来拜的，人家的香客不来。

问：会不会收香火钱？

答：不收，人家来拜拜，装装香，点点蜡烛，拜拜。

问：会不会看病的？

答：呵呵，很难说吧，这个是很难说的，这个事情呢我也不好说，呵呵。这个迷信看个病，是什么病？好的来的人跟正常人一样，坏的起来人往河里冲，跟失去知觉一样。这个病倒看得好，真病就看不好了。

问：这种病看好了收不收钱？

答：不收，不好说钱，不好说给你看好个人，收你钱。一般看好了，就做白茅枪社的香客，不好问他们收香客钱。

问：如果他自己要给你？

答：他自己想到了，或者今年到春节了，来帮忙帮忙，或者买点小东西，弄点老酒。不好问他讨钱，个别会有人会讨钱，但是这种人极少。

问：解放前渔民都有加入什么社的吗？

答：这个很难说。一般我们渔民不是白茅枪社，就是其他社，要么就是天主教的。

问：哦，有天主教的？

答：除掉天主教，家家人人都有社的。

问：加入你们这个社要不要特别的手续啊？

答：不用的，加入白茅枪社，就要跟香头到哪边哪边烧香。

问：听香头的指挥吗？

答：听他指挥，今天要到石淙、上方山几时，明天几时几日要到那边去了。

问：他想加入就能加入的？

答：他们一般啊不高兴加入，加入要听我的，不加入自由的，不去么不去了。

问：有人要加入社是不是要先问一下老爷啊？

答：基本上是这样的，问老爷要不要，老爷说不要就不要了。

问：怎么个问法？是由香头去问，在老爷前面点个香、点个蜡烛这样吗？

答：嗳。

问：要不要放水果、肉？

答：要的。

问：大概怎么问？

答：老爷怎么个问法？有的人，不是我啊，老爷好到我上身了，上身讲话，我是不会上身的。就是这样一个道理。你们听到过钱读兆吗？苏州的一个老干部。我不会上身的，我就像钱读兆那样读兆的。

问：怎么个弄的？

答：有四块招牌，这样看，那样不看。

问：可以放一下牌让我们看看吗？

答：嗳，我就是这样分出来的。要是那个人，有人说他不来的，我们就去问老爷看得好看不好，就是那样四块问的。

问：有些是老爷上身之后说话，你们叫"老爷上身"吗？

答：不，她叫佛娘，佛借她讲话。我们这种叫先生。

问：佛娘是上身的，先生是用这种的？

答：对对。一般渔民的佛娘蛮少的，佛娘一般都是农民。

问：在别的地方听说过"老爷开口"。

答：嗳，就是这样，就是佛娘。

问：这个不算是"老爷开口"吧？

答：这个算，佛娘算老爷开口。

问：加入天主教的渔民哪里比较多？

答：我们这里好像不多的。

问：同里人不多是吧？

答：同里教堂是有的。

问：同里有教堂吧？

答：有的。但是那个人也是几代人，人家就是信了天主，不信刘王了。要是我们女儿结婚了，没有什么天主教的人来，天主教的人不嫁给他，我们也没有亲戚来往的。我们是靠观音、靠刘王，他们是靠天主、靠圣母。

问：哪个地方信天主的多？

答：镇上都有教堂的，苏州比较多，但是还是渔民。

白茅枪社

问：白茅枪社的"白茅枪"是什么意思？

答：这个白茅枪社我们是设立在莲泗荡六漫江这里。老爷出会之后，香客跟香客，我爷爷的爷爷早先时候说莲泗荡有三十六个半像我这样的先生。三十六个半先生，要是老爷出会了，你跑得慢，你跑得快，弄得不巧，香客要

打起来了。白茅枪社就像特警队，你打，我马上就抓你去了。他们见我们白茅枪社，就不敢打了。白茅枪社就好像清朝的红缨枪的设置，要吓他了，不好打。

问：是莲泗荡那边的庙叫你们做的？还是你们自愿的？

答：不，也是爷爷的爷爷传下来是这样的。

问：当时是他自己愿意这样做的吗？

答：嗳，这个白茅枪社就是干这样的事情，老爷出会，最早时候河浜里有船的，要打了就不让他打。

问：你爸爸有几个兄弟姐妹？

答：我爸爸有两个妹妹，我爸爸最大。

问：你有没有兄弟姐妹？

答：我大妈养了两个哥哥，两个姐姐。老大是沈银福，老二是沈永福，姐姐给了人家。

问：为什么老大不接手当头头？

答：我爸爸干了迷信，老大也受到教育。

问：被批斗了，是吧？

答：嗳，我爸爸也批斗到了。等到我二哥弄的时候，偷偷摸摸，二哥弄了没几年，他肯定是不敢。

问：老二接手的时候已经是改革开放的时候了？

答：接近要开放了，稍微好一点了。

问：所以他（指老大）不接手？

答：嗳，我爸爸批斗到了，在同里镇上挂牌的，就这样一个道理。

问：你爸爸或你爷爷有没有做过保长？

答：没有，船上人没有什么保长的。

问：水上保长呢？

答：没有。

问：渔民会不会嫁给农民，农民会不会嫁给渔民？

答：一般很少很少。渔民要捕鱼的，不会种田的；农民要种田的，不会捕鱼的。

问：你爸爸捉到的鱼卖给谁？

答：解放前自己好买卖的。

问：卖到哪里？

答：卖到同里镇上。今天捕到十斤，就好卖掉十斤，没有什么讲究的。

问：解放前是卖给鱼行还是自己在镇上卖？

答：多一点卖给鱼行，少一点鱼行就不喜欢了。

问：几斤就在镇上摆摊了是吧？

答：嗳，对对，就这样的一个道理。

问：鱼行的名字知道吗？

答：这个我不知道了。

南北六房

问：我们刚才看的旗上一个是上方山太青山，南北通用是什么意思？还有我们以前采访过别的社的香头有北六房、南六房，这个北六房、南六房是什么意思呢？

答：北六房、南六房也是枪的名字。苏州的就是北六房，嘉兴的都叫南六房，就这样的一个意思。

问：吴江的也叫北六房吗？

答：吴江的差不多。那个头住在哪里，就是哪边的。

问：吴江的是北六房吗？

答：（沈小林拿出旗子指点北六房、南六房）。吴江的还是……我拿出来看一下，你问问我么，有的知道，有的不知道。

问：劳工门是什么地方？

答：上海的，大老爷出生的地方。

问：二爷是什么老爷？

答：就是二老爷。

问：就是三兄弟中间的二老爷？

答：嗳，对对。

问：南六房、北六房怎么分的？

答：你看（看图）这个是嘉兴的，南六房。这个北六房是苏州虎丘的。

问：这个社在苏州就叫北六房？

答：好像就是这样吧。

问：旗子上为什么写着"南北朝通用"呢？

答：南北通用的意思就是我到莲泗荡，那个旗也可以枪的，到上方山，也好枪的。南北四方通用，就是四方都好枪，这个旗有讲究的，南北通用，北就是常熟那边的白雪泾，有个城隍的。

问：在地理位置上是不是也分南朝、北朝？

答：北朝就是上方山、白雪泾，南朝就是莲泗荡。

问：石涂啊、张家坝呢？

答：这个是西朝。

问：中间是哪里？

答：我们这里是中间。

问：东朝呢？

答：东朝就是杨爷。

问：以前的松江府是东朝，苏州府是北朝，嘉兴府是南朝，湖州府是西朝吗？

答：湖州算西朝的。

问：上海就是东朝了？

答：嗳，上海是东朝。

问：庄家圩呢？

答：这个好算南朝的。

问：你是不是觉得你这里是中间，然后往四个方向看过去？

答：不好这么说，那个是传说。大的庙会是这样的，小的庙就不好说了。

问：今年三月二十二号，参加出会了吗？

答：江南猛将会。

问：明年会不会这么盛重？

答：2011年要搞这样一次庙会，要出会了。

问：今年是第一次出会？

答：六十年没有过了。

赞神歌

问：我们能听你唱赞神歌吗？

答：听赞神歌，我一个人不好唱，要叫连我四个人。卖的水果，三、四样水果。信迷信的人讲起来，神下来了吃一点水果，喝一点茶。

问：唱一次最短要多久？

答：最短一个小时。

问：刘王赞呢？

答：刘王赞要我唱完十个小时都不够。

问：你会唱赞神歌，是从哪里学来的？

答：我没有师傅的。

问：你怎么学的呢？

答：我出生的时候就会唱的，我没有师傅

也不认识字，我脑子里就会唱的。

问：你有没有听别人唱，然后学一点呢？

答：听别人唱还是有几回的，但是我这个人呢，人家唱我是不喜欢听的。如果说刘王菩萨叫我唱，那就太严重了。就是一个人信迷信，如果他诚心的话，就记得住，如果不诚心的话，就算对着一本书教也教不会的。

问：你既没有师傅也不听别人唱，你是怎么会唱赞神歌的呢？

答：我也不知道呀，我自己也不知道。人家也有问我的，你这个人也不识字，怎么会唱？我说我也不知道的呀。

问：你几岁的时候开始唱？

答：大概有十五年了。

问：在哪里唱？

答：在庙里唱。莲泗荡、上方山、石淙、张家坝，反正我讲过的庙都可以去唱的。

问：去莲泗荡唱的话，是不是比较特别？有一步一步的程序，先要唱什么，再唱什么这样的？

答：唱的话，唱猛将也可以，唱观音也可以，唱亲伯也可以的。

问：去莲泗荡唱跟去别的庙唱都一样的？

答：去庙里只要唱菩萨就可以了，不是说去莲泗荡就一定要唱莲泗荡，不一定的。菩萨都是一样的，只要有歌听，就跟我们去歌厅一样的，能听到歌就行了。

问：你是一个人唱吗？

答：一个人唱，不可以几个人一起唱的。

问：你有没有参加像"社"之类的渔民组

织？

答：我有的，我的社是有名字的，等一下啊，我拿给你们看。

问：你们社的社长或头头是谁？

答：头头就是我呀。

问：你们这个社是什么时候开始的？

答：这个很早了，爷爷的爷爷就有了。

问：祖父叫什么？

答：我太公叫沈福祥，那个时候就开始有了。

问：太公也是同里人？

答：同里的，我们祖上都是同里的。

问：你爸爸的时候有几户人家参加这个社？

答：七八十户吧。

问：这七八十都是同里人的人？

答：不，我们五湖四海都有的。有太湖的、吴县的、吴江的、浙江的。有人生病了，能看好病了，他就参加那个社了。

问：现在有几户？

答：现在有二十几户。

问：怎么减少了？

答：因为有好几户跑到别的社去了。我前几年也不愿意搞，别的社先搞起来，他们就跑到别的社去了。我父亲的时候，被共产党挂过牌的，被批斗，失踪了，我现在不高兴讲。

问：你会唱哪些歌？

答：会唱猛将、观音、太姆，还有石淙、张家坝，差不多别人也是这样的。

问：就是社的头头会唱？

答：差不多是这样的，现在还是很多人不

高兴干这个迷信事情，我爸爸那时候很多人被批斗，人家现在心里面还有点怕。

问：你最会唱的是哪一首？

答：差不多。

问：下次有机会给我们唱一段刘王吧。

答：好的好的。要么这样我讲好了，唱的话要很多人敲锣打鼓的。

赞神歌听后的采访纪录

问：上次你表演刘老爷的赞神歌给我们听，很棒啊。表演时除了你，还有朱海根先生…

答：这个是相帮呀。

问：你是怎么认识他们的，朱海根先生、朱阿毛先生、陈四金先生。

答：这些都是一个村的。

问：陈四金先生是渔业村的，其他人都是浩浪村的。浩浪村跟渔业村是一个村吗？

答：哎，差不多的。我们的香客一部分就是渔业村的。

问：渔业村跟浩浪村是两个村咯？

答：哎，是两个村，是隔壁的。

问：这些人都属于白茅枪社的？

答：只有陈四金是。

问：那农民不是？

答：哎，农民不是。

问：你和朱阿毛什么关系？

答：朱阿毛是我表哥。

问：朱海根呢？

答：他不是的，他是农民。都认识的，那

个老陈是香客。

问：你几岁开始唱赞神歌？

答：好像是总有十六年了，现在我五十五岁，大概是四十岁开始唱的吧。

问：为什么从那时候开始唱呢？

答：政策开放了嘛，那些老香客来找我。在解放前，我爸爸是有一点香客的，他是领导。政策一开放，这些香客要来找我了，说我爸爸去世了我要继承我爸爸的工作，带领香客去烧香，就是这个意思。

问：你开始唱赞神歌的时候，有没有看过其他人的赞神歌的表演？

答：呵呵，一般在同里一带没有什么人唱过，在同里渔业村讲起来解放后我是第一个。

问：你唱赞神歌以前，有没有看过别人的表演呢？

答：一般很少看到，都没有人敢站出来表演，都不确定政策到底是不是真开放。为什么我敢站出来？莲泗荡第二次建庙扩大，我想政策是不会再紧了。

问：你看过你爸爸唱赞神歌吗？

答：没有，爸爸过世我只有六岁，妈妈过世要三十几岁了，赞神歌是我小时候听我妈妈讲起过。

问：你妈妈会唱赞神歌呀？

答：会唱的，但是她不是公开唱的，不敢的。

问：你妈妈教你唱的赞神歌？

答：哎，听她说，什么老爷有什么赞神歌。

问：你怎么会唱赞神歌？怎么组织香客

的？

答：组织香客呢，不是我去找香客，是香客来找我。他们说现在政策开放了，叫我带他们去烧香。我呢还是不敢站出来的，因为我听我妈妈讲，我爸爸是受过教育的，我还是有点不敢。他们老香客说，没有事的，要是出了事，你的小孩我们一起养，呵呵，我就答应了。我们同里这个地方在迷信方面比别的地方还是晚了点的。

问：开始唱赞神歌以后，是不是每年都要去烧香，唱赞神歌呢？

答：一般到莲泗荡要唱的，上方山也要唱的。

问：庄家圩呢？

答：也要唱的，庄家圩也是刘王呀。

问：一月有没有出去烧香的？

答：一月就要到莲泗荡去"开印"，正月二十，讲起来就是莲泗荡的刘王上班了，这个时候要唱了。

问：是组织白茅枪社的香客一起去的？

答：香客要去一部分的。

问：二月有没有烧香？

答：没有的。

问：三月呢？

答：清明前后，要去莲泗荡的。

问：今年去过没有？

答：没有，今年要到四月十日去。

问：要不要唱的？

答：要的。莲泗荡召开网船会，要唱还要拍录像的。

问：全白茅枪社香客都去了？

答：哎，都过去。

问：四月里要烧香的吗？

答：没有了，要到七月了。

问：到哪里呢？

答：章家坝。

问：哪一天？

答：它那里正式日子是七月十二，我们是初八去的，要到章家坝、石淙。

问：石淙是什么庙？

答：太君庙。

问：章家坝是什么庙？

答：叫潮音庙。

问：唱不唱呢？

答：唱的，两个地方都唱。

问：香客去多少呢？

答：这两个地方呢实在是远，两三年去一次。实在是远，叫一辆车要上千元钱了，所以就几年并一年去。一般隔一、两年去一次。

问：香客去的多吗？

答：一家一个，总归二十几个人。

问：这个也是组织白茅枪社去的？

答：这个叫"公子社"。章家坝那个庙里有亲伯，有一个儿子的，所以我们去那里的社叫"公子社"。

问：社的名字是不一样呀，去刘王庙的叫白茅枪社，到章家坝的叫公子社，对吧？

答：对。到上方山就叫"太亲社"。

问：哦，就是去不同的庙就用不同的名字？

答：哎，我有好几个社的。

问：主要的组织是哪一个？

答：主要的是白茅枪社，白茅枪社在莲泗荡说起来是皇帝，是老大了。

问：八月有没有？

答：八月，也是莲泗荡。八月十二。

问：组织哪些香客去？

答：白茅枪社。那么我们还去那个北雪泾。

问：同一个日子去吗？

答：先去莲泗荡，回来再去北雪泾。

问：去北雪泾的时候也是白茅枪社吗？

答：不是，叫"太爷社"。

问：唱歌吗？

答：唱的。

问：每年都去？

答：每年都要去的。

问：九月里呢？

答：九月就是金泽，"杨爷庙"。

问：唱歌吗？

答：不唱的。

问：哪些香客去？

答：要么不去，去么就是一家一个。

问：白茅枪社吗？

答：是的。

问：十月里有么？

答：没有的。就结束了。

问：十一月、十二月都没有了？

答：没有了。

问：那庄家圩庙什么时候去？

答：莲泗荡回来去，一年一次，上半年去了，下半年就不去了；上半年不去，就下半年去。

问：去的香客都是白茅枪社的？

答：这个不是的。我们说起来是刘王的"分公司"，它有大刘王、二刘王、三刘王。

问：上方山什么时候去？

答：八月里。

问：初几？

答：正日是八月十八，我们是八月十六去。

问：唱歌吗？

答：唱的。

问：是"太亲社"去？

答：对。

问：你刚才说了好几个社，香客是一样的吗？

答：香客都一样的，社名不一样而已。

问：为什么到杨爷庙不唱呢？

答：在杨爷庙没有成立一个社，所以只好去烧香，不能唱歌的。

问：你说的成立社，是不是在庙里登记啊？

答：哎，差不多这个意思。

问：登记了以后就可以参加庙的出会这些活动的呀？

答：对。

问：其他地方也都去登记了？

答：哎，有社名的地方都知道我小林。还有一个六月里，我漏说了，我们要去几个山上烧香的。

问：初几？

答：六月廿四。

问：到哪里？

答："琼龙山"，在上方山北面，乾隆皇帝去过的。还有一个是高泾山。

问：不唱歌，只烧香？

答：不唱，就是烧香。

问：哪些香客去？

答：我们就是一家一人。

问：你到莲泗荡、章家坝、石淙等地方，除了唱歌还有别的活动，比如提香？

答：没有的，我只是唱歌，其他活动没有的。

问：去年网船会是哪个社抬老爷的？

答：抬老爷的人是莲泗荡民主村的叫的，不是我们香客。

问：除了刘王老爷的，你还会唱什么赞神歌？

答：亲伯也会，太爷也会，太姆也会，还有石淙太君，还有观音，差不多就是这几个。

问：太爷和太姆是上方山的？

答：太姆是上方山的，太爷是北雪泾城隍老爷。

问：亲伯是杨爷吗？

答：不，亲伯是章家坝的。

问：最拿手的是什么？

答：差不多的。这个不好说，这个老爷的得好一点，那个老爷唱的不好一点，老爷要不高兴的。

问：我们想去章家坝的庙看一看，怎么去？

答：章家坝很远的，靠近菱湖，湖州都要到了。你到了张家坝，你就看得到石淙了。章家坝这个庙里有十二个亲伯，十二个夫人，还有一个三公子是亲伯的儿子。石淙，就是太君老夫妻两个，有三个女儿。

问：你去年带我们去的那个小庙是什么时候盖的？

答：那个小庙已经好多年了，解放前就有了。这个叫"彩云庵"，不是庙，主要供观音。

问：是不是村庙？

答：是村庙。

问：是几个村还是一个村的庙？

答：一个村的。

问：就是浩浪村的？

答：哎，就是浩浪村的。

问：彩云庵主要是观音，现在也有刘王，刘王是什么时候开始有的啊？

答：这个我也不清楚了。好长时间了吧。

问：彩云庵解放前主要是农民去烧香的？

答：是的，是农民的。

问：除了上次给我们表演外，你现在也在彩云庵唱赞神歌吗？

答：以前啊，唱过的。

问：每年都唱吗？

答：它的庙会是八月二十四，要是有人找我唱我就去唱。

问：你没有看过爸爸唱赞神歌，你十六年前开始唱赞神歌时，是怎么学会几个老爷的赞神歌呢？

答：我小时候妈妈说过的呀。

问：全部都是妈妈教的？还是…

答：出去的时候看人家唱，就学一点。

问：就是看到别的社的香头唱，就结合妈妈教的去唱。

答：哎，就是这样的道理。

问：彩云庵庙会如果有人叫你唱歌，你收费吗？

答：基本上我不提出钱的，人家说要给你点辛苦钱就收点，不给的话那就不收钱。这个不好的呀，不能说我要多少钱这样子。

问：你现在是香头，如果你不想干了，是不是只有儿子或者自家人才可以接班？还是不同姓的也可以接班？

答：一般不可以传给外人，如果我的小孩真的不愿意，就找肯接手的人接班。

问：你有一儿一女，如果儿子坚持不愿意，可以传给女儿吗？

答：可以。

问：你在庙会上看到过女性香头吗？

答：有的有的，有好几个的，我看到过四五个。

问：都是渔民吗？

答：都是渔民的。

问：你爸爸帮不帮人看病、看风水？

答：看病我听说过我爸爸会，风水不看的。

问：你有没有听说过"神汉"？

答：没有。

问：你会看病吗？

答：不是叫会看病，你这个人刚坐在这里还蛮好的，等一会呢，你不认识人了，再等一会呢，你要跳河了，再等一会呢，你这个人一冷一热了。这个不是病，我们称为"邪"。这个呢，不是看病，是求菩萨保佑，驱邪。

问：驱邪就由老爷来的意思？

答：哎，人怎么会看病呢。就是跟老爷说，

如果老爷能让这个人好起来，就给老爷唱歌听，给老爷钱，就是这样。实质上不是看病，人是给老爷做个翻译。我又不识字，怎么会看病呢。人好端端的怎么会来我们这里呢，就是人民医院看不好了，说疯也不是，说神经病也不是。

问：如果我想参加白茅枪社，是不是也要问老爷？

答：这个我也不好决定的，要老爷说的。你说真不真，说假也不假，这个东西很难说的。如果老爷真的看得好病，中央领导也不会死了。所以老爷真病是不会看的，现在科学这么发达都看不好，老爷也看不好的。不能说人家医院里都看不好，你说你来看，这个不好说的。

问：这个房子什么时候盖的？

答：今年，正月十八接进来的。

问：这个算是庙吗？

答：这个是堂门庙。

问：我们去年来的时候还没有吧？

答：对，那个船上也不行的，香客来了头都撞破。那么香客们说凑点钱，造一个新房。

问：这个堂门庙，以前是在船上的，正月十八移到这里，实际上的功能是一样的？

答：哎，一样的。

问：是老爷上岸的意思么？

答：现在人都住岸上了，老爷也要根据形势的。

问：为什么堂门庙里不放大老爷，而是放二老爷呢？

答：我们白茅枪社就是二老爷领导的。

问：就是说别的社、会，有些是放大老爷，有些是放二老爷，有些是放三老爷，是这样么？

答：一般呢由大老爷、二老爷领导的。

问：二老爷是大老爷的弟弟？

答：是的。大老爷姓刘，二老爷姓朱二老爷是二娘养的，二娘姓朱。

问：三老爷呢？

答：不清楚。实际上只有大老爷、二老爷，三老爷是后来封出来的。

问：二老爷姓朱，所以你刚开始告诉我们你也姓朱，这是跟二老爷姓的意思？

答：不是，我也是跟妈妈姓的。

问：白茅枪社的香头是姓沈的？

答：哎，迷信方面我就姓沈的，身份证上我姓朱的。我妈妈姓朱，我外公是彩云庙的先生，是官庙的。这个地方迷信方面就是我外公在做的。

问：外公是渔民吗？

答：是渔民。堂门庙里也有我外公。

问：你有没有姓刘的法名？就是迷信里面的特别的名字。

答：我没有的，人家有的，像过给刘王就姓刘了，这个叫"佛名"。

问：你知道二老爷的故事吗？

答：二老爷跟大老爷的神歌差不多。说起来二老爷是二娘养的，实际上大老爷对弟弟相当好的，带他出去一起灭蝗虫。大老爷还叫舅舅、外公一道去灭蝗虫。我们一般的神歌都是唱大老爷的，说是唱大老爷，二老爷也有份的。乾隆皇帝下江南，也到刘王庙去烧香。烧香后，乾隆会飞了，在那个殿里飞了。乾隆的武功是相当好的，那我们说起来就说是刘王教他飞的，呵呵。

29　张福妹

采访日期　：①2009年12月25日，②2010年3月30日
采访地点　：周庄南湖新村张福妹家中
采访人　　：太田、佐藤
翻译人　　：徐芳
讲述人　　：张福妹（六十七岁）
讲述人简历：车坊出生，渔民，佛娘，唱赞神歌。
讲述人家庭：丈夫王根福，七十岁，渔民。

个人与家庭概况

问：您多大岁数？
张：六十六。属猴。
问：妳哪里人？
答：我是车坊的，我老公本地的。我嫁过来的。
问：妳祖先哪里人？
答：都是车坊人，世世代代是车坊人。我是嫁过来的。我的父亲叫张永泉，有的人叫他"刘法官"。
问：妳老公呢？
答：七十岁，船上人。出身渔民，现在不打渔了。
问：大伯你现在几岁了？
王根福：七十。
问：叫什么名字？

王根福：王根福。
问：你出生在哪里？
王根福：周庄，世世代代周庄人。
问：以前做什么活的？
王根福：捕虾的。
问：现在还捕的？
王根福：现在不捕了。
问：一般在哪里捕虾？
王根福：就在周庄范围内。
问：跟妳老公怎么认识结婚的？
答：我父亲出去做生意的时候认识他的。
问：父亲叫什么？
答：有两个名字，一个叫张永泉，一个叫刘法官，讲起来么小名和大名。我的父亲十九岁就吃这碗饭（以唱赞神歌为业）了。
问：父亲是车坊人？渔民？

答：车坊人，渔民。娘也是渔民。

问：父亲活到了几岁？

答：七十六岁死掉的，二三十年了。

问：母亲叫什么？

答：她姓陆。以前她脖子上生了个瘤，都叫她陆歪头。

问：哪里人？

答：斜塘（车坊隔壁），近的。娘和爹两个人在一起的时候，一个十三岁，一个十二岁。刘王老爷死在河里的。

问：爷爷哪里人？

答：爷爷张祥元，车坊人，世世代代车坊人。我爹三岁的时候就死掉了。

问：也是渔民？

答：渔民，都是船上人。

问：爷爷什么时候过世的？

答：〔我爷爷死的时候〕我爹才三岁，我爷爷死掉是怎么回事呢？刘王老爷捉住他走，生意不好做，没法吃东西，本来就生病了，就自己戳死了。我爹十九岁就开始做了（唱赞神歌）。

问：奶奶叫什么名字？

答：不知道。

问：车坊人？

答：车坊人。

问：渔民？

答：渔民。奶奶养九个〔儿女〕。最小的是儿子，叫阿九，其他都是女儿，八个女儿。

问：妳有几个兄妹呀？

答：姐妹多是多的，但都死光了，就剩我一个。

问：一共几个？

答：我父亲讨小老婆的。我的娘养了七个，算作是大老婆，我是最小的。小老婆生了几个，现在剩一个。

问：妳爸爸同时娶大老婆、小老婆？住在一起的？

答：住在一起。小老婆娶进来的时候，我妈不走的，跟儿子、女儿住在一起。

问：妳爸爸是不是很有钱？

答：发财的。摇大渔船的。

问：摇大船的？

答：老底子出埠，大渔船的。送鱼，送出埠去的。

问：送到哪里？

答：出埠的，上海方家桥。老底子方家桥有鱼行。

问：妳爸爸开鱼行的？

答：不开鱼行，摇渔船的。给鱼行摇渔船的。就好像你开鱼行，我给你装出去，装出埠，装到方家桥。

问：摇的船有多大？

答：木头船，五六吨，出埠船都很大的。

问：解放后妳父亲什么成分？

答：吃这碗饭（以唱赞神歌为业）就说是反革命分子，打倒了。

赞神歌

问：妳会唱赞神歌？

答：这个神歌，是这个老爷，不同的（唱赞神歌，哪一个老爷唱哪一个老爷的歌，老爷跟老爷之间是不同的）。

问：刘王老爷的妳会唱吗？

答：刘王老爷是松江人，他的父亲叫刘三叔，刘王的娘叫包秀英，就是包公的女儿。他爸原来是将军（她就是刘王老爷的佛娘）。

问：一月二号老爷做寿的时候唱吗？

答：刘王老爷的歌有好几段，要两个人唱。本身刘王老爷的书我有的，不识字，烧掉了（她唱的，一月二号到别人家做寿她唱赞神歌的。她本来有本刘王老爷的书。她不识字，把它烧掉了）。刘王老爷是莲泗荡的，信得不得了。

问：刘王老爷唱完要多久？

答：要一天。从上午开始不停，一天。

问：你刚说烧掉的赞神歌，那本书哪里来的？

答：这本书怎么来的呢？刘王老爷附我的身附给我的，让我到河里面去捞的，捞来了。我不识字，给别人看，别人也看不懂，我就烧掉了。烧掉的时候，刘王老爷附在人家身上到南阳去了。刘王老爷回来，书烧掉了，我又不会，刘王老爷他就教我，教了我四个月。我的爷爷、爸爸、哥哥都是吃这碗饭的，我的娘不会的，我的爹做的，现在都死掉了。几代人都是靠刘王老爷的，他们都死掉了，就传到我身上（她爷爷、爸爸、哥哥都会的。妈妈不会）。乡下的佛娘不靠刘王老爷的，〔赞神歌〕不会的。刘王菩萨是赶蝗虫的，刘王菩萨的娘护他的，为了他做阴官。做阳官六十年，做阴官万万年了（俗语，大概是为了表示刘王的母亲为了

保护儿子付出很多）。刘王菩萨年纪轻的呀，只有十几岁呀，十二三岁，刘王老爷因为收掉蝗虫封官。刘王菩萨出生的人家阔人家，靠有三亩棉花田种发财。他的娘在日出卯时辰，养这个儿子死掉的。刘王菩萨的庙里面，莲泗荡的人头最多。村上也有个刘王菩萨，讲起来叫"在村猛将"。村上的有佛娘，我靠莲泗荡这里用。村上的〔佛娘〕不会唱的。现在船上人会唱的有，村上只有我会唱。

问：妳是村上的佛娘吗？

答：我不是管村上的，我是莲泗荡的，不是村上的。我现在弄东弄村上的，这个佛是莲泗荡的佛。

问：刘王怎么成仙的？

答：德功呢是赶掉蝗虫，松江府台封他的。三年四大〔水〕，三年四干，到后来三年蝗虫，松江府台没办法赶掉，贴出皇榜出来，说谁能收掉蝗虫，有官的加官，没官的做官。他（刘王）只有十三岁，跟娘舅到城里去。贴出皇榜，人多，都在看。他小孩啊，看不见，挤进去一把把皇榜拿了下来。城里的人就跟他说："你怎么可以把它揭下来？你能收掉蝗虫就能做高官。"揭了榜，三天内要给答复，小孩呀，只会得哭。回到家里，娘舅不骂他，舅母骂他："今天跟娘舅出去，闯出这么个大事体，你看怎么个弄法（怎么解决）？三天不答复，要杀头的！"他走到娘的坟上去，去求他的娘。他娘

做得大的，在南天门。娘去求土地公公。土地公公说你这个小孩苦死，先是没了娘，没有教训，又在松江城里闯出这样一个大祸，你给他附点仙气。

问：信刘王的人多吗？

答：现在刘王菩萨时髦，刘王菩萨信得不得了。

问：车坊有关帝庙吗？

答：车坊个八阿爹，城隍。要开始开放了，要造五十亩地。

问：关公有吗？

答：不是关公。车坊那个庙要造五十亩。他（城隍）家里是金家荡的，弟兄八个，现在金家荡有六个〔兄弟〕，车坊这个是第八个，叫八阿爹。车坊是城隍，不是猛将，叫江海赛莲王，八阿爹就是。他不是一个名字，正式的叫他江海赛莲王。

问：地位最大的老爷是哪个？

答：最最大是猛将，猛将最大。再讲起来是城隍。

问：你几岁开始唱赞神歌的？

答：刘王老爷刚刚教我时候，三十岁。我说我有三个小的（孩子），不行的。但我逃不掉了（指被刘王认定了），〔刘王说〕那等你儿子结好婚。儿子结好婚，我五十岁。五十岁开始做到现在。三十〔岁〕那个时候蛮紧的（指当时反迷信的政策和环境）。苦的！生了六年毛病。最最厉害一个月，就进点米水，睡在那里没知觉。

问：几岁生的病？

答：六年毛病，生〔病〕的时候只有廿几岁，生到三十岁。六年毛病生得来苦死。到三十岁，说等儿子结好婚再做，廿年功夫蛮好的。五十岁的时候刘王就开始教，教了三个月。日夜不睡的。他教我的时候，夜里六点、夜里十二点，天亮六点，吃点心十二点，一日上四课，不用钟的，到时候会来叫的。

问：那个时候生什么病呀？

答：没有毛病的，去看没有毛病。要我工作，我也做不了，烧〔饭〕也不烧，小孩也不带了。到后来就知道我逃不掉了（指被刘王认定了）。就说等儿子结好婚了开始做（佛娘）。我就在那里弄（类似于上身），人家认为我痴了，带我去看，神经科也看，上海华山医院也去的，看掉一块六角，没有毛病呀。现在晓得了，刘王菩萨原来是文官，现在莲泗荡给他弄成武官，他有两个弟兄。

问：刘王老爷来找妳，是在家里找妳，还是到庙里找妳？

答：我住宅找的，已经生病了。生病生六年的时候，他有本书，跟我说"妳到河里去捞呀"。后来去捞，捞起来本书，都打好方格子的。

问：刘王来找妳，妳有没有拜刘王？

答：拜刘王一直拜的，世世代代拜刘王的。

问：在家里拜，还是到庙里？

答：现在一年功夫有四周要到庙里去。

问：解放后到文革的时候不许拜吗？

答：那个时候不让拜的，把像放在船上摇

到外面去拜的，偷拜拜的，当迷信打倒，打倒的时候，把庙拆掉，他（刘王）的正殿做仓库，里面放的谷都烂成泥。

问：文化大革命的时候家里有没有佛像呢？

答：文化大革命的时候给他们拿去了。以前东洋人看刘王菩萨灵，想偷去，百姓不让。他们看在刘王菩萨手上砍一刀有没有血，有血的话灵的，没血的话不灵。被东洋人砍了一刀手，血就涌出来了，他们吓得就不敢拿去了。

问：刚解放时可以拜的？

答：我十三岁的时候佛还在那里。

问：可以拜的是吧？

答：可以吧，还有出会，人多得不得了。刚刚解放的时候不弄掉的，还有在，都去烧香。我给了刘王菩萨的，叫刘福妹。

问：在哪里出会？

答：那个时候小，不大知道。今年的出会弄不像的。这种〔出会〕都是大人去的，十几岁的小孩又不能去。到我大哥十九岁的时候最后一场会，长龙桥上踩死了人，之后刘王庙给扒掉了。

问：文化大革命的时候有没有红卫兵来？

答：那个时候有啊。都被他们抢光、弄光、捣光、毁光。老爷都被他们弄光。

问：渔民有做红卫兵的吗？

答：有啊（张福妹拿出一面旗）。

问：旗子上为什么写着"沈家"？

答：堂门姓沈，北六房的祖师（创始人）姓沈。

问：妳们属于北六房的？

答：社名是北六房的，苏州金家桥北六房。

问：妳父亲是香头？

答：是的，我也是。这个沈叫沈寿堂，我的爹的师父。

问：老爷就是刘王老爷？

答：是的，苏州金家桥也有刘王老爷的。

问：南六房有没有听过？

答：有的，八车南六房。我这个是金家桥北六房，不是一个的。多啊，有几十个社名。

问：跟其他社有没有联系？

答：不联系的。文化大革命苦头吃得来，不高兴弄，现在见了怕的。自顾自，以防万一。所以这个上面名字也不写的，防止万一，政策不晓得的啊。

问：妳的老爷看毛病的吗？灵吗？

答：农村里讲起来最灵了。刘王菩萨帮忙，会帮你弄好的，他皇帝呀。刘王菩萨的娘在普陀南天门。刘王菩萨吃素的，二老爷吃荤，三老爷吃猪头。

问：北六房和南六房有什么区别？

答：南六房归南六房，北六房归北六房。

问：烧香时有区别吗？

答：烧香都一样的。

问：哪个地方算北六房？

答：不管的，苏州有北六房，也有不是。烧香都一样的，社名不一样。

问：苏州有没有社是属于南六房的？

答：我现在跟不来往，不清楚。害怕，不去来往的。基本上北六房多。

问：妳这里香客有多少？

答：现在有两三百〔个香客〕，到莲泗荡起码两三百，爹的时候也有很多。文化大革命的时候不敢讲起。（带香客去烧香的时候）都是叫苏州南站公司的大巴，十七年了。

问：要多少辆大巴？

答：四辆坐不下的，最起码五辆。

问：北六房有多少人？

答：正式北六房么千头（上千人）也有。一千人不离的（至少有一千人）。都〔分〕散的，都不高兴，还怕。都怕再来个文化大革命。

问：香头都会唱赞神歌是不是？

答：不是的，香头有的会唱，有的不会。

问：大多数的香头是会唱歌的？

答：乡下人的香头都不会的，船上人的香头有全和不全，农民的都不会的。我是叫忘记掉了，不然唱得全的，有几声都忘记掉了。刘王菩萨有三个庙，是他亲自造的。一只在上海吴淞口，他自己亲自造，第一只开始的，还有只在苏北长江里。吴淞口么出海，他造了一只。莲泗荡的最准。去年我捐了三千块给刘王庙，给了我个香炉，还发给我个证。

问：妳刚才唱的赞神歌叫什么？

答：《刘王封官》。刘王是松江府台封的官，就是他灭了蝗虫封他做阳官，他不要做，做阴官。

问：第二段唱的是什么？

答：上方山《求子生养》。上方山太太没有孩子，就到苏州西门外一只神仙庙求子，吃了五个仙桃，后来一胎生了五个儿子。这五个儿子聪明得不得了，去配牛魔王一胎生的五个女儿。上方山太太本事大啊，第三个儿子和第三个媳妇最最厉害。

问：谈谈《刘王封官》的故事。

答：刘王是在灭了蝗虫之后做官的。之前的一段呢是苦的，死了娘，父亲给他娶了后娘，那段是苦的，刚唱的一段是去做官的。做官前呢有三年水灾、三年旱灾、三年蝗虫灾，共九年灾害。最后是刘王菩萨去灭了蝗虫的，稻子都被吃光了，松江府台没有办法，就贴出皇榜召人来灭蝗虫。

问：我们以前听过很多赞神歌，他们好像都要用到锣。

答：男的都用锣的，我父亲也是用锣的。现在我做乡下人，不可以用那种方式。那种方式呢要的人多，人起码要五、六个，那我们两个出去好做生意。

问：调子好像也不一样。

答：我的父亲呢就是敲锣的，唱一声敲一敲，唱一声敲一敲，我的父亲就是这样的，要五、六个人一起做，开支大。我呢是刘王菩萨教我的，叫我两个人，成本开支省。我父亲那个时候呢要六个人才能唱，现在呢刘王菩萨告诉我两个人就可以办事了，减少成本，意义是一样的。敲锣的那种省力，我们需要一口气唱完的，如果像唱锣来唱我刚才的那段，一下午都唱不完，唱一点要停一停的。

问：妳的调子听起来跟别人的不一样啊。

答：我唱的跟别人都不一样的，你到哪里听都不一样。为什么不一样呢，有的人呢就是花样多一点，唱的故事都差不多，意义是一样的。刘王菩萨过一段时间也会来给我考试的，看我有没有忘记，平静得唱呢，能唱全的，如果心慌的话，会漏掉一点的。

问：人家什么时候请妳去唱赞神歌？

答：结婚要喊我去的，生小孩了要喊我去的，新造房子也要喊我的，买车子也会喊我去的。

问：白事人家喊妳吗？

答：白事我不做的，我都做喜事的。

问：来叫妳唱歌的是哪些人，农民还是渔民？

答：渔民有，农民也有。

问：哪个多？

答：我呢农民多，农民有三百多一点。我父亲的时候，做渔民的生意多，我呢不要做渔民生意而做农民生意。

问：妳去不去庙里唱赞神歌？

答：也去的。

问：到人家家里唱多还是去庙里多？

答：一般是人家请出去多，庙里么到了节气去，不是节气不去的。

问：有没有去莲泗荡唱过？

答：唱过。

问：妳的香客都是哪里人？

答：香客基本上是新丰、高荣，都是周庄范围内的。我们这里是渔业村，你们进来那条路西就是新丰。高荣在北面，那个村子有五百多户人家呢。我的香客总有三百户左右。

问：妳们这个村子都是渔民？

答：基本上都是渔民，有几户是拆迁搬过来的。

问：妳几岁开始组织香客去烧香？

答：五十岁到现在，十七年了。我三十岁就出世了，小孩还小，要等大儿子结婚后，我才开始组织。

问：当初是怎么把香客组织起来的？

答：我跟你说，我五十岁开始做，刘王菩萨帮我把人喊拢来的。

问：妳几岁住到岸上的？

答：我五十岁前呢，是船上捉鱼的，五十岁开始做事了，就住到岸上了，不再捉鱼了。

问：妳五十岁以前有没有去别的佛娘那里看病？

答：我不去的。我自己父亲就是吃这碗饭的，还去别人那里看病。

问：妳组织去烧香是统一去的？

答：统一的，有四大车。香烛、锡箔纸都是我事先买好，香客拿多少就交多少钱给我。车费是每个人出，钱交给苏州旅游公司的，我不收的。

问：妳的组织有没有名字的？

答：我跟你讲，我的父亲是苏州北六房的，后来在莲泗荡登记的时候，苏州北六房的名字被别人先定了，我定不进了就不要定了，算了。烧香还是可以去烧的，没关系的，做事么还是苏州北

六房的。我父亲是苏州北六房的张永
泉。

问：妳知道八圻北六房吗？

答：苏州北六房与八圻北六房是不同的，
我父亲的是金家桥苏州北六房，我父
亲的师父叫沈财堂。

30　沈全弟

采访日期　：①2010年4月1日，
　　　　　　②2010年8月17日，
　　　　　　③2010年8月20日
采访地点　：沈全弟家中
采访人　　：太田、佐藤、长沼
翻译人　　：钱丰
讲述人　　：沈全弟
　　　　　　（1969年2月出生，四十一岁，属鸡）
讲述人简历：吴江市同里镇富渔村人，本为渔民，
　　　　　　现以唱赞神歌为业。
讲述人家庭：妻子蒋兰芳，富渔村人，三十九岁，
　　　　　　从事农村。

个人与家庭概况

问：你哪一年出生的？
答：(19)69年2月。公历，2号。农历是腊月二十七，马上过年了，属鸡。
问：你哪里出生的？
答：也是这里，叫富渔村，就是渔业村呀。
问：你是69年生的，那你读过小学吗？
答：读倒读的，最多读了两年吧。
问：几岁去读书的？
答：八岁读的，就是毛泽东死的那年读的。我小弟弟生的时候，我就不读书了，大概总读了两三年呀，后来没有再去读书了。
问：在哪里上的学啊？
答：就在自己村上呀，房子造好了，渔民小学也造起来了。渔民小学在富渔村里面。
问：渔民小学是跟富渔村的房子一起造起来的？
答：哎。从那时候开始，渔民的小孩子也开始读读书了，之前渔民的小孩都不识字的。
问：就叫渔民小学吗？
答：哎，同里渔民小学。我们这里每个镇上都有渔民村，都有一个渔民小学的。
问：跟你一起读书的都是渔民吗？
答：都是渔民。
问：有没有农民的？
答：没的，一个没有。
问：老师是哪里来的？
答：老师是镇上的。

问：有几个老师？

答：一个。老师我还记得，是个女老师，她教我的时候已经五十几岁了，我估计现在已经不在了。

问：是不是几个年级同在一个教室里面上课的？

答：几个年纪在一个教室里上课的，一、二、三年级在一起的。

问：班里有多少人？

答：最多就二十个人吧，人不多的啊，上来读书又没有饭吃的。

问：这个班有几个年级？

答：三个年级。

问：有没有四到六年级的啊？

答：没有的，所以就只读了两三年呀。

问：学费怎么付的？

答：学费不用付的。

问：钱谁出的？

答：不知道呀。反正我读的时候一分都不用出，到后来我弟弟上学的时候，村里给钱叫你去读书。只要去读书，一个月村里给几块钱。

问：你哪个弟弟？

答：小的那个。渔民不肯上学呀。

问：哪里上的学？

答：也是这个小学。上了一段时间，这个学校就撤消了，就换个学校读。

问：到哪个学校继续读呢？

答：到镇上，那个时候有同里镇中心小学。

问：学费是村里给的还是自费的？

答：是要自费了。在没有搬到同里中心小学的时候，我记起来了，是村里拨给

你四十五块钱一年。你去读就有钱拿，不去读就没钱拿了。

问：你读了两三年不读以后做什么？

答：捕鱼了呀。到80年代了，那个时候开厂，我爸爸承包了厂，我呢会写写弄弄的，所以就在厂里做账目。

问：办了什么厂？

答：一开始办了石棉，到后来就办了个面筋、豆腐干厂，那个时候我做过会计。到80年代中期，我爸爸在副业公司弄河蚌，我爸爸是领导，我就在里面做会计。大概是86、87两年，后来河蚌珍珠不行了，就不干了。80年代，刚改革开放的时候，弄河蚌珍珠生意不得了的。

问：你爸爸自己养蚌的？

答：不是，是人家收来的，再卖出去，我们呢就是中间收点管理费。

问：去厂里做会计，是边捕鱼边做会计？

答：不是，是办厂前，没事干么，就在船上捕鱼，到后来办厂了，就上岸，厂效益不好，又到船上去捕鱼了，后来又上岸到厂里干。

问：你爸爸开第一个厂时你几岁？

答：我只有十五岁啊。

问：河蚌厂之后还办过什么厂？

答：没有。

问：河蚌厂办到什么时候？

答：90年代初吧。

问：之后就一直捕鱼吗？

答：对。等到我女儿三岁了，就搬到这里了。这里原来是我老丈人的家，后来

我老丈人到别处去做生意了，我就搬过来了。

问：女儿现在几岁？

答：十九岁了，我住在这里也十六年了。

问：你老丈人去做什么生意？

答：去养鱼了。

问：妻子叫什么？

答：姓蒋，叫兰芳，今年三十九，比我小，属老鼠的。

问：也是本村人？

答：哎，一个村上的。其实我出生的时候不在岸上的，都在船上的。大概是70年代，毛泽东发动革命以后，渔民才能住到岸上的。

问：你出生的时候，已经有富渔村了吗？

答：村子是有的，但是房子没有。也不叫富渔村，叫渔业大队。

问：大队有办公室吗？

答：办公室呢有，办公室是在同里街上的，是租了人家一间房子。以前同里不是有个南社的么，租的房子就是陈去病的一个屋子。他叫"去病"，同里人有个讲法，估计这人小时候一直生病还是怎么样，有个算命先生给他取名"去病"，就化解掉了。这个陈去病很有名气的，跟柳亚子一样名气。

问：渔民都是没有房的，就办公室是租了房的？

答：对。不过呢，办公室也不算是租的，那时候毛泽东领导革命，都是公用的，他说了就算，都好用的。你的东西就是我的，我的东西就是你的。

问：你什么时候搬到岸上住的？

答：八岁，我记得的，因为那一年是毛泽东逝世那一年。八岁那年就建起了渔业大队了，那时候根本没有唱神歌的，谁敢唱。

问：成立渔业大队时盖了房子吗？

答：嗯，一家一间房子。

问：是渔业大队给你们房子吗？

答：嗯，那个时候给房子不用钱的。

问：是渔业大队出钱建的房子吗？

答：不是，是上面政府出的钱。

问：你爸爸妈妈也是本村人吗？

答：哎，本地人。

问：爸爸叫什么？

答：叫沈阿大，他是长子，那时候很苦的，没有名字，就叫阿大。我爸爸总共四兄弟，有三个兄弟。

问：爸爸是哪一年生的？

答：爸爸属猪的，大概是47年。现在在世的，六十四岁了。反正是丁亥年生的，农历七月十四。爸爸生的时候还没解放，生了长子，不得了，请了不少人来做糕、糯米团子等供品，装到船上，摇到浙江莲泗荡，认刘王为干亲，花了不得了的钱。

问：你爸爸会写字吗？

答：稍微会写一点。

问：哪里学的？

答：在叶泽湖的时候读过书的。我们家到我是十一代，我爷爷、爸爸在叶泽湖的时候，叶泽湖边上也有房子的，还有祠堂，祠堂是在文革的时候弄掉的。

30 沈全弟

问：你第十一代人，迁到同里以前，祖先是在哪里的？

答：在周庄和同里交界的地方，现在是金家坝的地方，叫陈溪雪巷，现在这个村还在的。这个陈溪，听说就是沈万三的老丈人，沈万三在他家里做长工，后来就做了上门女婿。沈氏家族的祖先，一开始是在湖州南浔。为什么不住在南浔了呢？因为清朝人打过来，我们家族是反清的，所以逃到同里，隐居在叶泽湖。当时沈氏家族跟清朝人打得不得了，神歌里面唱沈氏家族也是不得了的。那个时候我们的祖先跟湖匪打仗，也是不得了。

问：祖辈是什么时候从南浔迁到雪巷的？

答：就是沈万三讨老婆的时候啊。沈万三过来的时候，随从都带过来了。这个传说太长了，现在没空讲。

问：你爸爸在哪里读书的？

答：在乡下的小学，就是叶新村。

问：是解放前？

答：解放后了，大概五几年吧。其实我爸爸不肯读书，我爸爸很皮啊，想读书都有得读的，那时候我家也有钱啊。

问：你爸爸之前的几代识字吗？

答：不识字，通通不识字。

问：你妈妈叫什么名字？

答：我妈妈也姓沈，叫巧宝，也是渔民。

问：妈妈有没有兄弟姐妹？

答：有，有一个弟弟，今年正好六十岁，属兔子的，51年生的。

问：你爸爸妈妈一直都是这里的渔民吗？

答：一直都是，祖祖辈辈都是这里的。有的渔民呢，是从别的地方迁过来的，像苏北啊，但是我们祖祖辈辈都在这里的。

问：你有兄弟姐妹吗？

答：有，有两个弟弟。我是老大，我们祖上历代都是男丁，没有女的。第一个弟弟叫沈全村，比我小四岁，属牛，是富渔村村主任啊。他老婆是开网吧的，姓冯，是农民，也是本地农民的，叶新村，离这里不远的，但是现在没有了，都拆迁了。

问：第二个弟弟叫什么呢？

答：沈全金，属猴子。现在搞那个装空调的。还没有娶亲。

问：你弟弟会唱赞神歌吗？

答：不会，其中一个是共产党员，来么来的，来烧个香，拜个佛。

问：他们学过赞神歌吗？

答：没有，连我堂弟什么都没学过。

问：你的小弟弟住在哪里？

答：在富渔村，离这里骑车子要十五分钟，但他们经常来这里的，我妈妈就住在这里呀。

问：你爸爸也会唱赞神歌吗？

答：其实我爸爸跟我爷爷这两代不怎么唱，不允许唱啊！我爷爷过世早，大概三十一岁就过世了，当时我爸爸只有十三岁，我小叔叔才八个月。那个年代，就算会唱，也不敢唱。

问：你爷爷叫什么名字？

答：叫沈富财，属兔，现在活着的话已经

八十四岁了。我妈妈也是兔子呀，今
年六十呀。

问：他也捕鱼吗？

答：捕鱼的，也是本村的。

问：奶奶也是渔民吗？

答：是。叫蒋龙妹，属龙的，活着的话八
十三，去世时是七十六，在我们家族
算是活得最长寿的了。在我们家族，
男的不超过五十岁就都过世了，我爸
爸算是活的最长寿了，他的两个弟弟
都是四十六岁就去世。都是为了神歌，
三年之中死了五个，都蛮健康的，突
然就不行了。我爸爸今年去世九周年
了，明年就十周年了。

问：你高祖的名字还记得吗？

答：记得，沈玉祥。我高祖有兄弟四个，排
老二，属什么的？这个不知道了，清
朝的时候事了。我知道他有两个内室，
一个姓陈，一个姓朱。

问：哪个是你直系的高祖母？

答：是后娶那个，因为正房生了两个女儿，
没有儿子，就再娶了侧室，生了四个
儿子。但是姓什么就搞不清了。正房
没有儿子我是知道的，因为曾祖有两
个姐姐，小姐姐在杭州，大姐姐在嘉
善的大圣，也是渔业村，是渔民。

问：小姐姐在杭州，也是渔民？

答：哎，也是渔民。他们呢也不算渔民了，
虽然住在船上，但是是做小生意的船。

问：两个都是做生意的吗？

答：不，大姐姐肯定是抓鱼的，小姐姐做
生意的。

问：曾祖叫什么名字？

答：沈洪高，有两个姐姐，两个弟弟，兄
弟中排老大的。

问：哪年生的知道吗？

答：不知道啊，家谱都烧掉了啊，家谱是
在高祖的大哥家里的，我高祖是没有
家谱的。现在只有我高祖这一支还有
人，到我这一代是第十一代。我高祖
原来是在叶泽湖那里打渔的，我听上
一代的人讲，我高祖和曾祖是很不得
了的，黑白两道都通的。古代不是有
强盗的嘛，他们就是不敢抢我们的，为
什么呢？因为我高祖今天把鱼卖了，
就请国民党吃饭，明天把鱼卖了，就
请黑道的吃饭，把湖匪都伺候好了。
外来的渔民，出去碰到湖匪只要说出
我高祖的名字，就不会被抢。我高
祖请客，一请最起码三桌。同里镇上
有个叫倪昌福饭店，长包的，黑白两
道的人想去吃的话，就报我高祖的名
字，随便吃，然后我高祖去结账。

问：这个饭店在哪里？

答：就在南社对面啊，有个叫南院茶楼的，
就在那里，上面茶楼，一楼吃饭的。我
们在文革为什么没有被批斗呢？因为
祖上都去世了，我爷爷都去世了，我
爷爷六十岁就去世了，我爸爸只有十
三岁，能批斗吗？如果没有文革，没
有毛泽东，我们现在肯定是不得了
的。为什么？因为那个叶泽湖都是我
们沈家的呀，现在叶泽湖拆迁了，那
不是要成亿万富翁了啊。到了文革，

全部归国家了。

问：你记得那么清楚，是自己看过家谱吗？

答：不是，没看过，是听我奶奶讲的。

问：家谱什么时候被烧掉的？

答：文革。被烧掉的时候高祖的哥哥已经不在了，高祖哥哥的老婆还在的，家谱就在她手上。那时候呢，我曾祖已经去世，本来是要传给我爸爸的，还没传下来，就被烧掉了。我们家的历史，好编一部戏了。我奶奶过门的时候才十八岁，到三十岁就守寡了。在清代，我爸爸做了官的话，就要给我奶奶造牌坊了。那时候高祖四兄弟，叶泽湖西半个湖都是我家的，东半湖不归我们沈家。

问：西半湖就你们家都控制住了？

答：哎。反正我爸爸出生的时候，我奶奶就说嘛，长工多得不得了。爷爷摇船，妇女在船上包粽子，做糕点，去接刘王的。我爸爸就是过名给刘王的，小名叫"刘四润"，当时我爷爷他们都改姓刘了。

问：东半湖归谁管的？

答：不知道的，没听说过。叶泽湖西半个一共有十一个口子，都是用簖的，湖里面还有芦苇啊，都是我们沈家的。到了文革，我爸爸只好把刘王老爷装在一个坛子里，埋到芦苇丛里面。文革过后，再去找，就找不到了。

问：你曾祖母姓什么？

答：姓潘，名字都记得，叫潘全姑。

问：曾祖母是渔民吗？

答：在苏州越溪镇前珠村，村上的人个个会捕鱼，因为是近太湖的啊。那个村上的人不是渔民，但是都会抓鱼。

问：住在岸上的？

答：是，但是也有船。曾祖母呢不是娶来的，是童养媳，十岁就来我们沈家了。出了女方十块大洋，就买来了。她的父亲，是抽大烟的，所以把女儿卖掉了。我曾祖母有姐弟五个，两个儿子留在家里，女儿都卖掉了。一个姐姐十六岁卖了十六块大洋，一个姐姐十三岁卖了十三个大洋。一岁一块大洋，吃光女儿就要死了。

苏北渔民与鸬鹚

问：前珠村的渔民是用什么抓鱼的？

答：抓鱼跟我们一样的，用网，还有用线的，也叫麦钓，用菜饼，用米粉，都用的。

问：有没有用鸬鹚的？

答：没有的。一般放鸟的肯定不是本地的，苏州地区的渔民肯定不放鸟的。现在户口在这里的渔民，很多是苏北的。

问：苏北的渔民放鸟吗？

答：那就有人放了，叫放"鸬鹚"呀，本地人就称它们是"鸬鸟"。反正本地渔民肯定不放鸟的。为什么我们这里也有人放鸟呢？是因为清末到民国，你们日本人到我们中国，那时候苏北战争比我们南方要严重，苏北人是逃到这里来的。这个历史是有根据的，你

们日本人不能否认的，你们日本确实
侵略过我们中国。那个时候死的人不
得了啊，真的不得了啊。

问：放鸟的渔民是不是都讲苏北话的？

答：哎，现在这里的话都会讲了。同里的
渔民中，苏北来的占百分之三十。

问：苏北渔民来之前，这里的渔民都不放
鸟的？

答：哎，不相信我问问我妈妈。妈妈，放
鸬鹚的有没有本地人啊？

沈全弟妈妈：没有的。

问：不是山东来的，就是苏北的吧？

沈全弟妈妈：苏北的。

答：我妈妈说放鸬鹚的肯定是苏北人。连
那个鸬鹚，我们这里都没有的，就是
苏北才有的。

赞神歌

问：你二十岁开始唱赞神歌的吗？

答：不是，我二十岁的时候还不允许唱赞
神歌，公开允许是在近几年的。其实
我刚开始唱神歌的时候，也是死去活
来的。我现在唱我们家族的神歌，我
打算把我自己也唱进去，还有文革时
候怎么毁掉我们家的祠堂什么的，都
唱进去。

问：你已经编好了吗？

答：不用编，脑子里早就成型了。

问：从哪一代祖先开始唱？

答：从我高祖开始唱，再前面的祖先么也
表示一下。

问：哪一代祖先能唱得比较详细？

答：第一代肯定能唱，中间有几代就跳过
了，到第五代，就是我高祖开始，就
可以详细唱了。

问：你有把握了？

答：可以的。

问：唱完要多久啊？

答：详详细细唱肯定要一天，唱我自己的
事都要唱一个多小时。

问：祖上历过的事都放到赞神歌里面了？

答：是的。

问：第一代要唱多久？

答：一个小时吧，就是清代的时候，我们
还在付钱，我们还在抗清的那些事情。

问：有没有把神歌整理成文字呢？

答：没有。现在张老师在整理，但是还没
出来。我们祖祖辈辈都是口头传授的。

问：张老师在整理你们家族的神歌呀？

答：没有，不曾录音过。

问：唱什么宝卷是自己决定吗？

答：哎，自己决定的。不过唱之前也要问
老爷的，不好瞎唱的。

问：别人家祖先的赞神歌你唱不唱？

答：一般不唱的，到人家家里，又不好唱
的。唱的时候有好的坏的，有时候坏
的事也要唱，但是唱出来就要触犯祖
先的。

问：你几岁学的赞神歌？

答：这个不用学的呀，要唱么就唱了，这
个是老爷教的。一开始我也不敢唱，
他们香一点起来，我眼睛一闭上，就
开始唱了。

问：你第一次唱赞神歌是什么时候？

答：有点记不起来了，最起码五年前了。

问：五年前是第一次有人请你去唱赞神歌的时候？

答：不，第一次唱，是在自己家里。

问：人家请你去唱赞神歌，最早是什么时候？

答：四年前。

问：哪个地方的人请你去唱的？

答：自己村上。

问：就是富渔村吗？

答：是的。一般人家就是祭祖、结婚、出嫁、造新房子、老爷做寿、小孩满月，还有老板开市、开张、新居搬迁。

问：红事、白事都去吗？

答：白事不去。祭祖也是喜事，还有种人家呢是还愿，当初许了愿，愿望实现了，就要请老爷听一个神歌。

问：章家坝潮音庙去过吗？

答：章家坝十二位亲伯，渔民最相信的是什么呢？是刘王。

问：南北朝的分界是在王江泾的什么桥？

答：长虹桥。长虹桥南属于南六房，北就是北六房。南朝跟北朝呢，下头阴间是北朝小，我们阳间呢，是北朝大，南朝小，为什么呢？因为坐北朝南。北六房跟南六房呢，就是北六房大，北六房呢因为是苏州，苏州府是上府，嘉兴府是下府；苏州府是四品，嘉兴府是五品，就是这个称呼的。嘉兴和上海都是五品。

问：赞神歌是属于北朝的还是南朝的？

答：我们说赞神歌是属于南朝的，刘王爷必须要唱这一段，然后再北朝。刘王赞神歌只有渔民会。

问：农民不会唱的？

答：不会的。

问：有农民来请你去唱赞神歌的吗？

答：也有的。

问：现在是渔民多还是农民多？

答：还是渔民多。一般都是喜庆的，结婚啊、新居落成啊、做大船啊、开张营业啊。

问：你有没有看过只有两个人唱的赞神歌，敲木鱼的？

答：这个不是赞神歌。

张舫澜：这个是念佛剧。

问：但是他们说自己唱的是赞神歌呀。

答：不是的，赞神歌是要四样乐器的，这是祖上传下来的。这个小锣必须唱赞神歌的人拿的，别的人都不能拿，拿了这个小锣就是神了。

问：所以你刚才变成神了？

答：哎，哈哈。

问：四年前请你唱歌的人，他是怎么知道你会唱神歌的？

答：我自己会唱嘛，一个传十个，十个传百个，大家就都知道我会唱歌了。他们相信我这个老爷灵。我们跟人家宣卷不一样。宣卷呢是唱的好听，别人就请他。我们唱，主要是为了菩萨，为了神。像我主要信奉的神是苏州府城隍。

问：是北雪泾的吗？

答：不，北雪泾的那个神是长洲县的城隍，

我信奉的是苏州府的城隍，不是县的城隍，是府的城隍。古代府不得了了，能见皇帝了。府在阳间是四品，但是在阴间是二品。在阴间什么最大呢，是督最大，督、府、州、县，督一品，府二品，州三品，县四品，阴间和阳间不一样的。苏州府的城隍管上海、嘉兴、长洲。原来上海、嘉兴都属于下府，苏州府是上府。所以现在渔民称苏州为北六房就是这样的。

问：除了富渔村，请你去唱赞神歌的一般都是哪里人？

答：八坼、松林、北库，赶庙会也要唱，像金泽、石淙、莲泗荡、北雪泾、太君庙、上方山，还有各地的小庙，反正去烧香的地方都要去唱，像苏州府的城隍庙也去唱。

问：请你去唱歌的多还是参加庙会的多？

答：请的多。请我去唱就是待老爷，是人家待老爷；赶庙会的话，是我自己待老爷，我也要去拍下马屁呀。庙会待老爷呢，我的香客都要去。

问：和香客一起去吗？

答：一起去的，有几十户人家一起去，就是我们公子社的香客。一户人家至少要去一个人。你到莲泗荡庙会就可以看到，每个香头都有一面旗，是什么地方的，写得清清楚楚。

问：你有没有听过"三十六个半"先生这个说法？

答：谁说的啊？

问：沈小林，同里的。

问：你们也去过啊？

问：嗯。他说有"三十六个半"先生，你听说过吗？

答：沈小林，是同里浩浪村的呀，也是渔民，户口在乡下，父亲也是渔民。他母亲跟父亲也不是原配的，这个我们知道。

问：你也算是一个先生吗？

答：是的。

问："三十六个半"先生这说法你知道吗？

答：他家也姓沈。反正苏州是北六房，这个肯定的，官比人家大一级的。

问：苏州地区都是北六房？

答：哎，嘉兴地区就是南六房了。莲泗荡那里不是有座桥的嘛，在王家泾，叫长虹桥。长虹桥北面都是属于北六房，桥南面都是属于南六房的。那莲泗荡庙会呢，百分之七八十是苏州的北六房人。原来莲泗荡也是苏州府的呀，嘉兴是下府，苏州是上府呀，嘉兴归苏州府的呀。

问：你说苏州府城隍管嘉兴府，是管阴间的还是管阳间的？

答：阴间也管，阳间也管的。

问：所以莲泗荡是苏州府城隍管的？

答：是的。官呢肯定是莲泗荡的大，但是这个地方呢肯定是苏州府城隍管的。为什么呢？莲泗荡的官是王爷，官封得太大了，而苏州府呢，称为苏州府抚台大人。

问：莲泗荡那个地方，阴间是归苏州府管的？

答：是的，肯定是的。

问：莲泗荡的王爷是什么菩萨？

答：刘猛将，也叫上天皇，他的名字太多了。

问：我们进来的时候看到有个祠堂，你也在那里唱赞神歌吗？

答：唱的。有的人家，请我去唱呢，家里都是商品房，不能唱，会影响邻居的嘛。那就到我这个祠堂里面唱，他们买来供品啊什么的。他们就直接在我这里待老爷了，就像阳间到饭店里面请客了。

问：这个是叫祠堂还是庙呢？

答：又可以叫庙，也可以叫祠堂。为什么呢？我们祖宗住在里面叫祠堂，老爷住里面叫庙。这里祖宗也住，老爷也住，所以又叫祠堂又叫庙。刘王一开始也不叫庙的，叫刘公祠。关公一开始也叫关公祠，后来叫关公庙。还有吕洞宾，有的地方叫吕公祠嘛。那个包公呢，只可以说包公祠，不能叫包公庙，为什么呢？因为古代有个传说，做到丞相不可以建庙，那怎么办呢？民间就取名叫祠。

问：老爷的位置怎么决定？中间摆谁？

答：中间摆刘王爷，他的官大呀。

问：左手边呢？

答：苏州府。

问：右手边呢？

答：苏州府的儿子，小公子。我们有五个神，最左边是上方山太太，最右边的是我们祖宗了。

问：所有祖宗都放吗？

答：不，全部放上去太多了，只好放一代，现在只有放我父亲。我父亲呢，也算是神的。像我过世了，也要放进去的。我们祖宗呢，一代代做过先生的，过世后称为"先锋"。庙会的时候抬出来，放在第一个的。像我过世了，也要放在第一个，越是小的放越前面。

刘王老爷

问：刘王老爷跟你们祖宗有没有关系？

答：没有关系。刘王老爷是我爷爷的干爸，也是我父亲的干爸，也是我的干爸。

问：你们从哪一代开始认刘王为干爸的？

答：每一代都认。

问：你刚才说还改姓了是吧？

答：哎，认刘王为干爸就改姓刘。

问：刘王是不是给你们取名字了？

答：我父亲叫刘世仁，我爷爷叫刘金宝。

问：你叫什么？

答：我也姓刘，没有改名字。我母亲叫刘巧宝。

问：你母亲为什么要改？

答：反正都改了，为什么我也不知道。

问：你奶奶改了吗？

答：我奶奶没有改，但是平时也称刘王为干爸。这些名字不是自己取的啊，是刘王爷取的。写几个名字，放在签筒里面摇，摇出来哪个名字就选哪个，是老爷选的嘛。

问：取的这个名字，什么时候用？

答：平时就用，都这么叫。为什么呢？因

为这个名字健康。

问：名片上用吗？

答：那不用。

问：就是家里人叫？

答：哎，家里亲戚之间都会叫。

公子社

问：你们社的名字叫"公子社"？

答：是的。

问：公子社是什么意思？

答：意思是苏州府城隍爷的儿子，这样取为公子的。古代不是称官的儿子为公子、少爷什么的。

问：对你们来说，最重要的神是城隍的儿子吗？

答：不是，是城隍。

问：为什么还要称公子社呢？

答：因为我们是城隍的儿子。

问：你们跟城隍的儿子是同辈的？

答：是的，我们也称城隍为干爸的。我出去呢，神不在我身上，别人会叫我先生，或者叫我公子，意思就是我是城隍爷的儿子。如果神在我身上呢，他们就不叫我先生也不叫公子了，就叫我城隍爷了。什么神在我身上就叫我什么神。有时候神附在我身上，不是城隍爷，也有可能是别的神。有时候是城隍，也有可能是城隍公子，还有刘王爷、太太啊都有。之外的神，也有可能，说不定的。

问：外面插着很多旗，写着"史家库小公子"，小公子就是那个供在史家库庙里的小公子？

答：哎，对的，你们也去过么？

问：去过，三年前我们去过，那时候建筑比较简单。史家库的城隍跟你们的是同一个的？

答：是的，就一个呀。哦，你们三年前去过啊，现在那里拆迁了，拆得来一塌糊涂。五个村庄通通迁走了。

问：庙也拆了？

答：庙不知道，我估计已经拆了，没有人家了呀。

问：史家库的公子庙，跟你们的公子社有什么关系？平时有联络吗？

答：有。那个是叶泽村的呀，我们祖上就在叶泽湖的呀。

问：你们跟史家库小公子的庙来往吗？

答：就是烧香，别的事情不来往。跟刘王庙一样的，就是去烧烧香。

问：什么时候去烧香？

答：农历八月。

问：有没有固定的日子？

答：没有固定的。说是说八月十八的，跟城隍爷一个生日的，但是从城隍庙再去史家库，时间来不及的呀。史家社这个庙呢，好像是清朝光绪时候造的，文革的时候又拆掉。据说是一个当官的，姓陈的。

问：什么级别的？

答：在苏州府当官的，他回来了呢，信奉苏州府的。古代交通不方便，不能年年去几次苏州上香，就在自己家乡造了一个庙，烧烧香。

30 沈全弟

问：这个当官的也是史家库的?

答：对的。史家社的庙是朝西造的，朝苏州的方向。苏州府城隍姓黄。

问：八月去史家库烧香，日子谁定的?

答：我。到任何地方去烧香，日子都是我定的。

问：日子只有先生可以定呀?

答：是的。不管是我的香客，还是我最大的长辈，都要听我的。

问：原来管理史家库庙的人是谁?

答：原来管庙的人，已经死了。他儿子还在，不在叶泽村上，好像在河南村，或者双妙村。

问：几岁了?

答：五六十岁了。他庙里的印还在他手里。现在一般乡下管庙的人，都是老太婆，不懂礼节什么的。有很多人去问他要庙印，他不肯给。为什么呢? 他说是苏州府城隍托梦给他的，到一定时候，他才会拿出去。城隍爷叫他拿给谁，他才拿给谁。本来呢，有庙印的人才是真正管庙的人，但是现在虽然庙印在他手上，他是不管庙的，都是些老太婆在管。城隍爷不喜欢这些老太婆，因为这些老太婆，在香客去烧香的时候，会问香客收钱，放到自己口袋里。也有人来过我这里希望我去出头，但是我不愿意，因为很难弄。这些老太婆脑子不大清楚，连庙什么时候造的都不知道。这个城隍爷、小公子，我们家代代都供奉的，我曾祖开始就供了。

问：掌印的那个人，家里世世代代都管这个庙的?

答：哎，他爸爸妈妈都死在这个庙里的。据说有一天早晨起来，他也不知道什么情况，开了一个庙门，到老爷的一个房间里去了，看见两条蛇在床上，不得了了，其实是城隍爷和他老婆呀，大概是触犯了神，夫妻两个当场都死了。据说有两个庙印，一个是木做的，一个是玉做的。他们不是来叫我去说嘛，我叫他们拿个敲了印的纸给我看看，印上到底刻了什么东西，我都从来没有见到过。

问：你认识那个管庙的人吗?

答：不认识，没有打过交道。那些老太婆去了好几次了，他都不理不睬的。老太婆走了，他就跟邻居说，这种人好理的啊? 如果我的印交给他们了，我今天过不了年就会死。

问：公子社什么时候成立的?

答：一开始没有这个称呼，只是叫沈氏堂门。

问：沈氏堂门什么时候成立的?

答：那好几代了。

问：从哪一代开始的?

答：传到我是十一代，总是十一代就开始了吧，什么名字我不知道了。

问：什么时候改叫公子社的?

答：就是到我这里，所以我们的称号还是叫沈氏堂门公子社。你看庙外面的匾是沈氏堂门，里面就是沈氏堂门公子社了。

问：你怎么想到要用公子社这个名字呢？

答：就是想到我是城隍爷的儿子。别人都跟我说，你是城隍的儿子，那就是公子爷了，我想就取三个字的名字吧，就叫公子社。香客也都说挺好的，就一直叫下去了。公子社也挺好听的呀，听着也蛮年轻的呀。像我呢也年纪轻，叫公子社刚好呀。

问：取这个名字是你决定的还是香客决定的？

答：我呢先提出这个名字，然后要跟香客、长辈像开会一样的讨论一下，都同意的，然后还要问老爷，看这个名字可不可以取。老爷说同意，就用这个名字了。如果有十个人，七个人同意了，就通过了，跟选举一样的。

问：问老爷是怎么问呢？

答：就是先读兆，如果兆反应出来有不吉祥的，那老爷会直接上身。百分之九十的先生是不会上身的。你们在沈小林那里，他给你们看过吧，那个兆。

问：看过。

答：你们怎么认识沈小林的啊？

问：不是张老师介绍的，是平望的倪春宝。

答：倪春宝啊你们也认识啊。沈小林他原来也是七宝社的，后来他自己改名叫"白茅枪社"。

问：什么时候改名的？

答：这个我不知道啊，他父亲〔吧〕还是谁。沈小林、倪春宝，他们都没有证件的啊，全吴江只有我一个人是有证件的。

问：我们通过张老师，还认识了沈毛头先生。

答：沈毛头芦墟的，我也知道的。他也没有证件的。吴江文联协会，只有我有。张老师说要出本书，主要是写我的。封面上都写了"沈全弟神歌班"。

问：你们读兆有几块？

答：六块。我们读兆跟别人不一样，我们用的是铜钱。一般的先生，他们没有官印。

问：我们看到了"苏州府城隍小公子印"。

答：我这个印烧在银浆，估计上万次了，我是经手人，没有我这个印，不来事。

问：这是传下来的？

答：不，是成立公子社以后打的，也要创新一下呀。

问：这个怎么用的？

答：要放在一个箩里的。这个是有技巧的，怎么看得出吉？怎么看得出凶？我们这个印就是盖在人家的纸上，也是要出钱的。

城隍爷

问：上午我们采访你，你说你是城隍的儿子，但是我们上次来采访的时候，你说刘王是你的干爸。对你们来说，城隍和刘王有什么关系呢？

答：有。神之间都有关系的。

问：就是说你既认了城隍，又认了刘王？

答：是的，就像阳间，你认干爸，认十个都没关系的。

问：你先认城隍，还是刘王？

答：我爷爷和父亲都是认给刘王的，我呢，是认给城隍的。所以我们有个名字叫公子社的，公子社就是这样的来历。是因为城隍附了我的身的，城隍的儿子叫公子，王爷的儿子就是爵子爷。

问：是城隍附了你的身之后，你才去认城隍的？

答：嗯。

问：认城隍之前，你是不是已经认了刘王了？

答：是的。

问：你要去认城隍做干爸的时候，要不要跟刘王说的？

答：不用。

问：你几岁认城隍的？

答：四、五年前吧，认了之后就正式开始唱神歌了。我呢，第一次去苏州的时候，不认识路。糊里糊涂就坐上了一路公交车。到了之后就进了一个庙堂，进去之后不得了，这是我第一次城隍爷附身，是在庙里附身的。庙里的全体道士，管庙的人都看到了。附身后，城隍爷就开口了。说的话呢，也不是普通话，也不是本地话，不知道什么话。我自己是不知道，听到的人说，讲的话有点像古文，还带着官腔。

问：附身后，你就在庙里当场认城隍为干爸的？

答：是的。从那个时候就开始带徒弟了。一开始我不答应，我觉得是迷信，城隍就跟我讲"你尽管听我的，我自有安排"。就像西游记里面，唐僧去取经，路上自然而然就有孙悟空、猪八戒、沙和尚来认师父一样的。

问：你收的弟子跟你的公子社或者沈氏堂门有关系吗？

答：没有关系的。文革的时候，我祖父、父亲的唱神歌已经不唱了，不知道为什么到我这一代，还要我继承下去。

神歌班

问：你有没有听你爷爷、父亲唱过赞神歌？

答：没有，我父亲也只是会唱一点点，我爷爷的面我都没见过。

问：你也没听你父亲唱过神歌？

答：〔比起〕我父亲还是我先会唱，我也不知道怎么回事。

问：你们的神歌班是什么时候成立的？

答：甲申（2004）年。到了戊子（2008）年就不得了了，范围越来越大了。08年，张老师第一次来采访，已经不得了了。

问：04年之前有没有唱呢？

答：那时候我爸爸还没死，偶尔唱一下，唱的时候也不大灵。那个时候弟子也没有，临时的，敲锣打鼓叫几个。到04年之后，就慢慢收弟子了。

香头与香客、弟子的关系

问：你的香客以富渔村的渔民为主吗？

答：哎，渔民为主，农民也有，还有居民，城里人都有，但是少。

问：也有富渔村以外的渔民？

答：也有。不单是同里富渔村的，还有别
　　的渔业村的也有的，八坼、吴江、松
　　林、芦墟都有。

问：最远是从哪里来的？

答：最远的从浙江来。一般我们渔民就是
　　在江浙的呀，我们渔民流传一句话"南
　　面到莲泗荡，北面到阳澄湖"，阳澄湖
　　就是北雪泾呀。

问：香客人数最多有多少？

答：搞庙会的时候，最多有几百人。有些
　　远地方来的香客，我还要留他们在这
　　里吃饭的呀，要办十几桌酒。我今年
　　也要办庙会，在中秋节前后。

问：香客一般怎么称呼你？香头还是班
　　主？

答：叫我先生，不叫香头，叫香头的话就
　　是不尊重了。

问：别的地方有没有别的称呼？

答：没有，都叫先生，要么加个"大"字。
　　先生这个称呼，唱神歌的人叫先生，做
　　老爷的叫先生，道士也叫先生，算命
　　的也叫先生，读兆的也叫先生，教书
　　的也叫先生。现在客气点的，也称呼
　　你为先生。

问：公子社里面，你是先生，是一把手嘛，
　　有二把手吗？

答：有的。

问：二把手做什么？

答：领导舞龙、打莲响、舞狮、挑花篮，全
　　部都我一个人做的话，吃不消的。

问：二把手叫什么名字？

答：开门弟子孙马英，四十几岁，是渔民，
　　富渔村的。

问：你称先生，她有没有特别的称呼呢？

答：没有，都叫她名字。她是我的帮手呀，
　　在古代就是下手呀，就是老爷身边的
　　书童。

问：还有别人帮你的忙吗？

答：还有两个弟子，一个周美英、一个范
　　小菊，也会帮帮忙。

问：这三个弟子是在庙会时帮你的忙？

答：是的。

问：她们也做下手？

答：是的。

问：都是女的？

答：女的。古代呢，弟子或者下手，女的
　　都不能做。连上供的供品，女的也不
　　能碰。

问：你的弟子可以当公子社的接班人吗？

答：接班人还没有确定，还没考虑这个事
　　情。

问：你的弟子有继承资格吗？

答：一般祖训呢，是要儿子继承的，如果
　　没有儿子，再考虑侄子。

问：女儿就不能继承？

答：不可以，除非上门女婿。

问：你有儿子吗？

答：没有，我只有一个女儿。

问：这些弟子，在做你弟子之前，你跟她
　　们认识吗？

答：不认识。其实她们也不是我们村上的，
　　只是地址都写富渔村的。

问：事实上是渔民吗？

答：其实不是渔民。

问：你的弟子里面有真正的渔民吗？

答：没有。她们户口上写的都不是渔民，但是摇摇船，打打鱼也是会一点的。但是张老师搞的那个文联的会员卡上，写的都是渔民。为什么呢？因为写农民不稀奇，渔民的话少。渔民越来越少了，写渔民值钱啊。

问：你是正宗的渔民？

答：我是正宗的。

问：你有几个小孩？

答：一个女儿，我们这里只能生一个。

问：叫什么名字？

答：叫沈卿，今年十九岁，在芦墟高中〔读书〕，马上要高三了。

问：她会唱赞神歌吗？

答：不会。

问：你的女儿有没有认城隍或者刘王做干爸？

答：没有。叫起来还是叫干爸的。

问：你有侄子吗？

答：有，叫沈旭豪，十五岁，在松林读初中。

渔民、农民的赞神歌比较

问：农民唱赞神歌吗？

答：农民也唱，但是已经失传了，现在一个农民就不会唱了。张老师的父亲就是唱赞神歌的，但是调两样的，内容差不多。渔民要敲锣打鼓的，农民不用的。

问：农民用什么乐器的？

答：农民不用的，就是一个人唱，叫两个下手在旁边打打拍子。听张老师说，这种形式叫"糊口"。

问：农民唱歌不用乐器的？

答：不用的。

问：农民唱赞神歌你听过没？

答：没有。

问：农民"糊口"这种形式的赞神歌，你是从哪里听来的？

答：听老人讲的，八十岁以上的农民知道的。

问：农民唱的赞神歌有哪些？

答：农民只会唱刘王神歌。

问：渔民也会用"糊口"唱赞神歌的？

答：也会，但是不多，跟农民不一样。农民的神歌有唱本的，唱起来感觉像道士念经，渔民没有唱本的。

问：现在还有农民的唱本吗？

答：没有了。

问：渔民没有唱本，都是口传的？

答：对。

问：有关自己家族的神歌，有没有名字的？

答：叫先锋神歌。

问：你总共会唱几种神歌？

答：总共有二十来首。张老师说，全吴江属我会唱的神歌最多。

问：是不是每个神都有一首赞神歌？

答：对。一般先生只会唱四、五种神歌，已经不错了。

问：每个神只有一首神歌吗？

答：只有一首。神歌其实就是一个菩萨的故事呀。

31 倪春宝

采访日期 ：①2011年3月8日，②2011年8月11日
采访地点 ：①大长浜，②吴江市平望镇渔业村
采访人　 ：太田、佐藤
翻译人　 ：李星毅、陈天勤
讲述人　 ：倪春宝
讲述人简历：渔民，七生社香头，演唱赞神歌。

水面使用权

问：这里解放后1954年到1958年有产销组吧？
答：是的。
问：后来58年结束，在盛泽镇成立捕捞大队，是这样吗？
答：是的。
问：那时候捕捞大队的下面有六个小组，对不对？
答：对的。
问：你父亲也做过小组长？
答：是的。
问：你是在盛泽结婚的吧，一两年后户口划到平望？
答：是的。
问：当时平望公社有八个小组？

答：是的。
问：我现在想要问有关解放后水面使用权的情况。
答：解放后，有些水面归太湖养殖场，有些归农村的，还有一些地主被打倒后，他们的水面归村里面管。渔民自己是没有水面的，后来到69、70年左右"献忠心"，农民献给渔民一些鱼塘，渔民才有了水面，一直到现在。
问：这是解放后就有的？还是过了一段时间才有的？
答：这个是要太湖养殖场成立以后才有的。
问：什么时候成立的？
答：大概是56、57年左右吧。
问：太湖养殖场的办公地点在哪里？
答：在吴江县。现在他的负责人是鹏杰。
问：所以是1956年太湖养殖场成立前，渔

民到处都可以抓鱼?

答：是的。解放后到镇压反革命后都可以随意抓鱼了。在那之前，有渔霸占着，渔民不能抓鱼。

问：渔霸叫什么知道吗?

答：张鸡玉，平望人。他在镇压反革命时被枪毙了，好像是1950年春天的事情。

问：属于农村的水面意思是属于农村大队吗?

答：是的。当初解放之前，渔民是没有水面的。

问：当时水面一部分归养殖场，一部分归农村大队，渔民要抓鱼的话怎么办?

答：他们要向养殖场的领导请示，打了证明以后，才能捕鱼。

问：有没有零散的、没人管的水面?

答：有的，渔民呢，就靠这些零散水面生活的。

问：抓到的鱼怎么处理呢?

答：可以卖给农村里的人，也可以卖到镇上去。

问：可以自己吃吗?

答：可以吃的。

问：56、57年的时候，渔民的船停在什么地方?

答：那时候已经成立产销组了，一般停在镇上。

问：盛泽吗?

答：盛泽和平望都可以停，我当时是停在盛泽的。

问：捕捞大队是不是58年成立的?

答：是的。

问：它有管辖的水面吗?

答：没有的，都是国营的养殖场的水面。后来农村"献忠心"以后，大队才开始有水面。

问：67年的时候，平望有捕捞大队吗?

答：有的。

问：捕捞大队有水面吗?

答：有的，一部分是农村献忠心献过来的，一部分是太湖养殖场不管的水面，渔民去"开荒"得到的。像这个荡（我们屋外）也是以前没人管，渔民开荒开来的。

问：以前渔民没有水面，后来农村献忠心后才有，这是盛泽还是平望的情况?

答：都有的。

问：屋外这个叫什么荡?

答：草荡。

问：你们到平望以后，开荒的荡，除了这个草荡还有其他的荡吗?

答：还有张鸭荡、唐家湖、鹰头湖。

问：这些开荒的荡归谁管理?

答：归平望的渔业村自己管理的。

问：面积最大的荡是哪个?

答：唐家湖，三千六百亩。

问：再下来呢?

答：鹰头湖，二千六百亩。张鸭荡是由三个渔业村一起开荒的，总面积是二千八百亩。

问：是哪三个渔业村?

答：八坼、黎里和平望。

问：草荡有多大?

答：当初是八百亩。渔民现在就靠这些水

面过日子的。

问：开荒以后，荡用来养鱼还是抓鱼？

答：边养鱼边抓鱼。

问：主要养什么鱼呢？

答：一开始养三种鱼，鳊鱼、草鱼、鲢鱼，后来开始养鲫鱼、鲤鱼。

问：鱼怎么处理呢？

答：当初是卖给水产公司。

问：平望的水产公司吗？

答：是的。

问：养鱼的鱼苗从哪里来的？

答：到处都有的，吴江和八坼都有，我们基本都到这两个地方的农村里面去买的。

问：四个荡里头也有天然的鱼吗？

答：有的。

问：鱼可以随便去抓吗？

答：可以的。

问：天然鱼抓了以后怎么处理？

答：卖给水产公司，因为天然鱼也归集体的。

问：捕捞大队成立后，船和工具也归集体吗？

答：是的。

问：自己私人有吗？

答：没的。

问：船和捕捞工具有估价吗？

答：没有的。

问：有补偿吗？

答：没有的，就是你要抓鱼了，大队把工具给你，你抓来的鱼上交，大队给你工分。

问：平望捕捞大队刚成立时，大概有几户人家？

答：一百二十户左右。

问：平望捕捞大队有八个小组吧？六个是抓鱼的，一个养鱼的，一个种田的吗？

答：是的。

问：八个小组是怎么分配谁抓鱼，谁养鱼，谁种田的呢？

答：那个时候是先分配好哪些人抓鱼，哪些养鱼，哪些种田，再分组的。而且不是强制分的，你要抓鱼就分到抓鱼的组，养鱼就去养鱼组。

问：就是说希望养鱼的人比较少吗？

答：是的。

问：渔民要打渔的话，去自己开荒的四个荡抓？还是去外面抓鱼多？

答：在外面抓鱼比较多。因为抓鱼的有六个组，自己只有四个荡，所以都去外面抓鱼的。

问：外面是指什么地方？

答：河道、塘湖里面。

问：草荡、唐家湖、鹰头湖都是你们平望渔业村自己开荒的嘛，所以是属于平望渔业村的吧？

答：是的。

问：渔民有没有觉得这三个荡是我们自己的，别人不能来抓？

答：有的，在吴江成立水产局之前，荡都是各归各的，平望的就是平望的，黎里的就是黎里的。后来有了水产局，就开始统一管理，渔民可以随便抓了。

问：吴江水产局是什么时候成立的？

答：很早的，大概是69年左右。

问：平望渔业村有自己的荡，表示其他的渔业村不能来这里抓鱼？

答：是的，不可以抓鱼的，这三个荡是属于本地管理的。

问：本地人就随时可以来抓鱼吗？

答：是的，没有什么规定限制的。

问：抓天然的鱼时，用什么捕捞工具？

答：很多的，丝网、钓钩、塘网。

问：平望从什么时候开始承包到户的？

答：大概是90年左右吧。

问：刚开始承包的时候，用什么方法决定谁来承包？

答：比如说这个荡先规定好是十万块钱，谁要养的话就来承包。

问：就是说谁出得起价钱谁承包吗？

答：是的。

问：是谁规定这个价钱的？

答：是村里。

问：如果有两个人出同样的价钱怎么办呢？

答：就通过"拾钩子"（即抓阄）的方法决定，谁拾到谁承包。

问：承包的水面除了前面说的三个荡，还有其他的吗？

答：有的，还有一些农村献忠心献来的小荡。

问：献过来的荡有哪些？

答：杨捕荡、乌门荡、荷花荡、桩头荡、凤凰荡、王子荡、花家荡、天字荡。

问：承包这些荡的渔民是什么样的人？

答：基本是有钱的。

问：一个荡承包多久才换人？

答：五年。

问：比如说第一年承包杨捕荡的人，五年后还需要参加竞价吗？

答：是的。

问：领导怎么决定水面的价格呢？

答：看亩数的，还有看荡的好坏。

问：好坏怎么看的呢？

答：主要看水质。

问：水面的价格和水质好坏有关系吧，和鱼有关系吗？

答：和鱼没有关系的。

问：价格最高的荡是哪一个？

答：张鸭荡。一般是差不多的。

问：当时一亩多少钱呢？

答：二百块左右。

问：承包的话是一个人全部承包？还是可以几个人一起承包？

答：荡大的话可以几个人一起承包。

问：现在价格是多少呢？

答：大部分是五百多。我们渔业村有一个承包了一万多亩。

问：你以前承包过荡吗？

答：有的，不在这里的，是个小荡，而且是国营单位的，大概就一百多亩。当时包了十年，是从99年开始承包的，一直到09年。

问：一亩两百块是一年的价格？还是五年的价格？

答：是一年的。我这个荡是四万五千一年，一共一百二十亩。

问：90年开始承包后，这几个荡都被个人

承包了吗？

答：是的。

问：零散的荡也被个人承包了吗？

答：是的，全部个人承包了。

问：90年开始承包以后，渔民还能抓鱼吗？

答：可以的，要分成。就是渔民要与承包人定协议分成，才能抓鱼。

问：如果承包人不同意的话，渔民就不可以打渔？

答：是的。

问：承包人和渔民之间有矛盾吗？

答：没有的。

问：荡是渔民自己开荒得来的，90年开始承包给个人的时候，渔民没有反对的？

答：没有的，我跟你说原因：开荒的时候，是渔民集体开荒，是算工分的。现在承包后，承包的钱拿给集体，大队再分给每一个人。

问：怎么分的呢？

答：按照劳力分，以前一个劳力分五百，现在是每个人七百二十块一年，还有养老的。就是六十岁以上的老人，每个月可以领八十块。

问：六十岁以上算劳动力吗？

答：十六岁以上都可以算作劳动力。

问：除了拾钩子的方式，也用投标的方式吗？

答：刚承包的时候，谁出价高谁承包（就是投标的意思），之后就由大队定价格。这个方式有矛盾的，有钱的人承包得

起，没钱的人包不起。

问：投标的好处和坏处各是什么？

答：好处对渔业村来说，价钱高，集体分到的钱也多。坏处的话，就是有钱的人承包，贫穷的人没法承包。贫富差距大。

问：拾钩子的好处和坏处呢？

答：好处就是公平，贫富都可以参加承包。看运气了。

问：有不好的地方吗？

答：没有。可能就是分的钱没有投标的多，但是渔民都没有怨言，因为公平。

问：假设我拾中了钩子，但不想养，可以卖给别人吗？

答：有的，有些穷的人拾到了钩子，养不起，就卖别人。但是村里面有一个政策，卖掉承包权后就不能再参加拾钩子了。

问：这样是不是每户人家只能出一个人参加？

答：是的。

问：今年我拾到了钩子，我承包了，五年后还可以参加吗？

答：可以的。卖掉的话就不能参加了。

问：参加拾钩子的人，都是本地渔民？还是各地都有？

答：一定要是平望的渔民。

问：本地农民可以吗？

答：不可以的，一定要是渔民，这个是不对外的。

问：回到镇压反革命问题。当时渔霸张鸡玉，他开鱼行吗？

答：不开的。

问：他做什么的？

答：他就是渔霸。

问：他是渔民吗？

答：不是的，他是农民。

问：他住在平望镇上吗？

答：是的。

问：他手里有很多水面吗？

答：大概有五六千亩是归他的吧。

问：他的后代呢？

答：不清楚了。

问：他被枪毙时大概几岁？

答：大概是五十多岁。

问：张鸭荡是三个渔业村一起管理的吧，那是怎么分的？

答：鱼种是一起放的，抓上来的鱼一分三。现在承包到户了，承包费一分三。

问：开荒的内容是什么？

答：就是这个荡没人管，国家和农村都不管，那你就去开口子，然后在荡里养鱼。

问：说到开荒，开一个荡大概需要多少时间？

答：一个月左右。

问：开荒有没有特定的季节？

答：没有的，随时都可以开荒。

问：开一个荡要花多少钱？

答：像塘家湖，鱼种不算的话，是两万块钱。

问：费用是大队出？还是个人出？

答：渔业大队出的。

问：开荒以后，这个荡一定要找人看吗？

答：是的。

问：自己的渔民来看？还是请外面的人？

答：是自己的渔民。

问：自己报名看荡的吗？

答：我们自己有一个养鱼组的，他们负责看荡。

问：看荡是怎么看的？

答：按照面积看吧，面积大的话人就多。像塘家湖就有七八个人。

问：一个荡口需要多少人？

答：主要的口子是两个人看一个口。一般的口子，一个人可以管两三个，不固定的。

问：承包时荡里有野生的鱼吧，分季节抓鱼吗？

答：都可以的，一般的话，平时都抓野生的鱼，自己养的鱼要到冬天才能抓。

问：捕捞大队有种田的小组吧，他们在什么地方种田？

答：在东太湖，种湖田。

问：种什么呢？

答：水稻。

问：一亩的产量多少？

答：很少，五六百斤吧，泥很瘦。

问：一个种田组有几户人家？

答：大概是四五十个劳力。

问：分组是自愿的吗？

答：是的。

问：种田的人是以前种过田的？

答：没有种过。他就是想换换工作。以前的渔民是没有土地的。

问：当时湖田大概有多少亩？

答：本地种了两百多亩，东太湖是三百多亩。

问：他们一直种田吗？

答：后来土地收归国有了，他们就回来继续抓鱼了。

问：什么时候土地归国有的？

答：改革开放的时候。

问：刚开始种田的时候，政府派技术员吗？

答：有的。是渔业村派来的。

捕捞大队

问：1967年之前，你的船停在盛泽镇是吗？

答：对。

问：67年以后到平望镇？

答：过了67年就到平望（67年之前在盛泽，67年之后在这里）。

问：你到平望时，已经有捕捞大队了吗？

答：对，有的。

问：那时你几岁？

答：二十五岁至二十六岁。

问：平望捕捞大队有几户人家呢？

答：大概一百七十户。

问：你一个人过来的吗？

答：对，一个人过来。

问：为什么你一个人过来？

答：这里造平房过来的。

问：你刚刚到平望的时候是做什么的？

答：捉鱼。

问：还有做什么？只抓鱼吗？

答：原来抓了一年鱼，后来上集体了，到单位里养鱼了，看鱼塘。鱼塘看了十四年，十四年之后又捉鱼，捉了十二年。

问：你说的单位，具体是什么单位呢？

答：就是渔业村。

答：渔业村里是不是分组？就是分小组，抓鱼的、看鱼的？

答：渔业村里面看鱼塘就是看塘呀，看鱼呀，不抓鱼的。

问：整个渔业大队是不是分组的？就是下面一个专门抓鱼的组，一个专门看鱼的组？

答：嗯，对。

问：上次提到产销组。

答：产销组是现在的事情。

问：你抓了一年的鱼，在哪里抓鱼的？

答：抓鱼的地方多了，在浙江嘉兴、平湖、海盐（就在澉浦口，在海边）。抓鱼〔时船到处〕摇来摇去摇的嘛。

问：嘉兴、平湖、海宁这些打渔的地方，水面归国家的？还是归捕捞大队的？

答：那时候都可以抓的，是国家水面。人家没有人规定（那时候没有人规定，都可以抓的）。

问：水面是属于国家的吗？

答：对，国家的。

问：属于国家的水面打到的鱼，卖给谁呢？

答：卖给鱼行的。

问：67年的时候还有鱼行吗？

答：有有有。

问：抓鱼的时候不用付钱吗？没有什么赋

税吗？

答：不付不付。

问：就是直接抓鱼？不用付什么钱？

答：不要不要。水面开放的（那个时候水面是开放的，不用付任何的钱）。

问：完全开放的吗？

答：嗯，全部都开放的。

问：水面完全开放的意思是对平望捕捞大队的人开放？还是其他捕捞大队的人也可以抓鱼？

答：都可以，都可以。

问：那时候有不可以打渔的水面吗？

答：那时候没的。就自己的养鱼塘和国家的养鱼塘要联系的。就是国营养殖场去联系也是可以抓的。这个时候水面开放的（67年的时候是没人管的）。

问：就是要和国营养殖场联系的？

答：不要联系的，都可以抓的。在国营单位去联系也可以抓的（他的意思就是好像都是开放的，然后你要和国营养殖场去打个证明去抓鱼，单位打个证明就可以抓了）。

问：意思是一部分水面是国营养殖场，要在这个水面上抓鱼就要和他们联系的意思吗？

答：对，打个证明，到单位打个证明。

问：国营养殖场具体管哪里的水面？

答：这个水面反正养鱼呀，都养鱼啊。

问：就是说具体有没有一块是他管的？

答：这一块他自己养鱼就他管。多了就不管了。

问：就是说比如有个湖里有一部分水面是国营养殖场管？还是所有的水面都归他管？

答：就是水里面有他们养鱼就全部归他们管。

问：平望附近有没有？

答：平望也有一块水是自己的，他养的就属于他管，这块水〔里的鱼〕不是他养的，就是好比等于国家的水面，就可以抓鱼了。

问：这块水里的鱼不是国营养殖场养的，那么这块水面就属于国家的是吗？

答：是啊。

问：属于国家的就是说所有的人都可以来抓鱼？

答：是的。

问：任何人都能抓的话，农民也可以抓吗？

答：农民么，也可以。现在也没关系了，基本都开放了，都可以抓的。在80年左右，镇上农村会发卡的，不发卡就不能抓，发了卡就可以抓了。现在就不管了，乱七八糟全都可以抓。现在没关系了，那时候80年左右要到渔村管理的，现在也不管了，现在就是非法的要管管，多了也不管了。渔民也不算是渔村管的。

问：发卡是怎么回事呢？

答：发卡就是发给你一张卡作证明，就能抓了。渔村发一张卡就能抓了。就是抓鱼的卡（80年左右，渔村会给农民发一张卡，他拿到这张卡农民就可以抓鱼了）。对对，但现在都可以抓了。

没人管了，渔村也不管了。

问：这是80年以后的事情吧。你刚刚说到捕捞大队，67平望的捕捞大队成立时，农民也可以抓鱼吗？

答：也可以抓。

问：那个时候会发卡吗？

答：没的。67年的时候渔村还没有成立。没人管。

问：平望的人到芦墟、北厍捕鱼的话，那边的渔民会反对或拒绝吗？

答：没的没的，无所谓无所谓（他们到那边抓鱼都可以的，没有反对或反抗、拒绝）。

问：完全自由的吗？

答：对，无所谓的。

问：鱼啊、虾啊，都可以吗？

答：都可以的。

问：67年的时候，抓到很多鱼，大的鱼怎么处理？小的鱼又怎么处理？

答：都卖给鱼行。

问：全部都卖给鱼行？

答：对，鱼行收购呀。收购以后再卖出来。

问：不管大鱼小鱼都卖出去吗？

答：对，都卖出去。小鱼有小鱼的价钱，大鱼有大鱼的价钱。这个时候自己卖不掉。67年的时候没有菜场。鱼行卖出来，卖给老百姓吃。以前鳗鱼只有一角几分，现在都要七十到八十块。

问：会不会把小鱼留给自家吃，或去跟农民交换蔬菜呀？

答：对对对。是有的，把小鱼留着一部分自己吃，另一部分和当地的农民交换，

换些米。

问：找哪里的农民？有固定的关系吗？

答：没的。以前农民没钱，把自己的米换点鱼吃吃。没固定的。

问：如果我抓鱼想跟农民换，到哪里找呢？

答：渔民坐着在抓鱼，农民看见他有鱼，就会问他要鱼，换点鱼吃吃（渔民在捕鱼的时候，农民看到你在捕鱼，这时他会过来问一下要不要交换鱼）。

问：渔民和农民交换，这是经常有的吗？

答：有时候，不经常。

问：一个星期一次？还是一个月一次？

答：也不一定的，正巧抓鱼的人没米吃了，农民没鱼了，就换点鱼吃吃，换点米吃吃，换点菜吃吃，都有的呀。

七生社

问：七生社是从你们的祖师爷的时候开始的吗？

答：七生社是祖师就开始的。

问：祖师是什么时候开始的？

答：祖师四百多年了。

问：四百多年前的事情吗？那时候开始七生社的吗？

答：是啊，有个香牌挂着七生社到现在。

问：挂在哪儿？

答：就在莲泗荡刘王庙有个组织的，就分了一个七生社。刘王庙挂个香牌，名称是七生社。这是社名，就是七生社。挂香牌一直到现在。

问：挂香牌是什么意思？

答：挂香牌就是神位，就是这个七生社的组织。挂香牌是一个组织，七生社的香牌。香牌就是挂在刘王庙上，成立了七生社。刘王庙的香牌的意思就是好比一个人要结婚登记，就是成为了一个社（就是把七生社这个组织登记在刘王庙上，这个东西就是挂香牌）。

问：也就是香牌挂出来后，七生社这个组织就出来了？

答：对啊对啊。

问：挂香牌之后是不是每年就要参加刘王庙的庙会什么的？

答：烧烧香，插庙会的旗。

问：每年固定的吗？

答：固定的。

问：日期呢？

答：第一次三月二十日，上半年是三月二十日，阴历。下半年是阴历八月二十日。一年就烧这两次香。

问：解放前，烧香的钱会给刘王庙吗？

答：现在不给了，以前庙成立的时候，团体给钱造庙。解放之后没了。解放之后有佛教局。成为一个社，五百号、一千号……

问：解放之前他们会把这个钱给谁？

答：庙祝。因为庙有个主人（解放前他们会把钱给庙祝，庙祝会用钱把庙造起来）。解放后也有，现在也有。或者七生社有多少人，比如五百么五百，一千么一千。然后庙祝就〔庙〕修起来了。修来后现在牌子上都写着的。

问：也就是七生社里的人把钱给庙祝？

答：对，去建设。现在不是给庙祝，是给浙江佛教管理局管（解放前钱是给庙祝，解放后就给浙江佛教局了）。以前解放之前，修的钱是不知道的，到底用没用不知道。现在名字都写出来的，现在刻在一块牌子上。

问：是佛教局？

答：佛教局就是管庙的呀。

问：在莲泗荡刘王庙挂香牌是什么时候的事了？

答：不知道。

问：听说过吗？

答：听说四百多年前挂香牌成立七生社。一直到现在都是七生社。

问：祖师什么名字？

答：倪明高。

问：那时候他住在哪里呢？

答：住在平望镇周家区。

问：在平望镇上吗？

答：南面，平望镇南面。这都是听说的。

问：倪明高以后怎么传下来的？

答：传下来么，没人的。就显灵了，好比神仙显灵了。没人的。这讲起来属于迷信的，传下来不用人的，就是说显灵，好比神道显灵了。借一个人讲讲话，这样传下来的，没有接班人的。这个名字（指倪明高）在渔业村里，随便什么人都知道的。这个人（也指倪明高）捉鱼的人都知道的，芦墟、黎里的捉鱼的人都知道的。

问：为什么倪明高那么有名呢？他会看病？还是有什么特别的能力？

答：以前他在阳间的时候，他管事情管得
　　很多。

问：管什么事呢？

答：就是烧香的，什么都接触的。他那个
　　时候给别人看病或者其他什么的。所
　　以都知道这个人。

问：倪明高除了看病还会做什么？他是香
　　头吗？他不是挂香牌的吗？是七生社
　　的头头吗？如果七生社的渔民有了矛
　　盾，这时由倪明高来调解吗？

答：会劝劝弄弄的。一般解释解释，等于
　　说在阳间跟他们（指发生矛盾的人）
　　说说，解除矛盾。

问：倪明高为什么会选在在莲泗荡刘王庙
　　那里呢？

答：刚开始烧烧香。

问：为什么是刘王呢？中国的神很多的啊。

答：这个时候〔倪明高〕活在阳间的时候，
　　莲泗荡里什么社、什么社都去烧香的。
　　在刘王庙里就成立这个七生社。活在
　　阳间的时候就成立的。

问：为什么就要选刘王，不选其他的神
　　呢？

答：就是刘王大嘛！刘王还在前面，刘王
　　生在五六百年前了。

问：倪明高有看病各种能力，那倪明高有
　　被刘王附过身吗？

答：没的没的，没这种亲戚关系。就是烧
　　烧香，成为了一个社，社名就是莲泗
　　荡承认了这个社名，称为七生社。举
　　个例子，好比去清华大学读书总归是
　　清华大学的毕业生，就是这个道理。

问：七生社就是祖师倪明高的时候开始的，
　　后来没有人接班，那什么时候再开始
　　的呢？

答：最早85年、80年，再早就没人了。80
　　年就有神显灵叫我接班了。

问：八几年开始的？

答：78-80年开始，大概是80年。喊我接班
　　了。

问：你怎么知道祖师要让你接班？

答：就显灵嘛。自己（指祖师）说的。

问：显灵是怎么回事呢？

答：我自己不知道的。

问：是不是做梦？

答：不是做梦，自己（指祖师）会说的。现
　　在可以讲，文化大革命的时候要吃官
　　司的。

问：七生社一年去刘王庙烧几次香呢？

答：两次呀，三月二十、八月二十，两次。

问：每次都去唱赞神歌吗？

答：不去唱的。

问：一年去刘王庙烧两次香，那你一个
　　人去？还是带香客一起去？

答：七生社的都去。

问：你们去烧香大概多少人去呢？

答：一百十五户，人有四百多个。

问：带什么东西去呢？

答：带点纸、红铜纸、红纸、香和蜡烛。

问：有没有舞龙的之类的活动？

答：没的。七生社就烧烧香，插面旗就烧
　　烧香。

问：有组织过活动吗？

答：没有。

问：在庙会有没有看到别社的活动？

答：别的社是有的，有看过的。

问：上次你提到《家堂神歌》，内容是什么？

答：内容都是神仙，内容就是有两个人死掉了，死掉后有一个庙的。这个庙在苏州姚家村。这两个人就是以前活在阳间的时候很苦的，死了之后，神让他们到苏州姚家村里了。

问：到苏州姚家村干嘛呢？

答：就造个庙呀。就是造了一个庙，让他们住在这个地方。

问：为什么让他们住在庙里？

答：就是做菩萨了。这个神歌的意思就是叔侄两个人也是抓鱼的，很苦的。然后他们去做强盗了，去抢鱼，后来被人抓住了。捉住后，把这两个人杀掉，杀在河里。死掉之后，这两个人变神了，于是到莲泗荡刘王那里做账房，就是做会计。做了账房之后，莲泗荡出来之后就去苏州姚家村做菩萨了。封他们为菩萨（本来有两个人，是叔侄，抓鱼的。在阳间很苦，一直抓不到鱼，只能去抢别人的鱼，然后被别人抓住了，用绳子把他们捆住扔到河里去，就死了。此时刘王正好经过，看到此景，就把这两个人的魂捉到刘王身边，做他的账房，做了几年后，刘王让他们到苏州姚家村去，并为他们造了一座庙，并把他们供奉起来，叔侄两人因此成了菩萨）。

问：你太爷爷的名字叫什么？

答：不知道了。

问：你知道吴公公和六太爷的事情吗？

答：不知道的。这种神不知道的。

问：七生社烧香的时候插旗吗？

答：七生社的旗没有的。莲泗荡有面旗，刘王有旗的，旗刻上刘王的名字。七生社的旗不办了。

问：是你自己的旗？还是七生社的旗？

答：不是，是集体的，社里的，集体办的。

问：平时这个旗是放在哪里的？

答：放在我这里。

问：这个旗能让我看看吗？

答：看不到的，旗在乡下，在烧香的地方。

赞神歌

问：你的爷爷倪阿二会唱赞神歌吗？

答：不会的。

问：你父亲呢？

答：不会的。

问：你是什么时候开始学唱赞神歌的？

答：80年左右。

问：你跟谁学的？

答：自学的。

问：你看什么书吗？

答：没有的。

问：怎么学的呢？

答：就是听别人唱的。

问：什么地方听的？

答：很多地方了，比如莲四荡、李公漾那边，还有哪里烧香有唱赞神歌，我就去听。

问：赞神歌的内容很长，你怎么记得住？

答：记在脑子里的。

问：有没有用手抄？

答：没有。

问：赞神歌的内容除了刘王老爷，还有其他的神吗？

答：有的，就是这里平望北面，有一个叫唐伯妹，是一个神。她的儿子就叫做唐六相，也是一个神，他在石浜。

问：这赞神歌叫什么呢？

答：就叫唐六相。就是讲他的一生的呀。

问：还有其他的吗？

答：还有苏州上方山，太姆。他的儿子叫文西相公。

问：歌名叫什么？

答：太姆神歌。还有在淀山湖的金家庄，叫七爷，《七爷神歌》。

问：还有吗？

答：有是有的，但是说不全的。

问：有关于你祖先的神歌吗？

答：这个不知道，太湖的人可能知道我祖先的神歌。

问：他叫什么？

答：浔根泉。

问：是太湖的先生？

答：是的。

问：你们是朋友吗？

答：是的。

问：你第一次在大家面前唱赞神歌是什么时候？

答：大概是三十九岁左右。

问：在哪里唱的？

答：在莲四荡的庙里。

问：是刘王生日时？还是网船会时？

答：是刘王生日。一般是清明节的时候唱。赞神歌一般是有人结婚，或者是去烧香的时候唱的。就像明天这里有人结婚，我要去唱赞神歌的。

问：你小时候有听过老一辈的人唱赞神歌吗？

答：没有。

问：你在莲四荡庙里唱赞神歌，是自己去的？还是别人请你去的？

答：当时我是去烧香的，当时我带了一百多人去烧香，所以要唱赞神歌。

问：你带了一百多人去烧香，那你们有没有组织名字的？

答：没有的。

问：我们去刘王庙看到很多团有举旗。

答：哦，这个我们也有的，上面就是写"莲四荡进香"。

问：我们当时也看到一些社团。

答：对的，我们是没有的。以前是有的，经过文革后被禁止了，现在也不愿意再搞起来，因为需要很多的钱。

问：文革以前是叫什么？

答：叫七生社。

问：解放后就解散了？

答：是的。

问：社的社长或负责人是谁？

答：没有的，只有神，叫倪民高，他是我们的祖师。

问：其他的社都有头头，为什么你们没有呢？

答：我们的祖师还没有归天的时候，曾经

用过两个人的，但是这两个人调皮捣蛋，不为百姓做事情，所以他就弃之不用，在他归天之前就关照下面的人说我们的社不要用头头，有什么事情直接来问我，我会显灵。

问：如果有事情，谁来喊他呢？

答：大家只要有事情了，都可以喊他。现在的话，是我带头。

问：你父亲和爷爷做过七生社的头头吗？

答：没有。现在七生社有一百十六户人家。

问：大部分住在平望吗？

答：这里住的多，北厍、盛泽、黎里、坛丘。

问：有倪民高的庙或祠堂吗？

答：在坛丘麻漾的葡萄湾，那边有个七爷庙，里面供奉着倪民高。

问：这一百十六户人家都是渔民吗？

答：是的。

问：比如说我想加入七生社，要怎么办呢？

答：要到刘王庙去登记，还要去置办一些东西，很贵的。

问：要问祖师爷是吗？

答：不用的，现在也没有人提出要加入的。

问：假设我想加入呢？

答：那要大家都同意，不然的话也无法加入。

问：你三十九岁时带一百多人去烧香吧，为什么当时是你带大家去呢？

答：祖师爷显灵，让我带头的。

问：倪民高是你的祖先吗？

答：是的，五代以上的祖先。

问：那时候怎么问祖师爷的？

答：要点香烛的。大家一起去问祖师爷，祖师爷显灵的话，会附身到一个人身上，让他开口说话。

问：当时附身到谁身上了？

答：就是我啊。

问：所以才让你带头的？

答：是的。

问：带头人除了带人去烧香外还有其他工作吗？

答：没有了。

问：帮别人看风水、看病吗？

答：没有。

问：除了你还有别人会唱赞神歌吗？

答：没有了。

问：一年的什么时候会带人去烧香？

答：上半年的正月十三。

问：到什么地方烧香呢？

答：到自己的船上。一般都是到自己的船上。

问：还有呢？

答：三月初一、四月二十、下半年的七月十二、八月二十、九月十六，这都是到自己船上。

问：不到莲四荡吗？

答：一个是因为人多，包车的话很麻烦，在自己的船上的话，比较安全，又容易集中，开支也省很多。

问：在船上烧香要备些什么东西？

答：香烛、黄纸。

问：还有呢？

答：猪头。时间的话就是几个小时，等香

烛烧完就可以走了。

问：一起吃饭吗？

答：不吃的，开支不起。

问：唱赞神歌吗？

答：唱的。

问：唱什么呢？

答：烧谁的香，唱谁的神歌。比如说七月十二唱七爷神歌。

问：正月十三唱谁的？

答：家堂神歌。这个神一个叫张继高，一个叫陆永财。

问：三月初一呢？

答：唱刘王神歌。

问：四月二十呢？

答：也是刘王神歌。

问：八月二十呢？

答：唐六相。他是石宗的。

问：九月十六呢？

答：又是家堂神歌了。

问：明天唱什么呢？

答：明天随便唱，只要提到喜庆的事情都可以，我要一直唱到他们做喜事为止。

问：除了到船上烧香，人家结婚呀，还有其他事情要唱赞神歌的吗？

答：做寿，人家造好房子进屋前。

问：是渔民的人家？还是农民人家？

答：这个都是一百十六户人家里面的。

问：有人去世了，要不要唱的？

答：不需要。

问：有人生意发财了，要去还愿，要不要唱赞神歌呢？

答：这个很少的。几乎没有。

问：你唱赞神歌要不要收钱的？

答：不需要的，因为都是一百十六户人家里面的，都是自己人。

问：你唱完后别人会送你东西吗？

答：有的时候给香烟。喜事的话比如说赠糖也有的。

问：你烧香带的猪头供好以后怎么处理？

答：有人要的话送他，或者扔掉。

问：猪头可以吃吗？

答：不坏的话可以吃的。

问：上次你唱赞神歌给我们听，当时有还有两个人，他们叫什么名字？他们用的乐器是什么？

答：〔人〕不固定的。

问：乐器叫什么？

答：锣鼓、铙钹（民间打击乐器的一个种类）、小锣。

问：你自己拿的那个叫什么？

答：就是小锣。

问：平望渔业村除了你会唱赞神歌外，还有其他人吗？

答：还有一个叫劳根荣，还有一个叫顾小狗。

问：他们也是社团的头头吗？

答：不是的。

问：他们怎么会唱赞神歌的？

答：他们也有祖师的。

问：他们两个多大年纪了？

答：劳先生八十多岁，顾先生五十多岁。

问：你听过他们唱赞神歌吗？

答：听过。

问：你的儿子对赞神歌感兴趣吗？

答：没有的。

问：你说每年有六个活动吧，你的两个儿子也参加吗？

答：参加的。

问：他们分家后也属于一百十六户人家吗？

答：属于的。

问：解放前七生社也有一百十六户那么多人家吗？

答：解放前有五六十户人家，后来子孙多了，人家就增多了，但人还是这些人。

问：一百十六户人家里面还有北库，盛泽，坛邱的吧，你们是怎么认识的？

答：以前他们就是拜倪民高为祖师的，所以都认识的，一直到现在。

问：现在对七生社来说，最重要的神是哪一个？

答：莲四荡的刘王。

问：为什么呢？

答：当初的时候，我们的祖师爷归天之前在莲四荡的刘王庙成立了七生社，所以对他们来说莲四荡最重要。

问：莲四荡的刘王那么重要的话，一年的什么时候去拜他呢？

答：三月初一、八月二十两趟。

问：是去网船会吗？

答：是到自己的船上去拜刘王。

问：是你一个人去吗？

答：一个人不去的。

问：莲四荡什么时候去？

答：是在正月二十，我一个人去刘王庙烧"开业香"。

问：回到当时祖师爷附身的事情。那时你们是在什么地方问祖师爷的？

答：就是在我的家里。

32 沈毛头

采访日期　：2011年8月11日
采访地点　：吴江市芦墟镇渔业村的船上
采访人　　：太田、佐藤
翻译人　　：陈天勤
讲述人　　：沈毛头
　　　　　　（1946年9月16日出生，六十五岁）
讲述人简历：出生于吴江芦墟，渔民，
　　　　　　曾任渔业村小队会计，
　　　　　　唱赞神歌。

个人与家庭概况

问：你们具体住在哪个村？
答：江苏吴江芦墟渔业村。
问：沈毛头先生，您身份证上的名字也是这个吗？
答：名字就叫沈毛头，笔名瑞生。
问：几月几号出生的？
答：（沈先生出示身份证）1946年9月16日出生。南渔小区五组，身份证上的地址是有房子的。
问：哪里出生的？船停在哪里的呢？
答：出生在芦墟，祖宗就在船上的。老家五六代祖宗的时候也划船，东洋人（日本人）过来扫荡捉渔船，然后逃散了。老家在周庄枝黄，五六代的地方，清朝之前，几百年了。

问：祖宗是在昆山周庄吗？
答：五六代之前。
问：你就出生在船上的吗？
答：对，出生在船上。
问：在芦墟渔业村这里的船上吗？
答：是的（意思是现在渔业村的这个地方，因为他出生的时候渔业村还没成立）。以前出生就在这里。
问：父亲叫什么名字？
答：叫沈小弟。
问：也是出生在芦墟？
答：是的。
问：你爸爸还活着的话多少年纪了？
答：死的时候七十五岁，现在大概九十几岁。如果活着今年九十三岁。
问：他健在的时候有几条船？
答：自己一条船。不大的，小船，木头船。

问：和现在我们所在的这条船比起来呢？

答：小，小多了。2.5吨。旧社会都是木头船。结婚的时候就一条木头船。

问：你爸爸的工作是打渔？还是养鱼？

答：打渔的。

问：你妈妈呢？

答：叫沈大宝，金家坝人？金家坝是个乡，那个时候是一个村，人多出来了，开船开出来后就变成一个乡，也是渔民。

问：爸爸是芦墟的，妈妈是金家坝人。

答：是自己人呀，"老亲"。

问：老亲是什么？

答：我爷爷的姐姐嫁给了我的外公，他们俩的女儿嫁给了我的爸爸。这就叫老亲。

问：你爷爷叫什么？

答：沈进高。

问：爷爷是哪里人？

答：出生在芦墟。旧社会东洋人都在西塘的，离西塘三里路之外，船上的人不捉的，三里路之内东洋人要捉船的。就是旧社会东洋人住在西塘边边，三里之外船是不抓的，三里之内的船是要抓。

问：所以一般渔民不敢去西塘吗？

答：对。

问：就是爷爷的时候吗？

答：是爷爷的时候。

问：爷爷也是打渔的吗？

答：都抓鱼的。北库那边要抓鱼的。

问：奶奶叫什么？

答：七姑。她不姓沈的，姓陈。

问：哪里人？

答：芦墟人，都是芦墟的，都在船上的。我老爹说芦墟、莘塔、北库，日本第一代打仗。东洋人杀人、放火，杀人杀得下面的水都是发红的。以前苦死了。

问：你的祖宗什么时候从周庄那边过来的？

答：周庄么五六代，一百四十年。

问：周庄的哪里？

答：周庄么昆山呀，周庄西面，叫雪望村。

问：为什么一百四十年前迁到这里来？

答：这时候逃难呀，东洋人过来。

问：逃什么难？

答：东洋人，他们日本人东洋人过来了，都要逃。

问：一百四十年前不是逃日本人吧，是太平军吧。你有几个兄弟姐妹？

答：一个大哥，一个姐姐，还有弟弟三个，一共六个。我第二。

问：你排行老二吗？

答：老三，弟兄中间我是老二。

问：谁最大？

答：姐姐。

问：姐姐叫什么名字？

答：沈金姑。

问：现在几岁？

答：七十七岁，属猪的。

问：姐姐嫁哪里去了？

答：嫁到船上去了。

问：是这个村子的吗？

答：在芦墟头家沙村口，叫头家沙，就在庄家圩边上。在草里村的东面。

问：嫁给农民？还是渔民？

答：也是渔民。

问：老二叫什么？

答：沈天生，七十一岁，属蛇。

问：住在哪儿？

答：都捉鱼的，渔民，在芦墟轮头码头。

问：老四呢？

答：渔民呀，沈根生。一个根生，一个金生，一个福生。

问：根生几岁？

答：六十三，属牛的。住在太浦河船上，也是渔民。

问：老五沈金生呢？

答：五十七岁，属蛇。住在夜猫圩三号区的船上，渔民。

问：福生呢？

答：五十三岁，属猪的。住在太浦河边上，开厂的，铁厂，修铁船的。

渔民小学

问：你读过书吗？

答：读了两年不到的书，就是没钱读了。

问：几岁开始读书？

答：十一岁。这时候船上的人不读书，读不起书的。

问：学校在哪里？

答：在芦墟。

问：和农民子弟一起学的？还是专门有渔民学校？

答：渔民，渔民。是专门渔民有一个小学的。

问：专门有个渔民小学的？

答：对的，渔民小学。

问：渔民学校在哪里的？

答：学校一开始在西北库，在原来陆续中学边上，有两间房子。

问：这个小学有名字吗？

答：学校的名称总归是渔民小学，原来的学校是没有牌子的，就叫渔民小学。

问：学校有多少个学生？

答：有五十个左右。

问：老师有几个？

答：两个老师。

问：老师叫什么名字？

答：一个姓陈，一个姓钱。两个都是女老师。

问：都是岸上的吗？

答：镇上的。

问：学生分几个班呢？

答：忘记了，班是有的。

问：学生中渔民有多少？

答：都是渔民，百分之百。

问：你对两位老师的印象怎么样？

答：印象蛮好的。

问：老师会看不起渔民吗？

答：蛮看得起的。

问：学费怎么付的？

答：学费不付的，都是渔民大队出钱的。

问：渔民免费的意思吗？

答：不要钱的，大队拿出来的。

问：都读些什么书？

答：跟现在差不多，跟〔幼儿园〕大班差不多。

渔民生活

问：读书后干什么呢？

答：弟兄两个，一个（沈毛头自己）十五岁，一个（弟弟）十三岁，开个船捉鱼、扒螺蛳。

问：打渔有没有固定的地方？

答：不固定的，随便什么地方都可以捉鱼，就像流动渔民。

问：东西南北面，最远打到哪里去？

答：东面最远到闵行，南面到平湖，西面到余姚，北面昆山太仓。那时候当场捕鱼当场卖掉，捉到哪里卖到哪里。

问：捉上来的鱼卖给谁？

答：镇上居民，乡下人吃得少。

问：卖给农民的意思吗？

答：居民，就是岸上的人。

问：打渔有季节性吗？

答：冬天也要去，夏天也要去，不固定的。

问：几点出发？几点回来？

答：吃好晚饭，七点开船，到天亮回来。为什么是七点？七点去捉鱼，捉到明天五点钟。捉鱼是在夜里捉的，扒螺蛳是扒在白天的。

问：养鱼吗？

答：17年之前一直是养鱼的，17年后养鱼、捉鱼都有的。

问：主要捉什么鱼？

答：大鱼小鱼都有的。鲫鱼、鲦鱼、鳊鱼、鲑鱼、鳑鲏鱼等等，还有草鱼，样样都有。

问：最主要的是哪些？

答：鲦鱼、丁鱼、虾、螃蟹。

问：养鱼呢？

答：鲫鱼、草鱼、鳊鱼、白鱼、花鲢、白鲢。花鲢、白鲢，都是鱼头很大的。

问：俗称"胖头鱼"？

答：对，胖头鱼。花鲢叫胖头鱼，白鲢小一点。

问：你当过干部吗？

答：渔业村小队的会计。

问：什么时候做的会计？

答：二十七、二十八岁。做到1976年，十年左右。

问：几年前你唱赞神歌，你们兄弟姐妹有几个会唱的？

答：金生、根生会唱。

问：福生会吗？

答：不会。

问：父亲会唱吗？

答：就是父亲传给他们的。

问：爷爷呢？

答：就是爷爷传爸爸，一代代口头教的，没书的。

33　王毓芳

采访日期　：①2009年8月23日，②2010年3月27日
采访地点　：陈坊桥镇细林路王毓芳家中
采访人　　：太田、佐藤、长沼
翻译人　　：徐芳、钱丰
讲述人　　：王毓芳（1936年11月6日出生）
讲述人简历：读过五年书，农民。得过两次血吸虫病。有三个儿女。

个人与家庭概况

问：您的生日。
问：1936年11月6日。
问：多大岁数？
答：虚岁七十四岁。
问：父母的姓名呢？
问：爸爸是王宝康，妈妈是陈英弟。
问：你有几个兄弟姐妹？
答：四个姐妹，有个姐姐，我老二。一个弟弟。
问：老大叫什么名字？
答：王毓秀，我的大姐。老三是王毓梅，老四是王毓芳，老五叫王毓明，男的。
问：老大比你大几岁？
答：两岁。
问：老三比你小几岁？

答：差七岁，中间有几个死掉了。〔老三〕今年六十八岁。
问：老四比你小几岁？
答：小的那两个相差不大，老四今年六十四岁左右。最小的那个（老五）是六十一岁。
问：老大有没有读过书？
答：读了两年。
问：你呢？
答：五年。
问：老三呢？
答：小学毕业。
问：老四呢？
答：老四小学毕业的。
问：老五呢？
答：两年。
问：五个人读了同一个小学吗？

答：不是，农村里没有学校，私人请的先生过来，小孩子有工夫就去读，一般都要领弟弟妹妹的。

问：谁请的？

答：私人请的，请先生过来，我不是私人请的。

问：你大姐在私塾读的书？

答：嗯，我是在松江镇上那个永丰小学读的。

问：你姐姐读私塾时，读的是新书，还是三字经之类的？

答：是新书，不是三字经。

问：从你开始上永丰小学，那老三、老四、老五都上永丰小学吗？

答：不是，那时候学堂已经搬掉了，搬到干山小学。

问：小学读到毕业的老四，在哪里读的？

答：干山小学，老五也是干山小学读的（建国以后，公办的）。

问：老三是在哪里读的书？

答：是私人请老师来的，老三没有去过公办学校。

问：就是人家请的私人老师，她去那个班上上课对吧？

答：嗯，对的。

问：这个私人老师是在哪里开课的？

答：在干山东面，也不是我们的村，离我们村还有点路，找不到了。这个老师早就死了。

问：五个姐妹长大以后，做什么工作？

答：全部是农民，种地。

问：你们一家七口人？

答：嗯。

问：小时候住哪儿？

答：高家松塘四队。

问：叫什么人民公社？

答：佘山公社。

问：大队叫什么名字？

答：松塘。

问：松塘大队四队是在人民公社后面那里，是吧？

答：嗯，对的。

问：佘山公社有几个大队？

答：这个说不出来。

问：松塘大队有几个小队？

答：我已经出嫁了，不知道了。

问：你们几个姐妹都已经出嫁了吗？

答：不是都出嫁了，小的妹妹留在那里。

问：大姐姐嫁到哪里？

答：嫁到青浦县徐泾镇，蟠龙大队。

问：出嫁之前有大队吗？

答：有。蟠龙大队。

问：大姐出嫁时，解放了没有？

答：已经解放了。姐姐是十八岁出嫁的，现在七十七岁。

问：嫁给农民是吧？

答：农民。

问：老三嫁到哪里？

答：松塘，〔同〕一个生产队。

问：老四嫁到哪里？

答：闵行区马桥。

问：第五个还是在原来地方？

答：嗯。

问：他老婆是哪里人？

答：是青浦的，农村的。

问：你是老二。你几岁结婚的？

答：二十岁。

问：结婚以后住在哪里？

答：广富林。

问：解放前，你娘家叫什么村的？

答：自然村叫横泖，找到干山就好了，在干山东面。

问：解放前叫什么？

答：横泖埭。

问：你二十岁的时候嫁到这里吧（就是1955年，二十岁是虚岁）？这地方叫什么公社？什么大队？

答：佘山公社，富林大队。

问：你奶奶嫁过来的时候，你们广富林的地址叫什么？

答：富林村。

问：你结了婚以后，到了58年，人民公社就开始了吧？

答：嗯。

问：人民公社的名字？。

答：佘山公社，富林大队，西岭生产队。

问：只有这一个队是吧？

答：嗯，没有讲一队两队。

问：不是像你娘家那样的编号？

答：嗯。

问：你有几个孩子？

答：三个。大的是女儿，大女儿五十五岁了，两个儿子。

血吸虫病

问：你本人得过两次血吸虫病？

答：对的。

问：第一次是什么时候？

答：十七岁。

问：谈谈那时候的情况。

答：是验大便验出来的，这个时候血吸虫病要治疗，我就去治疗了。在村里面治疗，医生下乡的。治疗血吸虫病是很受重视的。

问：有没有治好呢？

答：好啦。

问：有没有吃药？

答：不吃，就打针。吃药在佘山，第二次得病时候吃。

问：十七岁时才知道感染了血吸虫病？

答：村里面验大便，都要验，老的小的，验出来的。

问：验大便的时候是自己去验吗？

答：村里面派医疗队下来验大便的，是普查。普查查出来之后去治疗的。

问：当时你住在哪儿？

答：松塘。

问：人口大概有多少？

答：就是一个村，有几百户人家。一个村范围大啊。就是几条村是一个大队，松塘是一个大队。就是乡下一个地方村，叫松塘大队。

问：当时村里有多少人得血吸虫病呢？

答：不计数，不过比例很高的，反正蛮多的。

问：知道自己得病了，感觉怎么样？

答：没感觉，个个生，没感觉，肝啊肾啊都好，就是每个人都要去验大便，老的小的都要去。

问：你验大便心里慌不慌？

答：不慌啊。他们告诉我们什么时候验大便，我们就在家里拉了让他们拿去，他们就化验，验出来，就说有的，就去治疗。那时候不稀奇的啊，不紧张啊，我也没啥反应，肝啊肾啊都好。

问：当时你没有任何症状吗？

答：对。重的人可能有，大肚子什么的。

问：叫你到哪里打针？

答：北干山。

问：北干山有医院吗？

答：不是。就是村里的一间大房子，可能是地主的房子。不是医院的呀。

问：大便收到哪里去化验？

答：村里呀。

问：在哪里？

答：讲不清楚。那时候毛主席重视血吸虫病，要治疗血吸虫病，刚刚组织起来，赤脚医生都不曾有。所以大便都收到村里化验。

问：村里派人来收大便的，是卫生员？还是赤脚医生？

答：就是村里派几个人下来收，那时候还不曾组织起来，刚刚解放。就组织几个青年来收。

问：算不算医疗队？

答：不是，都不曾组织起来。就是像生产队里妇女的头头来收，我那个时候还小。发一个单子，填一下，然后他们来收走大便，查出有血吸虫病的人就叫去治疗。没什么好的医院的，医生

都是上面派来的，上海人。

问：医生也是有的？

答：医生有啊，血吸虫病蛮顽固的。像我讲的，我自己没啥反应，有的人病很重的，肚子很大，脾脏都有人破掉的，吐血的。

问：你刚才说去北干山治疗，那是专门的医院吗？

答：不是专门医院，就是医疗队，上面派下来的。

问：医生是从哪里来的？

答：这个我也不清楚，总不是本地人。

问：是正式医生？

答：是正式医生，看得出的。乡下没什么好医生的呀。很多人血吸虫病很严重啊，需要专业医生治疗啊。血吸虫病死的人很多，松江有一次死了十几个人。

问：死十几个人的地方是你们村的？

答：不是，好像是泗泾那个地方，是松江范围内的。血吸虫病不是一个部位得病的，有些老人是在肠子里，有些是脾脏，都要开刀。血吸虫很讨厌的，如果不开刀就吐血而死。我娘也是血吸虫病死的。

问：你母亲也是血吸虫病死的啊？

答：嗯，不稀奇的。乡下没什么好医生，他们组织来一次就治疗，不来就没得治疗。治疗不当，死人也是有的，不稀奇。血吸虫病很讨厌的，治疗的好就好了。

问：你当时知道自己的病因吗？

答：种田人，要下水，感染的。

问：当时就知道了？

答：知道了，已经劳动了。大人做大人的活，小人做小人的活。那个时候是停水江，水不流动，血吸虫、钉螺都是在河浜里产生的，在水里干活什么的，血吸虫就钻进去了。那个时候也不晓得生病了啊，要验大便验出来的。

问：松塘附近的村子有没有得血吸虫病的？

答：血吸虫病大多数都有的，蛮多的。

问：有没有哪个村子死的人特别多的？

答：死的人倒不多，后来治疗血吸虫病了，慢慢就好起来了。

问：治疗后就好起来了，治疗前呢？

答：那个时候毛主席还没发动治疗血吸虫病，灭螺啊，大家都不知道为什么，只知道大肚皮啊，吐血啊，并不知道血吸虫。

问：死的人多吗？

答：不多的。死得多的话要吓死了。

问：四十岁你第二次得血吸虫病，你是怎么知道得病的？

答：也是验大便，老老小小都要验。

问：你十七岁到四十岁之间年年都验大便吗？

答：不是。上面号召要统一验了，就验。这时候血吸虫病已经不多了。

问：四十岁验大便是不是普查？

答：也像是普查吧，我也不知道。那是最后一次普查了，那时候生病的人很少了，一个村就两三个人了。

问：你当时住在哪里？

答：家里是富林。在佘山治病。

问：有没有动物生血吸虫病的？

答：没有的，不给动物检查的啊。

问：五六零年代，在你们一般农民眼里，血吸虫病是一个怎样的病？

答：不清楚，反正有治疗，也不紧张。验出来就去治疗，富林这边水流快，钉螺少，血吸虫病也少。经常下水的话就容易感染。

问：你在娘家的时候，生血吸虫病的人比较多，对他们的生活有没有影响呢？

答：没有影响的。就是治疗打针，不要紧的。

问：农民对自己生病害怕吗？

答：怕也没办法。赤脚医生不看这个病，是上面派医生下来看的，验大便验出来有病，就去治疗。吃麻油也有的，有的打针，药也吃过的。

问：富林这边血吸虫病比较少，那两个村子的村民对血吸虫病的看法有没有不一样呢？

答：没有什么特别的看法啊，后来治疗了，多也去治疗，少也去治疗。现在没有血吸虫病了。以前种田人苦啊，现在都不种田了。

问：治疗是免费的？

答：免费。去看病的时候还给你工分的，打好针不能劳动，要休息几天，也给你工分的，这是人民政府的优越啊。

问：五六零年代除了血吸虫病外，在农村还有别的流行的病吗？

答：没有的。就是有也不在意。像血吸
　　虫病，只要不是脾脏破裂的那么严
　　重，都是可以劳动的，人家也不在
　　意。如果病重了就没办法了，不能
　　劳动了。脾脏开刀都免费的，只要血
　　吸虫病引起的病，都是免费治疗的。

灭螺运动

问：毛主席发动灭螺运动时，你几岁？

答：我已经出嫁了。

问：大概几岁？

答：我总二十几岁吧。在娘家的时候还没
　　灭螺。

问：你几岁出嫁的？

答：二十岁啊。毛主席时代十八岁就可以
　　结婚了，我二十岁已经算大了，平常
　　人都十八岁。封建社会结婚都很早的，
　　我二十岁不算早了。

问：嫁到哪里？

答：富林大队。

问：你丈夫做什么的？

答：在广富林小学教过书的。教书是调来
　　调去的，不是一直在广富林小学教书
　　的。

问：发动灭螺运动之前，一般老百姓不知
　　道病因在血吸虫吗？

答：不知道的。

问：知不知道是下水感染的呢？

答：发动以后才知道。之前怎么知道是
　　下水、下田感染的。

问：有没有人知道是下水感染的？

答：不晓得的，要是有人知道的话还敢下

田干活，田都要荒了。后来毛主席发
动灭螺运动后，大家才知道原来是血
吸虫，要害人的。

问：有没有人大肚子就不下水干活了？

答：大肚子就干不动了，不干活了。

问：一般老百姓还是会下水干活的？

答：还是要种田的，不然没饭吃了。现在
　　血吸虫病没有了，钉螺没有了，田也
　　不种了。

问：你看见过钉螺吗？

答：看见过，钉螺很多的，像手指甲那么
　　小，还要细。毛主席发动灭螺运动后
　　大家就知道钉螺，血吸虫不经过钉螺
　　是不能生存的。

问：政府除了治疗外，有别的措施吗？比
　　如打药水？

答：药水没有的，只有灭钉螺。没有钉螺
　　的话，血吸虫就不会生成，就在河岸
　　上把钉螺埋死。

问：有没有打药水的？

答：没有的，就是用土埋，不断的埋啊埋。

问：埋钉螺的时候危险吗？会不会感染到
　　人？

答：人是站在岸上的，把岸上的土埋下去。
　　以前宣传讲，血吸虫不经过钉螺不能
　　生存，就不会钻到皮肤里去。所以灭
　　钉螺是最最要紧的。

问：田里有没有钉螺？

答：讲不清楚啊，田里比较少，大多数在
　　河浜里啊。

问：用土埋钉螺，钉螺就会死吗？

答：对。

问：等钉螺死后，会不会再把土翻回来？

答：不会的。钉螺要水、要草，也要泥，用土把钉螺埋了就好了，钉螺就会死。

问：用土埋钉螺的方法是不是上面派人下来指导的？

答：有人懂的呀，比如妇女队长、生产队长指导，带头去灭螺，男女老少都要去灭螺。

问：灭螺是不是大家一起去的？

答：劳动力通通都去。

问：有没有人单独去的？

答：一个人去哪里做得完？要集体去的，就像出工干活一样。

问：记工分吗？

答：跟出工一样，记工分的，反正大家都去，记不记都一样。记一下的话，防止有些人不愿意去而不去，因为这相当于是义务劳动，会有人不愿意去的。

问：农忙时就没空去灭螺吧？

答：农闲的时候去，有功夫就去弄。

问：大概是几月份？

答：这个不一定，反正有空就去干。

问：除了土埋，有别的方式吗？

答：没有了。还有验大便，一批一批验，一批一批治疗。打药水什么的没有的。

问：有没有用火烧的？

答：在河岸边用火烧，把草烧死。一部分是土埋，一部分用火烧死。

问：钉螺会死吗？

答：不晓得，可能会死吧。钉螺要水，要草，烧了草，钉螺应该会死吧。

问：除了灭螺外，政府有没有别的宣传血

吸虫病知识的活动？比如广播、电视机？

答：没有，刚刚灭螺的时候电视机都没有。

问：你看过《枯木逢春》吗？

答：看过。

问：大概几岁的时候看的？

答：有电视了，看的。《枯木逢春》那个地方血吸虫病可严重了，大肚子很多，我们这个地方还好，不是很严重。

问：灭螺的时候有没有赤脚医生？

答：有了，是大队里的。

问：大队里有几个赤脚医生？

答：五、六个人，轮流的。

问：赤脚医生自己要不要种田的？

答：要种的。他们是轮流的嘛。赤脚医生不看血吸虫病的，看伤风咳嗽的，没本事看血吸虫病的。

问：轮到的时候要做几天？

答：每天一个，一次两个人，他们跟血吸虫病没有什么关系的。不轮到的时候自己也要种田的。

问：土埋是不是每年都要埋？

答：不是的，一个地方埋了以后就不埋了，直到有钉螺的地方都埋完。反正他们叫我们去埋钉螺我们就去。

食堂

问：结了婚以后，住的富林大队有几个生产队啊？

答：十一个生产队。

问：跟西岭大队并行有十一个生产队是吧？

答：嗯。就是大队下设十一个生产队，西岭生产队是其中的一个。

问：你们西岭生产队有几户人家？

答：几户人家讲不清楚，有五、六十户人家。其他生产队的，都不知道了。

问：你们生产队有没有食堂？

答：食堂有的。

问：有几个？

答：一个生产队就一个食堂。叫西岭生产队食堂。

问：食堂在哪里？

答：在西岭的地界里面。

问：是什么房子啊，是人家农民的房子，还是哪里重新建的？

答：生产队里共用的仓库，拆出来的。

问：你们一家都在食堂里面吃吗？

答：食堂是农民的食堂，他（指她的先生）是在学校里吃的。

问：你先生是老师，学校里有食堂。你是在生产队，在生产队的食堂里面吃。小孩子呢？

答：小孩子跟母亲的。他（指她的先生）是居民，我是农民，孩子是跟娘的。

问：他是老师，是居民？

答：嗯，我是农民，孩子是跟娘的。

问：食堂什么时候开始的？

答：58年开始。

问：吃到几年？

答：大概〔到〕61年差不多。

问：61年之后就自己做饭了？

答：小儿子今年四十八岁，大儿子今年五十三岁，生大儿子开始吃食堂饭，然后食堂关了以后生了小儿子。大儿子58年生的，小儿子63年生的。

问：食堂开了三年吧，食堂一整年开着的吗？

答：嗯，一直开的，前三个月吃饭不要钱，刚开始的时候。

问：58年刚开始的时候，就是不用付钱就可以吃饭，随便吃。58年什么时候办的？

答：十月份。

问：就是59年开始要吃饭票了？

答：嗯。

问：饭票是你们自己买的，还是发的？

答：生产队发的，计划供应（饭票是计划供应的，是上面的生产队按照每个人的劳力分等级，一等、二等、三等。小孩子的票，按照年龄来分的）。

问：饭票是谁管的？

答：饭票是食堂会计管的。

问：是食堂会计管的吗？

答：嗯。

问：食堂的会计叫什么？

答：高伯雄。

问：这个人还在吗？

答：有的，住在哪里不知道，拆迁了。现在有九十多岁了。

问：是广富林本地人是吧？

答：嗯，广富林本地人。

问：认识在食堂工作过的人吗？

答：周柏良的老婆，烧饭的。

问：周柏良的老婆现在还活着吗？

答：在，可能在的。就算活着，脑子也不

清楚了，去问她也讲不清楚了。

问：一般的农民全在食堂吃饭吗？比如年纪大的、小孩子的、娃娃的、劳力的、非劳力的，都在食堂吃饭吗？

答：不，劳动力要去地里吃。

问：就是劳动力不是在食堂吃饭的？

答：嗯。

问：要到田里面去吃的？

答：晚饭是在食堂吃的，中饭要到地里去吃。

问：饭是送过去的吗？

答：嗯，送过去的。

问：就是有炊事员送中饭到田里给那些劳动力吃？

答：嗯。

问：傍晚收工了，他们到食堂去吃晚饭？

答：嗯。

问：你们在食堂里吃呢？还是去打饭回来家里吃？

答：中午吃的饭要到地里去吃的，要抓紧时间干活。小孩学校放学以后食堂去吃〔中饭〕。

问：饭是在食堂吃的是吧？

答：嗯。

问：送到田间的饭，是拿个饭盒装吗？

答：用桶，木桶。

问：晚饭在食堂吃吗？

答：嗯，晚饭在食堂吃的，拿回家吃也可以。

问：一天三顿饭？

答：嗯。

问：晚饭，劳动力在食堂吃，小孩也在食堂吃？

答：也可以的，跟父母一起吃。

问：吃中饭时，劳动力都是在田里吃，食堂里面只有小孩子吃？

答：小孩子放学了中午在食堂里面吃的。

问：早饭也是在食堂里面吃的？

答：也在食堂里面吃的。

问：有没有在自己家吃的？

答：老人。

问：饭是从食堂打过来的？

答：嗯，食堂打过来的，饭都是食堂里的。

问：家里什么米都没有？

答：家里不能放米的（办食堂的时候，家里是不能有米的）。

问：老人的饭是谁打的？

答：食堂烧饭的人。

问：烧饭的人送到家里面来的吗？

答：自己去打的，不送到家里的。

问：在食堂开的三年的时间里，家里一直没有米吗？

答：没有。

问：连灶头、锅这些都没有的话，你们开水怎么烧？

答：用热水壶去接。

问：生产队烧开水？还是你们去打开水？

答：嗯，用热水壶去打个一壶水，就这样的。

问：就是食堂里面，有个大的铁锅，烧开水的，烧好之后用个热水壶去打开水？

答：不可以多打，热水壶拿过去，他会给你打。

问：拿的数量不多是吧？

答：嗯，不多的（她的意思就是说，家里面这些锅都没有了嘛，水使用食堂里面的大铁锅烧，然后他们需要拿自己家里的热水壶去打水，但是每个人打的水不能打太多）。

问：有没有饿死的人？

答：讲不清楚，不好讲。食堂的时候没办法自己做饭，食堂散掉以后，会做一些瓜、高粱，补充一下不够吃的，这样慢慢好起来。

问：食堂解散的时候，生产队里大概还有几户人家？

答：数量差不多的，没什么变化。就是食堂散掉以后，大家的日子过得好一点。

问：哦，因为可以种一些其他的？

答：嗯，种地食品，然后慢慢好起来。

问：种些什么？

答：种一些瓜类和高粱（就是种一些副粮，一些辅助食品，补充主食的不足）。

问：58以前，就是办食堂以前，你们家自己种的粮食够不够吃？

答：说不清楚，那个时候是统购统销，苦也苦的。

问：当时主要种稻米吗？

答：嗯，种稻米。

问：就是你嫁过来到58年之间这段时间，是国家统购统销是吧？

答：嗯。

问：那个时候手上有点东西可以吃是吧？

答：嗯，有一点。

问：食堂解散之后，会种一点辅粮是吧？

答：嗯，就是这样过来的（可以种一些别的东西，补充一下主食的不足，比完全吃食堂的时候好要一点，可能情况跟61年以后差不多）。食堂散掉后，那个时候有点自留地，可以到自留地上面去种点地食品，然后慢慢好起来的。

问：吃食堂的时候，在自己家前面、后面的土地里，可以种蔬菜吗？

答：吃食堂的时候不可以，这个地是属于国家的，是集体的。不可以种的，不允许有自留地。

问：自己家前面小小的土地也是国家的？

答：集体的，要是种了就是走资本主义道路。

问：就是所有的东西都是公家的？

答：分了就是社会主义，你要自己去种就是资本主义，鸡跟鸭也不可以养的。

问：干活的农具是不是生产队里的？

答：自己的。地里劳动像牛、黎这种是小队里的，别的农具是自己的（像牛、黎这种大型的是归生产队里的，小型的自己扛的，像镰刀，锄头是自己家里的）。

问：劳动力一般有多少等？一等劳动力有几人？

答：一等劳动力就是男人家啊，像女人就是二等劳动力。

托儿所

问：你们小队有没有托儿所？

答：托儿所啊，有时候有，有时候没有（托儿所的建制不是很好，有时候有，有时候没有）。

问：第一次出现托儿所是什么时候？

答：吃食堂的时候。

问：大概是58年的时候？

答：嗯，吃食堂的时候，托儿所刚好建起来。

问：58年第一次有托儿所是吧，下半年跟食堂一起办的？

答：下半年。

问：到什么时候？

答：食堂散了就没有了。

问：从58年开始到61年，一直开着的吗？

答：不，一段时间开，一段时间不开，季节性，农忙的时候开。

问：农忙时期，具体的说是几月？

答：一年忙到头。

问：58年为什么要办托儿所啊？

答：一年到头都要干活，家里小孩子没人管。〔从年头〕要做到十二月二十七，或者二十八，到年初三又要去干活了。天气不好的时候会休息。

问：托儿所是农忙的时候开是吧？

答：要么不开，开起来的话一直开的，因为一要干活。

问：托儿所开到什么时候？

答：有段时间开，有段时间不开，讲不清楚。

问：为什么停办了呢？

答：我也讲不清楚，就是听别的人讲，他们也是讲闲话的（她对托儿所停停办办的原因不是很清楚，有些就是平时一起干活的那些人就在那里说，在那

里传，没有什么根据的，说闲话。有个领导干部有小孩，没人管，要办个托儿所，就办起来了）。

问：托儿所是生产队办的是吧？

答：嗯。

问：里面管小孩的阿姨，是哪里的？

答：是生产队里的。年纪大的，干活干不动的，领领小孩（像她这样的壮劳动力就不会去做，像年纪大一点劳动力下降的就会去做）。

问：托儿所有负责人吗？

答：没有负责人，就挑几个老人，生产队里找的。妇女队长挑几个老人〔来〕管管。

问：生产队里有妇女委员啊？

答：有。

问：她管不管托儿所的？

答：有的，还有卫生委员。

问：妇女委员和卫生委员都会管？妇女委员叫什么？

答：讲不清楚了。

问：托儿所里大概有几个孩子？

答：你愿意去就去。

问：生产队里的人愿意把小孩送进去就送进去是吗？

答：嗯。

问：大概有多少个孩子？

答：没多少，说不清楚，十个八个。

问：你大女儿有没有进过托儿所？

答：大女儿不去，有奶奶带，大儿子去过。

问：说一下把老二委托到托儿所的情况。早晚几点接送？吃饭怎么办？

答：没有规律的，农村里没有规律的。

问：喂奶怎么办？

答：喂奶自己跑回来。我跑到托儿所里去，从地里跑到托儿所里去。会吃饭的，可以把饭票给他们。

问：能吃饭了，就拿饭票去食堂吗？

答：嗯，托儿所的人可以去打饭。

问：孩子吃的饭是托儿所的阿姨打去托儿所给他们吃的是吧？

答：嗯，给他们吃（就是有些是要母乳喂养的嘛，有些是要吃饭，吃饭那些就是有食堂阿姨拿着饭票去食堂打饭，然后到托儿所喂给孩子吃）。

问：饭票是你们自己交给托儿所阿姨是吧？

答：嗯。

问：你们叫她们"阿姨"吗？

答：不叫阿姨，乡下常用的称呼，姐姐、妈妈、阿姨，随便叫，像平常一样叫。

问：阿姨的工分呢？

答：工分小队里出。

问：按照劳动时间是吧？

答：嗯，工分要少一点。

问：她们是按劳动时间来计工分，但是工分比她们在外面劳动的要少吗？

答：少得不多，少一点。

问：像托儿所的阿姨，虽然工分很少，但是拿到工分，也可以叫劳动力吗？

答：称不称劳动力，这个也无所谓的。老人就是干老人活，这样轻松一点的，力气活做不动了。（那些阿姨，生产队给她分配适合老年人的活。就是像她

们那样五六十岁的老年人的话，做田里劳动吃不消了，要给她们安排一些适合她们做的活。没有工分他们就不能生活了，所以要安排一些他们适合的活来赚取工分。主要是出于对她们劳动能力的考虑。对她们来讲这个叫不叫劳动力都无所谓，没有什么任何意义，只是在那样一个情况下给她们有活干的一个机会）。

问：有"半个劳动力"这样的说法吗？

答：没人去说她们的，老了就老了，没有人去嘲笑她们的。她们也是赚工分的，不会有人嘲笑她们的。

问：没有歧视？

答：没有。

问：通过这样的渠道来赚工分，就是为了有饭吃？

答：不要吃儿子的（她们这样做了以后，就减轻家里其他劳动力的压力，因为没有工分的话就没有办法去吃饭。不用去吃家里人其他人的口粮，自己吃自己赚的工分）。

问：你把老二委托给托儿所的时候，要不要付钱？

答：不付的，有生产队负责。

问：家里有小孩的就可以送过去的？

答：嗯，送过去。

问：没什么条件的是吧？

答：没条件的。

问：你送过去他们就收是吧？

答：嗯。

问：只不过小孩要吃饭的，你们要给饭

票？

答：嗯，给饭票。

问：让阿姨去饭堂打饭是吧？

答：嗯（他们要出的是小孩的伙食费，就是饭票）。

问：有没有五保户的人当阿姨这样的情况？

答：没有五保户，六保户，吃自己的（就是当时五保户的概念是没有的）。没有，这个政策还不曾有。

问：五保户政策什么时候出台的？

答：改革开放以后才有的。

问：58年那个时候，你们根本没听过五保户这个政策？

答：嗯，没有。

问：那个时候生产队里每户人家水平都差不多的吗？

答：差不多。

问：生产队对成分好的人家有没有什么优惠？

答：没有，工分一样的。

问：划为地主和富农的人，要从事义务劳动吗？

答：义务劳动倒有的，生产队里的人休息了，外面有一点活，要他去做做。

问：就是成分不太好的人，你们工休了，他们还要去做一些临时多出来的活？

问：这些活不算工分的是吧？

答：这个不知道。

问：人民公社的时候，家里没有子女，没有劳动力的这些老人，饭也有得吃。他们有没有什么特别的名字？

答：没有。

问：托儿所只有自己生产队的才能进去是吧？

答：嗯，这个托儿所的孩子都是生产队的，别的人不可以进去的。自己生产队的孩子你去好了。

问：只有自己生产队的才能进自己生产队的托儿所是吗？

答：嗯，对的，别的人不可以去的。

问：你们生产队里你认识的人里面，有没有送孩子去托儿所的？

答：认识的，生产队么总认识的。

问：生产队里很多人会把小孩送过去是吧？

答：嗯。

问：其他生产队知不知道有托儿所的？

答：有，都有的。

问：61年之后，其他生产队有没有办托儿所的？

答：有的，你要办托儿所就办托儿所，一个生产队办就办，一个生产队不办就不办，这个没有政策的，有需要就办。

问：办不办托儿所是生产队自己决定的？

答：嗯。

问：你们西岭生产队，61年以后就没办过托儿所了吗？

答：61年啊？有的，这个时候要出钱了。就是办在人家家里，老人不干活了，就看看小孩（办的托儿所在生产队里某一户老人的家里，在她家做场地办托儿所，吃的饭呢要中午要自己送到托儿所去给自己孩子吃）。这个不称托儿所了。

问：这个叫什么？

答：托人家领。托人家带，自己要付钱的。

34　王娥秀

采访日期　：2009年12月23日
采访地点　：陈坊桥镇杨溇村王娥秀家中
采访人　　：太田、佐藤
翻译人　　：徐芳
讲述人　　：王娥秀（七十八岁）
讲述人简历：渔民，得过血吸虫病。
讲述人家庭：丈夫朱雨堂，七十八岁，渔民。育有五个子女。

个人与家庭概况

问：您多大年纪？
答：七十八岁。我们俩夫妻一样的，都是七十八岁。
问：哪年出生的？
答：这个我不知道了，呵呵。
问：属哪个生肖？
答：这个我们也不讲的，老人家都不讲，我们也就不懂。
问：为什么不讲生肖呢？是不是信教的人都不讲生肖这一套？
答：哎，信教，老一辈不讲起，我们也就不懂。
问：你先生是哪里出生的？
答：就是陈坊桥出生的。老头子也是陈坊桥人。

问：爷爷叫什么名字？
朱雨堂答：朱雨堂。
问：多大岁数了？
朱雨堂答：七十八啊。
问：你爸爸叫什么名字？
答：王阿荣。
问：如果活着的话，有几岁了？
答：有九十多岁了。我家这个老人死得早，六十多岁就死了。
问：也是渔民？
答：也是渔民，也是苦出身，苦啊。
问：你妈妈叫什么名字？
答：叫什么名字？倒不知道了。
问：哪里人？
答：都一个地方的，也是陈坊桥的。
问：活着的话，几岁了？
答：也有九十多岁了。死了年数长了，我

娘活到五十多一点点。

问：你爸爸妈妈都是渔民对吧？

答：哎，都是渔民。

问：也都是陈坊桥人对吧？

答：哎，对。

问：你爷爷奶奶都是本地人？

答：是的。

问：有听说过祖先是从别的地方迁来的吗？

答：不曾听说过，都是本地人。

问：你几岁结婚的？

答：二十二岁。

问：你有几个小孩？

答：五个。两个女儿，三个儿子。

问：大儿子叫什么？

答：朱昌其，五十四岁，在农机厂工作。

问：现在呢？

答：现在还在那工作，还不曾退休。

问：第二个小孩呢？

答：朱其云，四十八岁，开车子。

问：第三个呢？

答：朱其明，四十五岁了。

问：做什么工作？

答：小工厂，做机器的。

问：第四个小孩呢？

答：是个女儿，五十二岁，叫朱林娟。

问：做什么工作？

答：扫地啊，小区里面做清洁工的。

问：小女儿叫什么名字？

答：朱仁妹，也有四十岁了，是医生。

血吸虫病

问：你几岁得血吸虫病的？

答：总要三十多岁，靠四十岁的样子。

问：血吸虫病是怎么查出来的？

答：血吸虫病去看病查出来的。

问：是到医院去查的？

答：哎，到医院去检查。

问：是自己去的？还是医院派人叫你们去查的？

答：医院里派人叫我去检查的。检查出来说有血吸虫，就到佘山去，看得好。

问：是到佘山的医院去看好的，对吧？

答：哎，对。

问：是不是有人来收大便的？

答：哎，验大便。

问：大家都要参加普查的对吧？

答：对。

问：查出来有血吸虫病的就要去治疗对吧？

答：查出来有血吸虫的，就过去治疗。

问：当时你知道自己有血吸虫病吗？比如你肚子有没有大起来啊？

答：没有。

问：有没有感觉不舒服？

答：没有。

问：自己没有什么感觉的吗？

答：哎，自己不觉得，是人家给我查出来才知道的。

问：检查出来后你怕不怕？

答：不怕的，那没办法的。有血吸虫，就吃吃药。

问：验粪便后，检查出来得血吸虫病的人多不多？

答：多，多啊，医院里面住满了。

问：一百个人里面，得血吸虫病的人有多少啊？

答：这个我就不知道了。反正在医院里打血吸虫的人蛮多的，跟我一起在佘山医院住一个房间的人，很多很多。

问：你住的村子里得病的人多不多？

答：住的地方啊没有，以前我们一家人一只船，游来游去抓鱼的，没有房子的。不像别人家住在一个村子里的。

问：你的小孩有没有生过血吸虫病的？

答：有一个啊，其明生过。

问：检查大便时，负责人是谁？

答：都不在了。

问：当时负责人是大队里面派来的？

答：是赤脚医生来通知，叫我们到医院里面去验大便的。

问：你生血吸虫病的时候，已经有渔业大队了吧？

答：渔业大队，有了。

问：这个赤脚医生，是农民的赤脚医生？还是渔业大队的赤脚医生？

答：是渔民的赤脚医生。

问：当时来通知你去验大便的赤脚医生是谁？

答：是菊娥，她也是赤脚医生，她以前也是渔业大队的赤脚医生，她老早就不做了，她不做了我女儿顶替上去。

问：是男的？还是女的？

答：女的，退休了，不做了。她搬到松江去了，不住在这里了。

问：你有没有看到过钉螺？

答：钉螺啊，没看到过。

问：你知道灭螺吗？

答：知道的。

问：灭螺的时候也没有看到过钉螺？

答：灭螺是人家农村里啊，跟渔民没有关系。农村里，种田的农民去灭螺的，渔民不管的。

问：你有没有见过生血吸虫病的人有大肚子的？

答：没有，肚子都不大的。

问：没有看到过？

答：肚子大的，不曾看到过。

问：你去哪里看的病？

答：血防站。

问：在哪儿？

答：在佘山镇上。

问：你看过有关血吸虫病的电影或电视之类的宣传吗？

答：不看的，不去看的，以前要捉鱼，没有时间去看的。

问：广播也没有？

答：广播啊，乡下有的。

问：广播里没说到血吸虫病的事吗？

答：不说的，他们说我们听也不放到心上的。

问：广播里面讲不讲血吸虫病的？

答：讲总在讲的，我们是记不住的。自己没记性，记不住的。

解放前的渔民生活

问：解放前，你爸爸手里有几条船？

答：只有一条小船，搭了一个小棚子。以前小孩子多，就搭个小棚子，住在河岸上。以前苦啊。

问：小棚子搭在哪里？

答：农民的地，河岸上，渔民没有地的。

问：小棚子的地是谁的？

答：就河岸上一点点地，没有人管的。

问：地是农民的？

答：地是农民的，渔民没有地。

问：要不要交钱的？

答：不要交钱的，以前搭个棚子，不用交钱了。以前船小，小孩子多，就在河岸上搭个小棚子，让小孩子睡睡，大人还要出去抓鱼的。

问：人住到小棚子里了，船上还住吗？

答：搭个小棚子起来，小孩子里面睡睡，白天大人还要去捉鱼，捉鱼回来也住到小棚子里。

问：有没有搭棚子的渔民？

答：有的搭，有的不搭的。有大船的就不搭，都住大船里面。小船人多住不下，就要搭个小棚子。以前搭小棚子没有人管，没有人说的。

问：搭小棚子的时候，一户人家跟另一户人家会搭在一起吗？

答：不会的，不住在一起的，各管各。那时候是一个人家搭一个小棚子。

问：分开的对吧？

答：哎，对。

问：不住一起的？

答：哎，不住一起的。

问：一般去捉鱼，最远到哪里？

答：那时候随便你去哪里捉鱼，不要紧的，没人管的。

问：最远到哪里？

答：黄浦也去过。张圩、松江都去过。

问：经常去哪些地方捕鱼？

答：青浦。

问：整个青浦都去？

答：都去的，以前没有规定的，随便你到哪里都可以。昆山也去的，一般青浦，最近嘛。

问：捉到的鱼就是卖掉？

答：哎，卖出去。

问：卖到哪里去？

答：在青浦抓的鱼就在青浦卖，松江抓的就在松江卖，陈坊桥抓的就在陈坊桥卖。

问：在青浦捉到的鱼，卖到青浦的什么地方？

答：随便哪个小菜场都可以去卖。

问：有没有鱼行？

答：有的。

朱雨堂：鱼行的时候呢，我们自己不卖鱼的，由鱼行收购，让鱼行去卖的。鱼行给我们一张发票，我们到大队里面交账。大队里发工资给你的。

问：解放前鱼卖到哪里？

答：解放前随便哪里都好卖。你在镇上卖也可以的，卖到农村里也可以的。

朱雨堂：解放前，自己直接可以卖鱼，钱

就直接到手的。到解放后，钱就不能
直接到手了。

问：解放前也有鱼行吗？

答：也有的。

朱雨堂：解放前，鱼行也有的，就是收购
收去，把钱给我们。解放后了，鱼上
交给鱼行，给我们一张发票，钱就没
得拿了。

问：有没有大鱼行？

答：没有的，都是小鱼行。

问：没比较有名气的鱼行？

答：没有的。

朱雨堂：有名气的，青浦有一只。

问：叫什么？

朱雨堂：这个年数长了，不记得了。

问：解放前，你们出去捉鱼，有人来向你
们收钱吗？

答：没有的。

问：都随便你们捕鱼对吧？

答：哎，对。

问：有没有人包下水面，让你们去捕鱼，然
后让你们交钱？

答：有的。

问：解放前吗？

答：有的。

问：去这种地方捕鱼要交钱的是吧？

答：对。

问：交的钱叫什么？

答：荡费。

问：哪些地方收荡费？

答：这里也有的，养鱼的地方就要收荡费
了。

问：去到这种地方捉鱼就要交钱对吧？

答：交钱的地方，你承包了，一年交多少
钱，有一张卡的，用这种卡交钱的。一
年交一次，不交就不能捕鱼的。

问：钱交给谁？

答：交给渔政了。

问：交了荡费后就哪里都可以捕鱼了？

答：不是。

朱雨堂：荡费就是你承包了一个水面，在
这个水面里，只有你可以抓，别人不
可以抓。别人家自己再去包一个水
面。水面都是一段一段拦开的，一个
水面只能一个人家抓，别人家不好抓
的。

问：别人家能到你的水面来抓鱼吗？

答：不好抓的，你不能去别人那里抓，别
人也不能来你这里抓。

问：这是解放前的情况吧？

答：是。

问：怎么知道这块水面有没有人承包呢？

答：都划好了，隔开的啊。

问：没有划起来的地方，大家就都可以去
捕鱼？

答：对。

问：这种公共的地方是不是鱼比较少？

答：少的，抓的人多了，鱼就少了。

问：你爸爸妈妈有没有包过水面？

答：爸爸妈妈那个时候不包水面的。

问：为什么？

答：没解放的时候，不包水面的。鱼都是
游来游去的。解放以后才可以包水面
的。

问：渔政是什么时候的事？

答：解放后来的咯。

问：出荡费是改革开放以后吗？

答：是的。

问：现在承包一个水面，也交出荡费吗？

答：以前承包的水面，现在都填了，造房子了。水面很少了，如果承包的话，也叫出荡费。

问：解放后这里有没有渔民协会？

朱雨堂：没有的。

问：渔业大队是什么时候成立的？

答：解放以后就有了。

问：大概是哪一年？

答：这个不记得了。

朱雨堂：渔业大队大概1958年。

天主教

问：你爷爷奶奶爸爸妈妈都信天主教吗？

答：都是天主教的。

问：你爸爸的兄弟姐妹也都信天主教？

答：对，全是天主教的。

问：你跟你老头子都在佘山大教堂受洗的？

答：哎，大教堂。

问：你爸爸妈妈的坟头在哪里？

答：爸爸妈妈的坟头早就找不到了，造在哪里也不知道了。以前是有坟头的，后来有些种田的，把坟头填了，有些造房子的，把坟头拆掉了。全都没有了。现在骨灰都放到车队泾去。车队泾那里有只教堂，放到那里跟坟墓是一样的。

问：你去不去爸妈的坟墓上坟的？

答：不去的。

问：还没有拆掉的时候，去不去上坟的？

答：不去的。我们都在外面捕鱼的，被人种田拆了或者造房子拆了，我们都不知道的。

问：你们有没有上坟的习惯？

答：信教人不上坟的。

朱雨堂：车队泾那边呢，一年功夫去两趟，去望望老祖宗，还是有的。

问：天主教徒最重要的节日是什么？

答：圣诞，还有五月份。

问：去骨灰堂看祖先，有没有固定的日子？

答：没有的，随便你哪一天去。

问：是不是在去世那天去看？

答：不是的。过五七以后，就可以去骨灰堂看，随便哪一天都可以去，不固定。

问：信天主教的可以上坟吗？

答：不上坟的。

问：可以祭拜祖先吗？

答：不拜的，天主教不拜的。

问：是不是只可以拜耶稣？

答：哎，对。

问：住在这里的两个渔民有了矛盾的话，神父管不管？

答：信教人没有矛盾。

朱雨堂：一个堂里的都没有矛盾的，都是兄弟姐妹。走到外面去的话，可能会跟别人有矛盾了。

问：你们结婚那时还可以去教堂的？

答：可以去的。

问：文化大革命的时候也还可以去教堂的？

答：不可以了。

问：到你们几岁的时候不可以去教堂了？

朱雨堂：已经靠二十年了，文化大革命的时候，那个天主堂都被拆掉了。

答：顶上那只教堂没被拆，是下面那只小教堂被拆了，到改革开放后再造起来的。

问：教堂是被谁拆的？

答：没看到，不知道是谁来拆的。

问：教堂被拆了你们心痛不痛？

答：当然心痛了，但是也没有办法。又不好说的，不敢说的。说的话，人家要套帽子的。

问：在拆的当时，你们看到了？

答：没看到。

问：你五个小孩都是天主教的？

答：都是的。

问：你媳妇是不是信教的？

答：大媳妇是外教的。

问：女婿是不是信教的？

答：大女婿是外教的。

35　朱新堂

采访日期　：①2009年8月23日，②2009年12月23日
采访地点　：陈坊桥镇杨溇村朱新堂家中
采访人　　：太田、佐藤
翻译人　　：徐芳
讲述人　　：朱新堂
　　　　　　（1938年10月24日出生，七十二岁）
讲述人简历：出生于陈坊桥杨溇村，渔民，得过血
　　　　　　吸虫病。
讲述人家庭：妻子周桂娥，六十九岁，渔民。育有
　　　　　　四个子女。

个人与家庭概况

问：您叫什么名字？
答：朱新堂。
问：多大岁数？
答：七十二。
问：哪一年出生？生日什么时候？
答：38年，10月24。
问：在哪里出生的？
答：就在这里，陈坊杨溇。
问：这里是陈坊桥的哪里？
答：杨溇村二队。
问：你从事什么行业？
答：捕鱼的。
问：你老婆叫什么名字？
答：周桂娥。
问：她几岁了？

答：她是40年养的。五月六号。
问：出生在哪个村子？
答：出生上港。
问：也是捕鱼的吗？
答：哎，捕鱼的。
问：你跟你老婆什么时候认识的？
答：小时候。父母定亲的。
问：几岁定亲的？
答：大概三岁。
问：什么时候住到这个房子里？
答：三十二年前住到这里的。
问：住到这个房子之前，住在哪里？
答：在陈坊桥西面的姜家村。
问：那时候住在船上？还是陆上？
答：住在屋里的，原来是草房。
问：船上住过吗？
答：小时候不住的。结婚后么就住到船上

去了，大概二十五岁开始捕鱼，住到
船上去了，大概过了二十年。

问：你爸爸叫什么名字？

答：朱梦生。

问：他的生日记得吗？

答：不记得。

问：他如果活着的话几岁了？

答：大概八十三五岁。

问：属哪个生肖？

答：信教人不讲生肖的。

问：比你大几岁？

答：二十一岁。

问：几岁去世？

答：六十六岁去世的，到现在过了二十二
年了。

问：你爸爸是哪里人？

答：陈坊桥人，杨淀村的。我爷爷也是杨
淀村的。

问：杨淀村就是渔业村？

答：就是原来的渔业大队。

问：爸爸也是渔民吗？

答：哎，渔民，从小捕鱼，住在姜家村。

问：他住船上吗？

答：也住的。

问：姜家村也住吗？

答：也住的。捕鱼的时候就住在船上，不
捕鱼的时候就住在屋里。

问：你父亲有田吗？

答：没有。

问：你妈妈叫什么名字？

答：戴菊秀。

问：跟你爸爸差几岁？

答：比爸爸大两岁。

问：哪里人？

答：青浦徐泾人。

问：也是渔民？

答：哎，渔民。

问：你爸爸妈妈怎么认识的？

答：当时有介绍人做媒的。

问：你父母都是天主教徒吗？

答：一样的，都是天主教。我爷爷、太
太都是天主教。

问：你爸妈什么时候入教的？

答：他们生出来就信教了。生出来一个月
就受洗了，受洗了就是信教了。

问：你爷爷奶奶都是杨淀人吗？

答：我爷爷是杨淀人，奶奶不知道是哪里
人。

问：也都是天主教徒吗？

答：都是。

问：他们也是在佘山教堂受洗的吗？

答：爷爷是的。

问：外公外婆是徐泾人？

答：哎。

问：他们也是天主教徒？

答：也是的。

问：他们来佘山教堂吗？

答：不来的。他们去青浦泰来教堂。

问：那个教堂在哪里？

答：你到青浦去问一下都知道的。

问：爷爷叫什么名字？

答：朱永才。

问：奶奶叫什吗？

答：不知道。

问：外公呢？

答：不知道，外婆也不知道，我出生的时候他们都死了。

问：爷爷哪里出生的？

答：张浦的，厍山不来的。六号桥过去就是张浦。

问：也是渔民吗？

答：哎，也是渔民。

问：有没有听说爸爸或者爷爷说起你们祖先是从哪里迁过来的？

答：没有，只知道我爷爷是张浦人。

问：你手里还有你爷爷或爸爸用过的十字架吗？

答：早就没有了，破四旧的时候早就都扔掉了，这些是新的呀，教堂重新开放的时候才有的。

问：你几岁开始读书的？

答：十一岁开始读书，七岁的时候读经。

问：在哪里读经？

答：佘山的教堂里。

问：在哪里读书呢？

答：也是佘山的教堂里，是天主教的学校。

问：读什么科目？

答：语文、数学、作文。

问：老师是传教士吗？

答：是修女。

问：有几个老师？

答：三个，全都是修女。

问：读书要交学费吗？

答：要，一年一斗米。

问：学校有几个班？

答：有四十几个学生，不分班的，就一个班。

问：学生都是渔民吗？

答：不是，也有种田的。

问：都是教徒吗？

答：对，都是教徒子弟。

问：你读了几年书？

答：读到五年级，六年级也没读，就毕业了。

问：以后做什么？

答：捕鱼啊。

问：你几岁开始捕鱼？

答：那个也不一定的呀，有时候么帮父母捉捉鱼，有时候么在家里待着，结了婚以后两夫妻就去捕鱼了。

问：不读书后你做什么行当？

答：在家待着呀。

问：你几岁结婚的？

答：二十二岁的。

问：结婚以后，有自己的船吗？

答：船么，自己的呀。

问：是父亲传下来的？还是自己买的？

答：父亲传下来的呀。

问：以前是住在姜家村的，后来搬到这里来的，是你们自己搬过来的？还是政府安排的？

答：大队安排的。这里叫渔民新村，大队集中渔民住到这里的。

问：刚住到这里时，一共有几户？

答：九十六户。

问：现在有几户？

答：大概六十户。

问：刚搬到这里时，是不是全部都是姜家

村的渔民？

答：不是，有江秋、富林、姜家村的，通通集中到这个渔业大队。

问：富林是那个广富林吗？

答：哎，是的。

问：最多的是从哪个村子过来的？

答：陈坊的。

问：姜家村算不算陈坊的？

答：也算。

问：第二多的是哪个村子？

答：江秋也多的。总之佘山这个镇的范围内的渔民都集中在这里的。

天主教

问：给你受洗的神父叫什么名字？

答：姓陆，名字不知道了。那个神父早就死了，活着的话有一百多岁了。

问：有没有神父是外国人的？

答：有的，我读书的时候，刘道姆是外国人，解放后派出所把他送到上海的码头，叫他回自己国家去了。

问：还有别的神父吗？

答：姓马。

问：现在的神父是谁？

答：姓李，四十来岁，李小强。

问：现在这个教堂有多少信徒？

答：上千人。

问：你是搬到这里后才开始信天主教？还是从小就信教？

答：从小就信。

问：你爸爸也信教吗？

答：哎，一直以来都信教，从太太手里就

一直信教的。

问：世世代代都信教吗？

答：哎，是的。

问：住在这里的基本都是天主教？

答：哎，是的。

问：有没有不信天主教的？

答：有有有，有三户。

问：他们信什么呢？

答：佛教。

问：天主教哪一条教义最重要？

答：天主教么就是叫我们相信天主圣母。

问：这里的教堂叫什么名字？

答：佘山教堂呀。

问：佘山教堂每年有什么活动呢？

答：五月份活动比较多，是圣母月，全国各地的人都有。

问：具体是什么活动呢？

答：来朝圣呀。

问：另外的月份有没有呢？

答：五月份最多，一年四季做弥撒的都有。

问：圣诞节呢？

答：去的，一定要去的。

问：圣诞节的时候人多吗？

答：圣诞节，教友讲起来有两三千人。晚上游客比较多。

问：游客太多，有没有困扰呢？

答：那没关系的。他们也是来教堂里看看主是什么样子的，没关系的，游客又不会在那里乱讲话。

问：佘山教堂是解放前就造的吗？

答：哎，对。

问：解放前你去教堂做礼拜吗？

答：去的。

问：你去做礼拜的时候，有没有认识住在这里以外的渔民？

答：有，也有的。

问：都有哪些地方的渔民？

答：松江、青浦，上海也有的。

问：你有几个孩子？

答：四个。两个儿子，两个女儿。

问：孩子都做什么工作呢？

答：现在大儿子在联防队的〔民警〕，小儿子是车工，是工人来的。大女儿呢清洁工，现在退休了。小女儿呢也是清洁工。

问：四个小孩都信天主教吗？

答：是的。

问：两个女婿信教吗？

答：都是外教人。

问：两个媳妇是渔民吗？

答：不是渔民，是一般农民。

问：你听说过金泽的杨真庙吗？

答：没有。

问：你听说过莲泗荡吗？

答：没有。这种地方都没去过。

问：你去过徐家汇的天主教堂吗？

答：去过的。

问：你爸爸妈妈的坟墓在哪里？

答：骨灰堂，在车队泾。就是泗泾过去有只天主堂，那个就是骨灰堂。

问：是葬在教堂里吗？

答：哎。

问：土葬还是火葬？

答：火葬，骨灰盒子啊，用钱买一个地方，放骨灰盒子。

问：这边的天主教徒死了都葬到那边去吗？

答：哎，是的。

问：教堂叫什么？

答：骨灰堂，车队泾。

问：除了天主教徒，一般人葬那里吗？

答：都是天主教徒，外教人没有的。

问：外教的人不能放的对吧？

答：不能放的。像我们佘山人死了，要佘山的本堂教父签一个证明，不是教徒不能签的。

问：要钱吗？

答：要的，总归三千块钱两个盒子。

问：一次性交清吗？

答：一次性的。

问：不用交管理费吗？

答：不用的。像我爸爸妈妈没有钱，就放在最底格，总共五百五十块。有十几格的呀。

问：一个人五百五十吗？

答：两个人。

问：三千多块的是怎样的？

答：中厅的，可以到处走人的，这边是不能走人的。

问：最贵的是三千块吗？

答：从第三格到第六格最贵，再上面又降下来了，一共十格。

问：骨灰堂里面有没有可以直接埋在土地里的墓地？

答：没有的。

问：全都是一格一格的？

答：哎。

问：佘山教堂的教徒里渔民多吗？

答：多。

问：大概占多少？

答：百分之六十是渔民。

问：教堂有多少教徒？

答：算不清楚的，好多好多人，堂内堂外
人很多很多，还有好多地下的。

问：要入教的人，除了父母是天主教徒的
原因外，还有别的原因吗？

答：没有的。在以前，信教的人不能嫁给
外教人，外教人也不能嫁给信教的，现
在不同了，我两个女儿都给了外教人。

问：两个女儿已经不信天主教了吗？

答：不是，两个女儿嫁给外教人，名义上
说还信天主教，但是我们把她们归为
外教人了，不认同她们为天主教徒了。

问：有没有教徒去拉外教的人入教呢？

答：没有的，你要信就信，信仰自由的。

问：你说的百分之六十都是渔民，是包括
老渔民和新入教的渔民吗？

答：哎，老渔民、新渔民一道算起来的。

问：新入教的，除了渔民外，还有别的人
吗？

答：有的，还有农民。

问：农民多不多？

答：不多的。

问：还是渔民多吗？

答：渔民占多数。

问：农民占多少呢？

答：占百分之四十不到的。跟以前的情况
一样的。

问：除了渔民、农民以外，还有别的人吗？
有城里人吗？

答：像上海人也有的。

问：是城里人吗？

答：是。青浦城里人也有，不多的。

问：最近几年入教的渔民，是不是从别的
教改信天主教的呢？

答：不是。渔民都是信天主教的。

问：新入教的渔民就是小孩子？

答：是的。像以前小孩子生出来就加入天
主教，现在小孩子自愿，要加入就加
入，不愿意可以不加入。

问：你有没有听说过渔民不信天主教的？

答：有。

问：他们信什么呢？

答：老爷。我们这里也有两户的。

问：他们信老爷之前有没有信天主教？

答：没有的。一直以来都是信老爷。我们
整个渔业大队也没几户外教的，算起
来就十几户。

问：你觉得信老爷的人跟你们有区别吗？

答：他们是烧香拜佛的，我们不烧的。

问：平常生活上有交流吗？

答：有交流的。

问：信仰上有交流吗？

答：那各管各的。

问：信老爷的人到哪里烧香？

答：杭州、松江。

问：具体的庙知道吗？

答：我们不问的。

问：陈坊桥有庙吗？

答：没有的。原来有个庙的，土地庙，拆

掉了。

问：刚解放的时候，信教是自由的吗？

答：是的。

问：搞活动也是自由的吗？

答：哎。

问：到破四旧就不可以了是吗？

答：不可以了，干部知道了要批的。那时候堂里也不可以去了。

问：破四旧之前，信教自由吗？

答：自由的。

问：破四旧是哪一年你知道吗？

答：大概58年。

问：破四旧后，有没有人偷偷拜教的？

答：有。

问：可以去教堂吗？

答：不可以的。堂都没有了，神父也没有了。

问：神父去哪里了？

答：吃官司的吃官司，改造的改造。

问：教堂有没有被拆掉？

答：没拆掉，但是有部队进去了。

问：什么时候又开始可以去教堂了？

答：开放以后。

问：你几岁的时候？

答：四十岁的样子，可以去了。

问：信教的教徒可以拜祖先吗？

答：可以拜。

问：跟外教的拜法一样吗？

答：我们做弥撒。

问：在家里还是教堂里？

答：教堂里做弥撒，家里叫几个人来念经，念《圣经》。

问：天主教徒可以在家里放牌位吗？

答：可以放照片。牌位没有的，不可以的。

问：为什么不可以放牌位？

答：教会里规定的。

问：照片可以放吗？

答：照片可以的。

问：爷爷奶奶的都可以吗？

答：都可以。

问：教徒里面有没有人偷偷在家里放牌位的？

答：没有的，偷偷的也没有的，绝对没有的，只有十字架是可以放的。

问：偷偷放牌位就不可以去教堂了吗？

答：哎，不可以。神父知道要批评的，换在解放前要赶出教会，现在好一点只是批评。

问：是在大家面前批评吗？

答：不是，单独的。

问：你听说过有人被批评吗？

答：没有的。

问：如果两个教徒吵架，有没有人会来调解的？

答：村里有个调解会，会派人来调解的。

问：神父只是管宗教上的事吗？

答：哎，是的。

问：神父听说有人吵架的事，他会来调解吗？

答：他听说了就会在堂里讲道理，说不好吵架，但是不会指出谁跟谁吵架的。

问：有没有人品不好的神父？

答：没有的，神父不会发脾气的，不会跟人吵架的。

问：你们要不要给教堂捐款的？

答：自愿的。

问：一般教徒都会捐吗？

答：哎，十几块，二十块。

问：一年捐几次？

答：总两三次。

问：是不是逢年过节才捐？

答：不是的，随时都可以的。

问：你一年捐多少？

答：三四十块。

问：你明天几点去教堂？

答：四点钟。

问：那么早就去？

答：因为大堂不开放，去晚了要没有位子。

问：跟你一起去的有几个人？

答：总三五六个人吧。

问：车子可以开上去吗？

答：可以开到山顶，但是也不方便的，开的教堂在下面，车子不能直接到的。

问：走过去远不远呢？

答：不远的，二十分钟。

血吸虫病

问：你几岁生血吸虫病的？

答：还没结婚，还在读书，大概十二、十三岁。

问：你怎么知道自己得血吸虫病的？

答：有人来验大便的，当时肚子大出来了。

问：肚子大出来是几岁啊？

答：读书的时候就大了，读完的时候肚子是大的。

问：除了肚子大，还有别的症状吗？

答：有，面黄肌瘦，人小肚子大。脸上青筋暴出，没有血色。

问：验大便前知道自己得的是血吸虫病吗？

答：不知道啊。

问：你觉得自己肚子大起来很奇怪吗？

答：哎，奇怪。为什么呢？吃一直在吃，就是吃不胖。一天要吃三、五顿。

问：你小时候姜家村有几户人家？

答：就只有我们一户渔民，其余都是农民，大概十几户人家。

问：农民也有生血吸虫病的吗？

答：农民也有。

问：姜家村有几户农民得血吸虫病的？

答：跟他们不来往，治病是一起去的。

问：去哪里看血吸虫病的？

答：去佘山啊，在派出所那里。当时已经解放了嘛，设了派出所，就在派出所过去一公里路。

问：是医院吗？

答：不是，叫血防站，在佘山东面。

问：当时佘山政府在哪里？

答：政府在佘山西面，在陈坊桥啊。

问：血防站有医生吗？

答：有的。

问：医生从哪里来的？

答：镇上的赤脚医生都派过来了。

问：有没有正式的专业医生？

答：有，也有的。

问：专业医生与赤脚医生能分得出吗？

答：看不出来的。

问：有几个专业医生？

答：三四个。

问：总共有几个医生？

答：十几个呀。

问：专业医生是哪里派过来的？

答：这个不清楚。

问：当时佘山镇属于哪个县？

答：属于青浦县呀。

问：你觉得自己是青浦人？还是松江人？

答：现在是松江人，以前是青浦人。

问：你心里觉得自己是哪里人？

答：松江人嘛。

问：有些血吸虫病严重的病人，医生给他开刀吗？

答：没有的。

问：严重的病人怎么办？

答：就让他死了呀。

问：有没有送到县城里去看病的？

答：没有的，看不好就让他死了的。

问：有没有渔民当时病情很严重，最后死掉的？

答：有。

问：到血防站去治疗，怎么治疗的？

答：打针、吃药啊。

问：病情有没有好转？

答：有。

问：过了多久病好了呢？

答：二十二天就好了。

问：肚子小了吗？

答：哎，是的。

问：是每天都打针吗？

答：哎，对的。

问：也每天都吃药吗？

答：是，每天都吃药的。

问：到血防站打针、吃药二十二天后，病就好了对吧？

答：哎，二十二天之后呢，又在家里休养了一个月，就可以出外活动了。不曾复发过。

问：政府有没有宣传血吸虫病的活动吗？

答：有的。

问：是看电影？还是广播？

答：就是看片子嘛。

问：你看过《枯木逢春》吗？

答：不知道。

问：你知道灭螺活动吗？

答：知道的。

问：大概几岁？

答：靠二十岁，开始灭螺。

问：用什么方法灭螺？

答：就是把河岸上的土铲起来，再压住。

问：就是土埋？

答：哎，土埋。

问：有没有用火烧的？

答：没有的。

问：灭螺的时候用土埋嘛，你有没有参加？

答：没有。

问：你父亲有参加吗？

答：也没有。

问：都不去啊？

答：哎，农民组织的呀，农民去的，渔民不参加的。

问：政府有派渔民去灭螺吗？

答：没有的。

问：当时有人管理粪池吗？

答：没有的，都倒到河里的，农民也倒到河里的。渔民吃也在河里，拉也在河里，呵呵。洗马桶、洗菜、喝水都是河里的。

问：有没有人用粪便做肥料的？

答：有的。

问：就是粪便做肥料，马桶到河里洗，是这样吗？

答：哎，是的。

问：在你的印象中，生血吸虫病的人，渔民多？还是农民多？

答：农民多。渔民只有百分之十，一百个里面才十个。

解放后的渔民生活

问：你住在姜家村时，渔民就只有你们家一户吗？

答：哎，一直都只有我们一户渔民。

问：姜家村当时属于哪个大队？

答：陈坊大队呀。

问：是跟农民一起属于陈坊大队吗？

答：哎，是跟农民一道。后来成立渔业大队了，就属于渔业大队了。

问：也有渔业大队吗？

答：有的，搬到这里就属于渔业大队了，之前没有的。

问：搬到这里之前有没有渔业大队呢？

答：没有的。

问：在渔业大队之前，属于哪个大队？

答：陈坊大队啊，哦，不是，当时叫东方大队，后来改名为陈坊大队的。

问：东方大队下面有几个生产队？

答：十八个。

问：姜家村是其中一个了？

答：哎，姜家村是其中一个。

问：除了姜家村有渔民，别的村子也有渔民吗？

答：当时小漤也有渔民的。

问：你说的十八个生产队中，那些队是有渔民的？

答：小漤、小泾队，是有渔民的。

问：你们是渔民，跟农民编在一个生产队，但是跟农民的劳动是不一样的，你有工分吗？

答：我有的。

问：工分怎么计呢？

答：我们捕鱼是按照钞票来计工分的，根据你的经济收入来算的。

问：就是说把一天捕的鱼卖出去所得的收入来计算工分的，对不对？

答：是的。

问：多少钱算一工分呢？

答：有时候两元，有时候三元，有时候五元。在这里抓价钱大，在外面抓价钱小，是这样的意思。

问：姜家村就你们一户渔民，你们归哪个生产队管理的？

答：姜家村就是姜家队，归姜家队的队长管理的。

问：是不是由队长和大队长汇报你们家的情况？

答：哎，对对。

问：捕到的鱼卖到哪？

答：当时有发票的呀，卖到收购站啊。

问：收购站在哪？

答：在陈坊桥呀。

问：你有没有想过做农民种田呢？

答：种田也种过一段时间，田不多，我们不种田的。

问：几几年的时候种过田？

答：58年的时候。

问：有几亩田呢？

答：有九亩。

问：是分到的田？

答：不是分的，是爷爷传下来的，老祖宗传下来的。

问：九亩田自己种吗？

答：自己不种的。叫别人种的，我们收租米。

问：一年交多少米？

答：大概六石、十石米的样子。

问：58年的时候还有九亩田啊？

答：哎，是的。

问：那个时候不是已经有人民公社了？

答：对啊，有人民公社了，这个田就充公了，人民公社之前，这个田是我的。哎，58年以后，田就给生产队去种了，归姜家生产队种啦。

问：刚刚搬到这里住的时候，还有人生血吸虫病吗？

答：没有了。

问：这个房子是77年的时候新造起来的吗？

答：哎，差不多，是新造的。

问：在那个时候，这样的房子算不错的？

答：哎，吃香的，这个房子算好的。

问：这个房子是政府盖的吗？

答：不是政府，讲起来，算是渔业公司盖的。

问：要交钱吗？

答：不交的。

问：你们的房间怎么分配呢？

答：按照人来算。五个人以上的住西面，四个人以下住东面。

问：西面的房子比东面的房子大吗？

答：西面的房子是中走廊，走廊在中间的。东面的房子是外走廊，走廊在外面的。大小是一样的。西面的有两个房间，厨房跟房间是分开的。

问：你觉得这边的房子好？还是东面的房子好？

答：差不多，我觉得差不多，没差别。当时是渔业大队的大队长来分配的。

问：分房子的时候，渔民之间有没有闹矛盾的？

答：没有的，因为当时是由支部书记和大队长分的，当时不像现在言论自由，不能反对的，分到哪里就一定要住哪里。

问：书记和大队长的名字还记得吗？

答：记得记得。书记是张永元，大队长是周桂华。

问：这两个人都还活着吗？

答：大队长没了，就是刚才赤脚医生的公公。

问：书记还在吗？几岁了？

答：在的，七十六岁了，他住在陈坊桥。

问：你能找到张永元吗？

答：找不到，不知道住在哪里，他是拆迁户，不知道搬到哪里了。

问：大队长已经去世了？

答：对，去世了。

问：张永元不做书记后，接下来谁做书记？

答：不认识，镇里调过来的。

问：周队长后面谁做大队长？

答：叫沈弟弟，他是外教的，也是镇里的。他家在杨溇二队，这里是杨溇一队。

问：他是不是渔民？

答：也是渔民。

问：大概几岁？

答：靠六十岁。也退休了。

问：书记是渔民吗？

答：不是渔民。

问：周桂华是渔民吗？

答：周桂华是渔民。

问：你做过大队长、书记或小队长的职务吗？

答：没有做过。

问：大队长以前信教吗？

答：信教的。

问：现在还有渔业大队吗？

答：没有了，现在合并给了陈坊大队了。

问：现在住这里的渔民还打渔吗？

答：有的，年纪轻的人还在打渔。

问：都到哪里捕鱼？

答：叫晨山荡，就是外面这条港。

问：鱼是自己吃？还是卖？

答：卖的。

问：卖到哪里去？

答：陈坊桥镇上市场里去卖。

问：有没有渔民自己养鱼的？

答：没有的，都是自己打渔的。打渔的就三五户。

问：别的年轻人都做什吗？

答：工厂里上班。

问：以前这个渔业村有几户？

答：一百三十几户。

问：你现在还捕鱼吗？

答：不捕鱼了。

问：船还有吗？

答：没有了，卖了。

问：现在还有有船的渔民吗？

答：没有了，住到这里以后就都不捕鱼了。

问：做什么工作呢？

答：政府有补贴的呀，每个人六百二十元，以后就不劳动了。

问：每个月六百二十元算养老金吗？

答：哎，养老金，六十岁以上的人可以拿的。

问：什么时候开始有补助的？

答：五年之前。

问：五年之前干什么？

答：五年之前自己劳动啊，捕鱼。

问：一般到哪里捕鱼？

答：就在外面，整个佘山镇范围。

问：这里有比较大的荡或湖吗？

答：有，叫右登江。

问：在哪个方位？

答：在佘山西面啊。

问：渔业改革你听说过吗？

答：别的地方有的，佘山公社没有的呀。

36　徐锡泉

采访日期　：2009年8月18日
采访地点　：王家浜徐锡泉家中
采访人　　：稻田、太田、小岛、吉田
翻译人　　：伍珺涵
讲述人　　：徐锡泉，农民。

解放前的农民生活

问：请问您的姓名。
答：徐锡泉。
问：你爸爸叫什么名字？
答：徐裕祥。
问：现在这个地方是王家浜的南面还是北面？
答：属于南面。
问：解放前你住在王家浜的北面，是不是？
答：是杨家荡的北面。
问：什么时候搬过来的？
答：老早了，我父亲的时候就在这里了。以前王家浜东面姓姚，西面姓徐。
问：你从小就住在这里，没有搬过家吗？
答：从小就是，我父亲从小都是在这里的…
问：你的意思是一直都住在这个房子里吗？
答：我也有三个儿子，这里小儿子一栋，西面两个大的儿子…
问：都在王家浜里边？
答：哎，对。现在共产党好了啊，原来都是草房呀。现在老头子了，记性还是好的，日本人进来的时候我十三岁，我基本都有数了。
问：徐金龙、徐银龙这些人你认识吗？
答：徐金龙啊，金龙跟我同年，过世了，八十五岁。
问：徐金龙跟你是什么关系？
答：姓徐就是兄弟。徐金龙这个人好啊，很忠厚。他死了十几年了。
问：徐银龙呢，是不是也是兄弟？

答：徐金龙跟我是同年了。金龙就是银龙的大佬，金龙是哥哥，银龙是弟弟。

问：金龙、银龙的父亲叫什么？

答：徐裕发。这是金龙、银龙的父亲，比我父亲大两岁。

问：你父亲叫徐裕祥，是不是？

答：是。

问：你父亲跟徐裕发是什么关系？

答：徐家门里的兄弟，但不是亲兄弟。不是近亲，是远房亲戚。

问：王家浜这个村子里，徐家有几个房？

答：徐家啊，算老头的，算小的话不得了了。我算一下。四十七家，有的一些搬开去了，不算进去的。

问：你讲的四十七个人家，是指什么时候？

答：现在的。如果搬走的算进去，不得了了。

问：这四十七家分成几个房？以前一个男人可以娶很多个老婆，有大房、小房很多房的嘛。这四十七家分成几个房呢？

答：年数多了呀，搞不清楚了啊。

问：四十七家的老祖先是同一个吗？

答：原来肯定一个老祖宗的，年数多了，不知道传了多少代了。

问：日本人来的时候，你们徐家一共有几家？

答：我估计啊，十八家人家，老一代只有十八家人家啊。解放后就不得了了。

问：十八家人家的名字你都叫得出来吗？

答：叫得出来的。秀昌、秀仁，秀昌大佬，

兄弟秀仁。昌勇，他的兄弟叫秀文。河北面的老头子是徐文近、徐志香、徐文龙、徐文炎、徐龙秀，还有金龙的父亲，裕发。裕发的兄弟叫裕成，我的父亲叫裕祥，隔壁邻居的父亲叫富良，还有一个老头叫富昌。富龙，他的兄弟叫富成。还有徐文富，岁数都很大了。还有徐友生、徐留耕，徐家门里没有了，还有倪家的，他们兄弟在解放后从河西搬过来的，并为一个生产队的。他们大佬叫兴昌，弟弟叫兴祥。

问：这两户人家什么时候搬过来的？

答：解放以后。刚才徐家老弟兄还有一个徐友耕。

问：有没有一个叫徐昆炎的人？

答：有的，在我父亲辈算，是我叔叔。

问：是谁的父亲？

答：儿子都死了，叫徐富道。

问：徐昆炎的父亲叫什么名字？

答：他的父亲哪里叫得出啊，徐昆炎现在算都一百多岁了，他的父亲哪里还叫得出啊。

问：你刚才讲的文炎跟昆炎是同一个人吗？

答：不是，一个文炎，一个昆炎。

问：他们是兄弟吗？

答：徐家门里是兄弟，不是亲兄弟，是远房的。

问：有没有徐富祥？

答：富昌有的。富祥，有的。

问：富昌跟富祥是兄弟吗？

答：徐家门里是兄弟，远房的。

问：王家浜那条浜是在这里的南面吗？

答：就在南面。

问：解放前的十八家徐家里头岁数最大的是哪一家？

答：文龙，在我爸爸那辈里岁数最大，辈分最大。

问：十八家里头最富裕的是哪一家？

答：最富裕的是吧，徐志香算得上最富裕，徐家门里他们算最富裕。

问：哪一家的房子最大？

答：徐裕发他家的房子最大。

问：他家的房子有多大呢？

答：前后堂，两厢房，西面也有一堂，后面还有一堂。

问：一共有几间房？

答：我算算，从前三间房一堂，前后堂就六间。厢房一边一间，二间。后面个堂三间。西面还有个堂是四间。还有门前有间小屋，也有四间。一共十九间。这还不曾解放哦。

问：他们家的房子是不是在桥的那边？

答：老早拆毁了，老房子都拆毁了。

问：是不是在河的北面？

答：就在我们家门前面头。

问：裕发家是不是就是你们家隔壁？

答：他家南面，我家这里。

问：你家跟他家之间有没有别的人家？

答：没有的。那个时候不曾解放，都是破草棚。

问：裕发家也是草棚吗？

答：他家没有草棚的，是盖小瓦房的。穷人家都是草棚，我家就是三间破草棚，解放后才造的。共产党好啊。

问：日本人来之前，草棚多？还是瓦房多？

答：草棚多啊，肯定是草棚多。我三间破草棚。

问：楼房有没有呢？

答：没有的。楼房原来张家村顾家，他们是楼房。顾家啊，地主。

问：他家在哪里？

答：这条河西面咯。他们家是地主，有枪的。

问：楼房的主人姓啥？

答：姓顾。

问：这个顾家是不是在老年活动中心前面那家？

答：河西面，轿车开过去还可以看到的老楼房。房子现在还保留下来的。

问：现在房子谁在住？

答：现在没有人住了。

问：你家解放前是三间草房？

答：哎，三间，这个不是瞎说的呀。

问：你家里有没有行头地啊？

答：一共算起来七亩半，租地有，还租米。就是以前，草房的时候。没有行头地，这个不是瞎说的。我只有七亩半租地，为什么，是要还地主租米的。这个七亩半地中，有租地，也有自地。还租米是怎么回事呢，比如我这个种7亩半的地是他的，一年收成后我就要交租米给他。一亩地总要还一百五十斤租米。如果不还租米，就会派讨债的人住到你家里，在你家里吃饭。解放后，五个人，三亩地一个人，一共十五亩。地主徐志良最最好，别的地主都派人去讨租米，也有人建议徐志良派去人讨租米。徐志良说不要。徐志良他拥护共产党。后来共产党接见地主，只接见徐志良一个，别的都没有接见。

问：你家有没有租过徐志良的地？

答：不租的，我家不租的，路远不租的（因为徐志良家的地在天马那边，路太远了，所以没有租他家的地）。只有徐志良是最好的，有时候交不出租米，你少交一点也是可以的。

问：你家七亩半的土地中，是全部租来的，还是也有自己的地？

答：全是向别人租的。我的父亲是租北头地的，要出大租、小租。

问：租地有两种，是吗？

答：有两种，一种是问地主租的；一种是租北头地，那里的地价低，土地产量也低，弄得不好就收不到粮食。

问：北头地是谁的？

答：就是当地的地主的呀，你自己去联系地主说你要种这个地，那里的地一亩只要几斗米，大概交给地主四五十斤一亩地。租这个北头地不可靠，土地地势低，洪水一来的话全没有了。在佘山山脚，原来都是荡。

问：北头地是你们村的叫法？

答：哎。你租不起就种北头地。

问：北头地在哪里？

答：在佘山北面，青浦南面，原来是一块荡。

问：是种水稻吗？小麦呢？

答：麦子不种的，种水稻的，别的不种。老早不曾解放都不种的。

问：绿肥种不种？

答：不种的，一年只种一次水稻，别的都种不了。那个地地势很低很低，种菜、种麦子都不行的，都没有的。

问：在北头地用什么肥料呢？

答：猪粪，其次豆饼，过去榨油后做出来的大豆饼，这种肥料最好。

问：在北头地也用这两种肥料吗？

答：用猪粪的，基本上都是家里养猪的。当时都贫困，没有几户人家用豆饼的。

问：你家以前养过猪吗？

答：以前农村里基本每户人家都养猪，要肥料啊。你自己种田，要用肥料就要养猪，不养猪就要去买大豆饼，买不起啊。

问：解放前你们用的豆饼是本地的？还是外地的？

答：〔到〕泗泾、松江〔买〕，青浦不去的。

问：是自己去买的，还是有人带过来卖的？

答：哎，摇船去的，没有车子，过去有木船，摇船去买的。日本人进来了么就造马路，之前没有的，只有船。摇船出去，一个去买豆饼，还有自己家的粮食。交了租米，留了口粮后，运出去卖。解放前，国家不收购粮食的，都是有钱人开的米行，你有多的米可以卖给米行。

血吸虫病

问：王家浜这里以前有血吸虫病吗？

答：有。

问：这里生血吸虫病的人多吗？

答：这里少，佘山北面好多大肚子的人。我也生过。以前河浜都没有人管理的，只有共产党才管。以前没有井水，没有自来水，只有喝河里的水的，所以生血吸虫病。

问：附近最严重的是哪里？

答：佘山北面最多，这边少，大肚皮是没有的。佘山北面的水是不流动的，血吸虫动。这边河浜大，水流速度大，所以血吸虫少。后来共产党在佘山北面开河，让不流动的水能够流动起来。

问：除了开河以外，还有没有别的消灭血吸虫的方法？

答：第二种呢，有专业的人打药水，杀死血吸虫。只有采取这个办法，别的办法不行。如果只是开河不行的，一定要打药水。

问：共产党之前已经有血吸虫病，看到大肚子的人，大家知道大肚子的原因吗？会怎么想？

答：那个时候就知道是血吸虫引起的，但是没有办法去治疗。有专门的人来灭螺的，叫灭螺队。

问：这里有灭螺队长吗？

答：没有的。

问：灭螺队长在哪里呢？

答：一般是在乡政府、区政府，有灭螺队。

问：你知道灭螺队长的名字吗？

答：那叫不出的。

问：有血吸虫病感染到动物的吗？

答：没有的。这个病不是从口入的，是从皮肤里钻进去的，种田人都是赤脚下去的，就是这样钻进去的。

问：得血吸虫病的人中，农民多还是渔民多？

答：这里种田人多。外面的话，可能渔民多。

37 周家瑜

采访日期 ：2008年8月25日
采访地点 ：苏州市方志馆
采访人 ：太田
讲述人 ：周家瑜
讲述人简历：曾在血防站任职

血吸虫防治

问：这是什么书？

答：这本书是《苏州血防史志》，分为几个部分。第一部分讲苏州的概况，苏州最基本的特点就是鱼米之乡、物产丰富，人口也多，所以比较富裕的，是一个经济、政治中心，交通也方便。另一个特点是地势低洼，都是水，湖泊众多。水多了以后，人们的生产生活都要密切接触水。生产以水稻为主，农民生产都要下稻田，要密切接触水，生活中洗衣服、洗菜都要到河边，当时不像现在都有自来水了，城里有井水还好一点，乡下主要靠河，前面浜，后面河，出门全靠一支橹。都是摇船的。

问：橹和血吸虫有关系吗？

答：摇船工具。所以血吸虫的毛蚴都在水里面，它要生存，就需要吸人或耕牛的血，现在耕牛没有了。它就接触人的皮肤到里面去，并逐步进入肝脏，发育长大为成虫，成虫排卵导致肝脏硬化，肚皮就大了，成虫随大便排出。

问：家庭粪便怎么处理？

答：当时没有抽水马桶，只有小马桶，大便倒在露天粪坑，下了雨，粪坑水溢出来流到河道里，虫卵也随之流入河内，慢慢变为尾蚴。

问：你们这里有血吸虫的重灾区吗？

答：苏州的血吸虫病特别严重，是全国的老大哥。昆山县是苏州地区老大哥，特别严重。我们这里有一百零三万病人，四亿平方米钉螺，不得了啊。如昆山，条条河浜有钉螺，村村户户有病人。解放前只知道大肚子病，不知道是血吸虫病。最严重时，一户人家门板上躺着两个死人。生病的大都是年轻人，到水里去的机会多，从而影响生产。刚解放，抗美援朝，发动年轻人参军，就有规定，凡血吸虫病人不得参军。有的一个乡、一个村都无人应征。有的村人都死光了，变成无人村。毛主席写的"千村薜荔人遗矢，万户萧疏鬼唱歌"，就是当时昆山部分农村的真实写照。

问：我以前去过任成村，看过一张大肚皮的照片。

答：所以苏州这个地方血吸虫病比较严重。

问：解放前，完全不知道血吸虫病的原因吗？

答：那时候科学没发展，没人去研究此事。解放初，很多领导干部是苏北、山东等北方过来的，不知道情况，后来下乡看到这个情况，也有群众反映这个情况，人命关天，不抓不行了。开始让人民医院抓，但医院人太少不行，于是专门成立血防领导小组，毛主席说一定要消灭血吸虫病。全国都很重视，因为这病影响生产、生活与征兵工作。

问：苏州城市里面也有血吸虫病吗？

答：城市也有，但不多。城市里一部分人用自来水，一部分用井水，城里的河道还是比较干净的。农村主要是粪坑的污水都流到河道里，变成疫水。还有就是钉螺很多，尾蚴一定要进入钉螺寄生发育，如果把钉螺这一环节切断，血吸虫就无法存活。关键是管理好粪便，避免污染河水，消灭钉螺，治疗好病人这四个方面，就行了。

问：血吸虫病最严重的是什么时候？

答：是1950年代。解放前不知道，后来知道了。

问：查螺灭螺运动是如何进行的？

答：钉螺很多，苏州一半的耕地都有。不好灭，不知道方法。先建立机构，叫

血防站，1956年成立血防办公室。全国十二个省市区有血吸虫。有人说，钉螺象天上星星，灭不掉，只能先搞试点。开沟，再压泥土，不行，过会儿钉螺又爬出来了。后来用药，药是进口的，小范围的，也不行。随着科学发展，我国自行生产五六粉钠，开始是工业上用的，实验证明可行，放水里，钉螺就死了。1970年以后，江苏省自己生产五六粉钠。开展三大战役，一是田岸头渠道内灭螺；一是太湖、阳澄湖、淀山湖沿湖边筑渠，渠内放药灭螺；一是在乡镇上市河内用塑料薄膜沿岸边隔开水面，里面就打药水灭螺。现在来看，五六粉钠是污染环境的，鱼也会因此死亡。每年四月清明节前后，钉螺开始活动，我们发动群众查螺。有的村歇工一天，专门去查螺。用小船，水稻田、河边、水渠边都要查。查到后，土埋与药物相结合灭螺。耕牛牛脚上有几十个钉螺。

问：你参加过查螺灭螺吗？

答：我是亲自去做这些事情的，都经历过的。我是公社内专管血防的。

问：什么时候从事这工作的？

答：1966年至1990年退休，一直从事血防工作。

问：当时怎么治疗的？

答：血吸虫病是慢性疾病，病人肝腹水，面黄肌瘦，药物叫腹驱，靠进口，还要打针，要十五至二十天，一天一针或两针。药物较危险，有毒性，打针效

果好，但医生少。大队有赤脚医生，由医生指导，培训他们怎么弄。卫生部长钱信忠去德国访问，带回来一种药方试验生产药物，药物名字忘记了，一日吃两三片，就好了。

问：妇女主任的工作是什么？

答：做妇女工作，带妇女去卫生院检查，验血、查大便等等。现在基本上本地没有了，都是外地人来苏州带过来的，安徽、江西等省沿长江边钉螺还是很多，问题没解决。

问：查螺灭螺时对农民进行什么宣传教育工作？

答：放电影宣传、开会宣传等。都是我亲身经历的，书上都记载的。

问：有没有遇到困难？

答：有，让他大便，他拉不出来怎么办。

问：有没有出现矛盾？

答：有，公私矛盾，如沿河种的树都要弄得精光，便于打药水灭螺，但农民种的树不肯弄掉。

问：有没有渔民得了血吸虫病的？

答：渔民，有的，他们都在船上，把他们集中起来，把船扎在一起，到平望治疗。他们定期回来开会，就集中起来治疗，风浪大时船扎在一起，就在水上办病房。

38　周培宁

采访日期　：2009年12月26日
采访地点　：苏州市横泾镇上林村村委
采访人　　：太田
翻译人　　：徐芳
讲述人　　：周培宁（七十五岁）
讲述人简历：出生于横泾镇上林村，曾任民办小学
　　　　　　教师、赤脚医生、扫盲夜校教师等职。
　　　　　　土改时父亲被划入地主。

个人与家庭概况

问：您叫什么名字？
答：周培宁。
问：岁数呢？
答：今年是七十五。
问：属什么生肖？
答：猪。
问：是出生在这个村子的？
答：是的。
问：以前这个村叫什么？
答：叫东北村。
问：你父亲叫什么？
答：父亲的名字叫周仲祥。
问：如果活着今年几岁了？
答：属猴的，今年要一百零二岁了。
问：也是出生在东北村的？

答：不是，他是在高坑村的。
问：也是上泽村的自然村吧？
答：原来是新安村的自然村。
问：父亲是农民吗？
答：是。
问：解放前有多少亩地？
答：解放前十来亩田吧。
问：是租田？还是自田？
答：自田，全是自田。
问：这些田都在哪里？
答：田都在自己村子周围的呀，高坑村。
问：解放以后他被定为什么成分？
答：我父亲啊，地主（他父亲是酿酒大户
　　啊。酿酒大户，就是要用人的呀，所
　　以他的成分就定得高啊）。有两个长
　　工的呀。
问：你父亲是地主，他住在高坑村吗？

答：不，搬到东北村住的。

问：什么时候搬到东北村的？

答：算起来已经有大约八十年了（1920年代左右）。

问：你们家开的酿酒行，是在高坑村？还是在东北村？

答：东北村。

问：搬到东北村后，田还是在高坑村吗？

答：哎，还在高坑村。

问：为什么要搬到东北村呢？

答：因为高坑村那里土匪多（因为在太湖边上）。

问：解放前的十亩田呢？

答：这十亩田是自己挣的，还有点出租田，大约有一百十几亩（就是十几亩田留着自己种的，还有一百十几亩田是出租出去让人种的）。

问：这一百十几亩地在哪里？

答：在哪里我不知道的，总归在这附近吧。

问：因为你父亲有这么多亩的地，所以被定为大地主了吧？

答：哈哈，我父亲是买了个地主做做的，为什么这么说呢，因为我父亲从消息灵通的地主手里，半价买回来这么多地的，呵呵（刚解放，这里49年没有土改，但是再北一些的地方已经土改了。有些消息灵通的地主知道要土改了，就低价卖地。他的父亲不知道这个情况，就买下来了。买下来以后正好土改，就被评上一个大地主了。所以说是买了一个地主做做）。哎，两亩地只要出一亩地的钞票。

问：买了这些地以后就租出去是吧？

答：哎，但是租米都还没收到就土改了。

问：土改后，这一百十几亩地都被没收了吗？

答：全都被没收。

问：自己的十几亩地也被没收了吗？

答：哎。但是口粮田还是给的。

问：就是先没收然后再分地对吧？

答：哎。

问：你们家几个劳动力？

答：那个时候家里七个人，我弟兄有五个，还有父母，一亩半一个人，总共也要有十亩。

问：你母亲叫什么名字？

答：叫吴彩林。

问：比你爸爸小几岁？

答：她是属老鼠的，小四岁吧。

问：出生在哪个村子？

答：以前那个自然村叫庙后村。解放后叫新众村，现在并入长远村。

问：你几岁开始读书？

答：我读书啊，是八岁。

问：在哪里读？

答：起先是在私塾里面读的呀。

问：私塾读了几年呢？

答：两年左右。

问：有几个老师？

答：一个啊。

问：叫什么名字？

答：老师叫金冠成。

问：哪里人？

答：他是横泾人。

问：镇上的是吧？

答：镇上的。

问：私塾在哪里？

答：在东北村啊。

问：读完私塾到哪里读？

答：横泾小学。

问：横泾小学有几个年级？

答：六个。

问：是单式的？还是复式的？

答：单式的。

问：有几个老师？

答：老师有十多个。每个课都有专业老师，有音乐老师、体育老师，总归十多个。

问：横泾小学读了几年？

答：读到小学毕业啊。

问：从一年级开始读吗？

答：不是，进去就读三年级，读了四年。

问：毕业后呢？

答：毕业后就到苏州读书。

问：到哪个学校读书？

答：苏州实用职业中学，私立的。

问：校长叫什么名字？

答：叫骆胜龙。

问：哪里人？

答：他苏州人。

问：你读什么专业？

答：都学的，说起来是职业中学，其实跟普通中学没有两样的。

问：读了几年？

答：读到毕业，三年。

问：毕业后还继续读书？

答：没有了，毕业后就回到家里面。我小学毕业时就解放了，那时候大概十五岁。

问：初中毕业以后就回家了是吧？

答：是的。

问：回家干什么？

答：白天种田，晚上在扫盲夜校当群众教师。

问：当群众教师有没有工资？

答：没有的，全都是义务的。

赤脚医生

问：你几岁开始做赤脚医生的？

答：赤脚医生是66年开始的，到现在。之前还当过民办小学教师呢，是57年开始做的，做到60年。

问：60年到66年之间做什么？

答：参加农业啊。

问：没有做别的事吗？

答：哎。

问：你在哪个民办小学当老师？

答：上泽小学。

问：为什么66年会去做赤脚医生呢？

答：因为我爱好医学，那时候有病人到我家里来看病，后来传到大队里，大队里就让我去做赤脚医生（他会针灸，爱好医学，后来村里知道他会治病，就把他叫到村里去了）。

问：在你之前有别的赤脚医生吗？

答：那时候没有的，我是横泾乡第一个赤脚医生。67年才开始培养赤脚医生，我66年就已经做赤脚医生了。67年普遍了，每个村上都有赤脚医生了。

问：你做赤脚医生要不要参加考试的？

答：要考试的呀，我们都考的，后来都考试的。

问：几几年参加考试的？

答：66年做赤脚医生，蛮早就考试了，反正最后一次是评级考试，发执业证书，是80年去参加培训，考试的。

问：80年之前有没有参加过考试？

答：考试的。

问：第一次考试是几几年？

答：第一次大约是68年左右。反正80年那次考试是县里面发乡村医生的执业证书。

问：66年做赤脚医生时，主要做什么工作？

答：给人看病，什么病都要看病。只有一个医生啊，所以骨科、牙科什么科都要看。那个时候缺医少药，所以还要上山采药（他自己也种中草药的，大队里面专门划一块地给他种中草药。种出来的中草药都是看病要用的）。

问：只给人看病的吧？不给动物看病吧？

答：动物不看。动物有兽医的。那时候缺医少药，所以我们都是自己采药、种药，然后自己做药给病人吃。那时候没有什么西药的。

问：66年时农村里面什么病最多？

答：疟疾，还有肠胃炎，夏天乙型脑炎，冬春季节脑膜炎，小孩出麻疹，还有百日咳、白喉等。

问：你治疗过血吸虫病人吗？

答：病人没治疗过，查螺灭螺参加过的（到68年我们这里宣布全部消灭血吸虫病了，查螺灭螺68年结束）。

问：你参加过查螺灭螺是吧？

答：哎。

问：用什么方式查螺灭螺的？

答：用几种消灭方法的呀，一种是用土埋，还有一种是用乌绿粉撒，还有一种是用火喷。

问：你三种方法都用过的吧？

答：哎，都用过的。钉螺是这样的，以前记录有钉螺的地方，要经常复查，看有没有再出现钉螺。

问：你做赤脚医生有没有工资的？

答：没有工资的呀，跟农民一样是记工分的，到现在连退休工资都没有的。那些赤脚兽医倒是有退休工资的，两三千块一个月，我们赤脚医生都没有退休工资的。还有那个民办教师也是有退休工资的。当初我们三个是一起办起来的，他们都有退休工资，只有我们赤脚医生没有，这就是分配不公，对吧？

问：你一直都没有工资吗？

答：没有工资的。现在是有工资了，只是没有退休工资的（到联产承包以后，就有工资了）。

问：工资一个月多少呢？

答：最初的时候不多的，一年都只有几百元。到现在的卫生服务站了，工资就高了，一个月有一千到两千左右。

问：卫生服务站什么时候成立的？

答：2004年。

问：联产承包以后，是有工资的吧，工资
很低，一年大概多少呢？

答：基本上跟生产队的劳动差不多，一年
四五百。

问：04年以前工资都一直这么低吗？

答：起初是很低的，后来慢慢有提高。

问：什么时候又开始提高工资了？

答：嗯……（04年之前有一段时间是承包
的，大队里把药物承包给他。他向大
队出钱买药物，让他去看病，但是出
诊费啊、门诊费啊、药物费用啊，都
是他自己收）。这个时间不长，只有几
年，大概五、六年的样子。

问：大概几年开始呢？

答：大概85年开始。

问：自己承包，一年能赚多少钱呢？

答：一年总归一千块左右。

问：没有工资时工分怎么计呢？

答：按照生产队的平均水平，譬如说跟我
同等年纪的劳动力，在生产队里拿多
少工分的，就给我多少工分。根据生
产队的同等劳力计算的。

问：一年大概多少分？

答：四五千分。领不到钱的呀。

问：为什么？

答：十分才六毛钱，除去口粮，没有钱剩
下来的。

39 陆永寿

采访日期 ：2011年12月24日
采访地点 ：上海市松江区新陈家村王家浜卫生所
采访人 ：太田、长沼
翻译人 ：陈天勤、金菊园
讲述人 ：陆永寿（六十一岁，1947年7月26日出生）
讲述人简历：出生于新陈家村王家浜，曾任卫生所医生。

赤脚医生治疗血吸虫病

问：陆老师今年多大年纪？

答：我今年虚龄六十一。

问：六十周岁是吧？

答：嗯。六十周岁。我是十七岁1964年开始做那个工作到现在。

问：那个工作是学医吗？

答：对。

问：陆老师出生在哪里？

答：我家就在这里。

问：就是王家浜人？

答：就王家浜人。我爷爷啊啥都是在这里的，出生就在这里。

问：你生日几月几日？

答：七月二十六日。

问：农历吗？

答：新法。阳历。

问：想请教1950年代血吸虫病的情况。

答：血吸虫病那时候到处有的，以前这个血吸虫病还蛮多的。我们这边要比那边的要少一点。我们这里一般每一个队里大概要有二十个左右。我们本来是张家村的。我们这里七个生产队，基本上每个生产队都有血吸虫病。我们一个大队，本来一个村就是，一个村有七个小队。每个队有总归二十多个人。所以要头两百人。我们这里算少啊，有个地方是要一家人家基本上每个全生〔血吸虫病的〕。后来那个病人都死掉了。钉螺啊每年灭螺。到了八几年，总算不灭了。八几年就很少，病人也治好了。

问：血吸虫病的人太多了需要分批治疗，病患都被送到哪里去？

答：以前是这样的，我们这个村还算少的，北面那个村还要多。

问：北面叫什么村呢？

答：干山，这里有很多〔血吸虫病人〕，还有高家，很多的，好多村呢。每一户基本上都有，我们这边不是每一户都有的，比较少一点。以前就是每一年春天打一次，过了年以后，秋收好了以后，农忙过了以后还要打一次。

问：血吸虫病检查每年都要做的？

答：以前每年检查的。

问：每年检查两次？春天一次，秋天农忙过后再一次吗？

答：这个是治疗。检查就是检查一次，一般春天过年以后大约四到五月份，五月份前检查。普检，分批检查。

问：是粪便检查吗？

答：以前是粪便检查的，抽血的，化验的。

问：什么时候开始血液检查的呢？

答：一开始的时候是粪便的，后来大概在80年左右开始血检。粪便检查也比较多的。搞了好多年，后来血吸虫病都基本治疗完了。

问：普检就是每年都要检查一次的意思吗？

答：搞了好多年，后来血吸虫病都治疗完了，这个工作也不干了。

问：现在完全都没有了？

答：现在还很难说，现在我们这里基本上没有了。现在没有普及治疗。

问：农民自己治疗？还是集中治疗？

答：现在我们接种血吸虫病，一般是卫生院组织治疗的，集中起来我们一起治疗。因为这个治疗风险比较大，有反应的，反应很厉害，这个药水狠毒的。

问：就是春天打一次，农忙过后打一次？

答：一般一个人治疗一次就不治疗了。医院化验出来后〔有病了〕再治疗。不是一年打一次的，就是一个疗程完成了就好了。有的人治疗的疗程反应了，有的身体不好打不起的。

问：卫生院在哪儿？

答：卫生院在陈坊桥。我们集中，另外搞一个地方集中，不是在医院里的。

问：血吸虫病大概是从哪一年开始治疗的？

答：大概在1957年58年开始，当时我还没有学医，当时我还小。他们给我们村里的仓库里面，以前都是上海大的卫生院，后来生病多了，医生很少来了，都是我们村里的。

问：1957年58年还没有当医生的时候，你也接受过检查什么的吗？

答：检查接受过的。……后来有消灭钉螺的，把钉螺灭掉后，我没有生过。我家那个地方比较好一点，因为里那个大河浜比较近，水急，钉螺不容易生长。他们西边很水小，〔钉螺〕就多了。

问：1957年58年开始治疗，最严重的什么时候？

答：反正那个70年之前血吸虫特别多，后来一年少一年，钉螺也就越来越少了。

问：哪一年就没有了？

答：大概八几年，大概84年也不知道是85年，就差不多。八十年代基本上消灭光了。

问：消灭光了的原因是因为治疗得好？还是灭螺灭得好？

答：一个把病人治疗好，还有一个把钉螺消灭掉。也就是把血吸虫的窟消灭掉。

还有一个粪便不要流到河浜里去，病就慢慢被控制了。现在更好了，以前毛病来了都没法躲啊。粪便都倒到河浜里去。以前没有厕所的，就用马桶的，马桶直接倒进河里去的。以前用粪便的那个缸，粪缸，都直接排进河浜里去的。血吸虫在粪缸也直接到河浜里去了。现在就控制好了，不大有了。以前蛔虫病人也特别多，上海小孩都肚子痛，每天都碰到的，叽哇叽哇哭，肚子痛就是蛔虫啊。痛得时候有个块，好一点就好一点了，痛起来了又哭了。小孩子特别多，因为吃的东西不卫生的，现在一般自己卫生搞得好了。

问：粪池有改进吗？

答：以前每家每户都有三个粪池。三个粪池三个坑，都是密封的，苍蝇也少了，这样不容易感染，管理得好了。

问：每年都参加灭螺运动的？

答：这个灭螺运动我们每一年搞两次，一个是这个河浜边的泥都铲一下，铲一下以后呢，钉螺就跑出来了。每年是春天一次，秋天一次。把泥土铲掉后，它就跑出来了。

问：钉螺怎么灭？

答：用药水灭的。我们一般用药剂，有的小沟用不着药，我们一直把它埋掉，就可以灭的，不用药的。

问：灭掉的螺还是放在原来的地方吗？

答：灭掉就死掉，就不要紧了。这个药蛮好的。

问：这个药剂从来哪儿买的？

答：专门买的。

问：全国性的吗？

答：全国都有的。有的河里是不好用的，我们就覆盖掉。

问：用这一种药就可以消灭它吗？

答：以前只有一种。

问：叫什么名字？

答：叫五氯化钠，这药方不是我搞的。

问：全村的人都要去灭螺还是……？

答：不是，我们一个生产队派几个人。一个村有几个生产队，一个生产队最多抽调五个人或六个人。在一起搞，搞一个灭螺的队长，就在那边搞。每年花去了不少的劳动力，没有这个决心消灭不了。

问：一次灭螺花多长时间？

答：每年搞的。

问：比如说春天的话要一两个月吗？

答：这个用不着的，一般一个礼拜到八天。灭螺有季节性的。

问：是每个月吗？

答：每一年需要两次，每一次就是一个礼拜左右。

问：每个生产队都要派出人去灭螺，都是男的吗？没有女的吗？

答：一般都是女的。这个工作算轻松的，需要的时候，会要男的过去。

问：查螺的时候是女的，灭螺的时候也是女的？

答：都是女的。

问：生产队这些女的去灭螺，算不算工

分?

答：记工分的。那时候不给工资的。做这些工作都是为我们自己有益的。

问：几年结束了?

答：84年就结束了，病人也差不多了，当时松江县是最多的。

问：灭螺的时候是每个生产队有一个队长还是……?

答：没有，一个村，一个自然村一个，不是生产队。

问：灭螺队长也是女的吗?

答：也是女的。

问：上次我们来采访的时候，你给我们介绍一个姓马的灭螺队长。

答：姓马的现在不在这里，现在在陈方桥那边了，房子拆了，以前是妇女主任。她身体不好，脑瘤，开刀了，不太好了，好几年了。

问：灭螺时，马桂芳是哪个村的?

答：现在她跟我们住两个地方的。本来是一个村的，在江秋中心村。

问：当灭螺队长的文化程度有要求吗?

答：没有什么要求的，就一般管理管理他们。

问：灭螺最大的困难是什么?

答：难题倒没什么难题。

问：药剂难买吗?

答：药剂国家免费供应的，不值钱的。这里查出来有多少人，上面就给多少药。

问：群众之间有什么矛盾吗?

答：群众之间有的。比如一块自留地，现在发现有钉螺，要消灭，但被他们搞了以后，庄稼不能种了，种了没有了，一搞了就不能种庄稼了。

问：是一直不能种吗?

答：暂时不能种了，有，有的，就是收成不好。

问：受损的那户人家，国家会赔偿吗?

答：赔偿要赔的，不赔不会让你搞的。〔就算是〕赔有的人〔还是〕不愿意搞，他们不了解这个情况，要跟他们做工作。你长时期在里面做工作，要感染血吸虫病的。

问：政府会补贴吗?

答：一般不会补贴，没什么补贴的。现在的赔偿都是自己的，不是国家的。

问：无法恢复生产，是不是药剂的作用?

答：是的。庄稼长不好了，很毒的，草都会死的。

问：村里人得了这个病的话，首先送到哪儿?

答：一般政府决定什么时候治疗。

问：集体治疗?

答：集体的，一般村里安排可以去治疗就去治疗。有的还不肯去了，生了病，赶不动怎么办? 去治疗的病人在治疗期间，这个工分都给的，这个工分给他了，这个工分限制的，有的是十五个，有的给他二十个。

问：是随意选的? 还是谁最严重谁去呢?

答：不是，一般都要这一批，我们村里需要二十个或三十个去治疗的，我们村里安排去，要分批去，一起去来不及。政府安排了以后就形成一个点，一般是在农闲的时候搞，农忙的时候不搞，我本来每年都去搞的，一年要去治疗好几批。

问：病情严重的怎么办呢？

答：刚开始是在村里治疗，后来57年58年的时候开始团体治疗，病情较轻的在村里治疗……病人越是治疗，越是后面素质差。

问：在村里卫生院？还是自己家治疗？

答：有些是药剂防治麻油里，这样就能在家里。麻油里面放血糖，把要放在麻油里，这样可以在家里治疗，而且还能干活。他们一般药水治疗都要集中在一起的。

问：这个药也是国家免费提供的吗？

答：对的。

问：怎样的疗程呢？

答：这个治疗很麻烦的。开始身体好的三天疗法有的，七天疗法也有的，后来最后二十天疗法也有的。小剂量的，根据体质来决定的，不治疗不行，有的体质比较差。

问：都是打针吗？有吃药的吗？

答：基本上都打针，吃药效果不太好。后来就不用了，都打针。药打在血管外面，皮肤马上就要烂掉的，很麻烦的，一烂掉就很难的。

问：三天、七天的疗法都是慢性的吗？

答：这根据体制的，三天、七天疗法都有。有的二十天完不成，还要延长，二十二天、二十三天。

问：血吸虫病有慢性的和急性的，慢性的

这个疗法可以，要是急性的话……

答：都可以的，血吸虫病一般都是慢性的。急性感染的时候是没啥症状的，发烧啦，皮肤发炎啦。一般到治疗的时候都是慢性的。

问：比如说肝硬化啊……

答：肝硬化这个慢性的。

问：打完针之后会不会变小了？

答：要看那个程度严重不严重，严重肝脏要硬化了，脾脏要肿起来了。脾脏肿了比较大的，要切去。很麻烦的，像肚子大像生小孩那样的，脾脏有好几斤呢。有的要把开刀开掉，不开掉会有危险，活都不能干了。

问：血吸虫病一定能治好吗？治好的几率是多少？

答：100%都治好了。以前不治，人都很矮的，小孩子得病，人长不高的，就是血吸虫病引起的。现在基本上一个人都没有了。外地现在血吸虫病可能还有吧。

问：治病的时候会有忌口吗？

答：一般没有的。一般治疗的时候胃口不好的。治疗当中每个人需要一些辅助的药，特别是那些心脏不好的，胃口不好的，肠胃不好的。我们做医生做了好几十年，就是说做了不少事情，老百姓都较好的，就是上面缺少关心。我们现在报酬最低，老百姓对我们都很好的。现在我们退休跟老百姓一样。

问：政府派人治疗，那些医生也是从各个村选来的吗？

答：上面会派人的。松江区的血防站，还
　　有我们乡村的一批。

问：每个村都有赤脚医生吗？

答：有，都有。

问：跟这些政府的医生有联系吗？

答：是我们当地的。

问：赤脚医生会帮助政府派来的医生一起
　　治疗吗？

答：一起治疗的。

问：你治疗过吗？

答：我治疗过好多人了，上千人了。我每
　　年都参加。

问：你也每年参加政府集中的治疗工作
　　吗？

答：对对，要三个月。

问：一般都是从什么时候？

答：农闲的时候。

问：现在有每年普检吗？

答：没有，钉螺都消灭了。

问：这附近疫情比较严重的地方在哪里？

答：现在就在植物园的那里，国家植物园
　　里面。那边有三个生产队。

问：叫什么名字呢？

答：叫白荡、北（土大）、东听。三个村都
　　有血吸虫病的，现在是国家植物园，就
　　是辰山植物园。灭螺队长妇女主任自
　　己都生血吸虫病，老得好多。有的把
　　脾脏切掉都有的。

问：灭螺队长和妇女主任都在这个村吗？

答：对。现在灭螺队长在陈方桥了，妇女
　　主任已经到张家村去了。病人一般肠
　　子不好的，大便不好的，大便不太正

常，有血的。胖不起来的，消化不好。

问：最严重的病，男女都有吗？

答：都有的。

问：小孩生这个病的多吗？

答：后来年纪轻的比较少。现在年轻人都
　　没有，原来我们蛮多的，以前。

问：主要是干农活的比较多？

答：对，干农活的，都要洗手洗脚的。血
　　吸虫病，牛也要生的。牛放到河浜里
　　去也要感染的。

问：牛患了血吸虫病的话是把它杀了吗？

答：牛也要治疗。

问：跟人打一样的药吗？

答：我们这里没有查出来过。牛不容易感
　　染，什么道理？牛皮比较厚，人皮比
　　较薄，容易感染。

问：我听说家畜什么的，狗也都会感染。

答：我们这个村没有，没有查，不知道。

问：治疗之后有没有后遗症？

答：一般身体好的没有事情，身体差的多
　　少会受点影响。一般在治疗当中没有
　　什么不好的。现在患了血吸虫病，身
　　体比较差，严重的病人现在有些肝硬
　　化了，它的治疗费可以报销的，我们
　　村现在还有一个〔肝硬化患者〕，就是
　　因为血吸虫病。

问：叫什么名字？

答：叫张彩甫。现在大概七十多岁。如果
　　不治疗，现在肯定没有了。

问：如果病人怀孕的话，会不会感染到小
　　孩？

答：一般都是幼虫钻进去以后。小孩一般

好一点，传染性不大高。

问：你的病人中有怀孕的吗？

答：以前肯定有怀孕的。再次感染的几率较小，感染的途径不同。

问：血吸虫病一般通过皮肤感染，跟血液没关系吧？

答：没有。

问：你治疗的病人当中有没有反复发作的？

答：治好以后再感染的病人一般很少的。

问：如果再感染的话能够治得好吗？

答：治得好。

问：要用更多的药量吗？

答：不一定。他感染不会马上就感染了，如果今年打了明年还是有。有的可能用量没有打住，就不会全部消灭，再次感染几率比较小，他们已经懂得预防的道理了，不容易感染了。

问：关于预防的措施，国家或者村有什么措施吗？

答：有的，以前宣传治疗，有广播里面，现在没有了。以前每家每户都有广播的，宣传知识。后来说找到一只钉螺会奖励一百块钱，奖励了，后来抓不到了，就没有了。

问：会不会和其他的病结合起来，变成更严重的病（即并发症）？

答：就是肝脏、脾脏还有可能心脏会有问题。影响最早的就是肝脏和脾脏。

问：治疗的药吃了之后，有没有副作用？

答：对心脏有压迫。

问：你的老婆有没有参加过灭螺的运动？

答：也参加过的。

问：症状刚开始的时候是皮肤发痒？

答：皮肤发痒，刚开始是不注意的。

问：到什么时候开始发现？

答：它这个要一段时间了。它慢慢地到血液里面，跑进去到肠子里面去，到最后到肝脏里面去了，一般先到小肠里面去。

问：发病期大概要多长时间？

答：发病期不一定的，根据他（患者）的体质，看他活动的范围。感染得多一点，症状就严重了。

问：最快多久会发作？

答：不清楚。

问：轻一点是发痒，严重的是什么？

答：就是脾脏肿胀、肝硬化、出血。有时候血吸虫要到脑子里面去，要得脑病的，还要麻烦了。

问：进入脑子里还能治好吗？

答：还是打针。

问：治不好的例子有吗？

答：一般没有的。

问：出现什么样的症状的时候需要去开刀？

答：开刀一般脾脏肿大，肚子大。一般医生一摸你的脾脏大得不得了，就要开刀开掉。有的肝硬化厉害的，脾脏也要弄掉。

问：开刀是不是就把脾脏拿出来？

答：拿出来。脾脏把它切除了，把血吸虫的窝把它割掉。里面的血管要硬化，硬化了以后那个静脉容易曲张，曲张以后容易破掉。破掉以后打出血会麻烦了。

问：家人会不会对血吸虫病患者隐瞒病情？

答：通过普查，查不来不会不知道的。粪便里面检查出来，没有什么隐瞒的。我们会通过提取粪便中的虫卵，进行培养，培养以后孵化出来的幼虫还要看了，这是长期的。

问：从哪儿提取的？

答：粪便。粪便里面把虫卵找出来，然后放在烧瓶里孵化。在适应的温度下把它孵化出来，孵出来的幼虫。在一定温度的温箱里面，给它孵化，孵化几天它出来的。

问：这有什么用呢？

答：孵化出来准确率高了。这样就可以确定（确诊）了。

问：有没有知道自己得了血吸虫病因为害怕而不去治疗的？

答：以前没有什么害怕不害怕，感染就感染了，没办法了，怕也没用。有的么刚刚开始治疗，怕以后劳动力失去了，生活该怎么办，小孩怎么养？后来他们都好了，就没有什么顾虑的了。

问：血液检查是不是从耳朵里检查的？

答：那个是血丝虫，和血吸虫是两回事。血吸虫是从静脉里验血的。

问：灭螺运动、查螺的时候，大家喊不喊口号什么的？

答：就是把医疗农村工作放到农村去，这是毛泽东提出的口号。

问：病患肚子会变大，会不会被看不起？

答：肚子大了以后力气也没有了，活都做不动，都没力气了。

问：这样会不会看不起他们？

答：肯定会的，看上去劳动力失去了，不能干活了。

问：人家看他的样子会不会害怕？

答：肯定怕的，肚子大了马上会死掉。

问：他们自己会不会害怕？

答：会啊。都会害怕的，血吸虫病特别害怕，害怕也会被传染。以前放过电影的，到最后人都死掉了，电影都反映出来了，农村里他们都看了。

问：一般人家会不会和病人交流？

答：以前不懂，不交流的，只能说他这个人有病，具体什么病也不知道了。有的小孩二十多岁长不高，很矮，他们也不知道什么病这么矮。最后就是血吸虫病引起的"矮人症"。

问：后来大家都知道病因……

答：如果〔小孩〕未发育之前得病还会长高的，如果超过了发育时间就长不高了。

40 席炳梅

采访日期　：2009年12月26日
采访地点　：苏州市横泾镇上林村村委
采访人　　：太田
翻译人　　：徐芳
讲述人　　：席炳梅（1941年6月29出生，六十九岁）
讲述人简历：出生于横泾镇上泽村，入过私塾、新法学堂。解放后曾任小队会计、队长、农技员、大队长、副书记、书记、土管所副所长等职。文革时挨批，关过牛棚。土改时父亲被划为中农。

个人与家庭概况

问：您叫什么名字？
答：席炳梅。
问：多大岁数？
答：六十九岁。
问：哪年出生的？
答：1941年6月29。
问：在哪里出生的？
答：就在这里，这个上泽村。上泽还有一个自然村，上泽东北角。
问：一直都是种田的吗？
答：哎，种田。
问：几岁开始读书？
答：读书啊，读书是七岁，读私塾。
问：读了几年？
答：读一年。

问：私塾里面学什么？
答：学那个方块字，天、地、大、小、山、石，这样一个一个的方块字，有一个木板，还有橡皮筋的，写好了以后就把字刻上去，看完一个加上一个，看完一个加上一个。
问：私塾在哪里？
答：就在这边。后里泾。
问：也是自然村吗？
答：也是自然村，就在这边。
问：这个自然村属于哪个行政村？
答：现在属于长远村。
问：上林村有几个自然村？
答：十一个。
问：私塾的老师是谁？有几个老师？
答：就一个，老师是谁也不知道了，外地的，苏北的。

问：学费是多少啊？

答：半年五斗米，一年就是一石米。

问：读了一年以后呢？

答：读了一年以后停学了，停了一年以后，九岁，又读了。

问：到哪里读？

答：就在东北村，一个小学，那时候称为是新法学堂，就是读现在那种课本的。

问：解放了没有？

答：还没有。

问：你九岁时已经50年了啊。

答：出生就算一岁了啊，说九岁实际上只有八周岁。

问：学校叫什么名字啊？

答：就是东北村小学堂。

问：学堂教什么科目？

答：教小学一年级的课文。

问：有哪些课文？

答：语文、算术、图画，当时也上体育课的。

问：一个年级几个班？

答：那时候都是复式的，一到四年级，都是在一个教室的，一个老师。那时候教室里布置的是孙中山的头像，还有青天白日两面旗。教室还是租人家的房子的，没有学校的，是在人家家里上课的。

问：那个小学只有四个年级吗？

答：哎，只有四个。后来解放了就散掉了。

问：读了几个月呢？

答：哎，没有几个月，只有三个月的样子。

问：刚解放的时候，你父母有多少亩田？

答：刚解放的时候是四亩田，就跟解放前一样。

问：都是租田吗？

答：租的，就是两块吧。

问：在什么地方？

答：小地名叫西后港。在东北村。

问：两块都在西后港吗？

答：连在一起的，中间有一条田埂。

问：你们的田是问哪个地主租的？

答：不清楚。

问：一年要缴多少租米？

答：好像一亩田是一石多，不太清楚。

问：你父亲叫什么名字？

答：席鸿祥。

问：比你大几岁？

答：比我大二十一岁。

问：如果活着现在是几岁了？

答：九十岁吧。他属猴的。

问：哪里人？

答：也是这里，东北村人。

问：母亲叫什么名字？

答：王惠英。

问：如果活着现在几岁？

答：比我父亲小一岁。

问：哪里人？

答：出生于浦庄。

问：浦庄在哪里？

答：浦庄不是我们这里的，是另外一个镇，现在并入胥口镇了。

问：以前属于哪里？

答：以前就是一个镇，浦庄镇。

问：你母亲是浦庄镇哪个村人？

答：浦庄镇马舍村人。

问：娘家也是农民？

答：对的。

问：土改时候，你父亲被划分为什么成分？

答：中农。因为我们家里田不多，但是做烧酒的。

问：土改后分到几亩地？

答：八亩多吧。

问：八亩多地是几个人的？

答：我父母、祖母、我、一个弟弟、一个妹妹，总共六个人的。

问：那时候有牛吗？

答：有的，一头牛，一只小木船，还有抽水灌溉用的水车，有一个圆盘，要用耕牛去转，转起来水就抽上来了，称为是"牛车"，有一套。牛和船都是跟人家合养的。

问：牛车呢？

答：牛车是自己的。

问：跟你们合用的人是你家亲戚吗？

答：不是，是村里人。

问：叫什么名字？

答：陈才良。

问：他们家被评为什么成分？

答：贫农。他家跟我家带有一点亲戚成分的，是远亲。

问：土改后，你家的酿酒生意还能继续做吗？

答：做到53年。

问：然后呢？

答：那时候是联营，联营就是几个户一起

搞，上面的税收啊，什么的都可以掌握了。一家一户的话不好管理，常有人私卖。联营以后可以管起来了。联营基本上带有一点集体性质了。

问：归哪一个单位管理？

答：村里，合理村，合理村是由三个村子并起来的，包括东北村、南场村、后里泾村。税收归合理村收取。

问：东北村小学堂解散后，你还读书吗？

答：过了一段时间又去读书了。

问：什么时候又去读书了呢？

答：到50年吧。

问：到哪里读书？

答：就在上泽小学。

问：有几个年级？

答：四个。

问：单式还是复式？

答：复式。

问：有几个老师？

答：一个，老师的名字叫盛炳元。横泾镇上的。

问：你从哪个年级开始读的？

答：还是一年级吧。到51年换了一个老师，叫李星初。

问：他是哪里人呢？

答：他不是横泾的，是哪里人不清楚。

问：读了几年？

答：读了四年，到55年，到横泾小学去读五年级。

问：横泾小学是完小，有六个年级是吧？

答：哎，完小，六个年级。

问：横泾小学是单式还是复式的？

答：单式的。

问：有几个老师？

答：老师多了，那时候我读五年级，有语文老师、算术老师、图画老师、体育老师。

问：都是不同的老师？

答：都不同的，都有专业老师。

问：除了上面说的几门课外，还有什么课？

答：音乐、历史、地理。

问：这几门也都有专业老师吗？

答：都有专业老师。

问：有没有政治老师？

答：政治没有的，政治就是语文里面的。

问：读到六年级毕业吗？

答：没有毕业，读了一年回家劳动了。

问：回家种田吗？

答：种田。村里面是合作化，有文化的人不多，就叫我去做小队会计。

问：就是56年开始做会计？

答：哎，56年搞高级社，我做小队会计。

问：高级社叫什么名字？

答：高级社的名字叫"横泾曙光高级社"。我就是这个高级社下面合理村一队会计。到58年是人民公社，当时大办工业，我到横泾人民公社细菌肥料厂会计。

问：做到什么时候？

答：到59年10月，这个厂就散了，回到村里面，到新安九队做会计。新安呢，58年的时候，上泽、新安合并为新安大队，我去当会计是在59年了。

问：会计做了多长时间？

答：做到63年4月，新安大队又分成上泽、新安两个大队，我到上泽十队做队长。

问：队长做到什么时候？

答：做到文化大革命，67年，队长靠边了，那时候要闹革命也不抓生产了，所以队长也不当了。

问：干什么去了？

答：他们不让我干队长，但是生产还是要管的，就去做上泽十队的农技员，实际上还是抓生产的，只不过队长的名分没有了。一直到73年，还是上泽十队的队长。66年我还被批斗了，因为我是队长啊，只抓生产不管政治啊。

问：队长做到什么什么时候？

答：79年，做上泽村副大队长，抓农业生产。

问：然后呢？

答：81年上泽村大队长。

问：那个时候不叫村长，还是叫大队长吗？

答：大队长。

问：做到什么时候？

答：到82年，大队长兼副书记。84年当书记。

问：做到什么时候？

答：92年，到横泾乡土管所副所长。01年退休。批斗不好受的，在70年，我还关过18天牛棚的。

问：为什么要关你？

答：那时候有个运动叫"一打三反"，这个运动就是要搞书记，打击走资本主义道路当权派。当时呢村里面的书记搞家庭副业，我们这里是织布的，这个书记就被隔离了。当时呢我做队长，书记也蛮看得起我，跟我关系很近。工作组来调查，认为我跟书记接近，就要我提供抓书记错误的材料，要我揭发他的错误。我说我跟他是上下级的关系，他是书记，我是队长，他的指示我肯定听的。他们认为我跟他接近，他走资本主义道路，我肯定也跟的，就要关我十八天牛棚。那时候搞生产时是不行的，要搞政治的。

问：书记叫什么？

答：叫金瑞华。

问：还活着？

答：他死了。当时他被双开除的，书记撤掉，党籍开除。到79年平反，恢复党籍。

问：工作组是红卫兵吗？

答：不是，是专门为这个运动成立的一个工作组，是县里面派下来的。

问：你读小学的时候有没有读过土改教材？

答：没有。

问：当时学校里有没有宣传土改？

答：没有的。

血吸虫病、查螺灭螺

问：你们这边有血吸虫病吗？

答：有还是有的，但是不是很严重，我们这里不是什么重灾区。

问：这边什么时候开始普遍治疗呢？

答：58年的时候，治疗包括河道啊、河岸啊，消灭钉螺。有血吸虫病的呢，就要去治疗。查螺灭螺呀。

问：这个运动由谁负责的？

答：全部是国家买单的，老百姓不用出钱的。

问：这边查螺灭螺由谁负责的？

答：人民公社呀，派人来灭螺。

问：有血防站吗？

答：有，属于公社的。

问：你们村里面由谁在牵头呢？

答：是那个大队长嘛。

问：妇女主任、赤脚医生们是不是一起参与的？

答：58年的时候还没有，只有搞血防的血防院，在村里也有的。医院在村里设一个点，每人都要去化验大便。大便呢，就是每个小队派一个人，把大便集中起来，他们过来化验这些大便。村里面呢是固定有一个卫生员，每个小队还要派一个人专门收集大便的。

问：小队里面派出去收集大便的人你认识吗？

答：有一个，但是他今天不在家。

问：叫什么名字？

答：叫李金水。

问：他现在几岁了？

答：他要比我大，他属牛的，七十三岁。

问：这些人去收大便时，村里的人会不会反感？

答：不会的，很自觉的。

问：村里需要事先做一些思想工作吗？

答：他的任务就是当天下午去发那个油纸，包大便的油纸，每一家有几个人就发几张。到第二天早上再去拿回来。

问：不需要做思想工作吗？

答：要的，一个大队要开动员大会，开了以后呢，每一个生产队也都要开宣传大会。当时呢，主要是有一个任务，一个灭钉螺的任务，作为政治任务。河岸上面的杂草都要连根拔起来，然后还要埋掉，防止钉螺蔓延。

问：采用火烧吗？

答：火烧也有的。

问：火烧的多？还是土埋的多？

答：土埋的多。

问：灭螺是从几几年开始的？

答：也是58年开始。火烧呢是有一个专业队的，土埋呢是全民动员起来的。火烧是有一个专业队的，只在重灾区采用火烧的。一般地区呢就是用土埋的。

问：土埋是全民出动，每家每户都要派劳动力去吗？

答：是的。

问：要记工分的咯？

答：哎，要的。

问：火烧是有专门的一批人去做的？

答：对，是公社里面派专业队去烧的，每一个村都有的，是循环式的，到每个村去灭螺。

问：火烧是用什么燃料的？

答：汽油。

问：也是58年就开始用汽油烧吗？

答：哎，是的。

问：你们这里有过围垦吗？就是把池塘埋了，然后做土地那样。

答：我们这里没有。东山镇有的，他们那边血吸虫病很严重，因为灭螺而产生了一个灭螺大圩。就是在太湖里面围了一块水面，然后填平了成为一片空地。

问：东山镇是靠近太湖的对吧？

答：是的。

问：58年的时候，你们这里有没有大肚子的人？

答：我们村里没有，就是隔壁那个村有的。

问：当时看到大肚子的人，你们知道原因吗？

答：当时是不知道的，我们这里土话叫"黄肚皮"，就是没有力气的人。

问：就是只知道这个人有病，但不知道是什么病？

答：哎，就是这个人跟正常人比，没有力气的，稍微干一点活就没有力气。

问：你们觉得他们是不是很可怕？

答：也不觉得，因为我不懂嘛，所以也不可怕。

问：如果你自己生这种病，会不会害怕？

答：那时候也不知道，到后来国家宣传了，倒有点害怕。

问：从哪一年国家开始宣传有关血吸虫病的知识呢？

答：58年。

问：一般都是怎么宣传的？

答：贴图片，放幻灯片，上面呢又开大会，

还有放电影。放电影前会先放幻灯片，就是讲你在深水里洗脚，钉螺里面的毛蚴会从毛孔里面钻进去，你就感染了血吸虫病。就是叫你在有钉螺的地方，不要到河道里面去洗脚，灭钉螺以后才可以去。

问：有没有广播宣传的？

答：有。还有黑板报，层层级级的宣传的。

问：电影的名字还记得吗？

答：《一定要消灭血吸虫病》、《枯木逢春》。另外毛主席的诗《送瘟神》，每个人都要背出来的。"青山绿水枉自多，华佗无奈小虫祸。千村霹雳人遗矢，万户萧疏鬼唱歌。春风杨柳万千条，六亿神州尽舜尧。巡天遥看一千河，银锄落地翻……纸船明烛照天烧。"反正有六句的，在《毛主席诗集》中可以找到的啦。

问：灭血吸虫病时，有没有遇到什么困难？不好办的或者完成不了的任务？

答：那时候基本上都办得到的。

问：有没有村民反对的？

答：没有的，你查出来感染了就去治疗，治疗是免费的呀。你去治疗，队里面还给他工分的。

问：有没有在河道里面撒药粉什么的？

答：有的，撒乌绿粉。

问：在河道里面撒药粉后，水就不能喝了呀，要喝水怎么办？

答：挖井的呀，而且主河道不撒的，在小河道的河岸上撒，真正水里是不撒药粉的。

问：水也不能喝了吧？

答：水不喝的。

问：有没有人反对撒药粉呢？

答：不反对的。那是为人民办好事，这个大家都知道的。

问：马桶不能到河里面去洗了吧？

答：对的。

问：粪便倒哪里去呢？

答：把粪坑全部集中起来，上面要加盖，然后马桶就倒到粪坑里面。这个粪坑呢，还要一星期去洒药粉杀虫。粪便都是全部集中的，不准到河里面洗的。那个时候倒马桶呢，是集体安排人的，统一倒的，队里边专门有两个妇女，每天早上到每家每户去拿马桶，倒到粪坑里。

问：现在已经没有血吸虫病了嘛，现在回过头去看国家当时那么重视，作为一般老百姓，你们觉得当时的血吸虫病采用那样的治疗方式，是不是一件很重要的事？

答：是的。一般都接受的，都愿意配合。

问：回顾当时血吸虫病，你是不是觉得血吸虫病不是那么可怕、严重的病？

答：这个感觉呢，这里原来也不是很严重的地方，所以也不觉得说很严重，也不害怕。总是国家发动那样一个运动，是好事，比如说造粪坑啊、有统一的保健员啊，不到河里去洗马桶啊。

问：当时采用这些措施，对于后来人们养成好的生活习惯，也是有好处的，对吧？

答：对的。

对渔民的观感

问：这里有没有渔民？

答：我们村里面，专业的没有。渔民就在前面，专门有个渔业大队。

问：叫什么名称？

答：现在叫新湖渔业大队，有几百户人家，大概是二百多户。

问：你小时候，看到的渔民都住船上吗？

答：都住在船上，没有定居的。

问：那时候有没有跟渔民接触过？

答：有的，有些经常来来去去也有做朋友的，也有结亲戚的。有些渔民想要领养孩子，一般农民是不愿意把孩子送给渔民的，只有一些贫苦人家愿意把儿子送给渔民。

问：是不是招女婿呢？

答：不是，他们从小就要领去的。他们渔民有一个习惯，他们养一个女儿就要领养一个儿子的。

问：有没有跟他们结婚的？

答：我们农民一般不肯跟渔民结婚的，没有女孩子愿意嫁给渔民的。

问：有没有渔民的女儿嫁给你们农民的？

答：我们村上也没有。现在定居了没关系了。

问：你们小时候，农民有没有看不起渔民的情况？

答：稍微有一点吧。

问：为什么看不起他们？

答：一个是生活苦啊，如果一连下三天雨，他们的生活就过不下去了。他们生活是凭天气的，天气好就可以打渔，下雨了就不能打渔了。

问：农民会不会问渔民去买鱼吃？

答：不会，一般渔民是把鱼卖到街上的小摊贩，我们农民也到街上买鱼回来。当时是称为小摊贩，有的称为鱼行，渔民就卖给鱼行，农民再去鱼行买鱼。

问：横泾镇有没有很有名气的鱼行啊？

答：当时的老板都不在了，他们的后代还有。一个叫金鼎高，他父亲开的鱼行很大。还有一个沈鸿杰，他父亲的鱼行也开得很大。

问：解放后，这些鱼行怎么了？

答：解放后他们合作化了，是集体商业，合并了。

问：是先联营，后来集体化吗？

答：哎，先联营，后来集体化。

问：你们以前看不起渔民，有没有叫他们"网船鬼"这样的叫法？

答：我们这里呢，叫渔民都是叫"江北人"。

问：他们是不是外地人？

答：哎，我们这里的渔民大部分都是从江北兴化迁过来的。不是苏北，讲苏北还好一点，我们叫江北，有看不起的意思。那时候他们生活很苦的，他们船上没有柴烧，就到岸上来勾树枝，那些死掉的树。一般好心的农民不说他们，有些农民呢是要骂的。还有的渔民，在年初的时候，到岸上来讨年糕吃。初一、初二、初三，三天挨家挨户来讨年糕。

问：你们会给他们吗？

答：一般会给的。我们农民呢，一到过年
　　要做好叫"富贵糍"，实际上就像汤圆，
　　没有馅的，一般人家都要做的。就是
　　准备着，等到渔民和乞丐来讨，就给
　　他们。实际上富贵糍是用籼（碎米）
　　做的，以前大米都是自己家里舂米的，
　　用碎米磨粉以后做的。

41 周菊娥

采访日期 ：2009年12月24日
采访地点 ：松江百鸟垂钓中心
采访人   ：太田、佐藤
翻译人   ：徐芳
讲述人   ：周菊娥（六十六岁）
讲述人简历：出生于江秋，当过赤脚医生和妇女主任，得过血吸虫病。

个人与家庭概况

问：您多大年纪?
答：六十六岁了，讲出去人家都不相信，哈哈哈。
问：是啊，真是看不出来啊，很年轻啊。
答：哎，我退休了没事做，就到这里来开鱼塘。我老公呢，也退休了没事做，就来这里开农家菜。没事么，就种种菜，养养鱼，养养动物。
问：你以前是哪里人?
答：以前是佘山人。
问：佘山哪个村的?
答：杨溇〔村〕的。
问：你是渔民吗?
答：老家是江秋，后来读好书就到杨溇，结婚的时候也在杨溇，以前是叫陈坊大队。
问：杨溇村女医生朱仁妹的妈妈我们也去拜访了。
答：朱仁妹是吧，她是我不做赤脚医生后，就培养她，跟石医生一起工作。现在赤脚老师吃香，退休费又有，赤脚医生没有的，不重视赤脚医生。
问：你小时候是渔民吗?
答：不是，小时候是江秋人，是农村的。
问：爸爸妈妈是渔民吗?
答：爸爸是农民，妈妈是渔民，我出生在农村。
问：你爸爸叫什么名字?
答：早就死了。
问：你为什么去杨溇村?
答：那时候是要支援农村，农村最多。58年的时候成立一个水产大队，刚刚陆上定居。

问：1958年你就住到杨溇村去了？

答：哎，那时候是人民公社的时候。读了六年书，读好后就到杨溇村工作，十七岁工作的。

问：几岁开始读书？

答：十岁，读了六年书。那时候很苦的。

问：毕业后呢？

答：毕业后我是〔先〕做计工员。那时候劳动要计工分的嘛，他们白天劳动以后，我就给他们计工分。另外还做食堂会计，管理仓库，慢慢地，一步步做到赤脚医生的。开始做计工员，然后做食堂会计，计工员食堂会计一起干。然后，水产大队杨溇村，全是渔民，当时识字人不多，有文化的人也不多，只有我一个，就把我利用起来，我就做赤脚医生、计工员、食堂会计、管大队仓库。后来我还做妇女主任、卫生员。

问：计工员做了几年？

答：计工员我是64年做起，一直做到88年。

赤脚医生

问：哪一年开始做赤脚医生？

答：65年，做到88年，然后我来到松江。65年那时候刚开始有乡村卫生室，培养赤脚医生，我就去培训，培训四个月，考察以后就发给你一张乡村卫生室的牌子。那时候我退休后，朱仁妹就接下去做我的工作。88年退休后我就到松江畜禽公司做临时工。

问：65年做赤脚医生，主要做什么工作？

答：看看病，还要劳动，还要关心妇女计划生育。

问：赤脚医生也要参加劳动啊？是种田吗？

答：不是，当时我们大队要养鱼，我一个礼拜去劳动几天，不是一直去劳动的，一般看看病。那时候要灭钉螺，就出去查查钉螺，在河岸边，卫生工作，计划生育都要管到。

问：你刚开始做赤脚医生的时候，杨溇村那里就有钉螺、血吸虫病人了吗？

答：嗯嗯，有啊。比如呢，一个鱼塘的塘边上，就有钉螺，卫生员就去拿点乌绿粉，一种药粉，就去灭螺。

问：你小时候是住在船上？还是住在陆上的？

答：小时候啊，我船上也住，家里呢也有房子的。

问：因为你父亲是农民，所以有地、有房子的？

答：有地，有房子。

问：你父亲有几亩地？

答：我父亲是长工出身，替人家看牛，我妈妈嫁给他，我妈妈有船的。我才两岁，我爸爸就死了。

问：你爸爸有自己的地吗？

答：有。十三亩。

问：都是自己的地吗？

答：嗯。是自己的。那时候有船，也有房子的。我只有两岁，我姐姐只有十四岁，我爸爸就死了。那时候家里很苦啊，穷人孩子早当家。我们做赤脚医生，以前也要参加劳动，也要看病，为人家服务，现在没什么待遇。赤脚老师都有退休金啊，可是赤脚医生什么保障也没有。那时候有乡村医生证，要培训的，卫生员要实习。还有培训班，培训四个月，最后要考试。

问：你有没有去接受培训和考试？

答：我考出了。要学习，学好了要考试。

问：你几岁的时候？

答：我大概四十几岁的样子。要学习，考出来就领乡村医生这个牌子。我退休前把朱仁妹培养出来。我自己读书少，只读了六年。朱仁妹是高中生，培养她文化高的。

问：你做过妇女主任吗？

答：65年当赤脚医生、妇女主任一起当的，一直到88年。我88年那时候是公社里面一次性给了我三千元，另外大队里没有的，现在退休的赤脚医生有退休费。但是说是有退休费，但是吃的是征保，其实是一样的，比如一个村里房子拆了，吃的是国家的征保的。

问：这是拆迁的赔偿吗？

答：嗯，叫征保，就是这个钱。

问：当时的血吸虫病患，农民多？还是渔民多？

答：差不多。农民下地干活也要赤脚的，对吧？渔民捕鱼也要碰到水。我看到农民多，渔民少点。以前生血吸虫病的人，肚子会大起来。一个人跑出来，别人只能看到他瘦得勒骨出来了，肚子倒很大，都有照片留下来了。肚子大，是因为里面脾大，肝大了。另外当时还有一句俗话"南面癞子头多，北面大肚子多"。

问：南面是指哪里？

答：南面就是南方，水少的地方。北面呢是停水港，水多。

问：南面、北面是指哪些范围的地方呢？

答：南面就是指松江一带，水少。北面呢青浦、昆山一带，血吸虫病多。生血吸虫病的人肚子大，是脾脏、肝脏肿大嘛，我以前也生过。

血吸虫病

问：你也生过血吸虫病啊？

答：哎。

问：你有大肚子吗？

答：我只不过是轻微的，十岁时候，我在陈坊桥中心小学里读书，我就去治疗。

问：你是在陈坊桥中心小学读书的？

答：嗯。

问：是学校组织你们验大便吗？

答：嗯。检查之后治疗了。

问：是到医院里面检查？还是医院派人来收粪便的？

答：医院派人来收粪便的。都是学校里面收起来的，农村里面由农村里面收，有一个小的卫生院，集中在里面的。

问：十岁以前你住在船上？还是陆上？

答：那时候也有船的，跟妈妈一起，那时候到江秋小学读书的时候是住在家里面的。他们要去捉鱼了我就跟出去，他们抓鱼出去，晚上就回来。我在江秋小学读书，读一年级、二年级。我那时候苦啊，家里要养猪，一面养猪一面读书。我小时候很苦，两岁没有父亲，妈妈只有三十几岁，还有一个姐姐，姊妹两个人。

问：你有一个姐姐？

答：哎。一个姐姐，八十岁，跟我相差十四岁。

问：当初知道自己为什么会得血吸虫病吗？

答：血吸虫病就是跟水打交道，水里有钉螺，就要生的咯。

问：当时有人告诉你生血吸虫病的原因吗？

答：那个时候还不曾知道的。到在学校里读完书，去做卫生员、做赤脚医生以后，就要去查螺灭螺，之后就知道的。

问：你十岁当时，有关于血吸虫病的宣传吗？

答：十岁的时候不知道的。

问：广播啊，电影啊，都没有吗？

答：没有没有。结婚以后，家里还不曾有电视机，是集体买一个电视机那样子，比如一个生产队，买只电视机，放在一个房间里，大家一起看。那时候很苦的，渔民苦啊，船上连床都没有，被子都没有，有些人家小孩子多，有些睡船舱里，有些只好睡甲板上，一不小心，就掉到水里淹死了。

问：你十岁的时候知道自己是生血吸虫病的吗？

答：哎，人家说是血吸虫病，叫我去治疗就去治疗咯。

问：就是有人会告诉你，你生的是血吸虫病，是吧？

答：嗯。要治疗，发药。后来做赤脚医生后，到大队里，每个赤脚医生到一个大队里去待一个星期，发麻油。生血吸虫病，吃麻油的，到晚上去发，每天去发一次。

问：你生血吸虫病的时候害怕吗？

答：那时候不懂啊，不像现在的小孩子什么都知道，什么都懂，我那个时候不知道啊，怕不怕都不知道的，发药下来吃药就好了。

问：你十岁以前有没有看到大肚子的？

答：也有看到的。

问：看到这种大肚子的人，你觉得害怕吗？

答：害怕不害怕，那个时候不在意大肚子啊，医药又不发达。那时候看到一个人生盲肠炎了，痛起来的时候人家说他是碰到鬼了，都不会去看医生的，现在不一样了，都去看医生。

问：当时你们看到大肚子的人，会说他是碰到迷信的事情吗？

答：后来知道是生了血吸虫病。

问：还不知道大肚子是由血吸虫所引起的时候，你们怎么说他呢？

答：就说他有毛病啊。

问：你做赤脚医生时，治血吸虫病的时候，主要负责什么工作？

答：我们那时候灭钉螺，到河岸边去查钉

螺，查出来的结果呢上交卫生院。然后领药粉，把药粉撒在有钉螺的地方，然后就消灭钉螺了。

问：去查钉螺的时候，你是一个人去吗？

答：我们要抽四、五个人，或者一个大队，赤脚医生把卫生员喊过来，一道去查螺。或者两个大队一道，去严重的地方重点查。然后上报卫生院，领药粉乌绿粉，撒到有钉螺的地方后，钉螺就死掉了。

问：你们去不去收粪便，检查粪便的？

答：这个也要做的。

问：具体怎么做呢？

答：把纸头写好，还有一个盒子，一道发下去。等到大便拉出来后包好，名字写好，收起来，再拿到卫生院去检查，检查出来有血吸虫的就要治疗。

问：就是你们先把粪便收起来，然后交给卫生院，卫生院验出来后再告诉你们，你们再通知病人去治疗，是这样一个过程，对吗？

答：嗯，嗯。有的吃药，有的打针。

问：人的粪便如果流到河里去，不是会传染嘛，有没有造厕所的？

答：没有，〔只〕有马桶的呀。

问：有没有叫人不要去河里洗马桶？

答：嗯，那时候有粪坑，都要倒到粪坑里。现在有厕所，那时候只有粪坑。

问：你在灭螺的时候，有没有遇到什么困难？

答：那个时候吃得起苦，肯出力，不像现在的人斤斤计较，娇生惯养的。

问：就是没什么困难咯？

答：没什么的，如果有什么困难，就跟卫生院讲一声，要求点什么东西。

问：你们在河里或者地里面撒药粉的时候，有没有农民反对？

答：反对有的哦。比如死了鱼啊，河水要用来喝啊，那个时候就开井。

问：有没有人造反呢？

答：造反也有的。渔民要捕鱼的啊，结果鱼都死了，无法生活怎么办呢？就造反到公社书记里去。公社里面就赔钞票，作为补偿。

问：去收大便的时候，有没有人不愿意的？

答：收大便前要做思想工作的，极个别的人不愿意。收大便啊，当然要做好思想工作的，告诉他们是因为关心你们的身体健康，对不啦？个别，极少数的人还是会反对。

问：当时不是不让人们去河里洗马桶嘛，是不是还是有人会去洗呢？

答：那就教育他们啊，前期是管不住的，还是很多人去河里洗，那么就不断宣传，跟他们讲清楚。农村造粪坑，镇上就造厕所。渔民住在船上，就倒到农村里面的粪坑去。不断宣传，都要靠宣传。

42 马桂芳

采访日期 ：2009年8月21日
采访地点 ：陈坊桥镇马桂芳家中
采访人 ：太田、佐藤
翻译人 ：徐芳
讲述人 ：马桂芳
（1926年4月10日出生，八十四岁）
讲述人简历：出生于松江镇杨家桥，成分为贫农。担任过妇女主任、灭螺队长。
讲述人家庭：丈夫陈柏根，七十九岁，陈坊桥镇白荡村人，农民。

个人与家庭概况

问：婆婆，您叫马桂芳对吧，多大年纪了？
答：八十四岁。
问：几几年生的？
答：呃……（之后看到身份证上的出生日期为1926年4月10日）。
问：在哪里出生？
答：松江〔镇〕杨家桥。
问：有没有读过书？
答：读过不到三年书。饭都吃不饱。
问：你认不认识字？
答：只认识几个字。
问：你是在学校里读的？还是夜校读的？
答：是在小学读的。
问：刚解放的时候，你是贫农？还是富农？

答：我苦了，饭都吃不上，贫农。
问：土地改革以后，政府分给你几亩地？
答：一个人分三亩地。
问：一户人家分到几亩地？
答：一共七亩地。
问：你们家有几个人？
答：一共五个人，公公、婆婆、夫妻二人，还有一个小叔。
问：你丈夫叫什么名字？
答：叫陈柏根。
问：他是哪里人，是本村的吗？
答：是本村的，白荡村人。
问：他几岁？
答：他比我小五岁。
问：你丈夫干什么活的？
答：他种田。

妇女主任、灭螺队长

问：你从几岁到几岁当灭螺队长？

答：三十多岁到四十多岁，五十岁不到，那个时候不做了，总共当了约十七、八年。

问：当灭螺队长时，主要做什么工作？

答：在外面查螺，查回来，去付药水、灭螺。螺多得来，不得了，在河岸上的泥土，一摸十几只，一摸十几只。

问：最远查到什么地方？

答：螺山，一路查过去，一直查到螺山过去，一直查一直有〔钉螺〕，然后回来到大队里拿药水，再去打药水。

问：除了查螺、打药水外，还有没有别的工作？

答：灭过螺以后再去复查，看还有没有钉螺。如果查出来还有钉螺，就再打药水，没有就好了。张家村钉螺多得不得了。

问：查螺、打药水、复查以外，还要做别的工作吗？

答：没有了啊，就是一门心思查螺、打药水，没有别的工作了。就是查钉螺啊，多得不得了啊，河里也有，田里也有，还有河岸上也有，多得来不得了。

问：你做灭螺队长的时候，还有没有别的职务？比如妇女队长这种职务？

答：还做妇女主任。在大队里开会。

问：你们大队叫什么大队？

答：张家大队。

问：书记叫什么名字？

答：姚锡荣。

问：你做灭螺队长的时候，住在什么地方？

答：张家村个白荡村。

问：白荡村有几户人家？

答：白荡这一片大概有一百多户人家。

问：有血吸虫病的人多吗？

答：血吸虫病，有。肚皮大个也有，到车队泾去打血吸虫（治疗血吸虫病）。我自己也生过，吃麻油，到车队泾去打，佘山也去打。血吸虫就是肚皮里面有虫子嘛。

问：一百多户人家中，多少有血吸虫病？

答：很多，有大肚子的，生血吸虫病的人家大概有十几个。

问：生血吸虫病的是男的多？还是女的多？

答：女的多。有的生血吸虫病的死了，有的看好了。

问：年纪大的人有没有血吸虫病的？

答：老人都不大生啊，多是青年啊。

问：有没有小孩有血吸虫病的？

答：小孩子也不多啊，都是中年和青年，要落水干活嘛。

问：一般的农民知不知道他为什么会生血吸虫病？

答：因为赤脚种地引起的。

问：他自己知不知道生了血吸虫病的？

答：一般不知道的，等到肚子大来了去医院看病才知道的，哦，原来是血吸虫病。

问：就是要去医院看病才知道生血吸虫病

的了？

答：哎，到佘山去，吃药、打针。

问：肚子大的农民，有没有不去医院看病的？

答：不去看也有啊，就死了。去看病的也有。

问：不去医院看病的人晓得自己生血吸虫病吗？

答：不晓得呀。就是肚子大起来。以前苦啊，没钱不去看，就死了呀。

问：人民政府什么时候来宣传血吸虫病的？

答：不记得了。

问：当时你几岁？

答：四十岁不到点。

问：政府有没有发放关于防治血吸虫病的本子给你看？

答：有的。

问：你有没有看过这方面的书？

答：我不识字。是大队里开会，大家都去大队里听，什么是血吸虫病，讲给我们听。当时开血吸虫病〔的会议〕，很忙的。当时查螺啊，大队里也来查，公社里面也派人来帮忙。

问：有没有放过影片？

答：看过，有的。

问：是电视？还是电影？

答：电影。关于血吸虫的，放的是淀山湖、太湖里面，血吸虫病个原因、查螺灭螺的事。

问：在哪放的电影？

答：在松江血防站放的。血防站就是专门

管血吸虫这个方面的。

问：电影有没有名字？

答：名字倒是没有。

问：电影放什么东西？

答：血防站放个电影，都是关于血吸虫的呀。

问：电影有没有告诉你们怎么防治血吸虫病？

答：有的，就是告诉我们怎么引起血吸虫病的，主要是在田里赤脚，吃河水引起的。灭螺的时候把河岸上的草都割掉，然后推土埋螺，打药水洒药粉，然后收大便、验大便。真当很脏的。

问：你做灭螺队长的时候，是你自己大队里的灭螺队吗？

答：是自己大队里的灭螺队。

问：一个灭螺队有多少人？

答：工作忙，来不及了，就让大队书记姚锡荣抽人，需要几个人就抽几个人。一个小队一个人，一共七个。有时候种田忙，也要强行抽一个人出来的。

问：你是灭螺队长？

答：是的。

问：你做队长，是书记要你做的吗？

答：是书记要我做灭螺队长。

问：为什么书记要你做队长？

答：当时公社要求选一个人做灭螺队长，我当时是妇女主任，书记看我工作表现好，所以就要我做灭螺队长。

问：在担任灭螺队长之前，你做什么工作？

答：在大队里做妇女主任，开开会，做民

兵队长。

问：有没有听过"查螺灭螺运动"这个说法?

答：政府命令下来，到哪里去灭螺，这样有个，最远到上海大寨桥都去。

问：哪个村螺最多?

答：上海过去个大寨桥也有，螺山大队、张家村、王家浜最多，白荡村也多的。河道里血吸虫最多，其次就是田里面。

问：打药水的时候是你们一起去，还是一个灭螺队一起去?

答：一道去的。

问：政府里面有没有派人来一起去的?

答：有的，公社里面派人下来也有的，一道去的。派下来十几个呢。

问：你是党员吗?

答：是的。

问：你在几岁的时候入党的?

答：1966年入党的。

问：谁介绍你入党的?

答：大队书记和生产队队长介绍的。

问：解放前有没有血吸虫病的?

答：解放前也有的。很多人都死了。

问：有血吸虫病的人看病是去医院呢，还是找赤脚医生看病?

答：是找赤脚医生看，当时穷，去不起医院。

问：看赤脚医生要不要钱的?

答：不付钱的，等过年的时候，大队里给赤脚医生工资。

问：是不是每个生产队都有一个赤脚医生?

答：不是，一个大队只有两个赤脚医生。

问：你做灭螺队长的时候，你们大队有两个赤脚医生吗?

答：王家浜的陆永寿，张家村的沈桂红。

问：沈桂红是女的吗?

答：张家村的沈桂红是女的，王家浜的陆永寿是男的。

问：沈桂红还活着吗?

答：到松江去了。

问：你不做灭螺队长以后，有没有别人来做?

答：没有的，后来钉螺都没有了。

问：在你之前，有人做灭螺队长吗?

答：也没有的。

43 石坤元

采访日期 ：2009年8月21日
采访地点 ：陈坊桥镇陈坊桥卫生室
采访人　 ：太田、佐藤
翻译人　 ：徐芳
讲述人　 ：石坤元
　　　　　（1954年7月25日出生，五十六岁）
讲述人简历：佘山乡联华大队出生，陈坊村卫生室医生。

个人简历

问：这里是什么地方？
答：陈坊村卫生室。
问：医生您叫什么名字？
答：我叫石坤元。
问：哪里出生的？
答：以前是佘山乡联华大队，后来又并入张朴村。
问：几岁读书的？
答：我七岁就读书了。
问：小学叫什么名字？
答：张朴小学。
问：是几年制的小学？
答：六年制的。
问：有没有上中学？
答：中学上了两年就文化大革命了呀，当时读书就是读《语录》的呀。实际上小学就文化大革命了，你看我七岁就上学了呀，差不多小学毕业就文革了。初中没读什么书，就是读《语录》的呀。

培训班

问：您什么时候学医的？
答：70年。
问：什么时候做医生的？
答：那个时候学习班以后，就跟村里的老一辈…
问：在哪里参加学习班？
答：就在佘山卫生院啊，那个时候就是培训班，学了几个月，大概半年。回去后就跟老一辈医生采中草药，巡回医疗。那个时候巡回医疗都是每天出去的。

问：巡回医疗是下乡吗？

答：就在大队里。老一辈的就是老师，我就是学习啊。

问：在培训班里面学什么吗？

答：就是农村里面常见病、多发病的防治，那个时候没有系统的课程。实际上就是医院里的老师备了一些课程，比如说急性胃肠炎的临床表现、治疗原则、用药等。

问：有没有课本的？

答：没有课本的，就是老师备了一些课来讲。

问：培训班有多少人参加？

答：基本上一个村一到两个，一个班大概有三十到四十个人吧。实际上就是早上去上课，白天就是上课。那个时候乡村医生多了啊，一个村里面总有三到四个人，如果都去的话人太多了呀，所以是分期分批去上课。在医院的会议室里面上课。一年一到两期。

问：参加培训班后就去巡回医疗，期间又发现有很多不足，是不是又会去参加培训班？

答：那肯定会发现不足的，培训班是有计划的，每年轮训的，有个系统的。

问：就是轮到你就去培训？

答：是的，就是边学边治。六几年那时候医疗队也会下来带我们，医疗卫生工作重点放农村嘛。上面医生下来代教也有的，一起巡回医疗也有的。基本上每个村都有医生定期下来的。

从赤脚医生到乡村医生

问：培训班毕业后有没有当上什么保健员之类的？

答：那个是没有学历的呀，都是赤脚医生就是了。后来才有学历的，保健员啊，医师之类的，后来才有的，以前没有的。统一都叫赤脚医生。快71年的时候，佘山镇统一考试，考完后发了一个赤脚医生证。赤脚医生这个名称一直用到82年，后来称为乡村医生了。乡村医生以后才有助理医生啊什么的。

问：从赤脚医生变为乡村医生，有没有经过什么考试？

答：有。我们专门在卫校里面学了一年，进修班，那个时候是系统性上课了，大概有十九门课。

问：你也去进修了一年？

答：我也是。

问：你不用上班吗？

答：就是专门脱产上课的呀，在松江。大概是理论课上了八个月，实习了四个月。我是81年到松江卫生学校上课的，进修了一年。

问：在卫校培训时有没有工资？

答：带薪的。其实上课也是分期的，今年一期，明年一期，每年都有的，叫"乡村医生提高班"。

问：提高班里有几个人？

答：我们一个班是整个松江区的，大概有四十五个人吧。每个乡镇都有送过来的，一个镇总有三到四个人吧。

问：这个卫校就是在城里的吧?

答：松江区卫生学校咯，就是在松江。

问：这个班结束后要不要考试?

答：考的，一个单元一个单元考的。

问：跟现在大学一样的啊?

答：一样的，比如上了一个月了，卫生、化学、生化、内科、解剖，都要考了。

问：十九门课都及格了就可以毕业了?

答：哎，毕业了就回来工作。

问：拿到毕业证就是乡村医生了?

答：还是回来原单位工作。乡村医生后来就是自然的，读过卫校的就免考，没有读过卫校的就还要参加乡村医生资格考试，得到乡村医生资格。那个时候相当于中专水平，但是没有中专文凭的。

问：如果一个赤脚医生没有去读卫校，也没有去参加乡村医生资格考试，这种人是不是不能做赤脚医生了?

答：全部都要去考的，不考不行。不考不可以上班的。

问：有没有那种既不读卫校，又不参加考试，偷偷摸摸行医的人?

答：那个时候培训又不像现在这样招生考试的，村里面缺人了，就派一个去学习，学习好了回到村里面配配药，打打针，很简单的。有人拉肚子配点药，有人感冒了配点药，相当于现在药店里卖药差不多。但是你要他讲理论，他说不出的，要配药他是可以的。那个时候培训又不像现在一定要读好书才能上岗，那个时候就是村里缺人了，就派一个人去学习。

问：这种培训不是卫校里面的培训?

答：不是的。就是到一个医院里面，跟在医生旁边，医生怎么看病你就学学。

问：这种形式的培训是允许的吗?

答：现在不允许了，70年代是允许的。那个时候没有什么学校不学校的。

问：80年代有没有既没参加卫校培训，也没参加乡村医生考试的赤脚医生?

答：都要参加考试的，不合格就重考，考是一定要考的，不考不行的。

问：两种都没参加的就不能做赤脚医生?

答：不能做。基本都合格的。医院委托卫校给你培训，过一段时间定一个日子大家统一考试，如果合格了就给你发个乡村医生证，如果不合格，就继续培训、考试，通过这种形式完成技术的培训。赤脚医生实际上只是一个过渡呀，名称不一样，体制是不变的。

问：现在有没有相当于中专的学校?就是去读几年，毕业后就可以做乡村医生的?

答：有的啊。前几年就培训了一批，已经在工作了。以后就不允许了，现在上海市计划应届高中毕业生，考乡村医生的大专，定向培训，学习好了回到农村。

问：现在还有中专吗?

答：没有了。这是市里的一个培训计划，全上海地区都是这样的。应届高中毕业，考这个专业，读四年，包括实习，毕业后就分配到各个村的卫生室里面。

问：医科大学是要五、六年的吧？

答：哎。它不是医科大学啊，是专门培养乡村医生的，定向的。现在乡村医生青黄不接，缺得不得了啊。

问：医科大学的学生不愿意到乡下来吗？

答：待遇不一样，我们待遇低啊，正宗医院工资高很多。我们乡村医生基本工资只是九百六十元。

问：医院里医生的工资大概有多少？

答：一年大概四五万吧。他们奖金一年都有两万呢。我们有什么？九百六十元的工资，再加也加不了多少。我们的工资是政府定的。你看我们06年基本工资才八百，工龄工资每年才一元，你说再加能加多少呢？乡村医生的工资很低很低的。

问：什么是高温费？

答：就是到了夏天有冷饮费。

问：是每个人都有的吗？

答：〔以前〕每个人都有的。现在没有了，取消了。他们领导说不给了，我们也没办法。

问：是不是现在给你们装空调了，就不发冷饮费了？

答：医院的医生仍然有高温费的呀。以前他们拿两千我们拿一千，逢年过节他们拿一千，我们拿五百。

问：你们只有他们的一半？

答：哎，一半。现在连一半都没有了，高温费都没有了，以前他们两千我们拿一千，现在没有了。年终什么费都没有了，反正到年底裹了个粽子一股脑

给你了，一共有多少就多少。我们现在好像五百元的伙食费，两百元的车贴，还有就是平时下乡给人查高血压、糖尿病、残疾人、精神病、七十岁以上的人，给他们检查，每个人一元钱，回来写给小结，一个月跑一次，到年底加起来看有多少钱。现在的医生不是一支笔，一个听诊器就可以的，现在的医生跟会计差不多，什么账都得写上。

问：以前赤脚医生有自己的地吧？

答：是农村户口每个人都有的。

问：现在呢？

答：现在有地都不种了。大部分都称为"小城镇保险"，每个月大概五百元退休金。

问：乡村医生是每个人都有这个小城镇保险的，对吧？

答：是的。

问：一般农民是他的地如果被占用了，也会买这个保险？

答：是的。比如一个老板用了你的地，他就会给你买小城镇保险。跟我们的保险都一样的。

问：你们的保险是谁买的？

答：是政府买的。

问：你们还有地吗？

答：我们一般是小城镇保险买好后，地就不要种了给他们了。

问：你们收不收田租？

答：不收的，田是被集体回收的。

问：你们的田回收后，有没有钱拿的？

答：没有的。

问：就是你们土地归集体收回，可以得到小城镇保险，退休后可以拿到相当于退休金的五百元补助，是这个意思吗？

答：哎，就是农转非，农业户口转为非农业户口。现在我有工作就没得拿，等我退休后就可以拿到五百元每个月的退休金了。

问：买小城镇保险后，就相当于是小城镇居民了？

答：哎，我们的待遇跟失地农民是一样的，没有任何区别。

问：你现在住的房子是买的？还是政府分配的？

答：就是自己以前造的老房子。那如果被征用了就可以赔钱，自己去买房子。现在新房子都造在江秋那个小区里。

问：你现在还是住在自己的老房子里？

答：是的。

问：田已经被征用了？

答：哎，田已经被征用了，但是房子没有拆迁。

问：你家会不会被拆迁啊？

答：也快了，今年要拆迁了。以后农村里面的宅基地要没有了，全部都要搞光了。

问：以后会住到哪里去？

答：江秋村。一期、二期、三期都在造了。

问：你如果房子买在那个小区里，要不要出钱的？

答：拆迁的房子多少钱一个平方，那里新房子也是多少钱一个平方，大家平买平取的嘛。像现在这个小区太密集了不好。我个人意见，一旦传染病爆发，这个地方没法救了，人太多了。一般小区二、三千人差不多了，几万人在里面，人太多了啊，太密集了。

问：你们家如果拆迁了，这个卫生室是不是也要拆迁了？

答：如果这个地方都不存在了，卫生室可能也要拆迁了。

问：可能会搬到哪里去？

答：以后社区工作要做的，我原本管理的那么多人还是要管理的。就是可能会组成一个统一的办公地址，你管你原来地方的人，我管我原来地方的人。还要继续管理的呀，因为他们原始资料在我手上的呀，人拆迁到哪里，我们就跟到哪里。以后不知道会怎么办，像现在的话还是跟人走的，像我们这里的人买房子在江秋的也有，我们就要到江秋给他做检查。我们是根据户口所在地出去给他检查的。

问：另外一个医生今天没来上班？

答：那个退休了。现在青黄不接啊，年纪轻的不愿意来啊。

问：保健委员会是什么机构？

答：是镇里的一个管理卫生的机构。他们主任就是我们卫生院的院长。现在都叫主任了，不叫院长了。

问：如果一个老人又有高血压，又有糖尿病，你们去检查是不是可以收两块钱？

答：是这样的。不过老百姓不出钱的啊，我们不直接问老百姓收钱的，都是政府买单的。这个是我们奖金来源的依据。我们不能随便乱写的，因为上面要抽查的，打电话去问有没有来检查啊，如果没有是不行的，伪造是不行的。

问：开死亡证明，就可以拿一块钱？

答：哎，一块钱。但是这个是去年的情况，09年的政策还没有出台，我也说不清楚。一块钱我们两个人分的，不是一个人拿的哦。今年还没有出台分配的方案，怎么分我也不清楚。

血吸虫病

问：五六零年代爆发过血吸虫病，那时你见过血吸虫病的病人吗？

答：见过的。

问：你见到的都是什么情况？

答：那个时候血吸虫病叫"大肚子病"。以肝硬化为主的腹水。

问：小时候见到那些大肚子的人，你知道他们实际上就是血吸虫病吗？

答：知道的，那个时候血吸虫病很普遍，人瘦的，手脚瘦得跟竹子一样的，肚子很大。

问：死亡率高吗？

答：大概60年以后吧，就出现治疗了。60年以前很少治疗的，很多人死亡的。大概文革以后，医疗队下乡，每个地方都规划出一个地方专门治疗血吸虫病。比如医疗队下到一个村子，租用

民房，然后给人看病，打地铺，打针吃药，普遍。像肝炎爆发一样，医院里面根本无法承受病床的压力，所以只好医疗队下乡去治疗。

问：你是联华大队的，那个地方严重吗？

答：也很多的。

问：你知道佘山镇里面，哪个村是最严重的？

答：这个也说不清楚，反正一个镇60%-70%的地方都有污染的。

问：你所在的联华大队有多少人口？

答：那个时候70年代初，一个村总是有四五十个人患血吸虫病。那个时候已经不是很严重了，就是大便查出来，是血吸虫病，已经没有晚期的严重的情况。那个时候是全面普查，每年都查，如果查出来大便里面有虫卵的，就去治疗，免费的。

问：你们村里大概有多少人？

答：一千个人左右。我记得好像是五、六岁以上的人要检查的，因为这个血吸虫是源于水源的，因为小孩子一般不下水，所以不查的。

问：联华大队大概从几年开始没有血吸虫病人了？

答：大概要75、76年的样子，毛泽东不是宣布没有血吸虫病了嘛。现在还是遗留了几个老病人的。

问：那时候农民检查出来有血吸虫病，怕不怕？

答：不怕的。因为那个情况下，血吸虫病很普遍，大家都习惯了，而且查出来

治疗也很方便，到某一个地点，医生给你打针吃药，很快就好了。因为那个时候有药了，不是没有医疗不能治。

问：农民都是很配合你们的检查的？

答：那个时候一个大队里面有几个小队，每个队都有一个卫生员。卫生员每天早上去收大便，拿到镇里面去化验，化验结果出来了，再指定患者去治疗。

问：卫生员由哪个部门来管理？

答：就是生产队管的，他们打预防针啊什么的，我们下去，他们也一起去。

问：卫生员有没有队长的？

答：没有的。就是一个生产队里面弄一个小姑娘，比如那时候蚊子多，每天下午拿农药到每户人家去，撒农药除蚊子。卫生方面的工作委托他们去做的。

问：这个卫生员就是生产队里面的农民？

答：哎，不脱产的农民，不是专职的，就是有事了就叫他们去帮忙完成。

问：找的卫生员是不是要识字的？

答：哎，识点字，女性嘛比较细腻一点。卫生员大部分是女性的，没有结婚的，或者刚好从学校出来的。

问：佘山镇是不是也有渔业村？

答：有。

问：渔业村里的渔民有没有患血吸虫病的？

答：渔业村就只有陈坊村有，其他村没有的。原来渔业村是单独的一个村，后来因为住在陈坊村周围的，就并入陈坊村了。以前单独叫杨溇村。杨溇那个地方就是专门造了几个房子让渔民住，原来渔民都是漂泊不定的，现在都集中住在这里了。

问：现在还有渔民吗？

答：现在鱼是不捉了，捉鱼都是老一辈的事情了。年轻一辈都是挖一块地养鱼了。

问：当时渔民患血吸虫病的是不是也很多？

答：她就是渔业村出来的，你们今天找对人了。

女卫生员：那个时候我还小，不知道啊。

问：得血吸虫病的人有吗？

女卫生员：有的呀。我娘也生过的。

问：你父母也是渔民吗？

女卫生员：是的。

问：你父亲生过血吸虫病吗？

女卫生员：我母亲生过。

问：现在还健在吗？

女卫生员：还在。

问：几岁了？

女卫生员：七十八。

问：记性好不好？

女卫生员：还好。

问：我们可以去拜访她吗？

女卫生员：我们那个地方得血吸虫病的人很多的。

答：现在都没有死的。那个时候没有症状的，就是健康人查大便，就是普查了，每个人查二到三个早上的大便，查了以后，到医院里面专门设立的一个化验的科室，由区里面来一个化验师，跟医院里面的一个医生结合起来。这个大便化验，一是在显微镜下面找虫卵，找不到虫卵的话，每个人的大便挖一点放到量杯里面，在一定温度下面看有没有浮游体，查大便是这样的。如果查出来有虫卵，就在你的报告里面写某某人有虫卵，证明你有血吸虫病。有的人是没有症状的，不知道是血吸虫病。真的有感觉的人，可能是比较老的人，身体比较衰弱的人。那个时候的血吸虫病晚期患者，基本上已经不在了。

问：这个地方有没有晚期患者还活着的?

答：这个地方我不熟悉，因为我是01年到这里的。我以前在联华，93年合作医疗站出来的，合作医疗站解散以后，我就分配到这里来了。后来城乡一体化以后，乡村医生是由镇统一管理，人员就可以调动了，这个村人多了，那个村人少，你就可以到这个村上班。原来是各村各办，乡村医生的工资是由村里发的。后来就统一由社区卫生服务中心管理，工资到年底统一发放。

編著者紹介

太田　出（おおた・いずる）
　　生年：1965年
　　専門：中国近世・近代史
　　最終学歴：大阪大学大学院文学研究科博士後期課程修了、博士（文学）
　　現在の身分：京都大学大学院人間・環境学研究科教授
　　代表著作：『中国近世の罪と罰』（名古屋大学出版会、2015年）

佐藤仁史（さとう・よしふみ）
　　生年：1971年
　　専門：中国近現代史
　　最終学歴：慶應義塾大学文学研究科後期博士課程修了、博士（史学）
　　現在の身分：一橋大学大学院社会学研究科教授
　　代表著作：『近代中国の郷土意識――清末民初江南の在地指導層と地域社会』
　　　　　　　（研文出版、2013年）

長沼さやか（ながぬま・さやか）
　　生年：1976年
　　専門：文化人類学
　　最終学歴：総合研究大学院大学博士後期課程修了、博士（文学）
　　現在の身分：静岡大学人文社会科学部准教授
　　代表著作：『広東の水上居民――珠江デルタ漢族のエスニシティとその変容』
　　　　　　　（風響社、2010年）

陳　俊才（Chen Juncai）
　　生年：1933年
　　代表著作：『情繋太湖』（中国文史出版社、2005年）

Fishermen and Waterside Life in Modern China: Interviews with Fishermen of the Taihu Lake（太湖）Area

Introduction .... OTA Izuru 3

Part I　Article

Subeiren（蘇北人）and Cormorants in the Taihu Lake（太湖）Area: Comparative Study with Bendiren（本地人）and Shandongren（山東人）
.... OTA Izuru 43

Part II　Research Report

An Ancient Pearl of the Taihu Lake: Investigation of Culture Remains in Yugang （漁港）Village, Suzhou City
.... Chen Juncai 73

Part III　Record of Interviews

.... Edited by SATO Yoshifumi and OTA Izuru 96

The Kyoto Humanities

The Kyoto Humanities Series offers quality achievements of the humanity
researchers of Kyoto University to a readership with wide academic
interests. It hopes to provide the basis for various forms of academic
exchange as well as to introduce the achievements of
humanities research in Japan.

Publication List 2018

Spenser in History, History in Spenser. Eds. Mari Mizuno, et al. (English)
*Fishermen and Waterside Life in Modern China: Interviews with Fishermen
of the Taihu Lake Area. Eds.* Izuru Ota, et al. (Chinese)

中国江南の漁民と水辺の暮らし
——太湖流域社会史口述記録集 3

2018（平成30）年 3 月26日　発行

編　者	太	田	出
	佐	藤 仁	史
	長	沼 さや	か

発 行 者　三　井　久　人

製版印刷　窮 狸 校 正 所
　　　　　富 士 リ プ ロ ㈱

発 行 所　汲　古　書　院

〒102-0072 東京都千代田区飯田橋2-5-4
電話03（3265）9764　FAX03（3222）1845

ISBN978 - 4 - 7629 - 6614 - 9　C3322
OTA Izuru・SATO Yoshifumi・NAGANUMA Sayaka
ⓒ2018
KYUKO-SHOIN, CO., LTD. TOKYO.
＊本書の一部又は全部及び画像等の無断転載を禁じます。